U0113416

中国艺术研究院基本科研业务费项目

（项目编号：2020- 补 -3 ）

新时代文化艺术思想
研究文库

韩子勇·主编

张敬华　陈宇峰·编

合作共赢

『一带一路』文化艺术交流研究

文化艺术出版社
Culture and Art Publishing House

图书在版编目（CIP）数据

合作共赢："一带一路"文化艺术交流研究 / 张敬
华，陈宇峰编. —北京：文化艺术出版社，2021.6
（新时代文化艺术思想研究文库 / 韩子勇主编）
ISBN 978-7-5039-6771-9

Ⅰ.①合… Ⅱ.①张… ②陈… Ⅲ.①"一带一路"
—文化交流—研究 Ⅳ.①G115

中国版本图书馆CIP数据核字（2021）第114533号

合作共赢："一带一路"文化艺术交流研究
（新时代文化艺术思想研究文库）

主　　编　韩子勇
编　　者　张敬华　陈宇峰
丛书统筹　董良敏　赵　月　贾　茜
责任编辑　赵　月　叶茹飞
责任校对　董　斌
书籍设计　赵　矗
出版发行　文化艺术出版社
地　　址　北京市东城区东四八条52号　（100700）
网　　址　www.caaph.com
电子邮箱　s@caaph.com
电　　话　（010）84057666（总编室）　84057667（办公室）
　　　　　　　　84057696—84057699（发行部）
传　　真　（010）84057660（总编室）　84057670（办公室）
　　　　　　　　84057690（发行部）
经　　销　新华书店
印　　刷　国英印务有限公司
版　　次　2021年10月第1版
印　　次　2021年10月第1次印刷
开　　本　710毫米×1000毫米　1/16
印　　张　31
字　　数　396千字
书　　号　ISBN 978-7-5039-6771-9
定　　价　98.00元

总　序

　　文化艺术分期，从根本上说，总是和整个社会的变化紧密联系。文化艺术是社会生活的一部分，和生产力、生产关系、生产方式、经济基础、上层建筑、历史传统等等这些看上去或远或近、重重叠叠的构造，有着千回百结、直接间接的联系。它自身的规律性其实也存在于整个社会系统的规律性之中，它无法彻底地抽身而出、孤立于社会生活之外——文化艺术的道路就是历史走过的道路。

　　经过改革开放三十多年的持续积累和不断进步，从党的十八大开始，中国特色社会主义进入新时代。以习近平新时代中国特色社会主义思想为指导，中国社会方方面面发生了一系列影响深远的重大变化，中华民族伟大复兴的热切愿望和社会力量，从来没有像今天这样如此鲜明地浮现出来，碰撞着、隆起着、升腾着，塑造着新的格局与境界。我们感受着这一切，真切地触摸到历史发展的脉动，看到了风云激荡的百年变局里，中国人众志成城、奋楫扬帆的星辰大海之路。

　　从新时期到新时代，中国文化艺术波澜壮阔的发展变化值得梳理、总结和研究。特别是十八大以来，围绕着习近平总书记关于文化艺术的系列重要讲话、论述中的部分核心命题，新时代文化艺术思想研究呈现怎样的面貌？取得了哪些进展？我们编辑出版的这套《新时代文化艺术思想研究文库》，以期做一个在场的总结和描述，并拟随着深入和细化，不断续编，跟踪描述。

今年是党的百年华诞，也是中国艺术研究院建院七十周年。谨以此书献给党的百年华诞，献给中华民族伟大复兴的新时代，献给蓬勃而起的新时代的文化艺术。

韩子勇

2021 年 8 月 10 日

合作共赢:"一带一路"文化艺术交流研究报告

张敬华　陈宇峰

建设"一带一路"是习近平同志提出的重大倡议,是实现"两个一百年"奋斗目标和中华民族伟大复兴中国梦、协调推进"四个全面"战略布局的重要举措。

2013年9月和10月,国家主席习近平在出访中亚和东南亚国家期间,先后提出共建"丝绸之路经济带"和"21世纪海上丝绸之路"的倡议,受到了国际社会的高度关注。2014年12月,中共中央、国务院印发了《丝绸之路经济带和21世纪海上丝绸之路建设战略规划》,至此"一带一路"作为国家整体规划实现了从理论到实践的转换,也立即成为学术界研究的热点。2015年3月,随着国家发改委、外交部和商务部《推动共建丝绸之路经济带和21世纪海上丝绸之路的愿景与行动》的发布,标志着"一带一路"由构想阶段进入了全面务实阶段。在随后的时间里,"一带一路"规划不断明晰,使"一带一路"倡议由概念性的议题式讨论转向了具体的可操作性的执行与落实。

正所谓"世界好,中国才能好;中国好,世界会更好"。"一带一路"建设的进程中,文化起到了先行者作用,文化的交流对促进区域融通、增进优势互补、实现共同发展起到非常关键的作用。2017 年 1 月，《文化部"一带一路"文化发展行动计划（2016—2020 年）》经推进"一带一路"建设工作领导小组审议通过并公布，以"政府主导，开放包容；交融互鉴，创新发展；市场引导，互利共赢"为基本原则，重点任务是健全"一带一路"文化交流合作机制，完善"一带一路"文化交流平台，打造"一带一路"文化交流品牌，推动"一带一路"文化产业繁荣发展，促进"一带一路"文化贸易合作，为"一带一路"文化建设工作的深入展开奠定了扎实的政策基础。

基于此，我们通过"中国知网"数据库进行了文献检索，搜索到以"一带一路"作为关键词的论文 116652 篇，这一庞大数据足以说明"一带一路"已经成为近年来学界研究的热点问题。将这些文献分类后，我们可以发现，目前研究成果多以国际政治和经济贸易为主要方向，以"文化""艺术"为关键词缩小检索范围之后论文数量大大缩减，有三百余篇，本报告主要选取其中具有代表性和刊载于核心期刊的文献进行梳理与分析。

一、文化交流与文明共鉴

学界普遍认为，文化交流是实现"一带一路"沿线国家民心相通的基础，是与政策沟通、设施联通、贸易畅通、资金融通"四通"相辅相成的重要方面。国家主席习近平在 2017 年"一带一路"国际合作高峰论坛开幕式上指出："古丝绸之路绵亘万里，延续千年，积淀了以和平合作、开放包容、互学互鉴、互利共赢为核心的丝路精神。这是人类文明的宝贵遗产……我们要将'一带一路'建成文明之路。'一带一路'建设要以文明交流超越文明隔阂、文明互鉴超越文明冲突、文明共存超越文明优越，推动各国相互理解、相互尊重、相互信任。"①

近几年来，国内外学者围绕"一带一路"的研究热潮不断，从研究内容来看，大致可以分为文化内涵与意义诠释、路径分析与困境探索、问题对策与实践研究三个层面。

（一）关于"一带一路"的文化内涵与意义诠释研究

对于"一带一路"的文化内涵，学者们也做出了丰富的阐释。中国艺术研究院副院长祝东力认为"一带一路"是一个多层次的概念，它除了陆路和海路的两条交通线路外，还包含三层内涵：第一，"一带一路"包含着当今中国与海陆沿线国家的双边和多边经济贸易关系，是以合作的方式对沿线国家、地区、城市进行的经济开发；第二，"一带一路"包含中国与沿线国家的双边和多边的政治交往关系，乃至文化交流关系；第三，"一带一路"包含更深层、更广泛的文明内涵，他同时指出，"一带一路"沿线国家有责任"传承古老文化遗产，创造出一种适应新型区域化、全球化的新的文化伦理……推动一种新的文明模式"。②

中国人民大学教授王义桅则从文明史的角度着重对"一带一路"内涵进行了分析。他认为："从中华文明史的角度看，'一带一路'不仅在推动中华文明伟大复兴，更在推动其伟大转型，开创了世界文明古国唯一复兴与转型并举的伟大奇迹。"③而这其中所蕴含着的中国智慧，在中国理念、

---

① 《习近平在"一带一路"国际合作高峰论坛开幕式上的演讲》，2017 年 5 月 14 日，新华网。
② 参见祝东力《"一带一路"的文化责任》，载郑长铃、王珊主编《2016 "一带一路"文化遗产国际学术研讨会论文集》，文化艺术出版社 2017 年版，第 5—7 页。
③ 王义桅：《"一带一路"的文明解析》，《新疆师范大学学报（哲学社会科学版）》2016 年第 1 期。

中国哲学、中国伦理、中国经验，以及中国路径等方面均有所体现，更是一种包容性的全球化。这种包容，抑或说是"开放"，在中国有着深厚的文化积淀。无论在中国传统的儒家文化中，还是道、释两家的文化之中，这种"开放"均有所体现。

中国艺术研究院研究员李心峰对于古丝绸之路的精神内涵做出进一步的解读，他认为"开放性的意识与观念，就是中国古代思想体系中占有相当重要地位的'通'或'大通'的观念与意识"①。而这种"大通"观念与精神，"是中国古典哲学同时也是整个中国传统文化最重要的观念与基本精神之一"，也是古代中国能够成为"开放的帝国"的深层的观念基础、内在的精神依据，是古代丝路实践的观念依据。今天，我们弘扬丝路精神，就是要让"这种古老的智慧在今天重新焕发生机与活力，助力今日的'一带一路'的创造性实践"。开放促使中国不断与周边国家，或是更远的外部世界保持着联系，也催化了丝绸之路与海上丝绸之路的开拓、连通与发展。

也有学者认为，"一带一路"的提出并非偶然事件，而有着深厚的文化与历史渊源，它是对古代丝绸之路概念的继承和发展。有学者分析认为，从民族的历史上讲，丝绸之路这条 1877 年被德国历史地理学家李希霍芬命名的古道，是中国历史上最早的外交、贸易、宗教和科学技术交流的窗口，也是中国文明、埃及文明、印度文明、美索不达米亚文明、中亚文明与希腊文明等许多古代文明交汇的中心，自古以来就是中国历史上最早的对外交流通道。② 从国内现实情况来看，"一带一路"的提出是加快

---

① 李心峰：《中华传统文化的"大通"精神与古代丝绸之路》，载郑长铃、高德祥主编《2017"一带一路"文化艺术交流合作国际学术研讨会论文集》，文化艺术出版社 2018 年版，第 43—44 页。

② 参见周菁葆《丝绸之路研究丛书·总序》，新疆人民出版社 1994 年版。

沿线开放步伐，形成全方位开放新格局的客观需要，实质上是中国"引进来"和"走出去"逻辑的必然延伸。①

部分学者分别从丝绸之路或海上丝绸之路入手，对"一带一路"进行了历史回顾与文化探究。此类成果中，对丝绸之路的研究成果略多于海上丝绸之路。在这些文献中，既有对两条古代路线的历史梳理与理论探索，也有对沿线遗产艺术价值的中西比较与文化分析。陕西师范大学人文社科高等研究院特聘教授葛承雍提到，"丝绸之路"历史上不仅只是服务于中西方的丝绸贸易，"直至目前，尽管人们还对'丝绸之路'能否全部概括东西方文明存在着争议"，这条路还同时并存着诸如"'香料之路''黄金之路''玉石之路''青铜之路''琉璃之路''皮毛之路''陶瓷之路'等称谓。但是'丝绸之路'作为古代东西方交流的代表符号逐渐传遍世界，成为亚欧大陆之间互相影响的最广为人知和不可替代的概念。古代丝绸之路作为不同文明交流、互鉴、融合最为生动的符号化象征，给人们留下了抹不去的记忆"。②在此基础之上，上海大学上海电影学院教授林少雄指出，丝绸之路并不仅仅是物质文化传播交流的路线，它"更是人类的一个文化舞台与文明平台，在此场域中，人类文明空间与时间相互融通、物质与精神齐头并进、人种民族相互融合、宗教与世俗相互适应、文化与艺术相互补充、经济与政治良性互动、战争与和平相互交替，真正具象地释示了'人类命运共同体'这一宏大命题下'人类文明共同体'的细微肌理，因之也具有了不同寻常的文化意蕴"③。他进而做出判断，在"一带一路"倡议提出之际，重启丝绸之路研究意义非凡，它"打破了以古希腊、古罗马

---

① 参见石泽《"一带一路"与理念和实践创新》，《中国投资》2014 年第 10 期。
② 参见葛承雍《丝绸之路的世界回响》，《艺术设计研究》2019 年第 1 期。
③ 林少雄：《丝绸之路的文化意蕴》，《兰州大学学报（社会科学版）》2018 年第 2 期。

为主要源头的西方文明为中心的文明格局及其学术研究的话语霸权，并将人类文明发展史的研究从以古希腊、古罗马文明为中心的遮蔽下解放出来，从而发现了人类文明发展的全新面貌及多元走向"。

关于"一带一路"建设中文化的重要意义与作用方面，论文成果较为丰富。大多数研究者认为，"一带一路"的提出具有十分重大的现实意义和深远影响，既与我国对外开放的总体方针相吻合，又延续了历史上历久传承的中欧、中非文明交往，具有历史延伸和现实发展的双重意蕴，在深度与广度上对全球经济文化具有深远的影响力。它的实施必将对我国的政治、经济、文化、外交产生重大而持久的积极影响。

对于文化在"一带一路"建设中的作用，国内学者持多种观点，大致可以分为三类。

第一种观点强调文化交流是"一带一路"的灵魂与根本。有学者认为，文化交流是"一带一路"的灵魂，因为"一带一路"不仅是一条经济带，更是一条众多民族相处、多种宗教交织、不同文明交融的文化带。古丝绸之路鲜明体现出"和睦、和谐、和平、多元、共荣"的文化交流特征。当今形势下，可以把中国梦同各国人民过上美好生活的共同愿景对接起来，共同追求中国人民和各国人民的福祉。①

第二种观点强调文化交流乃"一带一路"的持久动力。中国社会科学院学部委员郝时远认为，人文精神烘托的经济合作和开放发展彰显了文化的力量，他引用习近平总书记的话指出，"一项没有文化支撑的事业难以持续长久"，认为文化是"一带一路"建设的重要力量。② 首都师范大学

---

① 参见张永军、冯颖《"一带一路"是经贸合作之路也是文化交流之路》，《中国旅游报》2016 年 6 月 10 日。

② 参见郝时远《文化是"一带一路"建设的重要力量》，《人民日报》2015 年 11 月 26 日。

政法学院沈永福认为，人文交流与文明对话是互利互信、务实合作的前提和基石，是建设好、发展好"一带一路"的持续动力。① 也有学者认为，"一带一路"是一种以经济合作为主轴，以人文交流为重要支撑的开放包容、和平发展、互利共赢的国际合作理念。②

第三种观点讲求经济与文化共同推进。国家文化软实力研究协同创新中心主任张国祚认为，最重要的是要坚持经济合作与人文交流共同推进，文化可以使"一带一路"更具魅力，只有讲好历史、讲好传统、讲好友谊，尊重差异、求同存异，才能心灵通、感情亲，接近距离、开展合作。③

（二）关于"一带一路"文化交流的路径分析与困境探索研究

"一带一路"现实路径研究的相关成果较为分散，多数学者从自身专业角度为"一带一路"提出了带有建设性的宏观建议。有学者认为"一带一路"倡议作为国家总体发展思路，不但要求参与者具有明确的空间定位和价值表达，还应构建命运共同体、利益共同体、责任共同体和生态共同体，并以文化为导向促进不同文明之间的互通和互鉴。在这一过程中，包括文明进步的历史使命、合作共赢的创设原则、文化共演的层次链接，以及发展目标、发展范式、发展关系的空间集聚，都集中展示着"一带一路"的文明互鉴意愿与文化图景。④ 中国人民大学教授王义桅在《"一带

① 参见沈永福《人文交流："一带一路"的重要驱动力》，《中国信息安全》2016年第2期。
② 参见蒋希蘅、程国强《国内外专家关于"一带一路"建设的看法和建设综述》，《中国经济时报》2014年8月21日。
③ 参见户华为《人文交流合作："一带一路"倡议的根基与灵魂——访国家文化软实力研究协同创新中心主任张国祚》，《光明日报》2016年9月22日。
④ 参见余宏《"一带一路"下的文明互鉴与融合发展》，《河南社会科学》2017年第10期。

一路"的文明解析》一文中提到，"一带一路"倡议源于习近平总书记对国内国际两个大局的深入观察和思考，是全方位对外开放的必然逻辑，也是文明复兴的必然趋势，还是包容性全球化的必然要求，标志着中国从参与全球化到塑造全球化的态势转变……展望未来"一带一路"将开启推动传统中华文明的转型，推动近代人类文明的创新，推动中国梦的实现。①更有学者认为，"一带一路"倡议的提出，将陆地与海洋连接了起来、统一了起来，为当下构建人类命运共同体提供了现实可行的路径。②

国务院发展研究中心研究员许涛总结了近年来中国与中亚各国文化交流工作中切实可行的具体路径。他提道："近年，各国政府、学界和民间对人文合作的认识不断提升，并着眼于文化、教育、新闻、学术等领域积极推动。……第一，由各政府牵头、协调，由各国友协出面在北京及中亚各国组织一系列'丝绸之路'主题民间外交活动；第二，由各国科学院、高校为主体组织'共建丝绸之路经济带'研讨会；第三，通过中国国家旅游局、文化部、驻中亚各国使领馆协调各国国家旅游局（总公司）、文化部，举办'丝绸之路'主题旅游推介会、美术展、摄影展等文化活动……为促进中国与中亚各国民间文化认同提供更多机会和可能。"③

对于"一带一路"文化交流所面临的问题，目前学界观点主要存在于外部环境与内部条件两个方面。从外部环境来看，有学者总结了来自四方

---

① 参见王义桅《"一带一路"的文明解析》，《新疆师范大学学报（哲学社会科学版）》2016年第1期。

② 参见明浩《"一带一路"与"人类命运共同体"》，《中央民族大学学报（哲学社会科学版）》2015年第6期。

③ 许涛：《促进文化认同对"一带一路"建设的现实意义——以中亚地区文明发展的历史与现实为例》，载郑长铃、高德祥主编《2017"一带一路"文化艺术交流合作国际学术研讨会论文集》，文化艺术出版社2018年版，第27—29页。

面的困难与挑战：第一是文化及宗教差异的影响日益突出，第二是不同政治体制增加了文化认同与相互理解的难度，第三是经济发展不平衡导致文化交流的阻碍，第四是国际传播能力的不同制约了文化交流的效果。① 从内部条件来看，"一带一路"文化交流的困境主要体现在，文化交流与文化传播的单向输出模式，"长期以来形成的'单向'灌输和宣传模式，缺乏互动与交流，不仅易于产生反感和误解，而且流于形式，效果有限……一些地区片面热衷于经贸、设施建设，即使提出文化传播与交流合作也是过度强调文化产业化，难以形成合力"②。

（三）关于"一带一路"文化交流中存在的问题对策与实践研究

"一带一路"倡议的提出引发了全世界的广泛关注。根据《环球时报》报道，截至 2020 年底，共有 138 个国家、31 个国际组织签署 203 份共建"一带一路"合作文件。然而仍然有一些国家对此持质疑态度，如美国《华盛顿邮报》网站文章指出，中国的丝路复兴计划重在谋求能源保障；英国《金融时报》援引专家分析声称，中国旨在链接自己的"新兴市场"，与现有的大西洋贸易中心、太平洋贸易中心形成鼎足之势；日本、印度等国甚至有人质疑中国"一带一路"背后的军事意图等等。③ 这些误读与质疑足以证明，在国际上，"一带一路"倡议仍然面临着巨大的挑战，这些挑战既包括传统意义上国际战略争端，也包含着非传统意义上国家文化安全方面的问题。

① 参见邢丽菊《推进"一带一路"人文交流：困难与应对》，《国际问题研究》2016 年第 6 期。
② 隗斌贤：《"一带一路"背景下文化传播与交流合作战略及其对策》，《浙江学刊》2016 年第 2 期。
③ 参见张崇防《"中国媒体丝路行"跨境采访启示》，《对外传播》2014 年第 8 期。

针对"一带一路"发展过程中出现的各种问题，国内学者们也提出建设性的意见。其中有专家指出，建设"一带一路"需要文化先行，把握机遇，尊重规律，促进文化交流与合作。原文化部部长蔡武提出，"一带一路"的文化交流，第一要加强顶层设计与战略部署，推动政府间文化交流与合作深入发展。第二要发挥现有丝路品牌工作成果优势，精心打造新的文化交流品牌。第三要整合各方面资源，形成建设"一带一路"的合力。①

二、艺术汇聚与观念流转

"一带一路"倡议不仅会扩大我国未来国际发展的空间，提升文化发展动力，也会带动相关区域文化艺术的复兴，并对全球文化艺术发展产生深刻的影响。从这个意义来看，"一带一路"是世界文明与文化的重新发现之路，是各种观念与信俗的交流汇聚之路，是物质文化遗产与非物质文化遗产的传承发展之路，更是各种艺术形式的展示和传播之路。

公元前126年，张骞出使西域返回长安，不仅将西域的信息带回了长安，也开启了丝绸之路沿线的从贸易到文化，乃至文明的交流。丝绸、瓷器、铜器、铁器等由此逐渐传至西方，香料、良马、葡萄等也开始引入中国，在促进沿线国家经济、文化交往的同时，也逐渐影响到了沿线国家人们的生活方式。长久以来，尽管丝路沿线各国社会体制不同，文化传统各异，但我国与沿线各国的文化艺术交流一直异彩纷呈、生生不息。

敦煌作为这条文化艺术交流之路上的一个重镇，留下了大量宝贵的艺

---

① 参见蔡武《坚持文化先行 建设"一带一路"》，《求是》2014年第9期。

术遗产，如莫高窟、榆林窟等石窟艺术。尤其是莫高窟被喻为"丝绸之路上的画廊"，以其丰富的石窟和壁画艺术享誉世界。有学者这样总结莫高窟的艺术成就：通过敦煌壁画的题材、色彩和内容等，既可以看到不同历史时期不同文化在此碰撞的结果，也可以直观感受中西方文化的交流与融合。① 西北师范大学历史文化学院研究员李并成对敦煌艺术给予极高的赞誉。他写道，敦煌遗书中的中外多民族史料、敦煌文化中的"胡文化"和佛教"中国化"、敦煌壁画中的飞天、敦煌歌舞艺术等可以作为佐例，其（丝绸之路）是东西方文化交流、整合、融汇及其创生衍化和发展嬗变的加工场、孵化器和大舞台，是文化创新的高地。他认为，本土文化与外来文化的自由交流，东方文明与西方文明的交融汇合，使敦煌文化成为整个丝绸之路上东西方文化交流融汇、创新转化的典型代表。而作为敦煌壁画中最主要的题材——佛教艺术，更与丝绸之路的历史发展密不可分。② 百年来，一代又一代的研究者们走进敦煌、研究敦煌，敦煌研究院名誉院长樊锦诗在《敦煌石窟研究百年回顾与瞻望》一文中对敦煌研究的历史进行了梳理、总结和瞻望。她写道："1900 年，敦煌莫高窟藏经洞的发现，出土了 5 万余件从十六国到北宋时期的经卷和文书，不论从数量还是从文化内涵来看，都可以说是 20 世纪我国最重要的文化发现，从此，以整理和研究敦煌文献为发端，形成了一门国际性的学科——敦煌学。"③

除壁画外，丝绸之路沿线的音乐舞蹈艺术的传播也对中国传统艺术的

---

① 参见段文杰《敦煌早期壁画的民族传统和外来影响》，《文物》1978 年第 12 期；王克芬《多元荟萃　归根中华——敦煌舞蹈壁画研究》，《敦煌研究》2005 年第 3 期。

② 参见李并成《丝绸之路：东西方文明交流融汇的创新之路——以敦煌文化的创新发展为中心》，《石河子大学学报（哲学社会科学版）》2020 年第 4 期。

③ 樊锦诗：《敦煌石窟研究百年回顾与瞻望》，《敦煌研究》2000 年第 2 期。

发展产生了重要的影响。上海音乐学院教授萧梅对此做了详细的论述，她认为不仅是琵琶、筚篥等乐器经由丝绸之路从西域传入中国，历史上诸如隋唐时期的宫廷七部乐、九部乐中，也有来自丝绸之路沿线的龟兹乐、高昌乐、疏勒乐、安国乐、康国乐等。这些音乐表现形式传入中国后，被不断地“再创造”，时至今日，仍然成为中国民族音乐的重要篇章。① 这也是民族音乐学领域公认的艺术交流实证。中国艺术研究院研究员田青在《“一带一路”与中国传统音乐——在“非遗薪传——浙江传统音乐理论研讨会”演讲》中所言：“‘丝绸之路’输入到中原的，最宝贵的财富就是佛教，其次就是音乐。”②

佛教本诞生于古印度，经丝绸之路和海上丝绸之路一路向东传播，沿线的西域各国如莎车（今新疆喀什）、于阗（今新疆和田）、龟兹（今新疆库车）等都曾盛行佛教，东汉初年传入中国，逐渐成为中国文化的重要组成部分，其影响力远播至东亚、东南亚各国。如中国艺术研究院中国文化研究所所长喻静所说：“丝绸之路是古代中外贸易的线路，也是一条佛教、基督教、伊斯兰教、犹太教等宗教文化传播交流的道路，更是大乘佛教进入中国的道路。”③ 与此同时，我们也不能忽视斯里兰卡、尼泊尔和孟加拉国等国家对中国佛教的影响。④ “佛教的传入，不仅在中国思想界掀起了

① 参见萧梅《在田野中触摸历史的体温——丝绸之路音乐研究散论》，《音乐研究》2016年第4期。
② 田青：《“一带一路”与中国传统音乐——在“非遗薪传——浙江传统音乐理论研讨会”演讲》，《南京艺术学院学报（音乐与表演）》2019年第1期。
③ 喻静：《“慈悲”：中国佛教文化助力“一带一路”倡议的支点》，载郑长铃、王珊主编《2016“一带一路”文化遗产国际学术研讨会论文集》，文化艺术出版社2017年版，第38页。
④ 参见嘉木扬·凯朝《“一带一路”视域下的中外佛教文化交流谈片》，《世界宗教文化》2018年第6期。

巨大的波澜，而且对中国原有的文学艺术产生了深远的影响。"①

　　除佛教文化由西向东传入之外，中国的民间信俗文化随着海上丝绸之路不断向外流传。诞生于福建湄洲的妈祖信俗，原本是基于东南沿海的海洋文化而产生的一种海神信俗，但其随闽南人沿海上丝绸之路的探索而被带到了东南亚，乃至更远的华人圈，并逐渐影响到当地的土著。妈祖信俗在海外早已超出了海神信仰本身，其对当地相关社区的文化艺术也产生了重要的影响，如很多当地人与华人一起参加舞龙、舞狮、庙会等民间活动，促进了东南亚各民族间的文化艺术融合。海上丝绸之路的沿线国家多数人信奉妈祖文化，这对于华人的文化认同与文化自觉起到了重要的作用。所以，妈祖文化自觉是"一带一路"建设进程中福建文化传承创新的重要组成。要不断强化妈祖文化自信、做好妈祖文化沟通、促进妈祖文化繁荣，在"一带一路"建设中实现妈祖文化的自觉担当。②

　　同样，不同门类的艺术在"一带一路"倡议的大背景下，也都发挥着各自的作用——促进不同文化的交流与互鉴。例如，在舞蹈领域，中国艺术研究院舞蹈研究所原副所长江东认为："通过舞蹈艺术的展示和交流，'一带一路'沿线国家的人心会进一步相连，进而生成从未有过的巨大能量，影响着全人类的发展步伐不断前行。"③因此以多元合作精神为基础的"一带一路"人文精神必将会以文化包容的博大胸怀与科学态度去激发更多领域的合作。从这个角度来看，"一带一路"的文化责任将是"传

---

① 赵声良:《敦煌壁画与中国传统绘画》,《新美术》2007 年第 5 期。

② 参见宋建晓《文化自觉视野下的妈祖文化与"一带一路"建设》,《福建论坛（人文社会科学版）》2018 年第 6 期。

③ 江东:《用舞蹈艺术架设民心相通的桥梁——"一带一路"下的舞蹈事业畅想》,载郑长铃、高德祥主编《2017"一带一路"文化艺术交流合作国际学术研讨会论文集》,文化艺术出版社 2018 年版,第 112 页。

承古老文化遗产，创造出一种适应新型区域化、全球化的新的文化伦理，最终克服为利润而生产、为消费而生活的发展模式，推动一种新的文明模式"①。

在文化遗产领域，有学者提出要充分挖掘"一带一路"的文化富矿，在包容开放、互鉴创新的丝绸之路文化建设原则下，文化遗产保护要先行，并充分发挥其文化作用。可以通过统筹规划、高位思考、打造品牌，拓展丝路文化遗产发展空间。②2014年，中国、哈萨克斯坦、吉尔吉斯斯坦三国联合申报世界遗产"丝绸之路：长安—天山廊道的路网"的成功案例证实，"在两千年历史发展过程中，亚欧大陆通过丝绸之路活跃着许多不同的民族与部族，迁徙辗转与文化交融，贸易频繁与宗教交会，中国不断发现着新世界，世界也逐渐认识了古中国"③。尤其是在非物质文化遗产保护的实践中，"猎鹰训练术：一宗活形态人类遗产"和"诺鲁孜节"两项多国联合申报的人类非物质文化遗产代表作证明了在冲破地域或区域障碍、沟通世界、促进和平的人类共同事业上，"一带一路"倡议正在发挥着非常积极的作用。④

三、基本特点与问题思考

综上所述，国内学术界对于"一带一路"的文化艺术交流的总体研究

---

① 祝东力：《"一带一路"的文化责任》，载郑长铃、王珊主编《2016 "一带一路"文化遗产国际学术研讨会论文集》，文化艺术出版社 2017 年版，第 7 页。

② 参见范周《"一带一路"的文化遗产价值体现与保护利用》，《遗产与保护研究》2016 年第 1 期。

③ 葛承雍：《丝绸之路的世界回响》，《艺术设计研究》2019 年第 1 期。

④ 参见朝戈金《"一带一路"话语体系建设与文化遗产保护》，《西北民族研究》2017 年第 3 期。

呈现出以下几个特点。

第一，研究文献极具现实性。尽管在"一带一路"提出之前，已有很多学者对于丝绸之路、海上丝绸之路进行过相关研究，但在 2013 年习近平总书记提出"一带一路"倡议之后，"一带一路"成为学界研究者新的研究基点与客观依据。针对倡议的提出，国内学者已从不同角度对此进行了有针对性的分析与研究，提出许多具有现实性的对策与建议，为推动"一带一路"理论体系与深化研究提供了有益的参考。

第二，研究成果具有多元化视角。主要体现在，由于"一带一路"沿线国家和地区众多，地域广阔，因而参与其中的学者众多，研究领域涉及政治学、经济学、国际关系学、社会学、人类学、教育学、艺术学等多个学科范畴，且研究方法呈现出多元化特点。单就文化艺术交流来看，研究者从政治、经济、社会、外交、军事、国家安全等角度切入，进行跨学科分析研究，使研究成果呈现出多元化广阔的视角。

第三，有些成果具有一定的创新性。有学者认为，习近平总书记"一带一路"倡议的提出本身就具有敏锐的政治眼光与伟大的创造力，尤其是提出了打造互利共赢的"利益共同体"和共同发展繁荣的"命运共同体"的宏伟目标，体现了中国在全球谋求和谐发展的新境界[1]与新理念。国内学者们更是从各自不同领域的研究视角对"一带一路"进行了富于创造性解读，提出了很多具有创造性的学术观点。

通过对上述的文献梳理与特点总结可以看出，近年来我国"一带一路"文化艺术研究较为繁荣，研究领域也呈现出多元化、跨学科的趋势，但由于"一带一路"提出时间仍然较短，沿线国家众多，涉及各个研究领

---

[1]　参见石泽《"一带一路"与理念和实践创新》，《中国投资》2014 年第 10 期。

域，虽然当前的"一带一路"在文化艺术研究领域已经积累了相当丰富的研究成果，为进一步深化研究成果奠定了良好的基础。但总体来看，仍然存在着一些问题和不足，值得学界认真总结与思考。

首先，需加强"一带一路"的文化内涵与价值观研究。鉴于当前西方国家对"一带一路"仍存在着一定的疑虑与误解，国内学术界要以全球发展的长远眼光，全面定义与诠释"一带一路"的文化价值，研究总结其精神内涵，为中国与世界的沟通做好充分的理论准备。同时，深入挖掘习近平总书记以"和平合作、开放包容、互学互鉴、互利共赢"为核心的丝路价值观，尽可能地消除国际误解，最大程度地获得国际文化认同。

其次，要正视"一带一路"沿线国家的文化差异问题。正如学者梁海明所说，我们必须清醒地看到，由于"一带一路"沿线国家中有四种文明、上百种语言并存，在巨大的文化差异下往往产生误解与摩擦。[1] 正视来自国际社会的质疑声音，加强文化差异性研究，从而增强国际社会对"一带一路"倡议的信任与尊重。

再次，扭转当前重机制、重战略研究，轻个案研究的局面。综观"一带一路"文化交流的文献资料，高层对话机制、教育人才合作机制、重文化产业合作机制等宏观问题的探讨较多，而针对具体国家、具体问题的研究明显不足，而后者恰恰是随着"一带一路"倡议不断推进而必然面临且亟待解决的重大现实问题，今后应大力加强这方面的研究。

最后，改变当前以史料收集为主、以国内研究为主的研究思路，增强理论体系建构，增加对"一带一路"沿线国家的综合研究，强化跨学科、

---

[1] 参见梁海明《"一带一路"需要文化包容及推动文化产业走出去》，载赵磊主编《"一带一路"年度报告：从愿景到行动（2016）》，商务印书馆2016年版，第187页。

国际化研究视野，不断拓宽“一带一路”文化艺术研究的视野。

"一带一路"从来都是一条基于沿线人民友好交往的文化之路、艺术之路。"一带一路"沿线各国和地区各具特色的文化呈现，需要不同国家、不同民族、不同宗教、不同文化、不同艺术之间长久而友好的交融与互动才能形成，如同一条流动的文明汇聚之彩带悬挂在亚、非、欧大陆的天空。它以沿线各国和地区的互联互通为目标，以中华文化的友好气度与大国风范为基底，必将促进沿线各国和地区在政治、经济、文化、艺术领域进行更为广阔、更加开放、更多元化的合作与交流，在更广泛的领域实现共享与共赢，从而搭建起一个多元、平等、合作的交流平台。

目　录

下编　"一带一路"艺术交流融合与未来发展

上编 "一带一路"的历史使命与当代责任

"一带一路"的文化责任

祝东力

"一带一路"是一个多层次的概念，有着多重内涵。第一，它的基础是古代的两条陆路和海路交通线，用来沟通亚欧非几大文明。当然，今天的"一带一路"，按发改委等三部委联合发布的文件说法，"基于但不限于古代丝绸之路的范围"；它借用古代"丝绸之路"的历史符号，代指同古代"丝绸之路"大体相应的方向和地域。

"一带一路"的第二层内涵，是指当今中国与陆海沿线国家的双边和多边经贸关系，是以合作方式对沿线国家、地区、城市的经济开发。

第三，"一带一路"还包含中国与沿线国家的双边和多边的政治交往关系，乃至文化交流关系。

此外，"一带一路"还可以引申出更深层、更广泛的内涵，我们姑且称之为"一带一路"的文明内涵。

"一带一路"的最终愿景，是全面贯通亚欧大陆两端，也就是东亚与西欧，即中国政府文件中所说的"活跃的东亚经济圈"和"发达的欧洲经济圈"。两端之间，广大腹地盘根错节着亚欧非的多元复杂的文化、宗教、种族及其地缘关系。这是"一带一路"的潜力所在，也是它需要面对和处理的难题。要实现亚欧大陆东方与西方在交通、经贸、政治和文化上的全面贯通，将意味着主要由中国推动实现亚欧非的区域化，而这个区域，正是一百年前英国著名地理学家和地缘政治学家哈尔福德·麦金德（Halford Mackinder）所谓的"世界岛"。麦金德的世界岛理论指出，由欧洲、亚洲、非洲组成的世界岛，是世界上最大、人口最多、最富饶的陆地组合。在它的边缘，有一系列相对孤立的大陆或岛屿，如美洲、澳洲、日本和不列颠群岛。麦金德有一整套控制欧亚大陆腹地，进而控制世界岛，最终控制世界的霸权递进理论。今天，我们当然要肃清麦金德理论中的霸权主义糟粕，但是，去伪存真，批判地继承，他关于地缘政治和地缘战略的洞见，对于我们今天还是颇有启发性的。实际上，几百年来，世界岛之外的国家，例如英国和美国，先是对欧洲大陆国家的联盟，而后是对亚欧大陆国家的协同发展，对亚欧大陆一定意义上的联合或整合，一直怀有警惕戒备之心。就最近的历史来说，"冷战"结束后，东西方阵营壁垒解除，美国作为唯一的全球霸权国家，先后在伊拉克、阿富汗发动战争，并在近年策动中东地区的变乱。这些举措，布局谋篇、颇具匠心，在东亚与西欧这两个最重要的互补性极强的经济圈之间打下了若干条战略隔断。美国的战略家应当非常清楚，按照麦金德的地缘战略理论，"一带一路"的全面贯通，将意味着东亚与西欧密切的协同发展，意味着亚欧非三大洲经济整体性的快速增长，其庞大的经济总量将碾压美国。由此，美国将被亚欧非这个世界岛边缘化，这意味着自地理大发现以来逐渐形成的海权时代将彻底结束。当然，这无疑将是一个曲折漫长的过程。

从文化角度看，"一带一路"沿线国家多属于古老文明区域，几大世界性宗教，佛教、基督教、伊斯兰教，以及世俗性的古希腊人文主义和中国儒家学说，均产生于此。亚欧大陆作为古代文明的母体，有着悠久而多样的文化传承。与此相对比，地理大发现以来形成的海外殖民者国家，例如美国，则缺少深厚的文化传统。19世纪的法国思想家托克维尔曾指出，美国堪称"民主革命"最彻底的国家，换句话说，是资产阶级革命最彻底，也可以说，是最像资本主义的资本主义国家。像美国这样的国家，一方面，它在旧的欧洲体制——包括旧欧洲的等级制度和宗教禁锢之外，在一个新的广袤大陆上，个人凭借自己的勤奋、才能和机遇就能够获取财富和成功，这就是美国梦。与旧欧洲的旧体制相比，美国梦当然包含积极的进步的内容。但另一方面，作为移民社会，特别是在早期阶段，由于缺少历史传统、民俗伦理和社群共同体等因素的牵制，其成员往往更多采取短期行为模式，更易于形成赤裸功利的价值观，更能够适应货币化的人际关系，从而成为近代资本主义野蛮生长的温床。总之，对于美国和美国梦，应当采取这样综合的、辩证的观点来看待。

目前，由跨国资本主导的全球化已经引起普遍的反弹，甚至英美等老一代资本帝国都已开启了去全球化的程序。但是，由于交通、通信等现代技术的迅猛发展，空间正在迅速缩小，长远看，全球化也好，区域化也好，都是不能阻挡的历史趋势。因此，我们可以期待，"一带一路"将规划和实践一种不同于跨国资本主导的新型的区域化乃至新型的全球化进程。从文化的立场看，"一带一路"沿线国家的交流、合作与创新，将可能激活与再造亚欧非文明中的古老遗产，特别是它们对待经济生活中最活跃的资本和市场因素的态度和措施。例如在古代中国，所谓"抑商"，就是在政府体制、民俗伦理和社群共同体的互动关系中，既利用又约束市场和资本的力量。今天，由于片面强调市场和资本的积极作用，很大程度上已经导致全球性的贫富分化和区域性的生态危机。这是"一带一路"的规划和实践应当特别引以为戒的教训。总之，"一带一路"国家有这样的文化责任，传承古老文化遗产，创造出一种适应新型区域化、全球化的新的文化伦理，最终克服为利润而生产、为消费而生活的发展模式，推动一种新的文明模式。

（原载郑长铃、王珊主编《2016"一带一路"文化遗产国际学术研讨会论文集》，

文化艺术出版社 2017 年版）

"一带一路"的文明解析[*]

王义桅

丝绸之路是古代东西方文明与贸易交流之路。"一带一路"是对古丝绸之路在全球化时代的创新与发展。理解"一带一路"必须从全球化时代的文明观来展开。从中华文明史的角度看,"一带一路"不仅在推动中华文明伟大复兴,更在推动其伟大转型,开创了世界文明古国唯一复兴与转型并举的伟大奇迹。从这个意义上说,"一带一路"除了肩负创新人类文明的现实担当外,还肩负着推动中华文明转型的历史担当,以及实现中国梦的未来担当。

一、人类文明史视野下的"一带一路":推动文明的回归与创新

从人类文明史看,"一带一路"修订内陆文明从属于海洋文明、东方从属于西方的"西方中心论",重塑均衡、包容的全球化文明,推动欧亚

* 本文系国家社科基金一般项目"国际公共领域理论研究"(项目编号:12BGJ038)的阶段性成果。

大陆回归人类文明中心地带。

(一)"一带一路"肩负推动人类文明大回归的历史使命

第一,推动欧亚大陆回归人类文明中心。东西方两大文明经过历史上的丝绸之路联系在一起,直至奥斯曼土耳其帝国崛起切断丝绸之路(史称"奥斯曼之墙"),欧洲才被迫走向海洋,而欧洲走向海洋也得益于中国的指南针、火药等四大发明经过阿拉伯传到欧洲。欧洲走向海洋,以殖民化方式开启全球化,这继阿拉伯人开辟海运之后,进一步加速了丝绸之路的衰落,东方文明走向封闭保守,进入所谓的近代西方中心世界。直至美国崛起,西方中心从欧洲转到美国,欧洲衰落,历经欧洲一体化而无法从根本上挽回颓势。如今,欧洲迎来了重返世界中心地位的历史性机遇,这就是欧亚大陆的复兴。欧亚大陆被英国地缘政治学家麦金德誉为"世界岛",其一体化建设将产生布热津斯基《大棋局》一书中所说的让美国回归"孤岛"的战略效应,和让欧亚大陆重回人类文明中心的地缘效应,重塑全球地缘政治及全球化版图。

第二,改变边缘型国家崛起的近代化逻辑。近代以来,葡萄牙、西班牙、荷兰、英国相继从海洋崛起,并通过地理大发现与海上殖民确立世界霸权,直至二战后的美国。然而,这些国家皆非处于人类文明中心地带的文明古国,而是作为世界岛的欧亚大陆的边缘国家或海洋国家,故此称霸周期无一例外没有超过 130 年。① "一带一路"推动大河文明和古老文明复兴,正在改变近代边缘型国家崛起的历史,纠偏海洋主宰大陆、边缘主宰核心的局面。

---

① [加] 梁鹤年:《西方社会、经济与政治的文化基因》,香港三联书店 2012 年版。

（二）"一带一路"肩负推动人类文明创新的现实担当

1. 推动全球化向更加包容性的方向发展

传统全球化由海而起，由海而生，沿海地区、海洋国家先发展起来，陆上国家、内地则较落后，形成巨大的贫富差距。传统全球化由欧洲开辟，由美国发扬光大，形成国际秩序的"西方中心论"，导致东方从属于西方、农村从属于城市、陆地从属于海洋等一系列负面效应。如今，"一带一路"正在推动全球再平衡。"一带一路"鼓励向西开放，带动西部开发以及中亚、蒙古等内陆国家的开发，在国际社会推行全球化的包容性发展理念；同时，"一带一路"是中国主动向西推广中国优质产能和比较优势产业，将使沿途、沿岸国家首先获益，也改变了历史上中亚等丝绸之路沿途地带只是作为东西方贸易、文化交流的通道而成为发展"洼地"的面貌。这就超越了欧洲人所开创的全球化造成的贫富差距、地区发展不平衡，推动建立持久和平、普遍安全、共同繁荣的和谐世界。

2. 创新人类文明，实现全球再平衡

"一带一路"正在开创"天人合一""人海合一"的人类新文明。2014年6月，国务院总理李克强在希腊雅典出席中希海洋合作论坛并发表了题为《努力建设和平合作和谐之海》①的演讲，全面阐述了中国新型"海洋观"，得到了欧方的积极响应。

一是建设和平之海。中国倡导与其他国家一道，共同遵循包括《联合国海洋法公约》在内的国际准则，通过对话谈判解决海上争端，谋取共同

---

① 李克强：《努力建设和平合作和谐之海——在中希海洋合作论坛上的讲话》，《人民日报》2014年6月21日。

安全和共同发展。反对海上霸权，确保海上通道安全，共同应对海上传统安全威胁以及海盗、海上恐怖主义、特大海洋自然灾害和环境灾害等非传统安全威胁，寻求基于和平的多种途径和手段，维护周边和全球海洋和平稳定。

二是建设合作之海。中国积极与沿海国发展海洋合作伙伴关系，在更大范围、更广领域和更高层次上参与国际海洋合作，共同建设海上通道、发展海洋经济、利用海洋资源、开展海洋科学研究，实现与世界各国的互利共赢和共同发展。其中，共建"21世纪海上丝绸之路"是中国建设合作之海的建设性举措。

三是建设和谐之海。中国始终强调尊重海洋文明的差异性、多样性，在求同存异中谋发展，协力构建多种海洋文明兼容并蓄的和谐海洋，从而维护海洋健康，改善海洋生态环境，实现海洋资源持续利用、海洋经济科学发展，促进人与海洋和谐发展，走可持续发展之路。

全球化是欧洲人开启的，美国又后来居上，迄今世界的海上物流主要在跨大西洋、跨太平洋之间。"一带一路"在太平洋与大西洋之间搭起了两条经济带，让世界更均衡发展，推动内陆文明的复兴、海上文明与内陆文明的对接。丝绸之路不仅是欧亚大陆贸易通道，也是欧亚文明交流的纽带。"丝绸之路经济带"不仅在全球化时代继承了古老贸易与文明通道，更在开启陆上全球化以对冲海上全球化风险，开启文明交流互鉴以实现欧亚大陆的和平与繁荣，并以经济建设、政治建设、文化建设、社会建设、生态文明建设"五位一体"的理念开启可持续发展的人类新文明。"经济带"概念就是对地区经济合作模式的创新，其中经济走廊——中俄蒙经济走廊、新亚欧大陆桥、中国—中亚—西亚经济走廊、孟中印缅经济走廊、中国—中南半岛经济走廊、中巴经济走廊等，以经济增长极辐射周边，超越了传统发展经济学理论。中国是世界最大的贸易国家，奉行不结盟政策，提出与美国建设新型大国关系。这就要求中国提出 21 世纪海洋合作新理念，创新航运、物流、安全合作模式，通过特许经营权、共建共享港口等方式，推进海上与陆上丝路对接。"21 世纪海上丝绸之路"贵在"21世纪"：表明中国既不走西方列强走向海洋的扩张、冲突、殖民的老路，也不走与美国海洋霸权对抗的邪路，而是寻求有效规避传统全球化风险，开创人海合一、和谐共生、可持续发展的新型海洋文明。

二、中华文明史视野下的"一带一路"：推动传统中华文明的三大转型

（一）"一带一路"肩负推动中华文明转型的历史担当

作为文明型国家，中国正在经历从内陆文明向海洋文明、从农耕文明向工业—信息文明、从地域性文明向全球性文明的转型。[①] 这是五千年未有之变局，正在开创人类古老文明复兴与转型并举的奇迹。中华文明五千年连续不断，又处于快速复兴势头，可谓世间仅有。"一带一路"倡议的提出，充分展示了全球化时代的文明自信与文明自觉。

中华文明长期受制于北方威胁，局限于内陆。海防还是塞防，是近代以来长期困惑中国的防御布局；走向海洋还是西进，也不断在困扰中国的发展布局。"一带一路"明确中国同时从陆上和海上走出去，既发挥传统陆上文明优势，又推动海洋文明发展，使中国陆海文明协调发展，真正成

---

① 参见王义桅《"一带一路"：机遇与挑战》，人民出版社 2015 年版，第 1 页。

为陆海兼备的文明型国家。

两条丝绸之路首先是一个欧亚地区交通网络：由铁路、公路、航空、航海、油气管道、输电线路和通信网络组成的综合性立体互联互通的交通网络，沿这些交通线路将会逐渐形成相关的产业集群，由此通过产业集聚和辐射效应形成建筑业、冶金、能源、金融、通信、信息、物流、旅游等综合发展的经济走廊。因此，“一带一路”是高技术之路，是以中国资本、技术换取欧亚大市场，推动中国制造成为国际标准，见证着中国从农耕文明到工业—信息文明的转型。

“一带一路”将中国十几个省份与亚非拉广大地区对接，并延伸到南太平洋地区，将世界与中国互联互通起来。随着北极航线的开通，“一带一路”重构了世界地缘政治、地缘经济版图，并推动中国企业走出去和走进去——生产、销售及服务走进“一带一路”沿线国家，是中国提供给全球化的公共产品，标志着中国从地区性文明向全球性文明转型。

（二）“一带一路”肩负实现中国梦的未来担当

“一带一路”与两个“一百年”的中国梦相契合。实现中华民族伟大复兴的中国梦提出后，需要现实的可行路径和路线图。“一带一路”承载了这一重托，2021 年是首期工程，2049 年基本建成。

“一带一路”视野下的中国梦，尤其体现在以下三个方面。

一是中国从“融入全球化”（Globalization in China）到“塑造全球化”（China in Globalization），从“向世界开放”到“世界向中国开放”的态势转变。中华人民共和国成立以来，中国确立了独立自主的和平发展道路，但是中国始终不是世界潮流的开启者。五十年前，“两个拳头打人”，“不跟你玩”，奠定中国特色社会主义的底气；改革开放后中国融入世界经济一体化进程。"一带一路"的提出，标志着中国对外开放战略翻开了历史的新篇章。从开放的内涵上来讲，"引进来"转向"走出去"，"引进来"和"走出去"更好结合，培育参与和引领国际经济合作竞争新优势，以开放促改革；从开放的广度上来讲，为发展中国西部地区，实施向西、向南开放的战略，形成全方位开放新格局；从开放的深度上来讲，顺应世界区域经济一体化发展趋势，以周边为基础加快实施自由贸易区战略，实现商品、资本和劳动力的自由流动。

二是中国塑造欧亚一体化，巩固大周边依托。"一带一路"形成的互联互通将把亚太地区与欧盟联系起来，给欧亚大陆带来新的空间和机会，并形成东亚、西亚和南亚经济辐射区。推进贸易投资便利化，深化经济技术合作，建立自由贸易区，最终形成欧亚大市场。对域内贸易和生产要素进行优化配置，促进区域经济一体化，实现区域经济和社会同步发展。近年来，欧盟提出从里斯本到符拉迪沃斯托克的欧亚一体化战略构想。俄罗斯也提出欧亚经济联盟战略。"一带一路"比这些更大、更切实、更包容，有效破解美国试图通过 TPP（跨太平洋伙伴关系协定）、TTIP（跨大西洋贸易与投资伙伴关系协定）等更高标准全球化排斥中国的企图。中国在设置议程、机制和理念，不再是搭美国主导的国际体系（如 WTO）"便车"，而是让亚非欧搭中国经济"便车""快车"。历史上，大国崛起无不是先立足周边，后辐射世界的。周边是我安身立命之所、发展繁荣之基。"一带一路"以历史上的文明共同体理念为基础，以全球化、欧亚一体化为方向，打造中国大周边的利益共同体、责任共同体、安全共同体，最终建设命运共同体，必将极大提升我国国际影响力和软实力。

三是重塑中国全球化战略的比较优势，全面提升中国竞争力。"一带一路"是中国在全球分工体系中通过全方位开放塑造新的比较优势。在新一轮全球化竞争中，中国从全球产业链低端向高端迈进，比较优势也从劳动—资源密集向技术—资本密集升级。"一带一路"就是中国从全球产业链高端向低端转移优质产能的过程，将以互联互通为基础的相关行业人力、物力、财力、经验、标准的全方位比较优势充分发挥，全面提升中国在技术、资本、标准等领域的国际竞争力。

古代海陆丝绸之路曾是中国联系东西方的"国道"，是中国、印度、希腊三种古老文化交汇的桥梁；今天，丝绸之路重焕活力，成为新形势下中国对外开放的重要通道。"一带一路"沿线包括中亚、东盟、南亚、中东欧、西亚、北非等65个国家（当然，"一带一路"是开放的，不限于65个国家），44亿人口，经济容量约为21万亿美元，分别占全球的63%和29%。2013年，中国与"一带一路"沿线国家的贸易额超过1万亿美元，占中国外贸总额的四分之一；过去10年，中国与沿线国家的贸易额年均增长率为19%，较同期中国外贸额的年均增速高出4个百分点。今后还有更大的增长空间。按照"十三五"规划，未来五年，中国将进口10万亿美元的商品，对外投资超过5000亿美元，出境游客约5亿人次，中国的周边国家以及丝绸之路沿线国家将率先受益。

"一带一路"强调共商、共建、共享原则，强调开放、包容理念：一是与当地已有合作架构的兼容，尽量不另起炉灶；二是与域外力量的包容，不是排挤俄美欧日等域外势力，强调其国际合作的公共精神与公共产品属性，而非中国单方面的战略。这就是在践行"中国梦使世界各国人民追求美好生活的梦想相通"的理念。斯里兰卡梦、俄罗斯复兴梦、印尼海洋强国梦、蒙古梦等与丝路梦对接，充分将中国机遇变成世界机遇，将世界机遇变成中国机遇。"一带一路"将沿途国家、地区与中国战略合作伙伴做实，也是将全球伙伴网络接地气。在对外宣介"一带一路"时，可强调联合国开发计划署（UNDP）的前期贡献，将"一带一路"纳入联合国2015年后可持续发展议程，践行党的十八大报告提出的"五位一体"理念，建设绿色丝绸之路。

三、"一带一路"的文明自信与文明自觉

"一带一路"体现中华文明的自信与自觉，其所蕴含的中国智慧体现在中国理念、中国哲学、中国伦理、中国经验、中国路径等各方面。

（一）中国理念：共商、共建、共享

不同于近代以来西方的殖民主义、帝国主义和霸权主义，以国际掠夺、竞争为常态，而合作、妥协为非常态，也不同于战后西方对外援助等各种名目的国际合作模式，"一带一路"依靠中国与沿线65个国家已有的双多边机制，借助既有的、行之有效的区域合作平台，高举和平、发展、合作的旗帜，主动发展与沿线国家的经济合作伙伴关系，以共赢主义超越零和博弈，融通中国梦与世界梦。

"一带一路"不是工程、项目，而是通过大写意的手法描绘的国际合作倡议，秉持开放包容原则，倡导共商、共建、共享理念，表现在：中国与沿线国家寻求项目、资金、技术与标准对接，共同打造政治互信、经济融合、文化包容的利益共同体；共担风险，共同治理，打造中国与沿线国家的责任共同体；以互利共赢理念实现中国与沿线国家共同繁荣、共襄盛举；共迎挑战，共担风险，最终打造中国与沿线国家的命运共同体。

第一，中国倡导"共商"，即在整个"一带一路"建设当中充分尊重沿线国家对各自参与的合作事项的发言权，妥善处理与各国利益关系。沿

线各国无论大小、强弱、贫富，都是"一带一路"的平等参与者，都可以积极建言献策，都可以就本国需要对多边合作议程产生影响，但是都不能对别国所选择的发展路径指手画脚。通过双边或者多边沟通和磋商，各国方可找到经济优势的互补，实现发展战略的对接。第二，中国倡导"共建"。"商讨"毕竟只是各方实质性参与"一带一路"建设的第一步，接下来要进一步做好"走出去"的服务工作，同时鼓励沿线国家在引入资金、技术后培养相关人才，增强自主发展能力。只有做到了前面两点，才能保证"一带一路"建设的成果能够被沿线国家所共享。

可以说，"一带一路"在全球化新时代继承和弘扬了"和平合作、开放包容、互学互鉴、互利共赢"的古丝绸之路精神，正在打造中国的新天下观——四海一家、天下无外，纠正近代以来西方殖民体系及现今美国霸权体系造成全球化的碎片化、分裂化局面，以沿线国家的共同现代化超越近代西方开创的竞争性现代化，推动实现持久和平、共同繁荣、普遍安全的和谐欧亚。

（二）中国哲学：取法乎上，得乎其中

"一带一路"能建成吗？如何克服资金缺口、战略风险、安全挑战等问题，是国内外不少人质疑的焦点。美国人一度认为其是幻觉（illusion）。殊不知中国"一带一路"自有其哲学。"取法乎上，仅得其中；取法乎中，仅得其下。"这种《易经》智慧在"一带一路"建设中得到充分体现。

我们清楚地认识到，古代丝绸之路的繁荣稳定是与中央王朝的强盛和控制力密切相连的。"一带一路"也是与中华民族伟大复兴的两个一百年奋斗目标紧密相连的，两者相互依托，既是愿景，也是行动，承载了中华民族伟大复兴的梦想。"一带一路"取法乎上——从"全球化的中国化"向

"中国化的全球化"转变，而得乎其中——推动实现欧亚大陆共同市场。

（三）中国伦理：己欲立而立人，己欲达而达人

《论语·雍也》记录了这样的对话——子贡曰："如有博施于民而能济众，何如？可谓仁乎？"子曰："何事于仁，必也圣乎！尧舜其犹病诸！夫仁者，己欲立而立人，己欲达而达人。能近取譬，可谓仁之方也已。"这段对话所揭示的中国伦理观，在改革开放三十余年后中国一跃成为世界第二大经济体，通过"一带一路""亚投行"等得到体现。

我们说，"一带一路"是中国奉献给世界的合作倡议与公共产品，是中国能够做也应该做的。中国崛起了，正在鼓励其他新兴国家崛起；中国发展了，正在鼓励其他发展中国家发展；中国繁荣了，正在鼓励周边国家繁荣。"一带一路"就是以中国崛起为动力，推动欧亚大陆包括非洲南太地区的崛起、发展和繁荣，创新21世纪地区合作模式。正是基于这一认识，拙著《"一带一路"：机遇与挑战》的封底赫然印着"世界养育中国，中国回馈世界"[①]。

（四）中国经验：革命—建设—改革开放的中国模式

"要致富，先修路；要快富，修高速。"这是中国改革开放的民间经验总结。无论从顶层设计还是具体实践看，中国革命、建设、改革各个阶段都产生了一系列中国特色的做法、经验与模式，为"一带一路"建设提供了丰富的营养。尤其是渐进式改革、从沿海到内地的有序开放，通过产业园区、经济走廊等试点，然后总结推广，形成以点带面、以线带面的局

① 王义桅：《"一带一路"：机遇与挑战》，人民出版社2015年版，封底。

面，最终以中国国内市场一体化为依托，辐射周边，形成欧亚大陆一体化新格局。

"一带一路"倡议所构建的"全方位开放体系"，推行"全方位、多层次、宽领域"新一轮对外开放，在如下四个方面实现"升级"：

一是开放主体。建设"一带一路"，要全面调动沿线和地方的积极性，尤其是调动中西部欠开放、欠发达地区的积极性，将其生产优势与东部和丝路沿线国家的市场需求结合起来。其次，"一带一路"没有对参与成员的"身份"进行限制，对沿线国家和以其他形式参与进来的国家和实体也具有开放性，提倡多样化经营，倡导政府、企业、民间的多层面交往。

二是开放对象。"一带一路"要求确立面向更广阔的国内、国际市场的开放政策。"一带一路"发端于中国，是世界上跨度最长的经济大走廊。建设"一带一路"，首先要扩大"对内开放"，即沿线各省份要积极投入、搞好自身经济建设，将辖区内的建设项目落到实处，实现与国内其他地区的相互联通。建设"一带一路"，也要扩大"对外开放"，即面向数量更多、多样化程度更高的国家实施开放政策。中国推进"一带一路"建设不针对、不排斥任何国家，合作伙伴的选择空间可谓空前广泛。"一带一路"贯通中亚、东南亚、南亚、西亚乃至欧洲部分区域，东牵亚太经济圈，西系欧洲经济圈，本身就跨越了传统的地缘区域界限，所经国家和地区发展水平参差不齐，在民族、宗教、发展历史、文化背景等方面存在着巨大差异。中国政府更是表示，除了沿线国家，世界各个国家和国际、地区组织的建设性参与都将受到欢迎。

三是互动形式。开放是为了更好地实现双边或多边的经济互动。从贸易来看，"一带一路"将重点支持中国与沿线国家相联结的交通、通信等基础设施建设，提高沿线地区物流效率，便利双向或多边的贸易往来；通过提高沿线地区人民的消费水平，也能够挖掘出更大的消费市场，形成可持续的贸易往来模式。从投资来看，"一带一路"将帮助我国的制造业提升在全球价值链分工中的地位。持续助力中国企业"走出去"，努力形成与"引进来"相当的双向互动，是"一带一路"包容性开放的重要内涵。

四是开放心态。中国通过建设"一带一路"，倡导进行更具包容性的对外开放、开展更具包容性的务实合作，引领国际合作新风。以往发动如此大规模的经济带建设，主导国家往往选择以单向输出为主的方式来确保自身利益无虞。在"一带一路"建设过程中，中国将贯彻不干涉内政原则，不走容易引发矛盾冲突的老路，做到与邻为善、美美与共，谋求共同发展。"一带一路"强调中国不搞单边主义，不把自己的意志强加于人；"一带一路"欢迎沿线国家直陈自身发展优势和需要，支持沿线国家自主创新能力的提高和国家间以坦诚沟通达成的高效合作。尽管倡议是由中国提起的，但"一带一路"建设当中，中国是通过与沿线国家的平等协商来确保相关项目的合理性和可行性的。

（五）中国方案：互联互通

公元前 221 年，秦始皇以"书同文、车同轨"统一中国。今天，国内互联互通基本完成，故此才能推动欧亚非大陆互联互通。正如习近平主席 2014 年 11 月在"加强互联互通伙伴关系"东道主伙伴对话会上的讲话中所指出的："如果将'一带一路'比喻为亚洲腾飞的两只翅膀，那么互联互通就是两只翅膀的血脉经络。"①

---

① 《习近平在"加强互联互通伙伴关系"东道主伙伴对话会上的讲话（全文）》，2014 年 11 月 8 日，新华网。

"一带一路"不仅不另起炉灶，反而强调通过"五通"——政策沟通、设施联通、贸易畅通、资金融通、民心相通，开创系统化、网络化、人性化的互联互通新格局。这与中医强调打通任督二脉的智慧如出一辙。

一是政策沟通。通过加强友好对话与磋商，各国可以共商经济发展战略和对策，求同存异，消除政策壁垒和其他人为的合作屏障，协商制定推进区域合作的规划和措施，以政策、法律和国际协议为沿线经济融合保驾护航。为此，加强政府间合作，积极构建多层次政府间宏观政策沟通交流机制，深化利益融合，促进政治互信，达成合作新共识，是"一带一路"建设的重要保障。

二是设施联通。设施联通主要包括四大类：（1）交通基础设施，尤其是关键通道、关键节点和重点工程，优先打通缺失路段，畅通瓶颈路段，配套完善道路安全防护设施和交通管理设施设备，提升道路通达水平。推进建立统一的全程运输协调机制，促进国际通关、换装、多式联运有机衔接，逐步形成规范的运输规则，实现国际运输便利化。（2）口岸基础设施，畅通陆水联运通道，推进港口合作建设，增加海上航线和班次，加强海上物流信息化合作。拓展建立民航全面合作的平台和机制，加快提升航空基础设施水平。（3）能源基础设施，共同维护输油、输气管道等运输通道安全，推进跨境电力与输电通道建设，积极开展区域电网升级改造合作。（4）跨境光缆等通信干线网络，提高国际通信互联互通水平，畅通信息丝绸之路。加快推进双边跨境光缆等建设，规划建设洲际海底光缆项目，完善空中（卫星）信息通道，扩大信息交流与合作。

三是贸易畅通。各方应该就贸易和投资便利化问题进行探讨并做出适当安排，消除贸易壁垒，降低贸易和投资成本，提高区域经济循环速度和质量，实现互利共赢。投资贸易合作是"一带一路"建设的重点内容。推进投资贸易便利化，消除投资和贸易壁垒，加强双边投资保护协定、避免双重征税协定磋商，保护投资者的合法权益，构建区域内和各国良好的营商环境，积极同沿线国家和地区共同商建自由贸易区，激发释放合作潜力，做大做好合作"蛋糕"，是努力方向。

四是资金融通。《推动共建丝绸之路经济带和21世纪海上丝绸之路的愿景与行动》指出，资金融通是"一带一路"建设的重要支撑。如果各国在经常项目下和资本项目下实现本币兑换和结算，就可以大大降低资金流通成本，增强抵御金融风险能力，提高本地区经济的国际竞争力。"一带一路"建设将为中国和沿线国家实现金融安全提供新契机。

五是民心相通。"一带一路"建设需弘扬睦邻友好的合作精神，在教育、文化、旅游等领域深入开展人文合作，以文化交流推动包容开放理念的形成和扩散，促进文化交融，促成文化认同感，为深化沿线国家合作提供内在动力。

（六）中国战法：东西呼应、陆海联通

"东方物所始生，西方物之成熟。夫作事者必于东南，收功实者常于西北。"《史记·六国年表》这句话，是"一带一路"中国智慧的历史写照。改革开放发轫于东南，而收功于西北，这就是"一带一路"所昭示的全方位开放。

许多人把"一带一路"比作中国应对美国重返亚洲的"西进战略"，其实这是以西人战法度中华智慧——"一带一路"以围棋智慧，着眼全局，不在于一城一池之得失，而在于谋篇布局，取得东西呼应、陆海联通之效。

"和平合作、开放包容、互学互鉴、互利共赢"的丝绸之路精神，是

中国历史智慧的结晶。"一带一路"建设将开启 21 世纪丝路精神，挖掘、展示和开创中国全球化智慧。正如《推动共建丝绸之路经济带和 21 世纪海上丝绸之路的愿景与行动》所指出的，"共建'一带一路'旨在促进经济要素有序自由流动、资源高效配置和市场深度融合，推动沿线各国实现经济政策协调，开展更大范围、更高水平、更深层次的区域合作，共同打造开放、包容、均衡、普惠的区域经济合作架构。共建'一带一路'符合国际社会的根本利益，彰显人类社会共同理想和美好追求，是国际合作以及全球治理新模式的积极探索，将为世界和平发展增添新的正能量"[1]。

四、结论与启示

"一带一路"是全方位对外开放的必然逻辑，也是文明复兴的必然趋势，还是包容性全球化的必然要求，标志着中国从参与全球化到塑造全球化的态势转变，正在诠释通过复兴、包容、创新三部曲，融通中国梦与世界梦的主旋律。"一带一路"伟大倡议，通过中国国内一体化，推动沿线国家实现共同现代化，开创包容性全球化，体现出中国的担当与智慧。

展望未来，"一带一路"正开启"三五效应"：五千年未有之变局——推动传统中华文明的转型；五百年未有之变局——推动近代人类文明的创新；五十年未有之变局——推动中国梦的实现，并正开创人类古老文明复兴与转型并举，推动人类文明包容与创新的境界。这就是从人类文明史、中华文明史解读"一带一路"所得出的主要启示。

---

[1] 国家发展改革委、外交部、商务部：《推动共建丝绸之路经济带和 21 世纪海上丝绸之路的愿景与行动》，2015 年 3 月 28 日。

"一带一路"不是一个实体和机制，而是合作发展的理念和倡议，是依靠中国与有关国家既有的双多边机制，借助既有的、行之有效的区域合作平台，旨在借用古代"丝绸之路"的历史符号，高举和平发展的旗帜，主动地发展与沿线国家的经济合作伙伴关系，共同打造政治互信、经济融合、文化包容的利益共同体、命运共同体和责任共同体。

当然，"一带一路"倡议不是孤立的，也不是中国大战略的全部，它立足于中国国内的全面深化改革和全方位开放（三个自贸区、长江经济带、京津冀一体化），与亚太自贸区（FTAAP）构成中国的"一体两翼"大战略，共圆中国梦。

总之，"一带一路"既有实现中国梦的路径选择，又有大国崛起话语权和比较优势的战略规划，还肩负中国让世界更美好的人类担当。世界日益增长的需要与落后的全球化供给之间的矛盾，就是中国发展和"一带一路"建设的动力。"一带一路"是新的长征，是中国在沿途国家的宣言书、宣传队、播种机，将中国与有关国家的合作与友谊拓展与深化，极大提升中国制造、中国营造、中国规划的能力与信誉，提升中国威望。"一带一路"以"丝路梦"成就中国梦，助推世界梦。

（原载《新疆师范大学学报（哲学社会科学版）》2016年第1期）

中华传统文化的"大通"精神与古代丝绸之路

李心峰

美国学者、耶鲁大学历史系教授、东亚研究中心主任芮乐伟·韩森（Valerie Hansen）有一部中国古代史著作《开放的帝国：1600 年前的中国历史》（*The Open Empire: A History of China to 1600*）被译成中文，让我们读起来饶有兴趣。该书将公元前 1200 年（大约商朝武丁时代）到公元1600 年（明万历二十八年）总共大约 2800 年的古代中国，称之为"开放的帝国"（The Open Empire）。她对中国古代历史的叙述，一改以往千篇一律的"王朝更迭循环模式"，而引入一种新的方法，用古代中国对外来文化长期保持着一种开放的态势这样一个基本看法，重新"构建"中国古代历史。她要揭示的是"中国历史上对日常生活产生更大影响的"一种"趋势"："如佛教的引入，丝绸之路带来的思想和技术的交流、妇女角色的演变、普通百姓对冥界生活认识的变化，以及蒙古的征服等。""这种新的思路，导致了不同于读者可能期待的对 1600 年前中国历史的新认识。这些资料描述了这样一个帝国：它在形成之时便融合了不同的地区和民族，并在漫长的历史中保持对外来影响的开放，而不是一个拒绝外来影响的中央王国。"在她看来，这样一种开放的帝国的形象，一直维持到公元 1600

年。在此之后,这个古老的中央帝国开始愈益走向封闭。"16 世纪耶稣会教士从意大利来到中国时,他们发现中国是个严防边关的帝国……意大利人自然也把中国描绘成一个闭关的帝国。"而"本书的目的是要揭示在利玛窦和他的欧洲同伴到来之前,中国是多么的不同,多么的开放"。

我们非常赞同韩森教授的判断。她的判断有充分的依据。古代中国,从总的基调来看,的确是一个"开放的帝国",与外部世界保持着富有活力的交流、沟通。古代的丝绸之路,无论是陆上的,还是海上的,就是上述事实极好的证明,也是其最为典型的例证。

我们所关心的是,古代中国长期以来能够保持对外开放的态势,在其背后一定有某种根深蒂固的、人们普遍认同的深层观念或意识作为支撑。假如人们普遍持有一种封闭的、排斥外来文化的观念和意识,怎么可能导致上述这种开放的态势长久得以保持呢? 开放的帝国,源自帝国的人民的开放性的行为、开放性的实践。而这种开放性的行为与实践,只能是由人们的开放性的意识与观念所支配的。

在我看来,这种开放性的意识与观念,就是中国古代思想体系中占有相当重要地位的"通"或"大通"的观念与意识。

"通"或"大通"的观念与精神,是中国古典哲学同时也是整个中国传统文化最重要的观念与基本精神之一。

这种"通"或"大通"的观念,首先在儒家思想中有充分的体现。儒家最重要的经典之一《周易》主张"变通":"穷则变,变则通,通则久。"《周易·系辞传》则说:"寂然不动,感而遂通天下之故。""变通莫大乎四时。"

宋儒程子则说:"道通天地有形外,思入风云变态中",等等。可以说,"通"的观念是儒家思想中一个一以贯之的基本观念。

在道家思想中，更是极大地突出了"通"或"大通"的精神。这在《庄子》一书中有极为充分的体现。《庄子》一书中运用"通"这一词语、阐发"通"的观念可谓比比皆是。如"通于道""通于一""知通于神""道通天地""通于万物"，讲究"六通四辟"，等等。与此密切相关的词语还有"通达""荣通"，等等。"大通"这一观念，可能最早就出自《庄子》这部道家经典著作，《庄子·大宗师》云："同于大通，此谓坐忘。"

中国古代的"大通"观念在汉代许慎《说文解字》一书对于"博"字的释义中得到进一步确认："博，大通也。从十从尃。尃，布也，亦声。"在这里，"十"是"博"字的意附，是其本义所在："十，数之具也。一为东西，丨为南北，则四方中央备也。凡十之属皆从十。"在这里，许慎又提出了一个"博通"的观念："博"字左边的"十"字形象而绝佳地阐释了中国古人所推崇的"大通"观念。

在中国古代，"通"还与我们先人的崇圣观念、圣人理想有密切的内在联系。《说文解字》中："圣，通也。从耳，呈声。"美国学者安乐哲、郝大维对于"圣"字做了创造性的解释：圣人是沟通的大师。"或许这一重新定义的'圣'重要之处则在于成圣，根本上意味着沟通：圣人是沟通的大师。""圣人就是那些以倾听、'耳顺'达致人事洞明的人。圣人'顺'（协和）而后言，则他的话就能产生真正的交流所需要的和谐沟通。"

"通"或"大通"的观念不只在儒、道两家的思想中有充分的体现，在后来传入中国并得到本土化改造的中国佛教思想中，"通"的观念也是其基本的观念、基本的精神之一。中国化的佛学即禅宗主张一多相融、大小相摄、前后相应、内外相通。最具佛教特点的"通"或"大通"的观念，便是在佛教领域影响极广的"圆通"精神。君不见，全国各地的佛教寺庙、佛教设施中，有多少处写着"圆通"二字？

与上述这些"通"的概念术语密切联系，在中华文化中，还普遍流行着"会通"或"汇通"等观念。这些概念，已无法分辨它是属于儒家还是道家或是释家，而成为遍于各家学说中的一种共通的思想观念和基本精神了。

当代著名思想史家陈来先生曾对中华文明所体现的有关事物相互联系、相互依存、相互贯通的基本精神做过这样的简明概括："很明显，与西方近代以来的机械论宇宙观相比，古典中华文明的哲学宇宙观是强调连续、动态、关联、关系、整体的观点，而不是重视静止、孤立、实体、主客二分的自我中心的哲学。从这种有机整体主义出发，宇宙的一切都是相互依存、相互联系的，每一事物都是在与他者的关系中显现自己的存在和价值，故人与自然、人与人、文化与文化应当建立共生和谐的关系。"陈来先生所概括的这种古典中华文明的有机整体主义宇宙观为中华文明提供了思想基础，为中华文明的价值观提供了哲学基础，也是中华传统文化中"通"或"大通"观念的深层的宇宙观基础。

中华传统文化中的这种"通"或"大通"观念，正是古代中国能够成为"开放的帝国"的深层的观念基础、内在的精神依据，也是古代丝路实践的观念依据。今天，我们弘扬丝路精神，需要认真挖掘、深入阐释这种"大通"观念，并让这种古老的智慧在今天重新焕发生机与活力，助力今日的"一带一路"的创造性实践。

（原载郑长铃、高德祥主编《2017"一带一路"文化艺术交流合作国际学术研讨会论文集》，文化艺术出版社 2018 年版）

促进文化认同对"一带一路"建设的现实意义

——以中亚地区文明发展的历史与现实为例

许　涛

　　中亚地区是世界文明交流互动的重要区域，历史上曾将古波斯、古印度、古希腊、中国、阿拉伯等重要文明中心连接起来，世界三大宗教在这里汇聚并相互影响。当今世界在全球化进程引起的一系列变化中，国际社会原有秩序受到冲击，不同族群文化间的关系紊乱。第二次世界大战以来形成的地缘政治格局和地缘文化格局同时被打破，在不同质文化区域之间原本存在的缓冲区和安全地带已经被压缩得荡然无存。构建各地区间、各国家间、各民族间相互理解、彼此交流的文化关系，既是当今打造利益共同体和命运共同体的精神基础，也是启示人类社会走出文明冲突和文化藩篱的重要路径。在中国政府和领导人的积极倡议与推动下，构建"一带一路"的热潮已经在相关地区蓬勃兴起。促进交通基础设施建设、协调各国间法律法规、建立融资和金融服务体系等，在欧亚广大地区诸多国家已经初见成效。在这一重要历史时刻，加强"一带一路"文化联系的"民心相通"工程越来越现实而迫切地摆在相关各国政府和人民面前。

一、古代"丝绸之路"对中亚文明的推动

中亚地区曾是历史上不同文化交织、对撞、整合的十字路口，也是古代"丝绸之路"的重要枢纽区段。由中国中原地区出发的贸易商队出玉门、敦煌后，穿越大漠戈壁，经天山廊道东段，进入今天哈萨克斯坦、乌兹别克斯坦、吉尔吉斯斯坦等地的城市，经过歇脚打尖、休整补充后或继续进入廊道西段向中亚腹地、西亚和北非挺进，或向北经哈萨克草原进入东欧平原，或向南翻越大雪山（兴都库什山）走进南亚。也有中原来的商贾干脆将货物交给当地的合作伙伴，任由他们作二级或三级处理，让来自中原的物质文化元素以中亚为中心流向四面八方。这样一来，中亚地区一些今天看起来并不起眼的中小城市，在当年却曾是"丝绸之路"上车马喧嚣、呼羹唤浆的交通重镇。哈萨克斯坦的奇姆肯特、突厥斯坦，乌兹别克斯坦的塔什干、撒马尔罕、布哈拉、乌尔根奇，吉尔吉斯斯坦的比什凯克、奥什等古老城市，都在古代"丝绸之路"上担当过人员和货物的重要集散地，驿站、货栈、客栈、茶棚遍布在古老的商路两侧。至今，中亚各国的许多城市仍然以"丝绸之路"为主题，命名着自己的街道、酒店、餐馆、商场、剧院、公司。

中亚各国独立后，不仅经历了国家主权巩固和国民经济复苏的艰难阶段，而且也一步步地走过各民族国家文化再造的尴尬时期。对沙俄和苏联统治历史的文化否定带来的突出问题，是中亚各国将用怎样的文化传承作为自己的核心价值观，中亚五国都从各自的民族、宗教历史中极力发掘出可以赋予现代意义的内容。如果说基于五国主体民族不同历史而在重塑国家文化形象上体现出较大差异的话，在提倡弘扬古代"丝绸之路"精神推动新的文化复兴上却出现了空前的一致。代表苏联时代的城市文化特征在

中亚各国渐渐淡化后，以古代"丝绸之路"为主题的文学作品、美术创作、城市雕塑、戏剧舞蹈很快取而代之。而且，冠名"丝绸之路"的一系列国际文化活动方兴未艾，成为各国向国际社会共同打出的文化名片。以古代"丝绸之路"为主题的美术展、摄影展、图书展、音乐节、艺术节、旅游节、美食节、民间工艺展销会等，成为中亚各国"文化搭台、经济唱戏"的主要模式。历史上的"丝绸之路"不仅为中亚诸民族带来了物质生活上的丰富，也成了当地精神生活中文学发展和艺术创作永不枯竭的源泉。

从公元前一直存在至 16 世纪的"丝绸之路"，作为商贸走廊对东西方经济发展和文化交流做出了伟大贡献。然而对于中亚地区诸民族而言，却是带来深刻历史性变化的文明发展动力。尤其对于处在欧亚内陆中心长期封闭地缘环境中的中亚地区，历史上以各民族国家（或政权）为代表的文明中心内生性文化张力不足以突破自然地理条件构成的地缘文化障碍。这一事实造成的结果，一方面是本土文化的原始成分得到相对完整的保留；另一方面是中亚文明的每一次重大进步往往都离不开域外力量的推动。希腊马其顿东征、波斯帝国统治、汉唐经营西域、突厥汗国西迁、阿拉伯帝国扩张、蒙古汗国西征、沙皇俄国征服等，一次次外族文化的进入成为中亚地区与世界文明接轨和完成现代化的重要动力。中亚社会文明进程就是在这样一种地缘上的封闭性与文化传播要冲的开放性之间纠结发展至今，也因此造成了这一地区文化多元性的现状。客观上带来文明进步的历次外力介入，往往伴随着入侵、征服、杀戮等破坏性过程。相比之下，"丝绸之路"对这里各民族的社会经济和民族文化发展带来的影响力却是非比寻常。难怪时至今日，中亚地区各民族仍然对"丝绸之路"保留着一种珍视、缅怀甚至崇拜的情感，他们甚至以曾经是"丝绸之路"的一部分而骄傲,他们津津乐道当年中亚各地处处遍布"丝绸之路"驿站、货栈、茶肆和巴扎的盛况。客观地讲,"丝绸之路"作为一个文化符号在中亚地区留下的影响力远远大于在中国的历史记忆。这就显现出了一个很有意思的现象,"丝绸之路"存在的历史在起点、途中和终点地区保留着不同的社会影响力,作为同样的一种历史遗产,它却在不同的国度和民族中占据着很不一样的社会文化地位。这一现象不仅是由于各国、各民族曾处在不同社会发展阶段而出现的文化认知和文化自觉的差异,这条古代商路在欧亚大陆各主要路段不同的地缘文化条件也发挥了重要的作用。了解这一层历史文化背景,也就不难理解今天中亚各国对中国领导人关于建设"一带一路"倡议有如此热情的回应了。

二、当代国家间良好政治互信关系保障

中国与中亚各国建立国家层面的政治互信关系,首先体现在领导人之间形成的良好个人关系和机制化的定期会晤惯例。由于同属于东方民族政治文化传统,国家元首和政治精英在中国与中亚各国社会发展和国家制度建设中都发挥着关键性作用。领导人之间确立良好关系对国家间关系发展的影响是最直接、最有效的途径,尤其对于重大政治问题和国家观、世界观达成相互理解与彼此认同的作用是不可替代的。2016年6月,习近平主席在访问乌兹别克斯坦并出席上海合作组织成员国元首理事会第十六次会议前,在乌兹别克斯坦国家媒体《人民言论报》和"扎洪"通讯社网站发表题为《谱写中乌友好新华章》的署名文章中指出,"中乌两国人民勤

劳勇敢、诚实守诺、重情重义，对家国天下有着相似的理解"①。自上而下的高层政治推动，使"命运共同体"理念在中亚广泛传播。在这次访问的元首会晤中，习主席与卡里莫夫总统高度概括了中乌政治互信的成果，决定将中乌关系提升为"全面战略伙伴关系"，共同签署了《中华人民共和国和乌兹别克斯坦共和国联合声明》。②习近平在乌兹别克斯坦最高会议立法院发表了题为《携手共创丝绸之路新辉煌》的演讲，对中乌双边关系近年发展和共建"丝绸之路经济带"的成就做了高度评价，并提出构建"一带一路"互利合作网络，共创"一带一路"新型合作模式，打造"一带一路"多元合作平台，推进"一带一路"重点领域项目，推动"一带一路"建设向更高水平、更广空间迈进。③

其次，多边双边会晤磋商机制基本形成。一方面，2001 年正式成立的上海合作组织成员国包含了中亚哈萨克斯坦、乌兹别克斯坦、吉尔吉斯斯坦、塔吉克斯坦四国，一年一度的上海合作组织国家元首理事会和总理理事会，为中国与中亚各国领导人就世界和地区重大问题交换看法、协调立场、共商对策提供了重要平台（其实这一会晤机制的实际效果更早始于1996 年"上海五国"论坛）。2016 年是上海合作组织成立 15 周年，乌兹别克斯坦作为 2015—2016 年上海合作组织轮值主席国，对本届成员国元首理事会暨上合组织成立 15 周年纪念性峰会予以高度重视，并成功组织举办了这次峰会。这本身既标志着乌兹别克斯坦对这一机制的重视程度在

---

① 《习近平在乌兹别克斯坦媒体发表署名文章：谱写中乌友好新华章》，2016 年 6 月 22 日，人民网。

② 《习近平同乌兹别克斯坦总统卡里莫夫举行会谈 两国元首一致决定建立中乌全面战略伙伴关系》，2016 年 6 月 22 日，新华网。

③ 《综述：携手共创丝绸之路新辉煌——习近平主席在乌兹别克斯坦最高会议立法院的演讲引起热烈反响》，2016 年 6 月 23 日，新华网。

不断提升，也显示了中亚各国对概括为"互信、互利、平等、协商、尊重多样文明、谋求共同发展"的早期命运共同体思想的认同在不断扩大。另一方面，中国均已分别与中亚各国建立了政府间合作委员会，在国家间睦邻友好关系建设和各领域互利务实合作中发挥具体指导、协调、保障作用。在国家层面的统一领导下，政府间合作委员会的工作领域和工作范围在不断扩大，成为国家意志在双边关系中的重要体现。各国政府间重要的行政资源被充分动员，在同为东方型政治文化传统的国家关系之间形成了高效率的机制性保障。

最后，中亚各国对中国领导人关于共同构建"一带一路"倡议认识逐渐清晰，并主动与本国发展战略相结合。2016 年 3 月，纳扎尔巴耶夫总统在会见各国使节时指出，同中国共同实施"丝绸之路经济带"战略将能够增强哈萨克斯坦的国际地位，并因此有望使哈萨克斯坦成为欧亚大陆的重要合作伙伴和交通枢纽。9 月 G20 杭州峰会时，纳扎尔巴耶夫总统和习近平主席一同见证了中哈政府间《"丝绸之路经济带"建设与"光明之路"新经济政策对接合作规划》（以下简称《规划》）的签署。① 这一《规划》开宗明义，强调中哈双方将本着平等合作、互利共赢的原则开展合作，尊重彼此的利益关系，兼顾双方国家发展战略需求，找准"丝绸之路经济带"建设与"光明之路"新经济政策的契合点，以务实和民生为出发点，以增加两国人民福祉为目标。哈萨克斯坦驻华大使努雷舍夫表示，纳扎尔巴耶夫总统非常支持习近平主席提出的"一带一路"构想，哈萨克斯坦愿意为这一重要长期构想在中亚地区的实施和稳定发展贡献自己的力量。中

---

① 《在习近平主席、哈萨克斯坦总统纳扎尔巴耶夫共同见证下，中哈签署"丝绸之路经济带"建设与"光明之路"新经济政策对接合作规划》，《中国经济导报》2016 年 9 月 7 日。

哈在政策层面实现的对接不仅是经济发展策略上的合作，更重要的是在政治互信基础上达成了战略层面的协调。[①]2016 年习近平主席访问乌兹别克斯坦时，卡里莫夫总统高度评价中国领导人关于构建“丝绸之路经济带”的倡议。乌兹别克斯坦现任总统、时任政府总理亲自陪同习近平访问布哈拉古城，两位领导人漫步于充满丝路气息的街头，随后即决定将中国洛阳和乌兹别克斯坦布哈拉这两座颇具象征意义的古城结为友好城市。[②]

中国与中亚各国政治互信水平的不断提升，特别是对构建“丝绸之路经济带”与地区及本国发展战略对接的理论认同和实际操作逐渐深入，开展广泛人文合作的政治保障和法律基础越来越牢固。2017 年 3 月，中国对外友协与乌兹别克斯坦对外友协在塔什干联合举办“中乌共建丝绸之路经济带合作前景”研讨会，乌方除对外友协外，高等及中等教育部、乌人权中心、乌外交部亚太局，以及科学院、旅游发展委员会、工商总会、乌中贸易之家都派代表出席了会议。在中乌学术共议复兴“丝绸之路”合作大计时，乌兹别克斯坦文化部、国家画院、科学院、国家旅游公司等部门的专家学者详细介绍了本国沿“丝绸之路”历史主线传承下来的悠久文化传统和丰富艺术形式，并着重强调其与古代中国文化艺术的联系、交流、共荣意义，积极建议与中国有关部门和艺术家开展合作，共同振兴丝路文化。

---

① 《哈萨克斯坦驻华大使：中国“一带一路”对接哈“光明之路”》，2016 年 6 月 3 日，中国经济网。
② 《洛阳市与乌兹别克斯坦布哈拉市缔结友好城市》，2017 年 5 月 14 日，河南省人民政府门户网站。

三、以共建"文明丝路"带动地区文化复兴

2016 年 4 月，习近平主席在中共中央政治局第三十一次集体学习时强调，人文交流合作也是"一带一路"建设的重要内容。真正要建成"一带一路"，必须在沿线国家民众中形成一个相互欣赏、相互理解、相互尊重的人文格局。民心相通是"一带一路"建设的重要内容，也是"一带一路"建设的人文基础。要坚持经济合作和人文交流共同推进，注重在人文领域精耕细作，尊重各国人民文化历史、风俗习惯，加强同沿线国家人民的友好往来，为"一带一路"建设打下广泛社会基础。要加强同沿线国家在安全领域的合作，努力打造利益共同体、责任共同体、命运共同体，共同营造良好环境。[①] 2017 年 5 月，习近平在"一带一路"国际合作高峰论坛开幕式上的演讲中，提出了将"丝绸之路经济带"建设成"文明之路"的建议，地区合作指出了更加具体的方向。习近平具体指出，"要建立多层次人文合作机制，搭建更多合作平台，开辟更多合作渠道。要推动教育合作，扩大互派留学生规模，提升合作办学水平。要发挥智库作用，建设好智库联盟和合作网络。在文化、体育、卫生领域，要创新合作模式，推动务实项目。要用好历史文化遗产，联合打造具有丝绸之路特色的旅游产品和遗产保护"[②]。

历史上的丝绸之路将中国与中亚在文化上连接起来，建设"丝绸之路经济带"的愿景使各国、各民族对人文领域交流、交融提出更高要求。中国与中亚各国建交 25 年来，人文领域中的交流与合作虽然亦有重大进展，

---

① 《习近平在中共中央政治局第三十一次集体学习时强调借鉴历史经验创新合作理念让"一带一路"建设推动各国共同发展》，2016 年 4 月 30 日，新华网。
② 《习近平在"一带一路"国际合作高峰论坛开幕式上的演讲》，2017 年 5 月 14 日，新华网。

但与政治和经济关系发展的速度与水平相比明显滞后。近年,各国政府、学界和民间对人文合作的认识不断提升,并着眼于文化、教育、新闻、学术等领域积极推动。2014年6月,中国、哈萨克斯坦、吉尔吉斯斯坦三国在卡塔尔多哈召开的联合国教科文组织第38届世界遗产委员会会议上,联合申报的"丝绸之路:起始段和天山廊道的路网"被列入《世界遗产名录》。①三国联合申遗的成功,推出国际人文合作的新范式,引起国际社会关注丝路文化,促进了沿线各国保护丝路古迹的合作,并为弘扬丝路人文精神提供了新路径。借三国联合申遗成功的东风,2016年中国社会科学院考古研究所及西北大学等中国各高校考古专业与哈萨克斯坦、吉尔吉斯斯坦、乌兹别克斯坦等国考古部门纷纷开展合作,对丝绸之路上的重要文化遗迹、遗址展开联合发掘和研究,丝绸之路中段、西段的联合申遗工作也在积极筹备。

2016年10月,在中国教育部支持与指导下,由新疆大学发起,清华大学、中国人民大学、北京师范大学、武汉大学、中南大学等中国高等院校和乌兹别克斯坦国立经济大学、哈萨克斯坦国立欧亚大学、吉尔吉斯斯坦国立大学、土库曼斯坦马赫图姆库里国立大学、俄罗斯阿尔泰国立技术大学、蒙古国科布多大学等欧亚国家高等院校在乌鲁木齐举行"中国—中亚国家大学联盟"成立仪式,7国51所高校校长、院长、国际交流与合作部门负责人在《联盟成立宣言》上签名。这一"联盟"是一个介于各国政府与高校之间的开放性、国际化互动合作平台,是深化中国与中亚国家高等教育合作与共同发展的重要组织。在"联盟"的协调下,将建立起相对稳定的论坛交流机制,开展学生互换、学分互认、学历认证等联合培养

① 参见《"丝绸之路:起始段和天山廊道的路网"获准列入世遗名录》,2014年6月22日,新华网。

和教育合作项目，对互换本科生、研究生提供多项优惠政策，颁发双方学历证书，以促进优势互补及实质性合作办学，为建设 "丝绸之路经济带" 定向培养国际化人才。①

2017 年 1 月，中国驻乌兹别克斯坦大使孙立杰在塔什干举行的 "民间外交在丝绸之路发展中的作用" 圆桌会议上就中乌人文交流提出指导性建议：第一，以文化交流为优先方向，提升两国人民对中乌关系的兴趣，并不断开拓新的文化交流方式，鼓励两国文化艺术团体密切互访，相互推介各自优秀的文艺作品，共同打造深入人心的文化品牌。第二，以语言文化人才培养为重要手段，传承和发扬中乌友好事业。建立定期交流机制，加强师生互访、科研交流、联合办学，扩大相互间留学生规模，培养更多精通对方语言、文化、国情的人才，使中乌友好事业代代相传。第三，以媒体合作为重要平台，增进两国人民的相互了解。通过媒体互访、举办研讨会、进行新闻产品互换、联合制作节目、开发新媒体资源等，讲述好中乌两国和两国人民的故事，共同营造于两国关系发展有利的舆论环境。第四，以旅游、考古、医药、地方合作为新增长点，丰富中乌民间外交的内涵。鼓励两国文物部门扩大联合考古和古迹修复工作，为恢复丝绸之路历史风貌做出新贡献。推动中乌友好省州积极开展交流合作，实现优势互补、合作共赢。② 这些建议不仅对中乌两国人文交流的发展颇具针对性，而且对未来中国与中亚各国的文化合作同样具有积极意义。

2017 年 11 月 4 日，在陕西师范大学倡议下，由中国兰州大学、俄罗斯国立师范大学、塔吉克斯坦国立师范大学等 20 余所国内外高校和科研

---

① 参见《"中国—中亚国家大学联盟"成立》，《中国教育报》2016 年 10 月 8 日。

② 参见《孙立杰大使在 "民间外交在丝绸之路发展中的作用" 圆桌会议上的致辞》，中华人民共和国驻乌兹别克斯坦大使馆，2017 年 1 月 25 日。

机构共同发起，建立了"丝绸之路教师教育联盟""丝绸之路人文社会科学联盟""丝绸之路图书档案出版联盟"，为共建"丝绸之路经济带"的人文交流与合作又提供了一个重要而宽广的合作平台。同时，中国教育部批准的"乌兹别克斯坦研究中心""阿富汗研究中心""土耳其研究中心"等有关国别研究中心正式揭牌，在各国教育工作者和学者间又搭建了更多样、更灵活的交流渠道与平台。①

2017 年是中国与中亚各国诸领域合作向高度信任、精准务实、繁荣增长阶段努力迈进的一年，中国倡议的"一带一路"国际合作高峰论坛于这一年在北京隆重召开。中国、中亚各国学界积极建言：第一，由各政府牵头、协调，由各国友协出面在北京及中亚各国组织一系列"丝绸之路"主题民间外交活动；第二，由各国科学院、高校为主体组织"共建丝绸之路经济带"研讨会；第三，通过中国国家旅游局、文化部、驻中亚各国使领馆协调各国国家旅游局（总公司）、文化部，举办"丝绸之路"主题旅游推介会、美术展、摄影展等文化活动，在为"一带一路"国际合作高峰论坛烘托气氛的同时，为促进中国与中亚各国民间文化认同提供更多机会和可能。

（原载郑长铃、高德祥主编《2017"一带一路"文化艺术交流合作国际学术研讨会论文集》，文化艺术出版社 2018 年版）

---

① 参见《陕西师大成立丝路教师教育联盟》，《人民日报》2017 年 11 月 6 日。

丝绸之路的世界回响

葛承雍

一、中西交流认识世界

丝绸之路上的世界遗产是人类文明延续和进步的历史见证，也是人类文明不可磨灭的记忆。保护、研究、利用这些世界遗产的文明成果，不仅是对人类过去文明成果的留存与尊重，更是对未来世界实现可持续发展的新探索。

文明的交流互动是丰富多彩的，也是推动人类文明进步的重要动力。公元前5—6世纪东亚各国凭借大陆绿洲之路和草原之道，实现了远眺天山以西的广袤大地，其引起的文明影响辐射到欧亚大陆；同时先辈们利用季风特点扬帆远航穿越海洋，闯荡出连接南亚、西亚和北非的海道，从而启发临海而居的欧洲国家十几个世纪后在航海大发现中开辟了璀璨的海洋文明，绿洲的陆地与蔚蓝的海洋，分别联通了欧亚大陆东西两端，促使东西方文明彼此交流与融合，从而留下了丰富多彩的世界遗产。

2014年6月被列入联合国教科文组织世界遗产名录的"丝绸之路：长安—天山廊道的路网"，是其中最典型的代表。曾经生活在亚欧大陆上的人们，跨越戈壁、雪山、沙漠层层地理阻隔，在这块地球最大的陆地上上演了波澜壮阔的历史活剧。沿着中西古道形成的交通路网上，不仅有商团、使团、僧侣、武士、牧民、工匠等连续拓展，还有他们携带的贸易商品与运输的货物，以及思想的交流、文化的借鉴、宗教的传播，源源不断地在这条东西方要道上被沟通、被交融。直到19世纪末，这个延续了几千年的庞大交通路网，才被一个德国地质学家、东方学者费迪南·冯·李希霍芬第一次冠名为"丝绸之路"。因为"丝绸"是两千年来西方视野中最完美的东方符号。

丝绸之路，这个充满传奇色彩和神秘魅力的名字，从此以它古老的韵味散发出隐秘的幽香。直至目前，尽管人们还对"丝绸之路"能否全部概括东西方文明存在着争议，还有"香料之路""黄金之路""玉石之路""青铜之路""琉璃之路""皮毛之路""陶瓷之路"等称谓。但是"丝绸之路"作为古代东西方交流的代表符号逐渐传遍世界，成为亚欧大陆之间互相影响的最广为人知和不可替代的概念。

古代丝绸之路作为不同文明交流、互鉴、融合最为生动的符号化象征，给人们留下了抹不去的记忆。从关隘到驿站、集市到商贸、信仰到宗教，历史性的困顿矛盾和争夺性的封锁痛楚，此起彼伏的一些民族，像草原疾风一波盖过一波。但是贸易带来的利益，人种带来的新奇，艺术带来的互赏，激活了彼此接纳、包容沟通的一条条新路，丝绸之路给沿途国家带来休戚与共的依存感，命运共同的互助感，以及交流共享的价值感。

近代以来西方学术界研究文明起源的权威们，起初对丝绸之路并不重视，视野只到印度西部，虽然亚欧大陆是人类文明和世界主要宗教的诞生地，但他们认为近代封闭的亚洲和落后的民族无法与欧洲文明的摇篮相比，更不相信亚洲地区的古代辉煌和中国汉唐盛世曾经崛起的重要地位。随着一个世纪的考古文物不断被发现，他们才意识到丝绸之路沿线地区的重要作用，才认识到亚欧有一条活跃的文明传播道路，这是世界文明大熔炉的真正中心地。如果说西域中亚是四大文明交会的十字路口，那么东亚广袤地区构成的交通道路网络状布局，更是将中国大陆、朝鲜半岛和日本诸岛串联在一起，西方有史以来的文明中心诞生地与东方近距离的联系成为世界性课题开辟的新领域。

公元前 138 年的中国汉代，从国都出发的张骞使团走向西域，开辟了前往西方的官方通道（图 1）。当公元前 126 年张骞出使回到长安时，不仅第一次带回了外部的信息与知识，而且中国从此开始将丝绸、漆器、铁器、铜器等大批物资传到西方，也将良马、玻璃、毛毡、亚麻、香料、胡椒、葡萄、石榴等引入中国，"使者相望于道，商旅不绝于途"；汉代中国开辟丝绸之路的价值不仅在于拓展了交通路线，更引导中原华夏文明由此开始有意识地关注外部世界，并大大延伸了本土文化的活动空间，此后中国历朝都延续了这种对外交往的传统，国家正史《西域记》和官方史书上的《西域图记》不再阙失，通向世界之门被打开后，就再无封闭，并在唐朝达到了高峰。

图 1　张骞出使西域壁画，敦煌 323 窟临摹

汉唐时期，西域中亚由中国人的心灵边界，变成了驻军屯田、移民实边的务实疆域，不仅将中国人的视野延伸了几千公里，而且不再困于传说的迷雾之中。长安、洛阳、大同、武威、敦煌、吐鲁番、库车、和田、喀什、碎叶、撒马尔罕、布哈拉、伊斯法罕、巴格达、君士坦丁堡等古城犹如一颗颗明珠，成为见证丝绸之路历史的"活化石"。

面对亚洲腹地沙漠、雪山、沙暴、干涸的自然环境，我们深深感叹祖先的艰苦卓绝，赞美先人的不畏艰险。中国成为古代西方人追寻贸易的源头，西方成为古代中国人主要的出行方向，双方存在着充满诱惑的贸易利益，双方都有着当时世界上最文明的区域。因而长距离的贸易需要接力般的传递，每一次贸易不仅用"里程"衡量，还要用走完道路的时间——"年月"度量。在漫长的跋涉岁月里，中亚粟特人、南亚印支人、西亚波斯人和阿拉伯人与中国人一起完成了对世界的认识，古文史书里的见闻记录当然不足以概括人类共同的知识谱系，然而简略文字里透露出的中国人的"世界观"，表现出了海纳百川的胸怀。

从地图上看，丝绸之路是几条迷人的飘逸曲线，但是人们越来越清楚，丝绸之路是一个相互联系的道路网络，连接了古代东方社会、南亚、中亚和西亚以及地中海地区。它通过促进技术和观念的交流，对世界许多伟大文明的发展做了沟通，公元前5世纪南西伯利亚巴泽雷克古墓出土了中国春秋战国时代的丝绸织物（图2），哈萨克斯坦考古研究所发掘的公元前4世纪的丝绸残片，克里米亚半岛刻赤古墓发现的菱格纹汉绮残片和克里米亚塞瓦斯托波尔公元1世纪贵妇墓中发现的汉代漆盒，叙利亚帕尔米拉古城墓葬中发现的汉代丝绸，都表明了远距离交流的路网为我们重塑已知世界提供了证据。

鉴于丝绸之路的世界影响，特别是选择象征文化交流、贸易共享、文明交融的方式来重新缔结世界各国关系时，学者们展开了对丝绸之路的多方面研究，力求从学术研究成果层面上给予完整系统的支撑，联合国教科文组织又协调各国学者共同考察，1988—1997年做了十年交流之路综合项目研究并形成概念文

图 2 巴泽雷克毡毯，羽人与凤凰

献，2001年委托伦敦大学的威廉姆斯·梯穆教授将丝绸之路划分为55个廊道，按照不同廊道进行单一或者组合申遗，促使丝路申遗进入可以操作的层面。经过多年的努力，终于在2014年6月22日以中国、哈萨克斯坦、吉尔吉斯斯坦三国联合申报"丝绸之路：长安—天山廊道的路网"被成功列入世界遗产名录。

然而，这仅仅是对丝绸之路保护研究的一个开端，中国考古工作者已经在乌兹别克斯坦、伊朗等国展开了调查发掘，沿线国家合作发掘的遗址考古、出土文书、遗存文物、历史地理、民风习俗等研究正方兴未艾。作为世界遗产的丝绸之路在未来应该纳入更多线路和廊道，拓展和吸收更多的国家积极参与其中，让长安到罗马全线贯通，重温国际交流对人类社会的造福，重新缔结世界关系的新纽带。

二、中西文明融合之路

联合国教科文组织将丝绸之路理解为一种和平之路、对话之路、交流

之路,期望将静态的记忆和凝固的历史通过"世界遗产"激活起来,回到古典历史的场景下用考古出土文物重构出五彩斑斓的景色,从而向亚欧各国和世界人民展示丝绸之路的魅力。

文物展览是一个汇聚文明碎片、追寻散落历史记忆的过程,在两千年的文化变迁中幸存的文物,不仅是古代丝绸之路那段历史最直观的见证,也是能提供人们再认识丝绸之路文明的可靠信息。

公元前 200 年至公元 900 年是丝绸之路贸易的全盛期,无数的商品和人群沿着这条路网来往于中国、中亚和欧亚大陆之间,在如此远距离的贸易路线上,商品的流动特别是奢侈品的需求使不同文化的艺术风格互相影响。观察这个千年历史进程中的文物,不仅证明是中国汉唐丝绸之路最繁荣的时期,也是中国推开世界之门后与其他文明互动最活跃的时代。

根据联合国教科文组织的要求,我们以丝绸之路的"路"作为线性道路的起篇,"路"相通则繁荣,"道"封闭则衰败,这也是世界遗产讲述文明史的关键主题,按照遗产保护的逻辑规律从而带动关隘保障、交通驿站、中心城市、商贸聚落、运输工具、宗教传播、文化艺术等一系列的展示。

首先从路网驿站来看,进入遗产名单的河南新安汉函谷关遗址、崤函古道石壕段遗址、甘肃锁阳城遗址、悬泉置遗址、玉门关遗址、新疆克孜尔尕哈烽燧、哈萨克斯坦阿拉木图州卡拉摩尔根遗址(伊犁河流域)等都是万里丝路遗存的代表,从秦汉统一的中华帝国开始,就对道路与关隘进行严格控制,交通管制与防御制度非常完善,古道上的车轮印辙仿佛延长了不尽的远行。一站接着一站的驿站展现了长距离交通条件下古人对荒漠戈壁、绿洲盆地、高原雪山、川道河流等自然环境的依托、利用和改造。敦煌悬泉置烽燧遗址考古出土的汉代简牍文书(图 3),不仅证明了当时的邮驿制度,而且记录了往来各国使团的通过状况。玉门关既是地理区域的东西分界标志，又是祁连山北麓河西廊道上最重要的关隘。沿着天山北麓和南道的驿站一直通往中亚腹地，从七河地区直接到达哈萨克斯坦中部和北部地区最捷径的贸易路线，途经卡拉摩尔根城，使得它成为丝绸之路巴尔喀什部分的重要中转站，中西古道自此向西穿越外高加索地区到达亚欧的"界点"。

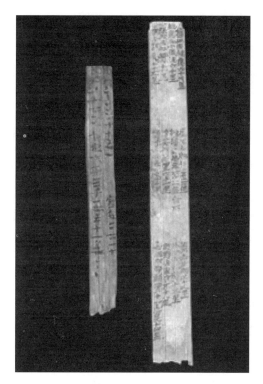

图 3　西汉《驿置道里簿》，内蒙古额济纳旗破城子出土，敦煌悬泉置出土

从中心城市来看，以汉长安城遗址和汉魏洛阳城遗址为出发点，交河、高昌、北庭故城遗址历历在目，吉尔吉斯斯坦楚河州碎叶城（阿克·贝希姆遗址）、巴拉沙衮城（布拉纳遗址）、新城（科拉斯纳亚·瑞希

卡遗址)和哈萨克斯坦阿拉木图州开阿利克遗址,都是进入世界遗产名单上的节点城市,见证了公元前 2 世纪—公元 10 世纪丝绸之路繁荣时期所起的重要推动和保障作用,印证了古代西域、中亚城市文化、建筑技术、多种宗教和多民族文化的交流传播。特别是位于今吉尔吉斯斯坦的碎叶城,中国唐代大诗人李白就出生在这里,它是公元 7—10 世纪楚河谷的重要中心城镇,曾是唐"安西四镇"之一的边境城市,又是西突厥、突骑施汗国和葛逻禄汗国的首都,在中亚的政治经济历史中发挥过重要作用。

从人种民族来看,控制丝绸之路贸易的粟特人今天已经成为一个历史名词,但在公元前 2 世纪这个在中国古籍中被称为"昭武九姓"的中亚胡人充满了商业的活力,到 5—8 世纪时几乎垄断了陆上丝绸之路的国际贸易,粟特胡人与波斯商人、阿拉伯商人被认为是欧亚之间最重要的中间商。生活在索格狄亚那(乌兹别克斯坦)绿洲的粟特人先后受到强邻波斯、突厥等统治,作为不断迁移的民族铸就了流动移民的性格,建立了一个个聚落据点,直到长安、洛阳,汉唐古墓中出土了众多的胡人形象俑,有商人、武士、官吏、侍卫、艺人、运夫等诸种造型,他们与面貌不同的黑人俑、蕃人俑共同构成了丝绸之路上人群东移的主流。

从商业运输来看,驼鸣马嘶,古道载物,充满艰辛,古代商路即使畅通无阻,徒步也非常漫长,因而运抵货物的工具异常重要,西亚的单峰骆驼和中亚的双峰骆驼成为东西方都认可的最佳运载动物。汉代随着北方草原和西域骆驼源源不断进入中原,其吃苦耐劳的性格受到运夫的喜爱,从汉至唐出现了大量以骆驼为题材的造型艺术品,唐代栩栩如生的骆驼形象成为丝绸之路上忠实的记录(图 4、图 5)。西域的良马更是秦汉以来讴歌的对象,丝绸之路上绢马贸易一直兴盛不衰,唐代来自西方的骏马被塑造成五彩缤纷的陶俑和三彩俑,即使被深埋进墓葬的暗角,至今仍是艺术的精品。

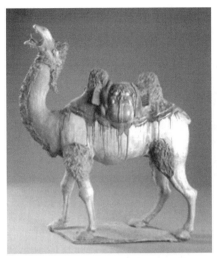 

图 4 1963 年河南洛阳关林出土　　图 5 2001 年甘肃庆城穆泰墓出土
　　　唐三彩骆驼　　　　　　　　唐开元十八年（730）胡人俑

　　从贸易物品来看，为了获得巨额利润，香料是商贸路网中极重要的交易对象，经过长达万里的驼队转运后，能卖出原价上百倍的价格。中古时期香料成为东西方都认可的高价值货物，是交换丝绸、黄金和珠宝的硬通货。西方引以为荣的玻璃更是丝路上的传奇，埃及与西亚诞生的玻璃珠饰在公元 1 世纪经过古罗马吹制技术发展后，大秦（古罗马）从汉代到魏晋南北朝向中国出口了许多玻璃珠饰和玻璃容器，隋唐时期，随着波斯萨珊"五色琉璃器"的大量出现，玻璃成为来自西方的奢华装饰品（图 6）。中国史书记载来自西方的象牙、玳瑁、犀角、琥珀、珊瑚、金银器、波斯锦等物品琳琅满目，制造技术和纹样图案成为东西方的共享，一个世纪以来的考古出土物品就是绝好的例证。

图6 辽宁北票北燕冯
素弗墓出土鸭形玻璃注

从宗教共存来看，中、哈、吉三国在地理上是亚欧交通的十字路口，也是多元文化板块的结合部，自古以来宗教文化交汇并存，被称为"世界宗教文化的大运河"。聚集在这一区域的粟特人、突厥人、波斯人、中国人和其他民族信仰着不同的宗教，祆教、景教、摩尼教、佛教和萨满教等互相渗透并存，教义的差异形成了信仰的独特，但求同存异、平和相处、融合荟萃，从而为后世留下了风格各异的文化宝库。虽然各种宗教有消长起伏，但中外学术界对早期希腊化佛教石雕像、佛教舞伎供养壁画、长安《大秦景教流行中国碑》、洛阳景教经幢、景教叙利亚文十字墓石、祆教祭祀盘、龟兹摩尼教陶祖、摩尼教绘画文书等宗教实物的研究显示，它们都曾是东西方宗教文明格局的标志，也是世界级的经典见证。

从艺术纷呈来看，艺术是人类文明的起点，文明需要艺术，艺术传播文明，丝绸之路上的艺术丰富多彩，体现了文化精神产品的结晶，传播了民族文化艺术成就，多年来各地的收藏从金怪兽（图7）、金虎牌圆饰到玉羽人奔马，再到草原游牧民族喜闻乐见的壮熊、奔鹿、双驼、鹰鹫、盘羊、翼马、对龙诸种形象一一出现。从乐舞陶扁壶、胡人说唱俑、胡腾舞俑到吹奏胡人俑、胡人头埙、戏弄俑，农业定居民族喜欢的异域艺术风格造型俯拾皆是。既有贵族的高雅艺术，也有民间的习俗表达，不但是追求审美的精品力作，而且都是胡汉相融的真实再现。

图 7　陕西历史博物馆藏西汉金怪兽

从文化交融来看，文化是东西方往来背景下的民族血脉，是不同民族的精神家园，也是国家强盛的重要支撑。例如出土文物既有哈萨克斯坦考古出土的马具牌饰，又有吉尔吉斯斯坦雪豹带扣；有新疆新出土的格里芬噬虎金饰、鹰形金饰，也有源自伊朗的汉代羽人造型；有起源于西方怪兽的艺术作品（图 8），也有西方传来的东罗马酒神银盘；有手持三叉戟的胡人银箔饰片，也有胡汉争打马球壁画。多样化的文物反映了丝绸之路活跃的文化互鉴，不仅融合西方文化因素的遗产比比皆是，而且是外来文化与中华文化基因相协调的展示。

图 8　斯坦因在楼兰所获希腊神话赫尔墨斯缂毛壁挂，蛇绕神杖，是外交传令使节和商贸保护神

三、中西风物巧夺天工

丝绸之路是横跨亚欧大陆的东方与西方的文明交融，但是最核心的推动力还是货物贸易，道路的畅通为长途贩运的商队提供了便利，"物产于四方，货交于南北"。丝绸无疑是东西方都感兴趣的物品，但是陆上丝绸之路最早流通的货物可能是皮毛、马匹、骆驼、山羊等，甚至是奴隶交易，丝绸这种人类创造与自然生成的物品最早何时成为东西方贸易的主要内容，还在继续等待亚欧大陆上考古的新发现。

核桃、石榴、无花果、蚕豆、豌豆、葡萄、苜蓿、菠菜、莴苣、黄瓜、芜菁、芝麻、大蒜等，源于食物扩大与补给的贸易最容易被人们铭记，而香料、金银器、玻璃、棉布、氍锦等人工制品或其他技术领先的物品也迎合了人们的迫切需要，纳入中国人的知识谱系。然而千年之后遗存下来的物品自然也成为珍稀的文物，尤其是带有地域性的流行艺术品，更引人注目。

多年来出土的文物中，既有以前少见的印章、戒指、项链，带宗教铭文的十字铜扣，也有大型的壁画、石刻、雕塑，有些物品的制作完全是为了审美，东西方的能工巧匠创造出当时能够想象出的艺术风物，它们在人类对美的永恒探索中达到了当时的顶峰。

黄金以其耀目的色泽和稳定的特性很早就受到古代人类社会的青睐。欧亚草原古部族有意识开采金矿、制作黄金制品约始于公元前三千纪。自青铜时代以降，中亚草原的部族首领或贵族就形成了以黄金装饰人身、兵器、马具以象征地位和权势的习俗。哈萨克斯坦中央国家博物馆的金器提供了很好的线索，有益于比较中亚草原、中国北方农牧交错地带、中原地区在铜石并用时代至战国末期这一时段内金器形制、功能、流行、演化等情况，以及中亚草原的用金习俗和黄金艺术在不同时期逐渐经过中国北方向中原地区传播、影响的过程，以及中国北方、中原地区对这些外来因素吸收、融合的过程。

1970 年考古发掘的哈萨克斯坦"黄金武士"，也称为"黄金人"，其特有的原型来自古代斯基泰人战士形象。整套盔甲由 4000 余片黄金经锻造、冲压、錾刻等加工工艺制造而成，已成为哈萨克斯坦国家历史的象征之一。其他高级墓葬中出土过金制耳环、手镯、发簪、衣服坠饰、狮子形象的小型圆雕，以及镶嵌绿松石和红玛瑙珠的金制酒杯，这些黄金制品主要是贵族日用的奢侈品，象征地位和财富或为宗教仪式中使用的祭祀品。与此同时，这一时期用黄金装饰人身的习俗在中亚草原地区已经形成。

中国是最早发明桑蚕丝织的国家，1984 年出土于陕南石泉县汉代鎏金铜蚕，呈昂首吐丝状，虽然全身九个腹节长 5.6 厘米，但鎏金工艺为这枚金蚕增色异常（图 9）。距今 3800 多年前，地处关中周原的周人已经开始种桑养蚕、缀丝织绸，《诗经·豳风》中描述"女执懿筐，遵彼微行，爰求柔桑"。桑产业逐渐传入巴蜀等地，不久遍及中国。金蚕作为汉代丝绸之路开凿的文化符号和形象代表，成为西方地中海罗马人流传最久远的神秘幻想物。

图 9 陕西历史博物馆藏西汉鎏金铜蚕

1981 年在汉武帝埋葬地陕西兴平茂陵，出土了轰动一时的鎏金铜马，作为国家一级文物，其生动地展示了汉代追寻西域汗血宝马的爱好，上至汉武帝，下到卫青、霍去病莫不如此。张骞出使西域的目的之一就是寻找良马，积极从西域引进马种以增强骑兵战斗力，屡屡遣使"持千金与金马"至大宛求马，并将长安鲁班门改名为"金马门"。这匹金马可能是鉴定大宛马的"马式"，确定选择良马的标准。汉代弥漫着追求"天马"的社会风习，为后代"既杂胡种，马乃益壮"铺设了道路。

丝绸之路上货币的变化亦是重新认识世界的重要物证。货币是交易的媒介，必须要投入一定的数量才能在贸易圈流通。大国铸币权是掌控国际贸易圈的重要手段。近一个世纪以来，在中国与中亚地区陆续发现了从希腊铅币、罗马金币、波斯银币、拜占庭金币、阿拉伯货币到嚈哒、贵霜、突厥等国的钱币，而在里海周边发现的中国汉五铢钱、唐代开元通宝等，都说明随着货币本身的传播，不仅是货币相关文化符号的传播，更是丝路经济圈交错影响和接受回应的证据（图10）。安息铅币、"月氏"铭货泉铜母范、汉佉二体钱都非常罕见，特别是突骑施钱是吉尔吉斯斯坦考古发掘的货币，它受到中国外圆内方铜钱的影响，构建出东西方经济文化交流的动态图景。

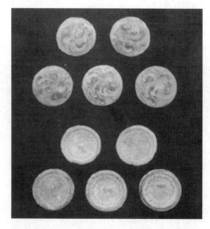

图10 甘肃平凉市灵台县出土汉代希腊文铅饼，据推测是帕提亚安息国人带来中国的

在丝绸之路上十分活跃的基督教东方教会聂斯脱利派，东传进入中国后自称景教。2006年在洛阳发现的残存石刻经幢，为公元829年镌刻的《大秦景教宣元至本经》，记载了洛阳信仰景教的教徒和神职人员一同为"安国安氏太夫人"立幢的事迹，其十字架艺术造型为中古外来宗教留下了凭吊的记忆。

始建于公元5世纪的碎叶城，位于今吉尔吉斯斯坦托克马克西南，王昌龄"胡瓶落膊紫薄汗，碎叶城西秋月团"曾使多少人对这块土地魂牵梦萦，中国唐朝大诗人李白就出生在这里。它作为唐朝"安西四镇"之一，又曾是西突厥、突骑施和葛逻禄"三国演义"的中心。1982年出土于阿克·贝西姆遗址的杜怀宝"敬造一佛二菩萨"碑，题铭为"安西副都护、碎叶镇压十姓使、上柱国杜怀宝"（图11）。史书记载唐高宗、武则天时期，杜怀宝曾为安西都护、金山都护、庭州刺史，他在主政碎叶城时期平定控制西突厥，并在遥远的边疆城镇为其母造像冥福。这块珍贵汉文碑刻现藏于吉尔吉斯斯坦斯拉夫大学契古博物馆。

图11 碎叶城出土唐杜怀宝"敬造一佛二菩萨"碑

图 12 1983 年宁夏固原北周李贤夫妇墓出土的鎏金银壶

早在汉代史书就列出的奇宝异物，例如夜光璧、明月珠、苏合香、丹琥珀、骇鸡犀、火浣布、绿水精等，今天逐步都被人们所认识，巧夺天工的物品绝不是浪漫的幻想，而是源自地中海、小亚细亚、波斯湾等地的特产。玻璃器上的镀金工艺、金银器上的铸模镌刻、五湖四海的奇珍异宝，无不展现了工匠非凡的创造力（图 12）。同样，中国花纹紧凑的锦绣绢帛、眼花缭乱的漆器制品、独特纹饰的精美铜镜，出现在西方商贾云集的市场里，丝国富饶的物产蜚声罗马。从东方长安到西方罗马的丝绸之路，彰显的就是古代的全球化图景。

我们所见的珍贵文物中，有汉元帝渭陵出土的玉翼人奔马、公元前 39 年的《康居王使者册》、乌孙的金饰生命树、哈拉和卓的魏晋木俑、公元 706 年的洛阳胡人牵驼壁画、唐代高昌（吐鲁番）去往京城的通行证"过所"、公元 751 年交河郡客使文书、西安何家村出土唐代狮纹白玉带銙和玉臂环、法门寺唐代地宫出土的八瓣莲花描金蓝色玻璃盘以及诸多唐三彩的骆驼和良马，真是琳琅满目、精彩绝伦，都是国家一级文物，尽管体量不是超大，但处处体现历史的震撼与艺术的磅礴力量。

最突出的特色之一是形态逼真、栩栩如生的胡人俑，他们深目高鼻、满腮须髯，有的骑马狩猎，有的负囊贩卖，有的侍卫守护，有的弹奏演唱，传神写实、刻画入骨，仿佛还带着生前的体温。真实的原物会让人们更加重视已经消失的历史演变。我们正是凭借浓缩了艺术的胡俑讲述生命的历程，传递着千年以前的世界观照，这些出土文物既是艺术的底本，又是历史的证据，使我们体悟到当时胡汉相融的盛世，惊叹外来文明的时尚。

当我们站在一幅宏大的丝绸之路地图前时，我们再次意识到应该以不同的眼光看待文明的流动，文明的界限远比我们想象得阔大。1959年新疆尼雅考古出土的蜡染棉布，不仅有希腊半裸女神提喀手抱丰饶角，还有希腊神话中与狮子搏斗的大力士赫拉克勒斯，这是中国发现最早的蜡染棉布。1995年在新疆靠近楼兰的营盘墓地发掘的锦袍上，竟有希腊神话中手持剑与盾的爱神厄洛斯形象。很难想象，古希腊的艺术当时怎么传到中国成为精美纺织品上的珍稀图案（图13）。偶然的发现就有丰厚的文化遗产，未发现的不知还有多少，这让我们更加相信，亚欧文明的联系绝不是简单的偶然的接触。

图 13　青海都兰热水墓地出土北朝六马拉车太阳神锦

中国围绕丝绸之路的地理发现突破了区块地域限制，推开了通向世界的大门，建立了对其他文明的认知，这是丝绸之路历史的正解，我们不赞成过于夸大这条路的价值，将一切东西方文明都归于丝绸之路。但是一粒沙看世界，一朵花看天堂，一百多年来丝路沿线出土文物充分证明了各方的"文化认同点"，文物精华复原的历史大时代和流动的丝绸之路，在人类发展史中留下了一个大版图。在"丝绸之路"命名一百多年来，最初的历史概念已被真实的历史遗产所印证，它最终形成了一种更为开阔的世界观与相对平等的交流方式，促成了中国与其他文明之间长久的互动。

在两千年历史发展过程中，亚欧大陆通过丝绸之路活跃着许多不同的民族与部族，迁徙辗转与文化交融，贸易频繁与宗教交会，中国不断发现着新世界，世界也逐渐认识了古中国。这是我们追忆文明、面向未来的目的，也是人类历史发展的共同坐标。

（原载《艺术设计研究》2019 年第 1 期）

丝绸之路的文化意蕴 *

林少雄

丝绸之路的文化意蕴，在不同时代、不同语境下会有不同的理解与阐释。今天在"一带一路"建设的语境下，要想对丝绸之路有一个新的认识，必须对其文化意蕴进行梳理与思考。本文认为，丝绸之路至少有八个方面的文化意蕴。

一、丝绸之路是世界文明、文化重新发现之路

关于文明研究，至今基本上局限于某一时地某一种族或某一形态文明的起源，很少有人将其放在整体的世界文明交流传播的视阈进行观照研究，这不仅是因为研究视角的问题，更在于迄今为止我们所忽视的丝绸之路的重要意义，首要在于丝绸之路为各种文明形态的呈现、传播与交流，提供了一个巨大的舞台与强大的场域，使得世界各地人们首次将其所创造

* 本文系国家社会科学重大项目"丝绸之路中外艺术交流图志"（项目编号：16ZDA173）的阶段性成果。

的各类文明形态进行展示与分享。华夏文明、古埃及文明、古印度文明、古希腊文明、古波斯文明……都在这一平台现身并交流。迄今为止，我们还很难找到哪一种文明形态与丝绸之路没有发生过联系。正如《大慈恩寺三藏法师传》所记载，作为丝绸之路重镇的凉州因"襟带西藩、葱右诸国，商旅往来，无有停绝"，正是这些在丝路上来来往往络绎不绝的行者，极大促进了丝绸之路的文化交流。

另一方面，从旧石器时代开始，人类的文明形态就已经开始在丝绸之路上交流，虽然在不同的时间、不同的空间中交流的形态及其内容各不相同，然而数千近万年来，这种交流却源源不断，绵延至今。特别是"一带一路"倡议的提出及其实施，这种交流将会获得更加良性发展以及进入新的阶段。

今天我们所言丝绸之路沿线国家的交流、理解、合作、包容、共赢，早在丝绸之路开通之时就已奠定了其坚实基础。四大文明在这里汇集、汇合、交流、交融。也是人类文明史上国际文化大都市建设的第一次高潮。除了河西走廊的敦煌、张掖、凉州，当数中国唐代的长安与今天乌兹别克斯坦的撒马尔罕。

总之，对丝绸之路的重新发现与研究，打破了以古希腊、古罗马为主要源头的西方文明为中心的文明格局及其学术研究的话语霸权，并将人类文明发展史的研究从以古希腊、古罗马文明为中心的遮蔽下解放出来，从而发现了人类文明发展的全新面貌及多元走向，因此也在"西方文明中心主义"之外，让我们看到了世界文明的走向格局及其总体样貌，让我们重新认识到了被遮蔽的传统，从而也就为我们开辟了一个关于早期人类文明交流及其传播研究的全新视阈。

二、丝绸之路是世界各人种民族不断融合之路

丝绸之路上的往来交流人群，几乎涵盖了今天地球上的所有人种。如仅就河西走廊，汉代之前就先后有乌孙、月支、匈奴统治的时代，到了汉武帝时代，小月支、匈奴人、卢水胡人仍然在河西走廊地区过着游牧生活。据不完全统计，在丝绸之路上先后有二三十个民族在往来交流，这些民族不仅进行物质、信仰观念的交流，同时也通过结盟、联姻等形式进行了民族与人种的融合。其中最著名的如波斯人、粟特人等。"随着入华的来自中亚地区的粟特九姓胡人的进入，河西走廊成为商业民族粟特胡人重要的聚居地，沿着走廊重镇沙州（敦煌）、瓜州（安西）、肃州（酒泉）、甘州（张掖）、建康（高台）、凉州（武威）一线，形成入华胡人定居的文明景观，其中像唐天宝年间敦煌沙州城东的'从化乡'有胡人1400余口，规模之大，未曾有之。又如移居丝路重镇、长安北大门的原州（固原）地区的粟特后裔史姓，自称即是来自河西建康'飞桥'一族。"① 这种规模，蔚为壮观，亘古未见。

在这些人群中，大家耳熟能详的是来自今天印度的高僧鸠摩罗什。在熙熙攘攘的丝路上穿行的传教者，在史书记载中知名者还有许许多多，如前凉时的月支人支施仑，龟兹王世子帛延，北梁时中天竺人昙无谶，西域人僧伽陀、浮陀跋摩，罽宾人师贤等。

这种交流，不仅带来了各种宗教思想的传播、各门类艺术的繁荣，同时在他们之中出现了一大批对于中国文化史、中国学术史建构具有重要影

---

① 沙武田：《河西走廊历史地位概说》，载王砚主编《丝绸之路彩陶暨嘉峪关历史文化学术研讨会论文集》，兰州大学出版社2017年版，第129页。

响及意义的学者，如西晋时期在中国佛教史上具有重要地位的月支人、被称为"敦煌菩萨"的竺法护，世居敦煌，在其地"翻译佛经，游历西域三十六国，通晓各国语言文字，有这样国际背景的高僧世居敦煌，其实正是世界四大文明交汇地的重要因素。但事实上，不仅仅是敦煌，中古时期的河西走廊均有如此之特征，北梁高僧昙无谶在凉州译经，影响深远，凉州的佛教后来又因北魏迁凉州三千余口及像昙曜等高僧的到来而逐渐传播至平城，同时也因北凉流亡政权的西迁而传到高昌，已经把凉州佛教的影响远播河西之外，更不用说河西地区了。到了隋唐时期，河西走廊一直是中亚商业民族粟特九姓胡人的重要聚居地，自西而东，从敦煌、瓜州、肃州、建康、张掖一直到凉州，胡人聚落绵延不绝，正如岑参在诗句中所言情景，'凉州七里十万家，胡人半解弹琵琶'。河西走廊上的绿洲，俨然是丝路上的一个个国际都会"①。而陈鸿祖在其《东城老父传》中所言："今北胡与京师杂处，娶妻生子，长安中少年有胡心矣。"由此可见，与胡人通婚，当时不仅不是什么奇怪的事，相反还是一大批青年心向往之的时髦行为。在这种胡汉杂处、人种杂居的情形下，不仅带来了两性关系的极大宽容与两性生活的极大自由，也必然带来人种上新的融合。这种中外人种、民族的交流，必然带来文化观念的多元发展与文化交流的不断繁荣。

另一支促进民族融合的大军，便是从汉代开始为了安抚周围的外来民族而派出的和亲队伍。首先拉开出塞和亲大幕的是西汉中期远嫁乌孙王的细君公主与解忧公主。解忧公主流转异乡 50 年，经四朝三嫁，育有三男二女。解忧公主七十多岁回归故土 16 年后，才有了昭君出塞。

① 沙武田：《河西走廊历史地位概说》，载王砚主编《丝绸之路彩陶暨嘉峪关历史文化学术研讨会论文集》，兰州大学出版社 2017 年版，第 127 页。

王昭君于公元前 33 年应匈奴单于呼韩邪请求，被汉元帝赐给呼韩邪单于，与呼韩邪单于共同生活了三年，育有一子；呼韩邪单于去世，昭君依从游牧民族收继婚制，复嫁呼韩邪单于长子复株累单于，两人共同生活十一年，育有二女；后复株累单于去世，再嫁搜谐若鞮单于复株累，共同生活十一年，育有二女。① 这种和亲政策，显然是封建时代将女性"物化"的具体体现，可是这种显而易见的牺牲女性以补充平庸政治外交策略的方法，客观上却带来了边疆少数民族地区长达半个世纪的和平安宁，更为重要的是，这种和平与安宁，带来了文化交流的不断深化。这种政策的更大效果，在后来唐代文成公主与松赞干布的联姻中更进一步地凸显出来。

除了和亲，还有连绵不断的战争。战争不仅破坏既有物质、文明创造，也不断对异族进行掳掠，而掳掠的对象除了各种粮棉丝帛、金银财宝，纤弱的女性也成为重要的掳掠物与战利品。蔡文姬在其《悲愤诗》中有所记述："平土人脆弱，来兵皆胡羌。猎野围城邑，所向悉破亡。斩截无孑遗，尸骸相撑拒。马边悬男头，马后载妇女。长驱西入关，迥路险且阻。"在这些被掳掠、饱受鞭笞与凌辱、步履蹒跚走向悲凉苍茫的未知世界的羸弱身影中，蔡文姬的形象是那样突出。在 23 岁那年，蔡文姬被匈奴掳去，嫁给了身强体健的匈奴左贤王②，在匈奴一待就是十二年，其间育有两子，不仅逐渐学会了一些少数民族的语言，并学会了匈奴人的胡笳等乐器演奏，后来写出了文学史上的名作《胡笳十八拍》。

---

① 参见《汉书·匈奴传》，中华书局 1965 年版。

② 《后汉书·列女传》："陈留董祀妻者，同郡蔡邕之女也，名琰，字文姬。博学有才辩，又妙于音律。适河东卫仲道。夫亡无子，归宁于家。兴平中，天下丧乱，文姬为胡骑所获，没于南匈奴左贤王，在胡中十二年，生二子。曹操素与邕善，痛其无嗣，乃遣使者以金璧赎之，而重嫁于祀。"

与政治和亲相呼应的，还有政府派出人员在异域的娶妻生子。汉朝出使西域的苏武，在被匈奴扣押、羁留于胡地之时，曾娶匈奴女为妻，及至汉宣帝时，苏武与胡妇所生子通国随使者进入内地，并被朝廷授予官职，居留关中。① 而具有凿空之旅政绩的张骞出使归来，也携带了他的异国夫人一起回来。②

和平时期，还有西域各国的商队，他们千里迢迢远道而来，腰缠厚资，心揣幻想，有些人短期流动，蠢蠢欲动；有些人经年定居，长乐未央。一时之间，胡姬蛮腰劲舞，汉女搔首招摇，西来的胡贾番商，不仅推动了消费文化的极大发展，同时也加速了各人种民族的融合浪潮。

自汉代以降，在传统概念的"中国"之内，先后就有胡人建立的二三十个政权，"所以，若就总体而论，谓中国古代的胡、汉族曾经各据半壁江山，应该并不言过其实。在此情况下，'胡人'与汉人的交流接触，乃至人种混合的规模与程度之大，自不待言了"③。

无论是来自信仰的坚韧传播动力，还是谋求薄本厚利的经济刺激，无论是谋求和平发展的男婚女嫁，还是战争冲突带来的抢劫掳掠，都在客观上促进着丝路上的人种婚配杂交与民族交流融合。

人种、民族的融合，必然带来文化的繁荣。正是在这种作为文化创造主体的不同人种、不同民族的杂居、混处中，各种高亢或低沉的声音语言此起彼伏，一批批丝绸瓷器美轮美奂，各种不同的艺术形式在相互借鉴中百花盛开，一批批高僧、诗人、艺术家层出不穷、坐而论道。所有这些，都为丝绸之路文化底蕴的丰厚瓷实奠定了基础。

---

① 参见《汉书·苏武传》，中华书局 1965 年版。
② 参见《汉书·张骞传》，中华书局 1965 年版。
③ 芮传明：《"胡人"与文明交流纵横谈》，商务印书馆 2016 年版，第 209 页。

三、丝绸之路是人类社会各种文明形态开放交流之路

丝绸之路，从来没有因为"路"的命名而将其历史及意蕴狭隘化或缩小化，而是随着时代的发展与认知的深化，人们越来越看到其在人类文明发展史上的重要价值及意义。正如有论者指出，"纵观中国历史，自汉代以来，河西走廊即一直扮演着中西文明交流中心的地位和作用。可以毫不夸张地说，河西的历史文明进程中，中国传统文明与外来文明的融合从未停止过。这种融合表现在宗教、文化、艺术、服饰、饮食、音乐、舞蹈等各个方面，非常广泛。著名的丝绸之路穿河西走廊而过，这也是这条错综复杂的世界文明之路从走向上讲最为规整的地区"①。这种认知，使得我们对其认识有了一种全新的体验。

从自然地貌来看，人类各种文明形态的发展，都曾经在丝绸之路上得以萌生、生长、展示，并体现出其不同的价值与意义。采集文明的发展，将人类的活动空间范围及时间意识进行了极度拓展；渔猎文明改变了人类单一的饮食结构，直接促成了人类大脑的演进；游牧文明使人类在大自然中真正体会到了天高地远的生命渺小与"天人合一"的和谐悦乐；养殖文明使得人类第一次弓下腰来，将对人类及其生命的关爱之情同时施移向其他生物；农耕文明培育出了人们精细地观察世界的能力；沙漠戈壁文明让人类进一步认识到了自身的渺小、促使其进一步向外部世界拓展，激发出人类的经济观念与经商头脑；内陆文明培育出了人类对时间的非凡感悟与体验；海洋文明则激发出人们强烈的空间感受及其非同寻常的空间意

---

① 沙武田：《河西走廊历史地位概说》，载王砚主编《丝绸之路彩陶暨嘉峪关历史文化学术研讨会论文集》，兰州大学出版社 2017 年版，第 129 页。

识……几乎人类创造的所有的文明形态，先后都在丝绸之路上发生、发展、冲突、交流与融合，相互产生了深刻的影响。从物质财富的创造与交流来看，人类的各种粮食作物、经济作物、生活日用品、豢养动物等孕育文明、创造文化的各种行为及其形态，都在丝绸之路上得以成形、展示，在此意义上，丝绸之路不仅是一条人类的观念之路，更是人类各种物质文化创造得以呈现、展示的大舞台。

不仅展示，丝绸之路上各种文明形态也在不断向四处辐射，不断相互产生影响。这种影响是双向的，如瓷器的出口，彻底改变了西亚、东亚、欧洲等地域人们的生活方式及其风俗习惯[①]；同时，"河西魏晋墓的结构、形制、题材内容等均延续中原汉墓的内容，反过来河西魏晋墓制度又影响中原同时期或其后墓葬的因素，这种文化的互动颇为有趣"[②]。这种现象，不仅体现在对人死后的地下世界的想象，更注重于对人的生命的含情脉脉的关注，这一点我们将在这条路上对不同时空的穿越与感悟中一再看到。

四、丝绸之路是人类物质文明相互流通之路

除了丝绸的交流，丝绸之路还是人类创造物的交流展示之路，今天不同学者从不同视角提出的对丝绸之路的不同命名，如玉器之路、彩陶之路、黍粟之路、小麦之路、青铜之路、天马之路、香料之路……都莫不以

---

① 参见詹嘉《15—18世纪景瓷对欧洲饮食文化的影响》，载郭杰忠主编《海上丝绸之路：陶瓷之路——景德镇陶瓷与"一带一路"战略国际学术研讨会会议论文集》，中国社会科学出版社2017年版，第63—75页。

② 沙武田：《河西走廊历史地位概说》，载王砚主编《丝绸之路彩陶暨嘉峪关历史文化学术研讨会论文集》，兰州大学出版社2017年版，第129页。

物质文明的交流为其外在表征。

丝路上的物质交流主要有三类：满足人类生存需要、物种延续的物质交流，主要以植物、粮食、茶叶等经济作物为主；人工创造的、体现人类意识及观念的物质交流，如陶瓷器、青铜器、丝绸等；主要满足人类的精神及审美需求的物质交流，如各种质地优良的矿物如玉器、青金石、玛瑙、绿松石，以及具有某一特色的植物颜料或动物香料如麝香等。目前我们可以确定的是，由东向西输出的主要有粟、黍、茶叶、糖、蚕丝、瓷器、纸张、珍珠母、樟脑、肉桂、明矾、漆器、植物油、竹器、大黄、玉器、陶器、丝绸、青铜器、玛瑙等。由西向东输入的有青金石、小麦、棉花、西瓜、番茄、辣椒、甘蓝、花菜、番薯、玉米、马铃薯、木薯、芝麻、花生、向日葵、菠萝、腰果、可可、葡萄、核桃、胡萝卜、胡椒、胡豆、菠菜（波斯菜）、黄瓜（汉时称胡瓜）、大蒜、无花果、石榴、烟草等50余种物事，甚至凡是名称中带有"西""胡""番"等字样的物事，全都与丝路沿线国家及其特产密切相关。

正是丝绸之路上这种物质的交流，产生了人类文明在图像、文字叙事之外一种全新的叙事方式——物的叙事的出现。

每一种物的传播及其交流的背后，都有一种"物"的叙事思想、逻辑及其"语法"的存在。"物"，不仅是人类赖以存在的一种前提条件，更是一种被人类所忽视的全新的叙事语言及叙事方式。

五、丝绸之路是人类语言媒介交汇传播之路

语言是交流思想的工具，操持各种语言的商贾旅者，在丝绸之路上穿梭往来，不仅以各自不同的语言进行表达与交流，同时也积极学习对方的

语言,并以其为交流工具。同时丝绸之路也成为人类语言文字的展示与交流之地,可以称之为"人类语言文字博物馆",就我们所知,除了汉语以及今天仍然还在使用的亚洲、欧洲的文字,当时还有吐蕃、回鹘、突厥、吐火罗、于阗、粟特、龟兹、匈奴、西夏、摩尼、西夏、蒙古、八思巴、佉卢、天竺、古波斯、叙利亚等国家或民族的语言、文字均在此出现并交流。而其中的粟特文,至少在公元 6 世纪前后,成为整个西域地区的共同交际用语。"这种语言传入蒙古地区,在回鹘时代仍然保持了其最高权威,正如仍是由突厥人碑文所证实的那样。粟特语也于 6 世纪和 7 世纪时,在大夏和其他地方,被人所讲,而当时的贵霜语却是官方语言。人们当时分别用粟特文字、摩尼教文字和修改过的叙利亚—基督教文字书写。我们是通过了许多文献熟悉这三种语言文字的。"[1] 而大量的佛经文献则是用龟兹语写就,并在公元 5—7 世纪分别以汉文、藏文及稍后的回鹘文大量翻译。[2]

这种语言文字不仅在两个民族之间交流,同时也在两种以上不同的语言文字中被使用,如现在的"中国",在绝大多数语言(如英、德、葡、西等)中都被写为"China"或类似的变体,如 Chine(法语),在北欧五国中皆写作 Kina(如丹麦、瑞典、挪威、冰岛、芬兰);另外一种称呼便是 Cina(古印度语梵文)和 Chinas(希腊语)、Sinai/Serica(古拉丁语)、Sinae(后期拉丁语),目前有多数学者认为指周代的秦国。在不同的国家,"中国"被不同的语言构词习惯所不断书写,如在格鲁吉亚和亚美尼亚语中,"中国"分别被称为 Chineti 和 Chinastan。正是这种语言传播,在世界上与"赛里斯"(古

---

[1] [法]鲁保罗:《西域文明史》,耿昇译,中国藏学出版社 2014 年版,第 191 页。
[2] [法]鲁保罗:《西域文明史》,耿昇译,中国藏学出版社 2014 年版,第 192 页。

罗马对中国的称呼）、"桃花石"（中亚对中国的称呼）、"契丹"（突厥语系国家对中国的不同称谓）等一起，在不同时空、不同语境下建构与传播着中国的国家形象。再如粟特语的"皇""王"，被匈奴人所借用，又被汉语翻译为"单于"。[①]通过大批的僧侣、商贾、歌舞伎、探险者以及政府工作人员等的不断书写[②]、迻译，从而带来了多种文明形态的深度交流，因之也就建构出了一座人类文明深入交流的横向的"巴比伦塔"。

丝绸之路语言媒介的传播交流，也在不断丰富与充实着各种语言的书写表达习惯与语法规范。在汉字及其汉语的书写表达习惯中，如将沿丝绸之路输入的物品，大部分都冠之以"胡""番""西""洋"等字，如胡瓜、胡桃、胡豆、胡萝卜、胡椒、胡蜂、胡人、胡姬、胡子（胡匪）、胡琴、胡笳、胡旋舞、胡腾舞……番瓜、番茄、番石榴、番薯、番菜、番椒、番邦、番子……西洋、西医、西药、西元、西乐、西服、西装、西式、西餐、西点、西法、西画、西历、西天、西学、西瓜、西洋镜（景）、西洋参、西洋画、西番莲、西红柿、西葫芦……洋人、洋文、洋装、洋场、洋行、洋碱、洋油、洋纱、洋琴、洋钱、洋红、洋铁、洋灰、洋财、洋货、洋车、洋灯、洋瓷、洋缎、洋房、洋葱、洋镐、洋芋、洋布、洋火、洋娃娃、洋胰子……真是数不胜数。这些称谓极大丰富了汉语的语言词汇，促进了汉语的进一步表现与发展。

---

① ［法］鲁保罗：《西域文明史》，耿昇译，中国藏学出版社 2014 年版，第 99 页。
② 荣新江：《丝绸之路与东西文明交流》，北京大学出版社 2015 年版，第 185—199 页。如考古工作者已经在西域的于阗地区发现了唐代时期临摹的《兰亭序》。

六、丝绸之路是人类观念信仰开拓延展之路

所谓宗教，就是一种人类规范及价值观的系统，其建立在超人类的基础之上，也就是说，它会发展出自己认为具有约束力的规范和价值观。[①] 而人类对这种规范和价值观的认同，就是以人类的信仰为基础的。人类的信仰以宗教的方式进行外化的具象呈现，宗教以信仰为内核使其凝聚力不断得以提升、传播力不断得以强化、影响力不断得以扩散。由于宗教之间观念及其形式的差异不免带来冲突，甚至会引发战争，然而由于各个宗教教义信仰的一致与所有宗教都教人崇圣向善的本质，使得宗教一方面对社会个体来说充满了整合与凝聚的功能，另一方面宗教又是为人类社会发展做出重大贡献的一种力量，是一种在金钱与帝国之外，让人类能够统一的第三种强大力量[②]，无论是对个人全面发展还是对社会不断进步，都具有重要意义。

一方面，除了佛教、基督教、伊斯兰教世界三大宗教的交流，印度教、萨满教、道教、袄教、摩尼教等宗教形态在丝绸之路兴盛。这些宗教的相互传播、冲突与融合，使得人类的各种信仰的观念、形态等皆得以展开，从而对丝绸之路沿线人们的精神信念得以形塑，这是丝绸之路文化的重要特质。另一方面，各种宗教在其早期发展之初，就已经相互发生了关系。如我们都知道基督教首先诞生于欧洲，"然而在早期，基督教的方方面面都是亚洲属性的：首先是它的地理位置，其中心是耶路撒冷，与耶稣此生、生活和受难相关的其他地点也都在亚洲；它使用的语言是阿拉美

---

① 参见 [以色列] 尤瓦尔·赫拉利《人类简史：从动物到上帝》，林俊宏译，中信出版社 2014 年版，第 204 页。

② 参见 [以色列] 尤瓦尔·赫拉利《人类简史：从动物到上帝》，林俊宏译，中信出版社 2014 年版，第 204 页。

语……它的神学和精神背景源于被埃及和巴比伦统治时期诞生在以色列的犹太教；它的故事发生于欧洲人所不熟悉的沙漠、洪水、干旱和饥荒"①。这种地域特征，加上使用寓言式的经文、强调通过祈祷获得精神的觉醒与内在心灵的平静，都会使我们自觉不自觉地将其与佛教、犹太教等进行比较，因为基督教与佛教在其早期的发展过程中，都出现了相同或相似的特质或诉求。正是通过许多宗教之间这种或此或彼、或隐或显的关系，我们从中可以看到人类精神、观念、思想及信仰在早期发展过程中的接触、了解、交流与融汇，而如果没有此前及其数千年的发展交流及丝绸之路的交通发展，很难想象会出现各种宗教之间这样一种相互影响的局面。

七、丝绸之路是人类艺术展示、传播、交流之路

艺术不仅是人类情感的最佳表达形态，也是人类文明创造的最高形态。几乎人类所创造的各门类艺术，如陶瓷、青铜器、绘画、雕塑、建筑、书法、音乐、舞蹈、杂技等，均在丝绸之路上得以展开、交流并相互产生影响。

（一）艺术材质的相互借鉴及其影响

我们且不说丝绸的贸易不仅为丝绸之路提供了丰富内涵、带来了持续数世纪的世界时尚奢靡风气，更为世界艺术的发展提供了新的媒介材质。751年，唐玄宗大将高仙芝在与大食怛罗斯（Talas）的战役中大败，大食人利用

---

① ［英］彼得·弗兰科潘：《丝绸之路：一部全新的世界史》，邵旭东、孙芳译，浙江大学出版社2016年版，第30页。

被俘士兵中的造纸工匠在撒马尔罕造纸，很快这些纸张传到了巴格达、开罗及意大利、西班牙，从此称为"撒马尔罕纸"的中国绵纸很快便取代了埃及的莎草纸和地中海沿岸的羊皮纸。[①]中国造纸术的西传，直接促成了波斯细密画的新的繁荣。阿富汗青金石的传入，直接促成了中国青绿山水绘画艺术的进一步繁荣。阿拉伯苏麻离青颜料的引入及其波斯烧瓷工匠的加盟，直接促成了元青花独树一帜艺术风格的形成及其在中西亚瓷器贸易的繁荣。

（二）艺术风格的相互影响

随着佛教的东传，造像艺术把古希腊的雕刻技术及表现手法也一同传了过来。由于印度南部天气炎热，人们衣着较少，所以自然而然吸收借鉴了古希腊出水女神雕像的艺术风格，并将其运用于佛教造像的艺术呈现方式，并逐渐成为犍陀罗佛教造像艺术的重要风格之一，其典型特征为佛像着偏袒右肩式袈裟，薄衣透体，每根衣纹线条均匀平行地分布于大衣上，在胸前呈半同心圆状。到了笈多艺术时期，其造像以湿衣佛陀为典型，佛像的大衣更加薄透，四肢躯干更加凸显，人物仿佛刚刚从水中出来，全身几乎没有一根衣纹，袈裟完全贴在身上，人物近乎赤裸。到了阿富汗的巴米扬大佛，深受伊朗造像传统和印度佛像艺术风格影响，在佛像身上先用绳子固定出形，再用灰泥、颜料覆盖出细密的衣褶线条。这一风格再传入西域的高昌佛教故事的供养礼佛图中，人物造型丰满，身着通肩式袈裟，薄衣如丝绸般紧贴身体轮廓下垂，表现出细密的衣纹。到了敦煌莫高窟唐初供养彩塑造像中，菩萨姿态优美，比例协调，衣裙薄透贴体，衣纹流畅圆润。到了炳灵寺石窟的无量寿佛，尽管其衣纹还是典型的通肩式薄衣透

---

① ［法］葛乐耐：《驶向撒马尔罕的金色旅程》，毛铭译，漓江出版社 2016 年版，第 53 页。

体袈裟，但却开始融入了汉民族与汉文化的特点。继续东进，这种风格分别影响到了中原地区云冈石窟、龙门石窟、天龙山石窟、响堂山石窟、山东青州、江南栖霞山、四川广元等佛像的风格，充分影响到了中国古代佛教造像的艺术风格，并进而影响到绘画，形成了"曹衣出水"的中国式绘画艺术风格。这仅仅是丝绸之路各个国家艺术交流的一例，类似的还有很多很多，由于篇幅所限，我们另文论述。

（三）艺术类型的不断拓展

丝绸之路上各国文化交流的另外一个显著特点，便是各门类艺术的不断兴盛与相互传播。在丝绸之路艺术发展过程中影响最大的莫过于随佛教东渐而带来的艺术融合，如在乐舞方面，印度的《婆罗门曲》，与西凉时吕光从龟兹带来又与当地音乐融合的"西凉乐"相结合，形成了代表当时中原雅乐与西土梵乐融合最高成就的音乐形式"西凉创"，后在唐代被玄宗所改造，形成了富丽典雅、热情奔放而风靡一时的《霓裳羽衣曲》。此外还有龟兹乐，这是原汁原味被保留下来的西域音乐。"《龟兹》者，起自吕光灭龟兹，因得其声。吕氏亡，其乐分散。后魏平中原，复获之。其声后多变易，至隋有西国龟兹、齐朝龟兹、土龟兹等，凡三部。"[1] 与之相配的，则是从西域传入的胡腾舞、胡旋舞，从中可见当时西域乐舞艺术交流的繁盛。与乐舞相配的，便是许多乐器的引入，如从波斯传入的卧箜篌，从美索不达米亚平原传入的竖箜篌，从印度传入的龟兹琵琶，从土耳其、伊朗传入的曲颈琵琶等。[2]

---

① 《隋书·音乐志》。

② 参见林少雄《古冢丹青：河西走廊魏晋墓葬画》，甘肃教育出版社 1999 年版，第 118—123 页。

除了乐舞，丝绸之路上传入最多的是杂技百戏。所谓"百戏"，是古代乐舞杂戏的统称，后来也称之为"散乐"："大抵散乐杂戏多幻术，幻术皆出自西域，天竺尤甚。汉武帝通西域，始有善幻人至中国。"①"百戏"在汉代也称之为"角抵戏"或"散乐"，一般包括角抵、扛鼎、骑射、斗斗、走索、绳技、炫人、幻术、弄丸、拗腰肢、东海黄公、鱼龙曼延、吞刀、吐火、狮舞以及各种装扮人物的乐舞表演，等等。其中既有华夏本土的传统因素，又有国外引进的新的样态，在长期发展中，两者相互启发、借鉴、吸收与融合，作为大众喜欢的民间综合艺术，一直保留至今。②

而早在我们关于传统艺术的分类之前，在这条古老的道路上，中土的丝绸被引进到西方，而和田的玉石等奢侈品，地中海地区的玻璃器物、银器及其他装饰品，草原地区的马匹及皮毛等都被引进中原地区③，成为丝绸之路上独特的艺术形式及其类型。由此可见，丝绸之路各种材料、物品及其娱乐活动形式的交流，也在不断改变着我们关于"艺术"的材质与手段、内容与形式、功能与作用、观念与思想，不仅在不断界定着我们关于"艺术"的定义，也在不断拓展着我们关于"艺术"的认知，同时也不断拓展与丰富着丝绸之路的文化意蕴。

八、丝绸之路是人类思想精神融汇沟通之路

随着以上交流传播，人类的思想、观念、精神得以不断呈现、交

---

① 《旧唐书·音乐志》。
② 参见林少雄《古冢丹青：河西走廊魏晋墓葬画》，甘肃教育出版社 1999 年版，第 118—123 页。
③ 参见 [俄] 叶莲娜·伊菲莫夫纳·库兹米娜《丝绸之路史前史》，[美] 梅维恒（英文编译）、李春长译，科学出版社 2015 年版，第 XV 页。

流、影响、融合，最终成就了丝绸之路丰厚又全新的文化底蕴。如仅就佛教而言，大量的僧侣西去求经，于是带来了大量佛教典籍及其他文化经典的传入。当时在中原和江南地区西去求法的队伍中就有法显、智严、法勇、支法等人，由河西地区西去求法的则有沮渠京声、道泰、宝云、法盛、僧表等。与之相适应，便是经典的不断编纂、整理与翻译。如鸠摩罗什在凉州客居 16 年，不仅学汉语，并先后翻译了近百部佛教经典；另一个僧人道安，经他编纂整理的《综理众经目录》中的《凉土异经录》，就收集整理了流入中土又失佚的佛经 59 部 79 卷；沮渠牧犍特聘西域沙门浮陀跋摩翻译了 60 卷的《阿毗昙毗婆沙论》；昙无谶共翻译了佛经 19 部 131 卷。丝绸之路文化兴盛的一个重要标志，除了经典的迻译，便是一大批思想深刻、德高望重的高僧的出现，除名盛一时的竺法护、佛图澄、鸠摩罗什、昙无谶、师贤、释惠高等外，仅在释惠皎所著的《高僧传》中，就收录了魏晋时期的 257 位高僧。这种思想交流与传播的意义，笔者在十多年前的著作中就有论述："这是一个僧侣辈出与佛法广传的时代，他们中的一些人，或跋涉千里取来真经，或深居僧舍迻译经典，或撰文讲法弘扬佛理，或广聚门徒传授教义，一时之间，从上至下，在整个社会阶层中掀起了一股译经讲法的热潮。"①除了佛经的迻译，便是一大批硕士大儒著书立说、建立学馆进行思想传播。"十六国五凉时期河西涌现出一批大儒，其中的代表人物中来自敦煌的有东晋时期活跃在洛阳的以大书法家索靖为代表的'敦煌五龙'以及郭瑀、宋纤、宋繇、汜腾、刘昞、索敞、张穆等学术名家，来自酒泉的有祁嘉、马岌，来自武威的有段承根、阴仲达，来自金城的有宗钦、赵

---

① 林少雄：《古冢丹青：河西走廊魏晋墓葬画》，甘肃教育出版社 1999 年版，第 150 页。

柔，还有来自周边地区的人，他们在河西著书立说，建立公私学馆，讲学之风盛行，其中的代表人物即是郭瑀，他在张掖临松山讲学，弟子三百。河西文化与学术盛极一时。"① 所有这些举措，带来了对真理探求的不断深入及思想体系的不断建构，不仅带来了中国文化思想的深化、观念的超越及知识体系的更新。另一方面，随着中国的丝绸、茶叶、瓷器等物质文明成果的西传，不仅极大改变了丝绸之路沿线国家及民族人们的生活习惯，更改变着他们的思想观念，而且形成了思想通过物质流通而传播的这一人类文明全新的传播交流方式，这应该是人类文明精神及其思想的真正融会贯通的一种可贵尝试及其成功模式。

总之，丝绸之路不仅仅是物质传播之路，更是人类的一个文化舞台与文明平台，在此场域中，人类文明空间与时间相互融通、物质与精神齐头并进、人种民族相互融合、宗教与世俗相互适应、文化与艺术相互补充、经济与政治良性互动、战争与和平相互交替，真正具象地释示了"人类命运共同体"这一宏大命题下"人类文明共同体"的细微肌理，因之也具有了不同寻常的文化意蕴。

（原载《兰州大学学报（社会科学版）》2018年第2期）

---

① 沙武田：《河西走廊历史地位概说》，载王砚主编《丝绸之路彩陶暨嘉峪关历史文化学术研讨会论文集》，兰州大学出版社2017年版，第127页。

论敦煌历史文化的包容精神

——对习近平总书记考察敦煌等地讲话的一点认识

马　德

一、民族精神：敦煌历史文化遗产保护的意义

2019 年 8 月 19—20 日，习近平总书记先后考察了位于甘肃河西的历史文化遗产敦煌莫高窟、嘉峪关长城和张掖市高台县中国工农红军西路军纪念馆等，并先后发表了重要讲话。

习近平总书记的三次讲话，涉及面广，寓意深远。他首先一再指示保护好历史文化遗产：

> 要十分珍惜祖先留给我们的这份珍贵文化遗产，坚持保护优先的理念，加强石窟建筑、彩绘、壁画的保护，运用先进科学技术提高保护水平，将这一世界文化遗产代代相传。①

---

① 《让敦煌学深入人心》，《人民日报》2019 年 12 月 5 日。

为什么要保护好文化遗产让其代代相传呢？习总书记反复强调了一个词语：民族精神！

> 敦煌文化是中华文明同各种文明长期交流融汇的结果。我们要铸就中华文化新辉煌，就要以更加博大的胸怀，更加广泛地开展同各国的文化交流，更加积极主动地学习借鉴世界一切优秀文明成果。
>
> ……
>
> 研究和弘扬敦煌文化，既要深入挖掘敦煌文化和历史遗存蕴含的哲学思想、人文精神、价值理念、道德规范等，更要揭示蕴含其中的中华民族的文化精神、文化胸怀，不断坚定文化自信。①

而对于历史文化遗产工作者来说，识其精神价值是从事这项工作的最原始的起点。因为我们都会常常遇到提问：你们保护这些东西，不能吃不能喝，还要花钱，到底是为了什么？ 所以这是一个一开始就必须要面对的问题。现在大家的答复一般都是：一方面，文化遗产有教育方面的作用，包括知识和技艺，这样可以有利于每个人的修养；另一方面，就是古人早就明确了的"以史为鉴"。但随着社会的进步发展，这样的解释远远满足不了众人的认知需求。所以需要从文化遗产与社会发展关系方面做出解释，这就是：敦煌首先是一种精神。要通过对历史文化遗产深入研究，深刻认识历史文化遗产在人类社会的进步与发展的历史长河中作为精神财富的价值意义。

敦煌历史文化遗产是永久性的精神财富。几千年来，敦煌的几十代劳

---

① 《敦煌学研究见证中华文化新辉煌》,《光明日报》2020 年 8 月 20 日。

动人民，特别是从事各种手工业劳动的工匠们，用他们的聪明和智慧，用他们的生命和鲜血筑造了敦煌石窟这座历史的丰碑。在创造光辉灿烂的敦煌历史文化的同时，把他们的精神一道留给了我们。了解敦煌的历史文化，就是要了解创造了敦煌历史文化的历代先贤，和他们留下的敦煌历史文化遗产中所体现的中华民族的民族精神，中华民族的先民们聪明智慧、吃苦耐劳和海纳百川的创造、奉献与包容的精神。敦煌事业培养和造就了敦煌精神和民族精神，同敦煌宝库一样属于中华民族的宝贵财富。无论社会的发展和进步到什么程度，这种精神永远是促进社会进步发展的动力，而且在发展中不断得到升华。当然，这也是中华大地上所有先民们留给我们的在历史文化遗产上的共性。

习总书记在嘉峪关又强调文化遗产与民族精神，特别是民族凝聚力问题：

长城凝聚了中华民族自强不息的奋斗精神和众志成城、坚韧不屈的爱国情怀，已经成为中华民族的代表性符号和中华文明的重要象征。要做好长城文化价值发掘和文物遗产传承保护工作，弘扬民族精神，为实现中华民族伟大复兴的中国梦凝聚起磅礴力量。①

习总书记这段话讲了三层意思，即做好文物保护，弘扬民族精神，为实现民族复兴凝聚起磅礴力量。这也就是我们文化遗产工作的三个层次和全部意义。而通过对历史上各个民族共同创造的中华民族的优秀传统文化的认知，凝聚起强大磅礴的民族力量。

---

① 《光明日报：研究长城文化，弘扬民族精神》，2019 年 9 月 16 日，人民网。

实际上，早在 2018 年 3 月 20 日，第十三届全国人民代表大会第一次会议闭幕时，习近平主席发表重要讲话，对"中华民族精神"做出了高度凝练与清晰阐发，概括为"四种伟大精神"，即"伟大创造精神""伟大奋斗精神""伟大团结精神"与"伟大梦想精神"。习主席说：

> 波澜壮阔的中华民族发展史是中国人民书写的！博大精深的中华文明是中国人民创造的！历久弥新的中华民族精神是中国人民培育的！……中国人民的特质、禀赋不仅铸就了绵延几千年发展至今的中华文明，而且深刻影响着当代中国发展进步，深刻影响着当代中国人的精神世界。中国人民在长期奋斗中培育、继承、发展起来的伟大民族精神，为中国发展和人类文明进步提供了强大精神动力。[①]

在张掖市高台县，习总书记瞻仰中国工农红军西路军纪念碑和阵亡烈士公墓，参观中国工农红军西路军纪念馆，向革命先烈敬献花篮。在这里，他又一次强调了民族精神：

> 新中国是无数革命先烈用鲜血和生命铸就的。要深刻认识红色政权来之不易，新中国来之不易，中国特色社会主义来之不易。西路军不畏艰险、浴血奋战的英雄主义气概，为党为人民英勇献身的精神，同长征精神一脉相承，是中国共产党人红色基因和中华民族宝贵精神财富的重要组成部分。我们要讲好党的故事，讲好红军的故事，讲好

---

① 习近平：《在第十三届全国人民代表大会第一次会议上的讲话》，《人民日报》2018 年 3 月 21 日。

西路军的故事，把红色基因传承好。①

长征精神、革命精神是中华民族的宝贵精神财富，是民族精神的传承和升华。

二、敦煌历史文化所见中华民族包容精神

因为经常遇到来敦煌参观的人们提出的各种问题，从 20 世纪 90 年代研究敦煌石窟营造历史开始，敦煌古代工匠与民族精神一直是我思考的研究内容；2012 年以来，我先后在不同的场合就敦煌历史文化的民族精神发表一些粗浅的认识，包括包容、奉献和创造三个方面。②我首先是从自己的专业从历史学的角度去认识敦煌历史文化本身作为精神财富的价值、在过去曾经发挥过的作用，和对当今以及未来有什么作用；其次是从民族精神和精神财富的层面去探讨敦煌历史文化的艺术美学内涵；最后是从佛教对社会的作用方面认识敦煌作为民族精神的意义。习总书记强调"要深入挖掘敦煌文化和历史遗存所蕴含的哲学思想、人文精神、价值理念、道德规范等"。一般说来，从精神财富的层面了解敦煌，无论是敦煌石窟还是敦煌文献，抑或是保存在敦煌大地上的历史遗迹遗物，对先民们的奉献和创造精神并不难领会。而关于包容精神，则需要运用大量历史资料和文献

① 《习近平：坚定信心开拓创新真抓实干　团结一心开创富民兴陇新局面》，2019 年 8 月 22 日，中国日报网。

② 参见马德《论敦煌石窟的民族精神》，载李利安主编《佛教与当代文化建设学术研讨会论文集》第一编，西北大学出版社 2013 年版，第 156—168 页；马德《民族精神——敦煌艺术的美学内涵》，载杨利民、范鹏主编《敦煌哲学》第二辑，甘肃人民出版社 2015 年版，第 117—128 页；马德《敦煌古代工匠研究》第十章"敦煌工匠的民族精神"，文物出版社 2018 年版，第 292—311 页。

记载、图像表现来说明。

敦煌历史文化体现出来的中华民族精神，首先就是包容精神。以汉文化为根基的敦煌，用自己博大宽广的胸怀，容纳、吸收了外来的佛教文化，让佛教深深地植根于敦煌的大地上，开出绚丽的花朵，结下丰硕的果实。而因为敦煌地处亚洲腹地，历史上一直是中国与西方各国进行经济、文化交流的中心地带。人类的埃及文明、两河文明、印度文明、中华文明、希腊文明等在这块土地上神奇地进行了交汇和融合，形成了集东西方世界古代文明为一体的作为人类古代文明的象征，因此敦煌又被誉为是人类古代文明的中心；而敦煌石窟就是这个中心的标志和见证，是人类古代文明的结晶。习总书记说"敦煌文化是中华文明同各种文明长期交流融汇的结果"，即是这个方面的高度概括。而这一切，首先有赖于敦煌这片土地上世世代代的敦煌人的宽广胸怀和博大的包容精神，让敦煌石窟这座历史的丰碑永远高高耸立在世界文明遗产之林！

佛教传入敦煌的时间较早，据传说，至少从西汉武帝开发河西时期就已经有了迹象。而佛教作为外来的意识形态，能在汉文化为根基的敦煌大地上传播发展，这本身就是民族包容精神的突出体现。敦煌佛教文化就是敦煌的中华民族包容精神下的辉煌成果。由任继愈总主编、杜继文主编的《佛教史》特别强调了法护所译早期大乘佛教的重要经典之作《正法华经》在佛教史上的重要意义：

> 《正法华经》10卷，晋太康七年（286）译于长安。中心思想是"会三归一""藉权显实"，也就是肯定了佛教在流布过程中广泛吸取别种宗教流派的作法是合理的。它把已经融会于大乘佛教之中而又异于原始佛教的思想信仰，解释成是佛陀教化众生的方便手段，同时也

给原始佛教以恰当的地位，看作是同一"佛乘"的不同表现形式。这些说法，调和了佛教内部的派别对立，也为进一步容纳其他民族民间信仰崇拜进入佛教范围开创了道路。①

实际上，这里讲的不仅仅是佛教内部的事，"会三归一"等，也是讲一种文化的包容，是大乘佛教的包容，是敦煌历史文化的包容精神在特定社会背景下的体现，是包容精神在佛教文化在敦煌的传播和发展过程中的展示。我们从上著中对竺法护的总体评价中也可以认识这一点：

> 竺法护……祖籍月支，世居敦煌，八岁出家，万里寻师。除诵读佛经外，还博览《六经》和百家之言。后随师游历西域各国，遍学36种语言，搜集大量胡本佛经……他一生往来于敦煌、长安之间，先后47年（266—313），译经150余部，除小乘《阿含》中的部分单行本外，大部分是大乘经典，包括《般若》类的《光赞般若经》，《华严》类的《渐备一切智德经》，《宝积》类的《密迹金刚力士经》，《法华》类的《正法华经》，《涅槃》类的《方等般泥洹经》等等。早期大乘佛教各部类的有代表性的经典，都有译介。这些佛籍的内容非常庞杂，既包括有思想深沉的多种哲学流派，又含有形式粗鄙的原始宗教观念，大体反映了当时由天竺到西域佛教的基本面貌，在沟通西域同内地的早期文化上，作出了卓越的贡献。《高僧传》本传评论说："经法所以广流中华者，护之力也。"②

---

① 杜继文主编：《佛教史》，江苏人民出版社 2008 年版，第 141 页。
② 杜继文主编：《佛教史》，江苏人民出版社 2008 年版，第 139—140 页。

竺法护后，敦煌石窟创建。敦煌石窟本身一开始就是一座多种文化交汇融合的宝库，饱含了我们中华民族的包容精神和文化胸怀。

从敦煌石窟的佛教造像中首先就可以看到，外来的佛教诸神形象，各个时期都有不同。早期的第 275 窟，北魏的第 259 窟，隋代的第 419 窟，和唐代的第 45 窟，我们逐一进行比较的话就不难看出，虽然表现的都是佛祖，不仅都是根据时代不同而发生变化，更主要的是它们一起出现在同一崖面上，适应着各个时期的各种社会需求。敦煌石窟就是因为有了包容，才使得佛祖的形象丰富多彩。

在壁画中，有种题材叫“各国王子听法图”和“各国王子举哀图”，更是具体地绘制了各种肤色和各种装束的各国王子，大家共处一室，这里体现的佛教文化的世界性，也是敦煌石窟包容精神的展示。

这里最明显的例子，是石窟壁画上表现的中国人最喜闻乐见的观世音菩萨救难的情景之一“商人遇盗”。北周时代就有大量胡人形象出现在壁画上，隋代亦然：从第 302、303 窟开始，到第 420 窟的观音普门品，再到唐代盛期第 217、45、444 窟等。这里的商人是胡人，“强盗”是汉人，特别是全副武装的汉人。这些完全出自中国画家之手的画面，不仅反映了封建史学家们津津乐道的隋唐盛世的一面，更主要的是体现了中国画家的宽广胸襟及敢于直面盛世之不足的另一面。这是敦煌包容精神最为突出的体现，在中华民族傲然挺立于世界民族之林的中国封建社会最盛期，敢于直面自己的短处，向世人暴露自己的缺点。这也是祖宗们留给我们最深刻、最有益的经验和启迪。

三、敦煌包容精神与中华民族共同体意识

习总书记在敦煌研究院的座谈会上又专门讲道："加强对少数民族历史文化的研究，铸牢中华民族共同体意识。"①

党的十九大报告曾经在"中华民族""人类命运"及"人与自然"三种意义上使用"共同体"一词。敦煌数千年的历史是个多民族活动的大舞台，除了与西方各民族的交流之外，国内的众多少数民族不断地你来我往，通过各种交流方式共同发展和进步，整合到以汉族为主体的中华民族大家庭中。如敦煌历史上的吐蕃治理时期，就是历史上汉藏和睦相处的共赢共荣时期。

吐蕃起源于公元前后，最初是分散在青藏高原各地的原始农、牧业部落；大约从公元 600 年开始，高原诸部落中最强盛的雅砻部落渐次兼并了其他各部落，统一了青藏高原；此后不久，吐蕃在松赞干布的统领和治理下，平定内乱，安抚周边四境，创造文字，制定法律典章，引进佛教，通好天竺，特别是与唐朝和亲，结甥舅之好，学习唐朝的先进文化，使之成为中国历史上由藏族先民所建立的一个强大的奴隶制政权。从公元 7 世纪下半叶开始，处于奴隶制上升时期的吐蕃王朝，发动了对周边各国的掠夺战争，占领了唐朝及西域各国的大片领土。在最强盛的公元 8—9 世纪的百余年间，统治着中国西南、西北以及中亚的广大地区。当时地处中西交通要道上的重镇敦煌也在吐蕃管辖和治理的范围之内，并且雄居东西方之中部，与吐蕃首府拉萨南北相望。

吐蕃王国从雅砻河谷的农耕开始算起，前后近千年。藏、汉文史籍都

---

① 习近平：《在敦煌研究院座谈时的讲话》，2019 年 8 月 19 日。

曾叙述过吐蕃历史文化的辉煌，而在吐蕃曾经治理过的敦煌，我们就看到了大量的吐蕃历史文化遗迹，和保存得最丰富、最集中的吐蕃史料，都体现出这种辉煌。吐蕃治理敦煌时期，几代吐蕃赞普曾在敦煌指挥作战和处理国家政务，吐蕃王朝也在敦煌大举进行封建改革，真正接纳了唐朝等邻国的先进经济文化，大力发展农业、林业、畜牧业和手工业，促进了吐蕃社会的重大变革，实现了本民族历史的跨越性发展；吐蕃王朝代替唐朝担负起保护和管理中西经济文化交流的通道——丝绸之路的艰巨任务；敦煌曾经聚集了一大批汉、蕃和西域各民族的文化人；赞普的王妃和宰相在这里组织和主持了佛经的翻译、抄写和传播事业，传播汉唐文化与佛教文化。所以，敦煌在吐蕃历史文化的发展史上有着重要的地位，发挥过重要的作用，展示过巨大的历史意义：敦煌曾经一度成为吐蕃的文化中心和经济特区，是藏族古代历史上最辉煌的时期。[①] 这就是唐代中华民族共同体的具体体现。

敦煌文化的包容精神，在吐蕃时期又得到很好的体现，主要反映在敦煌石窟的佛教文化方面，不仅在建筑方面创造性地吸收和运用了"窟塔一体"的格局，更重要的是在壁画内容方面，在佛教宗派林立的时代，一窟之中绘制十几幅、二十几幅各宗各派所尊奉的经典变相，形成"方丈室内化尽十方，一窟之中宛然三界"[②] 的完整的社会化的佛教活动场所。这种佛教本身的包容，只有在敦煌石窟这样的场所才能体现出来；而这里同时体现的，也就是敦煌及中华各民族的共同体意识。

---

① 马德：《论敦煌在吐蕃历史发展中的地位》，载敦煌研究院编《敦煌吐蕃文化学术研讨会论文集》，甘肃民族出版社 2009 年版。

② 出自敦煌遗书 P.2762《张淮深碑》，参见马德《敦煌莫高窟史研究》，甘肃教育出版社 1996 年版，第 302 页。

四、包容精神与文化自信

党的十八大以来，习近平曾在多个场合提到文化自信，传递出他的文化理念和文化观，这里摘录几段："中国有坚定的道路自信、理论自信、制度自信，其本质是建立在5000多年文明传承基础上的文化自信。""我们说要坚定中国特色社会主义道路自信、理论自信、制度自信，说到底是要坚持文化自信。""文化自信是更基础、更广泛、更深厚的自信。"① "中国传统思想文化体现着中华民族世世代代在生产生活中形成和传承的世界观、人生观、价值观、审美观等，其中最核心的内容已经成为中华民族最基本的文化基因。这些最基本的文化基因，是中华民族和中国人民在修齐治平、尊时守位、知常达变、开物成务、建功立业过程中逐渐形成的有别于其他民族的独特标识。"② 这里都强调的文化自信是建立在中华民族优秀传统文化基础上的自信。而这些年关于学习和贯彻文化自信方面的文章，仅我所见到的就有百余篇之多，其中不乏鸿篇佳作，对以民族传统为基础的文化自信的阐释也有深刻的见解和精辟的论述，兹不赘。

习总书记在敦煌的讲话，实际上是他的一系列关于文化自信理论的进一步阐述和提升。因为敦煌足可以让任何一个中国人产生强烈的民族自豪感！有了敦煌，就有了自豪——自豪即自信！敦煌是一种文化，敦煌自信首先是文化自信；而造就敦煌文化的重要基础条件之一，就是中华民族的博大胸怀和包容精神。因为包容，才有敦煌；自信就是包容，就能包容；包容则是自信的最好展示。敦煌历史文化是中华民族几千年优秀传统文化

---

① 习近平:《坚定文化自信，建设社会主义文化强国》，2019年6月15日，求是网。
② 习近平:《在纪念孔子诞辰2565周年国际学术研讨会上的讲话》，2014年9月24日，新华网。

的象征，文化自信首先是民族优秀传统文化的自信。传统文化自信的基础是文化胸怀，即包容精神。包容是一种胸怀，是一种境界，也是最大的自信。敦煌辉煌灿烂的历史文化所展示的包容精神和民族精神，使我们的文化自信永远具有十足的底气！

"海纳百川，有容乃大。"包容精神不仅因为它是老祖宗留给我们的财富，更重要的是它是人类社会进步发展的历史长河中所不能缺少的动力。敦煌历史文化的历代创造者和中华民族的先民们给予了子孙后代这样宝贵的财富，值得我们永远地继承和发扬光大。

（原载《世界宗教文化》2019 年第 6 期）

"一带一路"视域下的中外佛教文化交流谈片

嘉木扬·凯朝

在多年的佛教研究和与各国佛教学者的友好学术交流中，笔者认为中国佛教除了受印度佛教影响之外，还在不同程度上受到过斯里兰卡、尼泊尔、孟加拉等国的影响。这些国家的高僧不远万里来中国弘法，中国佛教高僧也曾赴这些国家求法。作为"一带一路"的先行者，这些高僧贡献了他们的无上智慧和无缘大慈、同体大悲的善巧方便，成就了现在中国佛教的基本格局。本文拟从中国与周边国家或地区的佛教文化交流事例中，略示其梗概。

一、斯里兰卡佛教与中国佛教的关系

根据《佛国记》记载，1600 年前法显大师赴斯里兰卡求法，在无畏山寺修持佛法两年，曾亲历当时斯里兰卡佛教和佛牙舍利出游的盛况。他在《佛国记》中记述："王于城北迹上起大塔，高四十丈，金银庄校，众宝合成。塔边复起一僧伽蓝，名无畏，山有五千僧。"又道："城中有起佛齿精舍，皆七宝作，王净修梵行。城内人信敬之情亦笃……"法显大师到达斯里兰卡时，无畏山寺派正处于一个极为兴隆的阶段。无畏山寺在历史上发展最兴旺时曾经有 5000 多名僧众修持佛法。无畏山寺现任住持拉达纳悉利长老（Rathanasiri Thero），曾留学于中国人民大学、武汉大学，并获得博士学位，汉语说得非常流利，他曾向中国社会科学院世界宗教研究所的学员李慧青赠送了佛像，以示对法显大师同乡人的纪念。在斯里兰卡有以法显大师命名的"法显村"，位于斯里兰卡首都科伦坡至康堤市高速公路附近。在斯里兰卡，中国的法显大师是一位家喻户晓的人物，他是中斯"一带一路"佛教文化交流的先驱，在中斯人民心中对他永远抱有尊敬和怀念。

中国社会科学院杜继文研究员认为，法显大师是从陆路出西游，又乘船从海道归国的第一位僧人，在中国佛教史上有着显著的地位；在中外交通史和沿北路南海丝绸之路地域的研究领域，法显大师所著的《佛国记》具有很高的知名度。[①]

二、尼泊尔佛教与中国佛教的关系

（一）中尼两国僧人取法和传法

历史上，中国僧人前往尼泊尔朝礼释迦牟尼佛的圣迹有很多，其中最早最知名的是公元 405 年东晋的法显大师，抵达释迦牟尼的家乡迦毗罗卫城以及出生地蓝毗尼花园，瞻礼佛迹，其有关当时尼泊尔佛教状况的见闻

---

① 参见杜继文《法显大师对中国佛教义理发展功不可没》，载青岛市政协民族和宗教委员会编《纪念法显西行取经海归 1600 周年国际学术研讨会论文集》，宗教文化出版社 2012 年版。

在《法显传》中都有记载与介绍。自此十余年之后，中国名僧智猛大师也曾到达迦毗罗卫朝圣。

在法显大师赴尼泊尔迦毗罗卫的同时，一位尼泊尔迦毗罗卫籍的僧人佛陀跋陀罗也来到中国传播佛法。他是释迦族人，于公元406年左右到达长安弘传禅学，随后又经名僧慧远之邀赴庐山，译出禅宗诸经，418年又到建业（今南京），在道场寺法显大师共翻译《摩诃僧祇律》40卷，又沙门法业、慧严等一百多人翻译《大方广佛华严经》60卷。此外在中国他还翻译了《观佛三昧海经》《文殊师利发愿经》等共13部125卷。佛陀跋陀罗在佛经的翻译事业上所做出的伟大成绩与甚深功德深为中国佛教界敬仰和尊敬。

公元633年玄奘大师赴尼泊尔朝圣，经过腊伐尼林（即洛明达）和迦毗罗卫城（即劫比罗伐窣堵国）。那时迦毗罗卫已经倾圮，只剩宫殿故基塔（窣堵波）和石柱遗迹。玄奘大师在此徘徊瞻礼，并在《大唐西域记》中记录了当时的情况。他写道，尼泊尔的加德满都地区宗教繁华、寺院林立，僧徒二千余人，大小二乘并皆研习；当时有名的鸯输伐摩王在位，崇信佛法。在尼泊尔的金城公主和唐朝的文成公主的倡导下，开通了一条从中国长安经拉萨至尼泊尔加德满都再到印度的交通路线（即当时所谓吐蕃、尼泊尔路），唐朝使臣李义表、王玄策先后出使印度都经由此道，唐代僧人玄照、道希、玄太、玄烙、道方、末底僧诃、玄会等往返印度时，也都先后到过尼泊尔国。玄照从印度返唐，途经尼泊尔国时，国王还遣人护送他到吐蕃，探望文成公主后回到洛阳。此后，公元764年中国高僧悟空也访问了尼泊尔国，瞻礼了释迦牟尼佛的降生地迦毗罗卫城的蓝毗尼花园。公元964年中国沙门继业等三百人由宋太祖派遣赴印度求法，归途也道经尼泊尔国。尼泊尔国赤尊公主和唐文成公主与吐蕃松赞干布王通婚时带去的佛陀等身像，先后在拉萨建起了大昭寺与小昭寺，安置其中。由此殊胜佛法因缘，为中尼双方友好交流带来了无限生机与活力，沿线国家和地区经贸及佛教文化的友好交流，经此“一带一路”，也得以延续至今。

（二）热译师与藏蒙地区佛教金刚乘

尼泊尔蓝毗尼是佛陀的诞生地，尼泊尔佛教与中国佛教的历史渊源与发展关系，成为藏蒙地区佛教金刚乘（密教）的主要起源，源头来自尼泊尔。尤其在藏蒙地区密教文化中的“大威德金刚修持仪轨”就是热罗大师（热译师）艰苦跋涉从尼泊尔迎请来的。

在热罗大师的历史传记中这样记载，热罗杂瓦汉语为“热译师”（全名热罗多吉扎，简称热罗），是藏传佛教中伟大的佛学家、高僧和大成就者，为11世纪初前往印度和尼泊尔学法的藏族译师之一，是把大威德（即大怖畏）系列密法引入藏地的五大传承系统中热系的首传宗师。[1]

（三）文殊菩萨与加德满都谷地

格鲁派五大本尊之一的大威德金刚，是文殊菩萨的愤怒化现。在蒙藏地区佛教中，文殊菩萨的地位极高，信仰极盛，因为文殊菩萨是诸佛智慧的总集，三世诸佛最终都是依靠智慧而成佛，因此文殊菩萨被尊为“诸佛之父”。

文殊菩萨与中国五台山的关系，据尼泊尔《苏瓦扬普史书》记载：“加德满都一带地区原来是一个巨大的那伽巴沙湖泊，湖内有龙王居住，

---

[1] 热·意西森格:《热译师传威德之光》(藏汉对照本)，多识仁波切译，四川民族出版社2013年版。

后来文殊师利由摩诃支那（中国）来到此地，辟开了湖南边的山岭，将这一湖水泄干，并在此建立苏瓦扬普（Svayambhu）寺，以此因缘此地得名尼泊尔。"[①]

文殊菩萨居五台山道场，驾临尼泊尔加德满都谷地调伏龙王，清除水患，使那里成为人们可以安居乐业的地方。此传说揭示了尼泊尔与中国有着源远的历史关系，特别是在佛教"一带一路"的历史发展过程中，这种联结起着至关重要的作用；在两国人民的共同努力下，通过佛教这个殊胜平台，中尼两国的佛教文化、艺术、建筑等呈现友好交流和密切合作的良好发展势态。

（四）元朝北京白塔寺与尼泊尔佛教建筑艺术

蒙古帝国元朝时期，忽必烈汗 1268 年从西藏迎请尼泊尔王子阿尼哥入北京元大都，他的雕刻风格以"西天梵相"著称，后又称"中印风格"或"元代风格"。[②]1271 年在大都兴建妙应寺白塔，尼泊尔阿尼哥王子承办塔的外围本体设计，萨迦派的亦怜真大喇嘛负责塔的内部设计。

这座白塔通高 50.86 米，共 5 层，自下而上其形状分别呈方形、圆形、三角形、伞形、螺旋形。它象征佛教所说的"五大"，即地、水、火、风、空。其中，塔基象征地大，覆钵象征水大，相轮象征火大，华盖象征风大，宝顶象征空大。阿尼哥以古代印度宇宙观作为建筑设计的指导思想，在北京元大都兴建了中国历史上第一座佛教大白塔。从历史文化发展

---

① ［尼泊尔］伽什纳特（Kashi Nath Nyaupane）：《丝绸之路及其意义——以尼泊尔、梵语和佛教为例》，载《2018 年首届"一带一路"与亚洲佛教文化论坛暨海棠山佛教专题论坛论文集》。

② 嘉木扬·凯朝：《元代北京汉藏蒙佛教的思考》，载胡雪峰主编《元代北京汉藏佛教研究》，宗教文化出版社 2018 年版，第 117—131 页。

的角度看，这座由尼泊尔人亲自主持设计建造，同时又是中原地区出现的第一座覆钵式塔，是我国蒙藏汉民族团结和睦的历史见证；它扮演了中尼两国展现历史传统友谊的象征。

三、孟加拉国佛教与中国佛教的关系

孟加拉国佛教主要与中国蒙藏地区佛教有关，而且以密教文化尤为突显，藏传佛教格鲁派宗喀巴大师的著作《菩提道次第广论》，就是借助孟加拉国佛教大师阿底峡尊者著书的《菩提道炬论》为基础而论述的。

阿底峡尊者曾经航海到爪哇和斯里兰卡学习和弘传佛教。他回国后，历尽艰险，步行越过喜马拉雅山到达西藏，复兴佛教，在西藏往生。他撰述了将近一百多部宗教与哲学著作，现在仍保存于西藏的古代寺院中。

中国唐朝高僧玄奘法师在他的著作中，也记载了公元六七世纪时这一地区的阿育王佛塔。公元二世纪佛教盛行于北孟加拉，此事已被在桑奇发现的两块还愿碑文所证实。在南印度龙树山发现的公元二世纪至三世纪的石刻铭文中记载，孟加拉曾是盛极一时的佛教中心地，和斯里兰卡的佛教僧众保有密切的宗教联系。①

中国著名的朝圣者法显的著作中，也提到古代孟加拉的佛教状况。他于五世纪初访问孟加拉，停留二年，游访各地佛教中心。他在游记中提及所见佛教繁荣昌盛的景象。佛教对古代孟加拉国的影响在玄奘的著作中也有清楚的记载，他于公元七世纪游历这一地区时，见到各重要佛教中心地

---

① 参见［孟加拉国］尼鲁·巴鲁瓦《孟加拉国的上座部佛教复兴研究》，载《2018 年首届"一带一路"与亚洲佛教文化论坛暨海棠山佛教专题论坛论文集》。

和大寺院中居住有大小二乘的佛教僧人。在樊陀罗伐咀那（北孟加拉）有
20座寺院，在散摩多咤（东孟加拉）有30座寺院，那里学术与宗教活动
十分兴旺。

四、中国佛教与日本佛教的关系

中国是佛教的第二故乡，不管是日本的佛教、韩国的佛教，还是越南
的佛教都是从中国传播过去的。众所周知，一千多年前唐代律宗僧人鉴真
和尚为了把佛教戒律传播到日本，受日本荣睿大和尚与普照大和尚的邀
请，经五次东渡失败，双目失明，终于于天宝十二年（753）第六次抵达
日本，完成了他的使命。[①] 日本密宗又称"东密"，根也是在中国。

创立日本佛教真言宗的是空海大师。空海大师的老师是唐代西安青龙
寺的惠果老和尚。惠果的老师又是不空三藏，有学者认为不空三藏是斯里
兰卡人。当今禅宗在世界上受到追捧，作为具有中国特色的本土佛教——
眼横鼻直、无念无想只管打坐、是心作佛，也是从中国流传到日本的。日
本佛教净土宗和净土真宗的祖庭就坐落在中国的庐山东林寺和山西玄中
寺。所以，以佛教文化交流为基础，中日两国作为一衣带水的友好邻邦继
续拓展着"一带一路"，赋予其无限生机，迄今没有中断，仍在继续演化，
散发着种种活力和灿烂前景。

---

① 参见邓小平《一件具有深远意义的盛事》，《人民日报》1980年4月19日。文章说："我前年访日
　时，在奈良唐招提寺见到了鉴真塑像，诚如历史诗人学者所赞叹的，它具有非常高的艺术性，表
　现出鉴真的坚强意志和安详风度。一千二百余年来，日本人民把它作为国宝，精心保护和供奉到
　今天，值得我们敬佩和感谢。现在，在日本政府支持下，日本文化界和佛教界人士，把国宝鉴真
　像郑重地送来中国供故乡人民瞻仰。这是一件具有深远意义的盛事。它必将鼓舞人们发扬鉴真及
　其日本弟子荣睿、普照的献身精神，为中日两国人民世代友好事业作不懈努力。"

五、结语

本文主要讨论"一带一路"视域下中国与周边国家佛教文化交流的来龙去脉，重点研究和分析中国佛教与斯里兰卡、尼泊尔、孟加拉国和日本等国的佛教交流和往来关系，并以此为切入点，略示历史重要人物对佛教传播的贡献，阐释佛教在"一带一路"沿线文化交流中所起到的特殊作用。

佛教在中国大地的盛行和本土化与上述国家和地区的高僧大德跋山涉水、弘法利生、续佛慧命、互学互鉴的不懈努力有着密不可分的关系。所以，我们有必要进一步深入研究和挖掘历史文献，同时利用田野调查的方法，探索展现历史的本来面目。

（原载《世界宗教文化》2018 年第 6 期）

"慈悲"：中国佛教文化助力"一带一路"倡议的支点

喻　静

古代丝绸之路有陆上和海上两条。陆上丝绸之路，从古长安出发，经河西走廊，在敦煌分南、北两道穿越塔里木盆地至中亚，而后通往安息、大秦。海上丝绸之路，从中国东南沿海出发，沿马六甲海峡，过印度洋，直抵大西洋岸边。

丝绸之路是古代中外贸易的线路，也是一条佛教、基督教、伊斯兰教、犹太教等宗教文化传播交流的道路，更是大乘佛教进入中国的道路。所谓"中国佛教"，就是沿着陆上、海上两条丝绸之路迤逦东来的印度佛教，在信仰、制度、文化这三个方面逐步完成"中国化"，成为以大乘佛教为主体的、拥有"中国表达"的佛教。

大乘佛教的根本精神是"慈悲"和"智慧"。"慈悲"一词并非"土生土长""中土制造"，恰恰来自佛经东传所必经的丝绸之路。佛经自东汉传入，主要由梵文迻译。"慈悲"作为双音词源于汉译佛经，此前中国本土文化典籍中仅有单音词"慈"或"悲"，各有独立的用法和清晰的意义。汉译佛经里的"慈""悲"和"慈悲"都属于"意译词"，语源是外来的，词义是引进的。"慈"或"悲"所对应的梵文词亦是两个独立的词汇。

最早的佛经是由东汉时期来洛阳的"胡僧"安世高和支娄迦谶译出的。安世高是西域安息人,相传是安息国王子,支娄迦谶是西域月氏人。安息和月氏都是丝绸之路上的国家。安世高所译经中,仅有几处涉及"慈""悲",都和小乘止观法门中的"慈悲观"有关。支谶译经几乎全是大乘经,且是最早进入中土的大乘经,尤其译成于东汉灵帝光和二年(179)的《道行般若经》,是最先在中国弘通的大乘般若类经典,"摩诃衍"(大乘)一词最早就出现在支谶译《道行般若经》中。《道行般若经》中有"慈""慈心""慈哀""大慈"的用法,皆指菩萨对众生的愍念,属于以般若空观为旨归的大乘菩萨道修持纲要,是菩萨通过修行六度所获得的神通和"善巧方便"。《道行般若经》尚未出现"慈悲",只有"慈哀"勉强可算从单音词"慈"到双音词"慈悲"的过渡。支谶译的另一部经《般舟三昧经》中出现了"大慈大悲",很可能是"慈悲"作为汉语新词在汉译佛经中首度登场。

支谶之后的重要译经家支曜、支谦、竺法护、支法度和支施仑等人皆来自大月氏,所译经典以大乘经为主,尤其大乘方等部、华严部和般若部占多数,"慈悲"一词的使用逐渐普遍。从《弘明集》所收录的文章看,当时中土儒道两家的知识分子经常以"仁"释"慈悲"。"慈悲"如何不依附于中土已有文化传统而获得专属大乘佛教的表达,"慈悲"如何传达大乘佛教的精神、理念,并和儒道两家在相异中达成会通、在融合中体现差异,这个工作有赖于伟大的译经家、大乘义学大家、大乘中观学派最早的弘传者鸠摩罗什。

狭义的"西域"指东起玉门关、阳关,西到葱岭的区域。印度中部和北部地区的佛教发展在整个印度佛教史上有着十分重要的地位,同时又是佛教向西域和中国传播的最为重要的地区之一。而当时统治印度北部和中部的就是大月氏建立的贵霜王国。贵霜王国盛行的大乘佛教，先传到莎车（今新疆喀什），然后再到于阗（今和田）和龟兹（今库车）。这些都是当时丝绸之路上的重要国家。鸠摩罗什出生在龟兹，曾游于罽宾、疏勒，又回龟兹。他最早就学于小乘师，后转依大乘，从二十岁到四十岁，在西域弘法二十年。前秦国主苻坚派吕光出兵龟兹，吕光俘获鸠摩罗什后东行，在凉州建立后凉政权，鸠摩罗什被羁十七年。后秦第二任国主姚兴讨伐凉州，鸠摩罗什被迎请到国都长安。在长安，鸠摩罗什翻译了大量大乘初期的佛教经典并主要弘传了龙树的大乘中观学。

鸠摩罗什于后秦弘始七年（405）译出《大智度论》。这是印度中观学派创始人龙树专为《大品般若经》所作之注解，是大乘佛教的奠基之作，也是中土翻译出的第一部大型大乘佛教论典。从佛典翻译的历史看，《大智度论》是汉译佛典中对"慈悲"进行系统分疏和定义的最早的文献。从《大智度论》开始，"慈悲"进入以汉语为主要载体的中国本土观念系统。

《大智度论》首先区别了"慈"和"悲"："慈名爱念众生，常求安稳乐事以饶益之；悲名愍念众生，受五道中种种身苦心苦。"又分"慈悲"为"小慈小悲"和"大慈大悲"："大慈与一切众生乐，大悲拔一切众生苦。大慈以喜乐因缘与众生，大悲以离苦因缘与众生。"《智论》把声闻缘觉亦即小乘行人的"慈悲"当作"小慈小悲"；而以大乘菩萨自利利他的慈悲为"大慈大悲"。然而菩萨之"大"只是相对于小乘而言，相对于佛的慈悲，则为"小"。

根据禅定时修习慈悲观想的对境，《智论》分慈悲心为三种："慈悲心有三种：众生缘、法缘、无缘。凡夫人众生缘；声闻、辟支佛及菩萨，初众生缘，后法缘；诸佛善修行毕竟空，故名为无缘，是故慈悲亦名佛眼。"

《智论》明确慈悲为佛教（大乘佛教）的最高价值："慈悲是佛道之根本。"

从来自月氏的支谶，到其后竺法护等大月氏译僧群体，再到鸠摩罗什，从印度贵霜王国到罽宾、莎车、于阗，从龟兹到凉州最后到长安，两百年间，"慈悲"在以汉语言为主的中土文化环境中逐渐生根，又摆脱了格义困境，逐渐清晰，有了根植于大乘佛教土壤的、不与儒道两家与共的中国化表达。从这个意义上，我们今天耳熟能详的"慈悲"一词以及寄寓其中的大乘佛教精神，正是通过这条陆上丝绸之路传入的。

大小乘经典虽然借由安译和支译同时进入中国文化语境，但在鸠摩罗什译经之前，汉地佛教学者对大小乘没有孰高孰下的分别心，甚至对两者间的分野亦没有特别明确的概念。鸠摩罗什通过译经与弘传，企图正本清源、扬大抑小，延续了印度本土的大小乘之争。尤其通过对《大智度论》的翻译和对"慈悲"一词的楷定，鸠摩罗什系统呈现了以菩萨为核心的大乘菩萨道修持实践体系。大小乘的区别在于小乘自利，而大乘自利利他、自行化他，从罗什的译文看，龙树定义的慈悲心，就是自利利他的心。所以慈悲心是大小乘的分野。从凡夫到菩萨到佛的进阶过程，就是慈悲心从无到有、从小到大的过程。鸠摩罗什同时也是佛教义学大家和高僧，他的翻译工作基于对大乘信仰的体认，翻译过程辅以对佛教义学的讲解。大乘佛教慈悲思想的完整呈现，当肇始于鸠摩罗什对《大智度论》的传译、楷定和义解。鸠摩罗什是推动大乘佛教扎根中土的标志性人物。

鸠摩罗什以后，经齐梁时代竟陵王萧子良、梁武帝萧衍之推崇，大乘思潮在教内教外渐成主流。继龙树中观思想以后，又经过几代学者的努力，无著世亲的大乘瑜伽行派思想也获得传译，大乘意识渐入人心，中国佛教才真正以大乘佛教为根本。

通过对佛教译经传统、对佛教在中国发展的内部史实的梳理，考察大乘慈悲精神的生长轨迹，仅是问题之一端。从中国本土文化的角度，大乘落土中国也是被选择的结果，两者之间激荡交融的关系至为复杂。仅就以菩萨为中心的大乘菩萨道修学总纲——菩提心、大悲行、空性见而言，大乘佛教"上求菩提、下化众生"的菩萨事业和以儒家为主的中国传统文化精神在"上"和"下"两个方向上都有契合处：大乘菩萨道之成佛理想和中国本土儒家之希圣理想相契合，是"向上一路"；大乘菩萨的天职就是要行大慈大悲，救度无量无边众生，和儒家圣贤以行"仁"为天职而博施于民、救世济众相契合，是"向下一路"。在利他的过程中完成自利，在博施的过程中完成自强，这种希圣希贤的道德期许为大乘和儒家共享，大乘最终被选择自是应有之义。

佛教挟裹着异域信仰、思想和文化传统传入中土，而中土恰是人文璀璨之土，非蛮荒榛莽之地，冲突在所难免。经过五百年的劘荡，大乘佛教最终融入中土，成为中土信仰、思想和文化传统的一分子，继而又成为中国文化传统的创造者，这有赖于佛教是个开放的宗教，具有"不执成见、兼容并包、广纳一切"的胸怀——此即佛教的根本见地"空性见"，也是大乘佛教根本精神的另一端"智慧"。智慧和慈悲不一不二，如硬币的一体两面。利他的行持，如果没有空性智慧，便不成其为"慈悲"；自利的修持，如果没有利他的心愿，便不成其为"智慧"。其实大乘佛教的最高价值是"平等"和"中道"，慈悲即"空"，"空"即平等，悲智不二，即成中道。平等中道流行于日常世间，遂有不执一端的、无冲突的、自利利他互不偏废的价值追求。从这个角度也可以说，从"慈悲"作为新词进入汉语文化到大乘佛教慈悲精神被发覆、被选择，这个过程就是佛教进入中国的过程。正是在这个意义上，可以说"慈悲"厥功甚伟，充当了两种文明对话和融通的使者。

中国佛教对中国文化传统的最大贡献，莫过于中国人对大乘佛教精神传统的恪守。"慈悲"在中国文化长河中有着恒久而超拔的生命力。纵观中国历史，治国者以"慈悲"为价值，助建伦常；百姓以"慈悲"为美德，日用不知；出家人以"慈悲"为舟楫，广度众生。"慈悲"把佛教带入中国人的日常生活。慈悲精神既在中国文化传统和中国价值体系中从未缺席，于新时代亦须臾不曾隐没。大乘佛教"自利利他、自行化他"的慈悲精神，"建设人间净土"的平等理想，正是"中国梦"的另一种表达。

"一带一路"倡议中的"一带"覆盖的中亚各国，在地理上是欧亚交通的十字路口，是中、印、欧、阿拉伯等文化板块的接合部，自古便是多元宗教文化交汇并存的区域。大乘佛教的慈悲本来就是从印度开始，沿丝绸之路迤逦传入，"慈悲"所蕴含的"爱""理性""平等""互助""和谐"等价值追求，落实到道德层面，其实和"一带一路"沿线其他宗教是共通的。"从长远看，人类能否长久地和谐相处、共同繁荣，在很大程度上取决于彼此之间是否有着深刻的认同感，而这种认同感的基础通常潜藏于体现人类精神生活的文化传统中。""慈悲"在古代既已充当了佛教信仰和中土原有文化信仰之间的使者，促成大乘佛教成为中国传统文化的有机组成部分，在今天也会有助于"一带一路"沿线不同信仰、不同文明之间的彼此认同、和谐共处。整理和彰显中国佛教文化中的慈悲精神，将推动和促进大乘佛教和中国文化的复兴，"慈悲"亦可堪作中国佛教文化助力"一带一路"倡议的"支点"。

（原载郑长铃、王珊主编《2016"一带一路"文化遗产国际学术研讨会论文集》，文化艺术出版社 2017 年版）

丝绸之路：东西方文明交流融汇的创新之路

——以敦煌文化的创新发展为中心[*]

李并成

以往的有些研究中，在论证和评价丝绸之路的历史作用时，学者们大多关注的是丝绸之路作为东西方世界之间的重要通道、在传播和沟通东西方经济文化中发挥的重大作用和贡献等方面问题，这自然是没有疑义的。然而笔者认为，丝绸之路对于世界历史的作用和贡献并不仅仅体现在"通道"上，如果只是将其看作"通道"的话，那就会大大低估和矮化其应有的历史意义和价值。而其更重要的作用和贡献在于这条道路还是东西方文化交流、整合、融汇及其创生衍化和发展嬗变的加工场、孵化器和大舞台，是文化创新的高地。毫无疑问，丝绸之路可称之为名副其实的创新之路。

就拿丝绸之路文化中最具有代表性的敦煌文化来说，其交融创新的

---

* 本文系国家自然科学基金资助项目"西北地区古代民众生态环境意识研究"（项目编号：41361032）的阶段性成果。

特点就十分突出和明显。敦煌是丝绸之路上的重要枢纽和吐纳口，为"华戎所交"的都会，西方文化传入中国后，大多要通过敦煌、河西等地进行中国"本土化"过程，或与中国传统文化碰撞、交流、整合后再继续东传。同样，中原文化向西传播亦是经过河西、敦煌发生文化的交流融汇。敦煌在整合东西方文化资源、创新文化智慧方面有着独具特色的优势，这也从一个方面生动地体现出中国优秀传统文化博大的胸怀与应有的文化自信。

一、敦煌文化呈现东西方文化融合创新的亮丽底色与崭新格局

笔者认为，敦煌文化是一种在中原传统文化主导下的多元开放文化，敦煌文化中融入了不少来自中亚、西亚、印度和我国西域、青藏、内蒙古等地的民族文化成分和营养，呈现"你中有我、我中有你、各美其美、美美与共"的文化融合发展的亮丽底色与崭新格局，绽放出一种开放性、多元性、浑融性、创新性的斑斓色彩。例如，敦煌遗书中不仅保存了5万多件汉文文献，而且还汇聚有大量中国国内少数民族文字以及一批西方国家民族文字的写本。又如西方传入的"胡文化"，对于敦煌文化的形成和发展即有着十分深刻的影响。

（一）敦煌遗书中汇聚有中外诸多民族文字文献的新史料

敦煌文书中保存的我国少数民族文字以及西方国家民族文字的写本，有吐蕃文、回鹘文、粟特文、于阗文、突厥文、梵文、婆罗米字母书写梵文、佉卢文、希腊文等语言文字的文本。此外，莫高窟北区还发现西夏

文、蒙古文、八思巴文、叙利亚文等文书，可谓兼收并蓄，应有尽有。①
这么多古代东西方民族、国家的文献汇集一地，本身即表明敦煌在东西方
文化交流中的重要地位。这些文献大多为我们以前见所未见、闻所未闻的
新资料，它们对于丝绸之路上的文化交流交融和民族关系，以及中古时期
的民族学、语音学、文字学的研究贡献重大。

例如，敦煌少数民族语言文献中，以吐蕃文即古藏文文献为最多，其
内容除大量与佛教有关的经典、疏释、愿文祷词外，还有相当多的世俗文
献，涉及吐蕃历史上一系列重大问题。由于吐蕃人自己所写的吐蕃时代的
文献非常少，而敦煌出土的近万件吐蕃文写本，则反映了整个藏族人早期
的经历和吐蕃王朝的历史进程。如所出《吐蕃大事纪年》《吐蕃赞普传记》
等，按年代顺序记载吐蕃王朝会盟、征战、颁赏、联姻、狩猎、税收等大
事，可填补研究中的一大片空白。②敦煌本回鹘文文书虽是劫后余孤，但
数量仍不少，内容包括各种经文、笔记、医学、天文学、文学作品以及从
甘州回鹘和西州回鹘带到敦煌的公私文书、信件等，弥足珍贵。③于阗语
是新疆和田地区古代民族使用的语言，公元 11 世纪以后逐渐消失，成为
"死文字"，敦煌于阗语文献大部分已获解读，内容主要有佛教经典、文学
作品、医药文书、使河西记、双语词表等，对于于阗历史、语言文化以
及于阗与敦煌的交往和民族关系的研究意义重大。④粟特语又称作"窣利
语"，为古代中亚粟特地区民族使用的语言，敦煌粟特语文献大多为粟特
人来到敦煌后留下的文字材料，内容有信札、账单、诗歌、占卜书、医药

---

① 参见荣新江《敦煌学十八讲》，北京大学出版社 2001 年版，第 280—282 页。
② 参见王尧、陈践译注《敦煌本吐蕃历史文书》，民族出版社 1980 年版，第 8—10 页。
③ 参见杨富学《回鹘文献与回鹘文化》，民族出版社 2003 年版，第 29—31 页。
④ 参见张广达、荣新江《于阗史丛考》，上海书店 1993 年版，第 15—19 页。

文书、译自汉文的佛典、经书等,实为宝贵。[①] 突厥文为公元7—10世纪突厥、黠戛斯等族使用的文字,曾流行于我国西域、河西以及中亚、西亚等地。敦煌文书中保存有突厥文格言残篇、占卜书、军事文书等。[②]

敦煌发现的外来民族文字的文献亦不少。如梵文文献除佛经外,尚有《梵文—于阗文双语对照会话练习簿》、梵字陀罗尼、梵文《观音三字咒》等。又如,莫高窟北区B53窟出土两页四面完整的叙利亚文《圣经·诗篇》,据之可大大增加我们对蒙元时期景教(基督教聂斯脱利派)传播的认识。[③] 可以毫不夸张地说,敦煌文献不仅属于中国,也属于世界,是丝路沿线国家共同历史记忆的重要组成部分。

除藏经洞和莫高窟北区庋存的众多民族文字的文献外,莫高窟等石窟中还留下了吐蕃文、西夏文、回鹘文、蒙古文等不少民族文字的题记,敦煌汉代烽燧遗址出土佉卢文帛书,莫高窟北区B105窟出土青铜铸造的十字架,表明宋代敦煌地区景教徒的存在。莫高窟还先后4次出土回鹘文木活字1152枚,为目前所知世界上现存最多、最古老的用于印刷的木活字实物,具有十分重要的研究价值。

(二)敦煌文化中融入了诸多西方文化的新元素

西方传入的"胡文化",对于敦煌文化的影响主要表现在古代敦煌的赛祆胡俗、服饰胡风、饮食胡风、乐舞胡风、婚丧胡风,敦煌画塑艺术中所融入的西方元素,以及医药学文化、科技文化、体育健身文化等所体现出的中西文化交流融汇等。

---

① 参见黄振华《粟特文及其文献》,《中国史研究动态》1981年第9期。

② 参见陈宗振《突厥文及其文献》,《中国史研究动态》1981年第11期。

③ 参见彭金章《敦煌考古大揭秘》,上海人民出版社2007年版,第133—138页。

　　以赛祆胡俗为例。赛祆，即祈赛祆神的民俗，为"赛神"活动的一种，唐宋时期的敦煌尤为盛行。所谓"赛神"，即以祭祀来报答神明所降的福泽之意。祆教，即琐罗亚斯德教，又称"拜火教"，为萨珊波斯的国教，约在魏晋时传入我国。由敦煌遗书《沙州都督府图经》（P.2005）等见，唐代敦煌城东一里处专门建有安置粟特人的聚落——安城及从化乡，该乡辖 3 个里，750 年时全乡约有 300 户、1400 口人，其中大部分居民来自康、安、石、曹、罗、何、米、贺、史等姓的中亚昭武九姓王国①。安城中建有祆庙，其规模多达 20 龛，专门供奉祆神。敦煌归义军官府的《归义军军资库司布纸破用历》（P.4640v）等文书中经常记载为了举办赛祆活动而支出的画纸、灯油、酒、秒面、灌肠及其他食品等，且数额不菲。并且祆祠赛神已被纳入敦煌当地的传统祭祀习俗中，从官府到普通百姓，无论粟特人，还是汉人和其他少数民族，无不祀祆赛神，藏经洞中亦保存有祆教图像，可见祆教对敦煌文化的重要影响。敦煌赛祆活动的主要仪式有，"祆寺燃灯，沿路作福"，供奉神食及酒，幻术表演，零祭求雨等，反映了外来宗教文化传入中国后融入中国传统文化的状况，经过中国传统文化消化、改造了的祆教，已与中亚本土的祆教有诸多不同，呈现一派新的景象。

　　又如饮食胡风。作为中国古代国际性都市，敦煌的饮食习俗具有浓郁的汉食胡风特色，来自中亚、西亚、中国西域等地的饮食习惯融入敦煌当地传统的饮食风俗中，成为敦煌饮食文化中新的有机组成部分，体现了丝绸之路上中西饮食文化交流融汇的生动场景。笔者曾将敦煌饮食文化的特

---

① ［日］池田温：《八世纪中叶敦煌的粟特人聚落》，载《唐研究论文选集》，中国社会科学出版社 1999 年版，第 3—67 页。

点概括为：包罗宏大、美味俱全，中西饮食习俗汇聚交融，多民族饮食习俗汇聚交融，僧俗饮食习俗汇聚交融，饮食与医疗卫生、保健养生有机结合，饮食与岁时文化密切结合，饮食与歌舞艺术相结合。[①]据不完全检索，仅敦煌遗书中出现的食物品种名称就达60多种，其中源于"胡食"，又经敦煌当地传统饮食习俗影响和改造过的饮食品种即有不少，如各类胡饼、炉饼、炊饼、饦饼、饸饼、馅饳、饆饠、馎饦、胡酒、诃梨勒酒等，不一而足。敦煌还有来自吐蕃的糌粑和灌肠面，至今它们仍是藏族和蒙古族的主要食物之一。至于饮食炊具、餐具，亦有不少是从"胡地"传入的，如鍮石盏、金叵罗、注瓶、垒子、犀角杯、珊瑚勺、食刀、胡铁镂子等。饮食礼仪中的胡跪、垂腿坐、列坐而食等，亦深受胡风影响。[②]

再如，敦煌艺术表现手法中的胡风。敦煌艺术就其品类而言，包括壁画、彩塑、石窟建筑、绢画、版画、纸本画、墓画等，内容十分丰富，数量极其巨大。著名学者姜亮夫先生评价："敦煌千壁万塑，至今仍能巍然独存，而且还有远在北魏的作品，无一躯一壁不是中国流传的最古的宝迹。一幅顾恺之的《女史箴图》引得艺术界如痴如醉；数十躯杨惠之的塑像，使人赞叹欣赏，不可名状。这样大的场面，这样多的种色，这样丰富的画派，安能不令世人惊赏！它是世界第一座壁画塑像的宝库，是中国人骄傲的遗产，也是艺术界的宝典，史学上的第一等活材料。总之，以艺术来说，敦煌的唐代美术，是融合了中国的象征写意图案趣味的古典艺术与印度的写实手法，而发挥出其交融后最美丽的光彩，是中土美术得了新养分成长最为壮健的一个时代……它包罗了中国传统的艺术精神，也包罗了

---

① 参见李并成《敦煌饮食文化的若干特点论略》，载樊锦诗、才让、杨富学编《丝绸之路民族文献与文化研究》，甘肃教育出版社2015年版，第263—264页。

② 参见高启安《唐五代敦煌饮食文化研究》，民族出版社2004年版，第227—257页。

中西艺术接触后所发的光辉，表现了高度的技术，及吸收类化的精沉的方式方法，成为人类思想领域中的一种最高表现。它总结了中国自先史以来的艺术创造意识，也吸收了印度艺术的精金美玉，类化之，发恢之，成为中国伟大传统的最高标准，它是人类精神的最高发扬。"①

二、敦煌文化中突出体现了佛教"中国化"的创新成就

作为外来宗教，佛教欲在中华故土上传播发展，欲融入中国的传统文化，就必须要适应中国原有的文化氛围，适应中国人的思想观念与审美意识，运用中国的语言表达方式，这就需要首先进行一番"中国化"的改造与更新过程。史实表明，敦煌作为佛教进入我国内地的第一站，率先形成了佛经翻译、传播中心，率先成为佛教"中国化"的创新之地。此外，敦煌文献中还保存了大量原已散佚失传的佛教典籍，从中可获得许多新发现、新收获。敦煌文化突出体现了佛教"中国化"的创新成就。

据《高僧传》卷一记载，月氏高僧竺法护，世居敦煌，曾事外国沙门竺高座为师，游历西域诸国，通晓多种语言，率领一批弟子首先在敦煌组织了自己的译场，被人们称为"敦煌菩萨"。竺法护被认为是当时最博学的佛教学者，是佛教东渐时期伟大的佛教翻译家，开创了大乘佛教中国化的新局面，奠定了汉传佛教信仰的基本特色。② 他"孜孜所务，唯以弘通为业，终身写译，劳不告倦。经法所以广流中华者，护之功也"。《开元录》载其共译经 175 部 354 卷。任继愈主编《中国佛教史》第 2 卷载，竺

---

① 姜亮夫：《敦煌——伟大的文化宝藏》，云南人民出版社 1999 年版，第 40—41 页。

② 参见李尚全《竺法护传略》，甘肃人民出版社 2011 年版，第 1 页。

法护"一生往来于敦煌、长安之间，先后47年（266—313），译经150余部，除小乘《阿含》中的部分单行本外，大部分是大乘经典……早期大乘佛教各部类的有代表性的经典，都有译介……在沟通西域同内地的早期文化上，做出了卓越的贡献"。正是由于竺法护开创性的贡献，使敦煌实际上成为大乘佛教的发祥地。

又据《高僧传》卷四《敦煌竺法乘》载，竺法护的弟子竺法乘承其师之衣钵，继续在敦煌"立寺延学，忘身为道，诲而不倦"，颇有影响。尔后敦煌僧人竺昙猷继续研习光大，成为东晋时代的著名高僧、浙江佛教的六大创始人之一。《高僧传》卷十一记载："竺昙猷，或云法猷，敦煌人。少苦行，习禅定。后游江左，止剡之石城山，乞食坐禅……自遗教东移，禅道亦授，先是世高、法护译出禅经，僧先、昙猷等并依教修心，终成胜业。"可见，竺法护、法乘、昙猷等前后相继，译出并创立大乘佛教的禅学理论，又付诸实践禅修弘法，成就胜业。马德先生认为，昙猷实际上就是中国佛教禅修的创始人。[①]

敦煌遗书中约90%的卷帙为佛教典籍，总数超过5万件，包括正藏、别藏、天台教典、毗尼藏、禅藏、宣教通俗文书、寺院文书、疑伪经等，具有十分重要的补苴佛典、校勘版本和历史研究价值。例如，禅宗为彻底中国化的佛教，且简单易行，8世纪以来成为中国佛教的主流，受到唐代士大夫及普通民众的欢迎和热衷信仰。然而由于战乱及"会昌灭法"的打击等原因，以至于许多早期的禅籍遗失，其教法也逐渐失传，使我们无法全面了解唐代禅宗发展状况，也难以真正了解中国思想史和中国社会史。

①　参见马德《敦煌文化杂谈三题》，载杨利民、范鹏主编《敦煌哲学》第四辑，甘肃人民出版社2017年版，第156页。

欣喜的是敦煌遗书中保存了大量 8 世纪前后禅宗的典籍，主要有初期禅宗思想的语录、禅宗灯史等。例如，据说是禅宗初祖达摩的《二入四行论》，三祖僧璨的《信心铭》，卧轮的《看心法》，法融的《绝观论》，五祖弘忍的《修心要论》，北宗六祖神秀的《大乘五方便》《大乘北宗论》《观心论》，南宗六祖慧能的《坛经》，南宗七祖神会的《菩提达摩南宗定是非论》，以及杜朏的《传法宝纪》、净觉的《楞伽师资记》，保唐宗（净众宗）的《历代法宝记》，等等。① 这些著述填补了禅宗思想史的诸多空白。

又如别藏，是专收中华佛教撰写的中国佛教典籍的集成，但在大多数佛僧眼中其地位远远比不上由域外传入翻译的正藏，故而使大批中华佛教撰著散佚无存，殊为可惜。敦煌藏经洞中则保存了相当多的古逸中华佛教论著，包括经律论疏部、法苑法集部、诸宗部、史传部、礼忏赞颂部、感应兴敬部、目录音义部、释氏杂文部等，从而为我们研究印度佛教是怎样一步步演化为中国佛教的，中国佛教是如何发展演变的等问题，提供了十分丰富的新史料。

再如，疑伪经即非佛祖口授而又妄称为经者，或一时无法确定其真伪的经典，亦大多无存。但这些经典均可反映出中国佛教的某一发展断面，具有很高的研究价值，它们在敦煌遗书中保存了相当多的数量，十分值得庆幸。如《高王观世音经》，反映了观世音信仰在中国发展和流传的状况；《大方广华严十恶品经》，反映了梁武帝提倡断屠食素背景下汉传佛教素食传统的形成过程；《十王经》反映了中国人地狱观念的演变，等等。② 这些资料已使佛教"中国化"的研究呈现出诸多新的面貌。

---

① 参见 [日] 田中良昭《禅学研究入门》，东京大东出版社 1994 年版。

② 参见方广锠、许培玲《敦煌遗书中的佛教文献及其价值》，《西域研究》1996 年第 1 期。

三、敦煌壁画中的飞天——极富创新的艺术形象

敦煌石窟，包括莫高窟、榆林窟、西千佛洞、东千佛洞、五个庙石窟、昌马石窟等，保存了公元 4 世纪至 14 世纪的佛窟约 900 座、壁画 50000 多平方米、彩塑 3000 余身，用艺术的图像生动地记录了古代千余年来的历史场景与社会风貌，是世界上现存规模最大、内容最丰富的历史文化艺术宝库。石窟的营造者们从一开始就进行着再创造，他们适应中国人的审美情趣和艺术追求，按照中国人自己的观念来理解佛教教义，描绘天国的理想境界，创作佛教的神祇；以中国人喜闻乐见的形式宣传佛教思想，以中国民族形式表达佛教内容。他们在创作中发挥出杰出的聪明才智，体现出卓越的创造精神。

就拿敦煌壁画中的飞天来说，其艺术形象源自印度，又名乾闼婆、紧那罗，是佛教天国中的香神和音神，即专施香花和音乐的佛教专职神灵，莫高窟中的飞天多达 6000 余身。飞天形象传入敦煌后，经不断地交融发展、脱胎换骨、艺术创新，完全摆脱了印度石雕飞天原有的样式，以全新的面貌展现于世人面前，美不胜收，与印度的石雕飞天已非同日而语。

早期洞窟（如北凉 275 窟等）中的飞天，头有圆光，戴印度五珠宝冠；或头束圆髻，上体半裸，身体呈"U"字形，大多双脚上翘，作飞舞状，姿势显得笨拙，形体略呈僵硬，似有下沉之感，尚带有印度石雕飞天的较多痕迹。北魏时期飞天加快向中国化方向转变，但仍有较明显的域外样式和风格，其体态普遍较为健壮，略显男性特征，飞动感不强。西魏到隋代是飞天艺术各种风格交融发展的时期，完全中国化意义上的飞天艺术逐渐形成。如西魏 285 窟飞天形象已趋向于中原秀骨清像形，其身材修长，裸露上身，直鼻秀眼，微笑含情，脖有项链，腰系长裙，肩披彩带，

手持各种乐器凌空飞舞。四周天花旋转，云气飘荡，颇显身轻如燕、自由欢乐之状。

隋朝飞天艺术得到进一步发展，一扫呆板拘谨的造型姿态，由于画师工匠不断吸收、模仿中外舞蹈、伎乐、百戏等的精华，进行再创新，克服了早期飞天中蹲踞形和"U"字形的弱点，使得飞天的身姿与飘带完全伸展，体态轻盈、流畅自如，完成了中国化、民族化、女性化、世俗化、歌舞化的历程。如第427窟内四壁天宫栏墙内绕窟一周的飞天，共计108身，皆头戴宝冠，上体半裸，项饰璎珞，手戴环镯，腰系长裙，肩披彩带。有的双手合十，有的手持莲花，有的手捧法器，有的扬手散花，有的欢快地演奏着琵琶、长笛等乐器，朝着同一方向（逆时针方向）飞去。飘逸的衣裙、长长的彩带，迎风舒卷。飞天四周流云飞动，天花四散，充满了动感和生气。

唐代是敦煌飞天艺术发展的最高峰，也是其定型化的时代。初盛唐的飞天具有奋发向上、轻盈潇洒、千姿百态、自由奔放的飞动之美，这与唐代前期开明的政治、强大的国力、丰富的文化和奋发进取的时代精神是一致的。例如初唐321窟西壁佛龛两侧飞天，姿态格外优雅，身材修长，昂首挺胸，双腿上扬，双手散花，衣裙巾带随风舒展，由上而下，徐徐飘落，充分表现出其潇洒轻盈的飞行之美。又如盛唐320窟南壁西方净土变中的阿弥陀佛头顶华盖上方两侧的四身飞天，身轻如燕，对称出现，相互追逐，前呼后应，灵动活跃，表现出一种既昂扬向上又轻松自如的精神境界与美感。

唐代大诗人李白描写的"素手把芙蓉，虚步蹑太清。霓裳曳广带，飘拂升天行"，正可用来吟哦赞叹敦煌飞天。敦煌飞天不生羽毛，不长翅膀，借助彩云却不依靠彩云，通过长长的飘带，舒展的身姿、欢快的舞动，在鲜花和流云的衬托下翱翔天空，翩翩起舞，把洞窟装扮得满壁风动。诚如著名学者段文杰先生所论："敦煌飞天，不是印度飞天的翻版，也不是中国羽人的完全继承。以歌伎为蓝本，大胆吸收外来艺术营养、促进传统艺术的变改，创造出的表达中国思想意识、风土人情和审美思想的中国飞天，充分展现了新的民族风格。"[1] 敦煌飞天堪称人类艺术的天才创造，是中国美术史上的一个奇迹，充分体现了中华民族不断突破自我、勇于创新的精神品格。有人说敦煌飞天寄托了人类征服自然、飞跃太空、翱翔宇宙的伟大梦想；也有人认为，敦煌飞天是当代载人航天、宇宙飞船等人类尖端科技的最初灵感来源。

四、敦煌歌舞艺术——融汇中西菁华的全新艺术形象

莫高窟中保存了历时千余年的极其丰富的舞蹈形象，在北区的 492 个洞窟中，几乎每一窟都有舞蹈绘画。舞蹈是转瞬即逝的时空艺术，在没有古代舞蹈动态资料的情况下，那些凝固在敦煌洞窟壁画中的历代舞蹈图像就成为十分罕见的珍贵舞蹈史料。早在北朝时期许多西域乐舞，包括龟兹（今新疆库车）、高昌（今吐鲁番）、疏勒（今喀什）、安国（今乌兹别克斯坦布哈拉一带）、康国（今乌兹别克斯坦撒马尔罕一带）、悦般国（今阿富汗北部）等的乐舞，即首先经由敦煌而传入中原。这些乐舞与中国传统乐舞交流荟萃，展现出丰富多彩的崭新形象，使得敦煌壁画绚丽多姿，美不胜收。

---

① 段文杰：《飞天——乾闼婆与紧那罗》，载《段文杰敦煌石窟艺术论文集》，甘肃人民出版社 1994 年版，第 438 页。

例如，敦煌壁画中十分引人注目的舞蹈形象天宫伎乐，即壁画中天宫圆券门内奏乐歌舞的天人，计有 4000 余身，源自印度佛教所描绘的西方极乐世界中供养佛的音乐舞蹈之神。其动作特点是大幅度的扭腰出胯，伸臂扬掌，体态舒展，挺拔昂扬，手指变化也颇为丰富。那些怀抱琵琶、手执管弦等外来乐器边弹边舞的伎乐，吹奏的虽是外来乐器，舞姿却蕴含我国古典舞韵，为中外舞蹈交融的生动表现。在绘画技法上，既有圆券形宫门、服饰和表现主体感的西域式明暗法等，更有满实的构图、遒劲的线描，以动态传神、鲜明的色彩和中原传统晕染法。[①] 敦煌天宫伎乐不仅是反映佛教内容的优美的艺术形象，而且具有生活的真实性和观赏性。

迨及隋唐，进入各民族、各地区乐舞文化大交流、大融合、大发展、大创新的时代。隋炀帝置九部乐，唐太宗时又增为十部乐，其中西凉乐、龟兹乐、天竺乐、康国乐、疏勒乐、安国乐、高昌乐，皆是经由敦煌传入中原而盛行于宫廷的。西域百戏、胡旋舞、胡腾舞、柘枝舞、高昌舞等，也是首先在敦煌流行发展继而风靡于内地的。这些舞蹈具有浓厚的西域、中亚风情，传入敦煌后开创一代新风，矫健、明快、活泼、俊俏，舞风优美，气氛热烈，与当时开放、向上的时代精神相吻合。[②]

就拿西域传入的胡旋舞来说，其源于康国，故而又名康国舞，约北周时传入中原，隋唐时大盛。白居易长诗《胡旋女》描绘其舞蹈场景："胡旋女，胡旋女，心应弦，手应鼓。弦鼓一声双袖举，回雪飘飖转蓬舞。左旋右转不知疲，千匝万周无已时。人间物类无可比，奔车轮缓旋风迟。曲终再拜谢天子，天子为之微启齿。胡旋女，出康居，徒劳东来万里

---

① 参见万庚育《敦煌早期壁画中的天宫伎乐》，《敦煌研究》1988 年第 2 期。

② 参见王克芬《多元荟萃 归根中华——敦煌舞蹈壁画研究》，《敦煌研究》2005 年第 3 期。

余……"胡旋舞的场景在莫高窟壁画中比比可见。例如 220 窟北壁药师经变中的两对伎乐天所跳胡旋舞舞姿十分优美。第一对舞伎均头戴珠冠，上身着短袄，下身穿裤裙，裸臂着钏，跣足，手舞长巾，一腿立于圆毯上，一腿弯曲抬起，一手举过头顶，一手弯曲下垂，给人以飞速旋转的强烈感觉。第二对舞伎展臂旋转，所着长巾、佩饰卷扬飘绕，动感极强，似乎是同一舞伎两个连续旋转动作的绘制。其舞蹈动势，颇有"蓬断霜根羊角疾，竿戴朱盘火轮炫，骊珠迸珥逐飞星，虹晕轻巾掣流电……万过其谁辨终始，四座安能分背面"的胡旋舞飞旋优雅的姿态。在第 12、146、108 窟等窟壁画中还有男性表演的着长袖衣、旋转踏跃的胡腾舞。

又如，著名的《西凉乐》就是以龟兹为主的各族乐舞与流行于河西一带的"中原旧乐"（包括清商乐）融合而成的，为西域音乐传入之后融合西方少数民族音乐的代表，是古代敦煌、河西（凉州）各族人民共同创造的乐舞艺术。唯庆善乐"独用西凉乐，最为闲雅"。乐舞表演离不开乐器伴奏，于敦煌壁画中见，主要乐器有琵琶、曲项琵琶、五弦、胡琴、葫芦琴、弯颈琴、阮、花边阮、答腊鼓、腰鼓、羯鼓、毛员鼓、都昙鼓、鸡娄鼓、节鼓、齐鼓、担鼓、军鼓、手鼓、鼗鼓、扁鼓、竖笛、横笛、凤笛、异形笛、筚篥、笙、竽、筝、角、画角、铜角、箜篌、凤首箜篌、方响、排箫、串铃、金刚铃、拍板、钟、钹、铙、海螺等，它们大多出自西域。[1] 如《隋书·音乐志》："今曲项琵琶、竖头箜篌之徒，并出自西域，非华夏旧器。"《破阵乐》《大定乐》等，"皆擂大鼓，杂以龟兹之乐"。长寿乐、天授乐等也"皆用龟兹乐"。

---

[1] 参见郑汝中《壁画乐器》，载季羡林主编《敦煌学大辞典》，上海辞书出版社 1998 年版，第 250—261 页。

　　著名舞蹈艺术家王克芬研究员认为，唐代频繁的乐舞交流为创作新的舞蹈作品提供了取之不竭的素材，唐舞以传统舞蹈为基础，广泛吸纳许多国家、地区民族的舞蹈艺术，广采博纳，撷取菁华，融化再创，成为当时舞蹈发展的主流，开创中国古代舞蹈艺术的一代新风，取得辉煌成就。其中，许多舞蹈就是以中原乐舞为基础，广泛吸取中外各民族民间乐舞的菁华创作而成的。①

　　综上可见，丝绸之路上的敦煌文化在其长期的历史演进中"海纳百川，有容乃大"，形成了极强的包容性，它并不排斥外来的同质或异质文化，包容不是简单的混合，也不是取消差异，取消民族特色，文化的认同并不等于文化的同化，而是你中有我，我中有你，各美其美，美美与共，是以我为主对外来文化进行的改造与融合，是在更高层次上和更广范围内的优势互补和创新发展。本土文化与外来文化的自由交流，东方文明与西方文明的交融汇合，使得敦煌文化绝非仅仅是本乡本土的产物，而成为整个丝绸之路上东西方文化交流融汇、创新转化的典型代表。敦煌文化的创新发展生动地表明，丝绸之路并非仅仅是一条简单的东西方之间的通道，而是东西方文化交流融汇的创新之路。

（原载《石河子大学学报（哲学社会科学版）》2020 年第 4 期）

---

① 参见王克芬《解读敦煌：天上人间舞蹁跹》，上海人民出版社 2007 年版，第 75—83 页。

文化共享、互联互通与道路的拓展

——文化转型与人类学介入"一带一路"的世界性关怀[*]

赵旭东

文化的交流、交融和分享必然会推动文化的繁荣与发展。同样，文化繁荣与发展的大时代中，文化的交流、交融和分享必然是最为活跃的。并且，有可能会出现文化的至高点，此至高点并非单一向度的而是多样性的文化存在，它可能意味着在某一个时空交汇节点上，不同文化形态的汇聚和共享。文化因此不再是原始到现代、野蛮到文明等在实践高低、时间前后层面的序列关系，而是彼此共在且相互并无分离，即"你离不开我，我也离不开你"，同时存在的共生共享关系。"一带一路"倡议的提出与推动带给我们一种启示：一个文化上的至高点——共享大时代的出现，它根基于道路并使其得到一种世界性意义上的延展，由此也引导中国人类学家需要拥有面对全球文化转型，并形成世界性关怀的意识。

---

* 本文系国家民委民族问题研究项目"文化转型背景下的民族地区参与'一带一路战略研究'"（项目编号：2016-GMA-004）的阶段性成果。

一、问题的提出

之前的人类学研究对于文化采用的可谓一种主客二分的思维方式，作为主位的西方以及作为客位的西方以外世界的两分，便是这种思维模式作为基本的参照框架，因此也就造成了一种相对于自我而言的异文化的存在。西方的人类学家也以为找到了可以被认识的文化"他者"的存在，即西方人眼中作为非西方的异文化的存在，这被看成一种遥远的在时间上落后的以及在空间上是"在那里"的客体化了的他者文化的存在。① 显然，这种西方的他者观是人为建构起来的，但是文化之间很难真正分出高低上下，每种文化都有其自身发展中基于时空特殊性而形成的文化至高点，文化之间真正可以交流、分享包括共享的恰恰就是这个文化至高点。在文化至高点的平台上，文化可以呈现其本真的差异性。可以肯定地说，文化至高点的概念在文化交流的层面试图尽可能消除文化之间的彼此对立与隔阂。换言之，在文化至高点的平台上，文化在展现自身存在的同时，也会有意无意地包容其他文化的存在。由此，文化可以在高水平维度上相互交融，并保证文化自身特征的持有和延续。在此意义上，文化是各自人群发展到至高位置上的存在，它往往不是一种个体感受，而是对于共同价值的感知与分享。由此，人类以其呈现并觉知到了一种所拥有的共同性的存在，在包容差异性的基础上达到共同价值的分享，文化也因此实现了共存的价值，它使得人类学会了彼此欣赏。

文化往往是一个群体最高价值或理想的体现，文化因此可以用来标定

---

① Johannes Fabian, *Time and the Other: How Anthropology Makes its Object*, New York: Columbia University Press, 1983, p.27.

一个时代的存在。而这个时代必然是因此文化的存在而证实了自身的存在，自我和他者之间也形成了一种难分彼此的互依关系。比如，盛唐、明清时期不仅都有各自的文化特征，取得了辉煌的文化成就，甚至在历史上成为某种文化或文明形态成熟的标志。这种标志可能体现在艺术品、建筑物以及工艺品的制造上，也可能体现在人们衣食住行等日常生活层面，可以使时代特征得以凸显和表达。基于对过去十余年社会发展的观察，如果我们认定有什么可以成为21世纪的特征与标志，那么应该是一种全球互联互通的图景，一种人类彼此之间交互融通的新方式，开始脱颖而出，并成为这个时代最吸引眼球的突出特征。这种特征预示着将会有越来越多的人生活在互联互通的大时代中，人们之间彼此依赖并生活在由全球性联通包括互联网建构的新世界之中，它是虚拟的却是真实地发挥着作用。① 人们之间也拥有了更多虚拟的联系以及更多差异性文化表达自我的呈现。并且，由此带动起来的生活方式的改观同样也是巨大的，人们在线上的虚拟交流也刺激了线下的实体交流，并没有完全为互联网约制，而是借用互联网世界重塑自己的生活世界。

二、互联互通的大时代

人类文明史上有诸多代表文化与文明成熟的象征物，例如石器、青铜器以及铁器之类，也有用以标志一个时代特征的语义学意义上的修饰语，诸如"大航海时代""资本主义时代""帝国主义时代"之类。在这里我们

---

① 参见赵旭东《微信民族志时代即将来临——人类学家对于文化转型的觉悟》，《探索与争鸣》2017年第5期。

注意到，人总会有一种倾向性的存在，那就是习惯对于自己所处时代的生存处境给出一种清醒、简洁并具有概括性的标示物或标示语，这类标示物或标示语很显然带有文化上的多样性和时代性特征。由此，我们可以基于不同视角对我们生活于其中带有突出特征的时期给出抽象化的总结，即给出一种标示并为此表现出认同感与归属感。

我们生活所处的当下，其在技术领域的变革以及由此产生的社会与文化的后效，是最为明显的。20 世纪 90 年代以来，我们的生活被安插上了实时可以彼此连接的互联网，越来越多的人受其影响。21 世纪第一个十年以后，微信平台得到了普及，人与人之间互联互通的社会互动样貌得以呈现。由互联网与微信所带动起来的社会关系的变革，清晰地印刻出时代互联互通的核心特征。互联互通大时代的来临，使得日常生活的诸多方面日益受到互联网的影响，继而转化成需要每时每刻彼此连接而非分离的状态，作为社会构成基本要素的人、财、物，显然以超乎以往的速度得到了更加密切的相互勾连和流通。我们的思考也第一次和现实物质世界的存在之间，建立起了一种更为直接、快速与便捷的关联。[①] 这样的背景下，我们的思考与需求基本可以借助互联网提供的各种虚拟平台得到即时性满足。而过去所有这些需求或欲望都会因彼此的隔离和阻隔，在思考和现实之间存在媒介的障碍，但今天所有这些已经变得荡然无存，这可以说是基于互联网技术带来的人类社会在联通方式上的一种革命。在理论上，可能将会通过智能手机的虚拟空间联通整个地球空间，而这个世界同时也在深刻改变着彼此分离而各得其所的物理空间，所有这些安排与存在也都会通

---

① 参见赵旭东《微信民族志与写文化——基于文化转型人类学的新观察、新探索与新主张》，《民族学刊》2017 年第 2 期。

过虚拟互联网的形式进而容纳于一个空间。这种虚拟的勾连在过去不大可能真实发生，而今天则变成日常生活的内容并发挥了其影响力，可谓互联互通大时代的真正到来。

互联互通大时代的特征主要体现在三方面：首先是全球互联的虚拟在场，使我们在观察视野上的广阔性而非狭窄性得到增强；其次是边缘和中心位置的结构关系的不确定性存在；最后是道路或者延长线意义上网络化的形成与拓展，虚拟和真实交织在一起，互联互通成为世界发展的大趋势。

第一点"观察视野上的广阔性而非狭窄性"，是指除非进行有意的排斥，否则我们每个人将无一例外地被卷入更为广阔的，可以借此俯瞰全球的视觉偏好和选择中来。我们从互联网或者手机狭小而有限的屏幕空间，看到了全球化世界的存在以及与之往来互动的真实发生。而这些真实的发生也并非完全都是生活琐碎之事，世界上发生的大事也开始进入日常网络浏览中，每位网络中人都在面对国际政治的大场景。例如，在美国发生的中国留学生的命案，引发的可能是一场关于全球政治体制差异的讨论。而一位微生物科学家在微信朋友圈传播的内容，则有可能是关于全球政治、经济、生态、军事以及文化等诸多方面的各类内容，他已经不仅是传统意义上的专家学者，同时还成为百科全书式的网络阅读者。

第二点"边缘和中心位置的结构关系的不确定性"，成为理解这个时代特征最为关键的核心点。今天的世界格局中，西方作为中心而东方作为边缘的原有局面显然已经不复存在，借助互联网的即时联通效应，人为构建起来的中心与边缘的结构性关系变得日益不确定。我们很难专门指定某个地方为社会关系中的支配中心。例如，在中国的版图中，乌镇在地理位置上其实是处于边缘而非中心的位置，但被确定为世界互联网大会的永久性会址，吸引了来自世界各地的参与者前来讨论全球互联网的发展问题。全球物流体系难以从中心到边缘进行等级逐级分配式的传递，而是基于需求法则进行的去中心化的关系建构，由此构建起来的社会关系结构转化为平面化的网格式关系，而不再是结构性的等级关系。

第三点"延长线意义上的网络化"，是指个人曾经自成一体的点式生活模式被彻底打破，不得不尽可能多地延伸自己的行动轨迹，并使这种轨迹延伸到由人、财、物结成的虚拟的全球互联互通的网络之中，由此带动真实世界中人、财、物的连接、分配与传递。在此过程之中，每个人不仅可以在虚拟的世界中与全球真实地联系在一起，而且还在真实的世界中不断地扩展自己在全球范围内进行活动的可能性及出行频率。人们为此拥有了全球范围内旅游的机会，同时，全球每个角落中的个体不再是从中心出发去进行独自探险，转而成为任何一个人或者一群人可以到旅游目的地，接受地方性服务或参与文化呈现的环球之旅。人们的生活经验超越了熟悉的文化环境而走进了异文化的氛围之中，并通过旅游消费使自己熟悉的文化与陌生的异文化发生了接触、碰撞与学习，乃至相互融合、转化与新的创造。

与其他时代相比，中国目前面临的是文化自觉意义上如何参与和融入世界文明。在所谓"大航海时代"之前，中国有了15世纪初郑和下西洋的壮举，由此掀开了世界航海史的新篇章。但当时并非基于自身文化的自觉而更多的是一种"自美"，也就是以此来显示大明帝国自身的富有、强势和雄伟，借此震慑可能逃亡在外的被废弃的建文帝。今天互联互通的时代已经来临，对于中国以及全世界而言，都属于文化自觉意义上自我感知的提升之时，在频繁登录互联网以及智能手机刷屏的过程中，无论是社会精英还是普通民众，都在形成一种对于自身文化存在的自觉。在更多跨越文化边界的旅行、交流以及迁徙当中，中国文化走出去已经成为一种不争的事实与趋势。2013 年以来，在国家层面提出"一带一路"倡议，既可以说是一种对于世界的中国宣言，同时也是一种积极参与世界发展进程的文化自觉。

对于当下中国人类学而言，这些恰好可能是推动发展的新契机，人类学走出去已经成为迫在眉睫的召唤，它不仅需要我们重新审视原来对于中国文化的理解与解读，同时还需要对中国文化在世界的发展与未来走向上给出新的判断。也许恰恰是这种判断激发了中国的人类学一方面热情地走出习以为常的文化语境，另一方面还可以从他者的关怀之中看到我们自身文化存在的无以适应这个互联互通时代的局限所在。[①] 而所有这些思考都迫使我们需要赋予"一带一路"建设跨越文化边界而走向全球发展的定位，由此看到全球范围内资源流动性存在背后真正的文化意义。在此意义上，我们无疑需要努力从一种道路人类学的研究彻底转换到"一带一路"人类学的研究上来 [②]，这项工作最为急迫的是对于"一带一路"背景下中国意识建构的世界观念中的人类学再解读，通过解读可以使得我们对文化的平台意义具有至高的把握。可以注意到"一带一路"观念带来的可以体现世界各自不同文化最高价值的多元主体性存在，同时又能够规避诸多不和谐因素，包括不同文化或文明之间的冲突。总体而言，我们需要在这种主体性自觉中赋予"一带一路"真正中国意识的内涵，并以此成为观察世界的一面镜子或者一个透镜。

[①] 参见赵旭东《朝向一种有自信的中国人类学》，《中国社会科学报》2016 年 12 月 28 日。

[②] 参见赵旭东《新问题意识下的"新丝路"——"丝绸之路经济带"与文化转型研究》，《原生态民族文化学刊》2015 年第 2 期。

三、作为重新理解中国的"一带"

文化意义上的"一带",其基础在于中国的西北部,更为具体而言,乃是借助甘肃、新疆、青海乃至内蒙古的区位优势而使之成为联系中亚、南亚以及西亚的一个窗口,尽管表面看起来这一窗口的打开与世界的联通是一种经济意义上的,但它一定同时也是政治、社会以及文化意义上的。作为文化意义上"一带"的概念自然离不开德国地理学家李希霍芬(Ferdinand Paul Wilhelm Richthofen,1833—1905)在 1877 年对"丝绸之路"的界定①,从古代长安或者洛阳开始的丝绸之路,绵延数千千米把中国的西北整体性联系在了一起。这条路在 2014 年 6 月 22 日被第 38 届世界遗产大会认定为"世界文化遗产",世界遗产委员会认为"这条路是东西方之间融合、交流和对话之路,近两千年以来为人类的共同繁荣作出了重要的贡献"②。

在"一带"的腹地范围之内,我们感受到的是多条道路从中纵横穿越,由此而带动起来了一座座古城、关口、要塞以及各种历史遗迹,这些文化遗产可以说是一种宝贵的历史遗存,从时间上固化了中国与世界其他区域更为广阔的文化关联。"一带"沿途生活了不同的族群,并蕴含着丰富多彩的物质文化和精神文化,"一带"沿途中文化的差异性与包容性成为经济互惠顺畅的基本保障,而文化认同则带动了外部世界与该区域往来互动的文化冲动。作为"一带"基础的丝绸之路,在这个意义上需要一种更加开放与交流的空间,而这个空间的营造必然是历史、社会与文化

---

① 1877 年李希霍芬出版的五卷本《中国——亲身旅行和据此所作研究的成果》的第一卷,提出了"丝绸之路"的概念,并在地图上标注了其位置。

② 刘曙光:《重走丝绸之路(中国段)·序》,中州古籍出版社 2014 年版,第 1 页。

的多重交织,由此而唤醒的文化自觉也必然是一种多样性的复合与再创造。"一带"中蕴含的文化必然性与中国西部区域文化发生了联系,较明显的包括游牧文化与商业文化。陆上丝绸之路中有一个关键节点——甘肃临夏,这个地方曾经被费孝通先生称为"以商代工"的发展典范,他在该区域的调查研究过程中注意到,这里的"农民流通部队在城乡间搞活了流通,促进了生产",由此断言"西部各地都要有这种贩运队伍,来点火启动整个地区的经济运行"①。即便经过了中国百余年的现代化发展历程,这里的文化特征与文化底蕴也没有完全消失,丝绸之路沿线往来货物运输与贸易的文化形态积淀到了农民的经济行为之中,他们以商业来补充农业上的不足。

另外,也应该注意到"一带"自身所具有内陆腹地的性质,其自身畅通的交通网络以及政治、经济、社会、文化等发展必然会影响到贸易往来的畅通和繁荣。费孝通先生曾经到过东北黑龙江的黑河口岸,指出该区域经济上的弱势是由于缺乏工业发展的支撑,认为相对于贸易口岸而言发展腹地尤为重要,即"一个出口,要有广大、结实的腹地和便捷的交通网络与它配合起来"②。由此可以受到启发,在"一带一路"大背景下,似乎有必要去研究那些与"一带"密切相关的贸易口岸,比如霍尔果斯、红其拉甫以及喀什等口岸,考察贸易口岸和作为腹地的"一带"之间在经济和文化上的关系,特别是要看它们之间的关联性是否顺畅。这是基于文化视角对于"一带"的理解,也就是首先要把"一带"看成一种区域文化现象,是与该区域的生态、地理以及人文等特点紧密相关的文化表达。在此意义

① 费孝通:《费孝通文集(第十二卷:1990—1993)》,群言出版社 1999 年版,第 328 页。
② 费孝通:《费孝通文集(第十二卷:1990—1993)》,群言出版社 1999 年版,第 337 页。

上，"一带"意味着文化上的积淀，在当今时代有了一种面向世界的创造性转化以及文化意义上新的理解。

对于中国的人类学而言，从方法论的意义来看，"一带"概念的提出迫使人类学家要从一种曾经固定化了的定点研究范式，跃升到基于更为宽泛意义上的"带"上的或者"面"上的观察，这种转向也许会激发人类学在方法论上的新认识，也就是由此而从一种传统意义上的定点，比如村落、工厂等为基础的场所民族志转换到沿着"带"和"面"的种种线索去追溯的民族志。① 很显然，如何将人类学家所熟悉的"点"上细致入微的个案调查，与人类学家并非十分擅长而更为宽泛意义的"面"上的宏观整体把握之间，实现一种有机结合，仍旧是值得未来人类学界深度讨论并由此推动产生创造性发现的问题。

今天广为人知的"一带"概念，使得既有民族走廊的研究不再是一种单线的研究，而是转换成为一种多线纵横交错、相互影响、相互比较的研究，由此而带动了道路之学在研究视野上的新拓展。从藏彝走廊到河西走廊再到南岭走廊，作为"中央之国"的中国与外部世界的连接变成一体性的，它将不再被看成孤立的或者碎片化的，更不是作为西方的他者而存在着，它有着自身世界性的存在。陆地意义上基于历史线索而构建起来的文化走廊，联通起陆地上彼此分立的文化区域，由此将形成一种整体意义上对于中国文化的新理解，这种新理解必然会带动一种文化走廊学的蓬勃发展。②

---

① 赵旭东：《线索民族志：民族志叙事的新范式》，《民族研究》2015 年第 1 期。
② 赵旭东、单慧玲：《中国走廊学发凡——从民族的"藏彝走廊"到世界的"一带一路"》，《思想战线》2017 年第 2 期。

四、作为重新书写历史的“一路”

“一路”是指“21 世纪海上丝绸之路”。言外之意，这是一条基于在海上航行而构建起来的航道，它借此通过在黄海、东海、太平洋、印度洋以及地中海的远洋航行而将世界各个角落连接在一起。这是李希霍芬定义陆上“丝绸之路”之外，另一种中国自身对于世界性的重新界定。最为重要的是，这条海上丝绸之路与现代世界密切联系在一起，海上丝绸之路同时也是海上现代性争夺的历史之路。对这条道路文化意义上的挖掘，会使我们注意到两种近代世界的形成，一种是“从西方看中国”东方学的世界中国的出现，另一种是“由中国看世界”的中国世界的出现。在这两个近代世界的观念中，前者意味着西方世界对于中国乃至整个东方世界的他者观，这种观念中的世界处在西方世界的边缘，并作为基督教文明试图要去拯救的对象，空间上的“在那里”被看成充斥着野蛮和落后的一种图像，它们在历史发展的序列中被看成处在落后而无发展的阶段中。这种视角下的世界史，西方的存在被看成是唯一的，特别是资本主义的兴起被看成其他地方不具备而唯独为西方所独有的。在这个意义上，所谓世界体系无非是西方主导的单一的“现代世界体系”，这种被编织的“白人的神话”支撑着西方对其以外世界的扩张、殖民和统治。

如果从中国去看现代世界的成长则可能会有着另外一种图景，这种图景完全不同于西方世界对于现代文明的理解，那种理解包含了太多西方中心的自我虚饰，“凡是现代的发明都是西方的发明”的逻辑被彻底颠覆掉了。从这种视角看去的世界，使我们很容易看到曾经借助海洋的联系而出现的“东方化了的欧洲”，即“东风西渐”所产生的对于西方世界的启蒙。① 在这个意义上，海洋人类学的新观念将从既有人类学定点式观察的旧途径，转移到另外一种线索追溯的新途径上去。例如，16 世纪英国宫廷对于红茶和白砂糖的奢侈性消费刺激了中国此类产品的大量生产和出口，由此带动了像广州这样沿海城市的兴起，但这无疑是一种西方视角的现代史。其背后的逻辑便是：中国是生产者，西方是消费者；中国是世界的边缘，而西方则是世界的中心。或许我们有必要在今天重新审视这种结构化思考所内含的西方中心论的思维模式，以中国意识为核心的"一路"观念激发着我们转换一种研究视角，可能最需要的是补充世界文化史的另外一半，即从中国的视角或者从整个东方的视角去看世界史的新图景。而在这方面，此前的图景是将其遮蔽掉了。

　　毋庸置疑，这种途径要求我们重新从文化的高度去看待中国与世界的交流史，特别是近代以来中国对于世界的种种贡献，以及由此所带来的具有世界意义的文化转型。基于这样的一种思路，可以重新发现中国商人在海上世界的开拓史，我们也可以看到包括瓷器在内的中国物品的海外传播史，甚至借此可以发现循着洋流的"陶瓷之路""茶叶之路"以及"香料之路"，似乎都与中国商人的海上开发史密切联系在了一起。这些研究的开展，可以避开既有"西方的东方学"意义上的中国区域研究模式，从人类学关于中国研究中西方中心论的模式转换并超越出来，真正有机会注意到有关中国的人类学研究，即一种中国视角的人类学研究的出现。这种研究不是将西方意义上的东方学颠倒过来去看中国和世界，而是要注意到中国人眼中所看到的一种真实世界的图景，在这个世界图景之中，必然也容

① John M. Hobson, *The Eastern Origins of Western Civilisation*, Cambridge: Cambridge University Press, 2004, p.2.

括了西方视角的中国图景。我们对这种图景曾经是相对熟悉的，而对于这个图景中不熟悉的是中国视角的世界图景，它可以基于对"一路"观念新的理解而得到真正意义上的展开。

"21世纪海上丝绸之路"观念的提出，使我们在世界海洋文明和安全构建上占据有关"一路"表述的中国话语权。更为重要的是它让我们觉知到中国本土书写历史的重要性，以及对人类世界史的完整性书写可以做出重要贡献。曾经由西方人兴起的海洋世界，最初依赖的是从事海上贸易并敢于冒险的商人甚至是海盗。我们的海上贸易不仅早于西方且足迹远至东南亚、非洲乃至中南美洲，而海上徽商一度被写成属于盗匪一类甚至"倭寇"的一部分，或者是受到明清帝国强力镇压和排斥的对象。[1] 现代世界兴起与发展的过程中，海盗凭借丰富的航海经验劫掠往来船只谋求财富，竟然成为所属国家财富积累的重要组成部分。英国在过去曾是非常善于与海盗合谋发财的国度，据说当时年收入预算仅有20万英镑的伊丽莎白时代，女王从海盗那里获得的分红就是国库收入的3倍。[2] 而那些满载海上劫掠品返航的海盗，则因为财富贡献而被伊丽莎白女王敕封为骑士，将罪犯转换成为了国家的英雄。[3] 反观我们的海洋史书写，海商从来都是一种被帝国压制和排斥的形象。但真实的图景似乎并非那么清楚，我们无法翻开没有得到书写的从中国视角看去的世界海洋史，近代中国对于海洋的

---

① 参见叶显恩《徽州与粤海论稿》，安徽大学出版社2004年版。

② 1577—1580年实现环球航行的英国海盗弗朗西斯·德雷克（Francis Drake）从海上劫掠获得60万英镑的净收入，而其中有一半都进了英国女王伊丽莎白一世的腰包。当时英国的国家财政预算只有20万英镑，海盗德雷克的此次所得竟然是国家收入的两倍之多。1581年4月伊丽莎白女王亲自会见德雷克的私掠船，并为其赐封骑士头衔。参见［日］竹田勇《创造世界史的海盗》，阿部罗洁译，浙江大学出版社2017年版，第5页。

③ 参见［日］竹田勇《创造世界史的海盗》，阿部罗洁译，浙江大学出版社2017年版，第6—8页。

忽视从来都是不假思索的。19 世纪末的那一年，清帝国实际掌权人慈禧太后居然毫不迟疑地将资金挪用到颐和园的修缮上，而这些资金原是准备组建在中法战争中被摧毁的中国海上舰队的，对于这种擅自挪用款项的行为，当时居然没有人敢表示任何异议。① 由此可见，中国的世界海洋史必然需要一种重新书写，需要在海洋人类学的框架之下重新思考从民间看去的中国在世界之中的海洋史，它的书写也许并非仅仅是一种被排斥和压抑的"倭寇"形象。可以说，曾经的海洋史是一种沃尔夫意义上的"欧洲与没有历史人民"② 的东方案例的书写，即一切的历史似乎都是在西方人到来之后才得到承认和书写，西方人到来之前的历史被看成一种史前史而被一笔勾销。这种欧洲中心的历史观念需要得到重新认识，"一路"的观念恰是这种重新认识的必然结果，我们需要从自身去看世界史，而非他人看我们的世界史。

从中国视角看去的"海上丝绸之路"并非中国中心的"一路"观念，而是借此可以清晰地把世界史真正加以描绘，并使其成为一种完整的历史书写。与此同时，必然推动 21 世纪世界海洋版图中不同的文明、文化及社会交往变得更为顺畅与和谐，产生共同的理想价值与共同的追求。这种看法决定了中国的世界性眼光的形成和引导，需要在"一路"的观念和现实拓展上寻找新的合作伙伴，构建新的人类命运共同体。这些新的历史书写的方式，需要更多人类学家设身处地开展更为详尽的社会、历史与文化考察，形成一种总体的而非碎片化的、细枝末节的认识。总体而言，一种

---

① 参见［英］F.H.欣斯利编《新编剑桥世界近代史（第十一卷）》，中国社会科学院世界历史研究所组译，中国社会科学出版社 1987 年版，第 625 页。

② ［美］埃里克·沃尔夫：《欧洲与没有历史的人民》，赵丙祥、刘传珠、杨玉静译，上海人民出版社 2006 年版。

参与其中的观察，总比摇椅上的想象来得更为真切一些。我们需要这样的中国人类学对海洋世界研究进行新的拓展，这种人类学研究也许刚刚起步，无论其多么粗浅与不尽如人意，都值得珍视和鼓励。

五、回归一种文化本位的"一带一路"

从国际政治的层面来说，"一带一路"倡议是 21 世纪由一个东方国家所提出，并加以推进和实施的、面向全球人类发展的倡议，它是一种概念同时也是一种主张。从概念的意义而言，它更多是指一种文化的意义，是文化遗产价值与意义的重新发挥。从主张的意义而言，它依旧是文化的，更为强调在多样性文化交融互动的过程中，如何体现互利共赢的经济价值、政治秩序以及文化共享。无疑将是一种经济依赖政治、政治依赖人群、人群依赖文化的新全球理念的逐步实施。更为重要的是，中国将在其中担当一种有自觉意识的不可替代的引领者。回顾未曾久远的历史，经过全面深化改革，中国改变了自己曾经的世界形象，并跻身世界经济发展前列。可以说是由 20 世纪 70 年代末至今，中国乡村实施的家庭联产承包责任制改革而逐渐释放出来的改革红利的积累后效，不仅使中国的农民因此获得了自我发展的人身自由，同时国家也从这种自由力量的发挥当中获得了城市发展的动力来源，经济的增长也获得了最为粗放型的增长。

经过几十年的持续增长与高速发展之后，我们的发展遇到了瓶颈，与此同时节能减排浪潮已经成为全球性课题，一个负责任的大国必须对此做出积极的回应。精神文明建设与物质文明建设同等重要，推动社会主义文化大发展大繁荣继而作为倡议被提出，文化向度的发展可以扭转经济发展的单一性，包括对于社会道德、价值以及公共理念的覆盖和替代。文化观念的扭转将形成看待文化的新视角、新主张以及新作为，同时又是面对世界性文化转型的必然转变。当生态环境被经济的快速发展破坏，迫切需要基于人生存处境的文化价值层面的反省，需要建立人与自然环境之间并非竞争性的对抗关系，需要相互保持平衡的、相互依赖的关系图景。人们用适应自然环境的生计方式，去过并非超出自己欲求的、可以循环的日常生活，这种生活与现代世界基于知识创新所营造出来的日新月异的生活图景大为不同，前者是在悉心守候自身的传统和文化。一定意义上，这种传统和文化可以使得自然之间的平衡持久维持下去。但后者则是借助征服自然包括对自然的破坏性利用，而产生的被各种新知识、新主张及新价值激发出来的欲望满足，其代价便是自然生态系统的破坏以及难以得到恢复。

如果说西方世界经历了百余年的工业化进程而遭遇到了发展的瓶颈，中国则在更短的时间内遇到了几乎和西方世界发展一样或类似的问题，曾经过度依赖外部世界的中国，在发展过程中面临如何走出去，并借此消化剩余产能和库存等问题，需要借助"一带一路"倡议推开世界贸易市场的大门，需要将中国的文化作为一种礼物送出去，并期待着世界的接受与认同。这些要求我们必须正视一个大时代的来临——互联互通时代，这个时代的诸多特征或许有利于中国融入并引领世界发展进程，使得中国有机会在世界的舞台上发表自己的看法。"一带一路"倡议无意中会拨动人类学久不弹唱的琴弦，即对"异"的关注。曾经习惯于关注人类文化历程及发展形态的人类学，在中国土壤上变成要么躲进史前史的考古挖掘中，要么就是在西方对文化界定的大框架之下，寻找自己的边缘与他者认同，将自己对于差异性族群文化碎片的搜集硬纳入西方世界对于文化的理解框架之中，而看不到中国文化自身发展的真实轨迹。中国文化从来不缺乏包容的心态，很早就有了"天下"的观念，包容天下的文化理念应该真正融入中国人类学的表述之中，使中国的人类学不再是西方近代殖民传统下的东方学翻版，而应该建立在人类命运共同体观念之上，真正能够包容差异和多样性发展的新理念。"一带一路"倡议是包容性特征的策略化体现，真实体现了中国文化至高点上文化交流的价值关怀。"一带一路"建设拓展的文化空间不是同质性或单一化的文化存在形态，应该是多元性、差异性文化的并存，是回归文化本位的更加多元与包容的姿态。

就人类学自身的发展而言，也许可以有两种人类学的存在，一种是安坐在摇椅上的哲学人类学，它完全可以凭借现有的文字材料和大脑丰富的想象力与思考力，就对人的存在这门学问说出一些门道，这方面德国哲学家康德是位典范。康德在长时间幽居哥尼斯堡大学的岁月里，完成了一部部启迪现代人心灵的划时代的哲学著作，其中包括不用田野远行而写成的《实用人类学》。这本著作从哲学的高度谈论人与人自我存在的诸多特性和族群差异，书中却很少见到具体场景下人生活其中的社会与文化，这就使得基于实地田野调查的现代人类学的生长有了离开摇椅发展的可能。更为重要的是，这种人类学与道路的拓展之间极为密切地联系在一起，没有先期大航海时代西方海洋贸易的航路拓展，没有在世界各大洋的冒险航行以及航路的细致规划，英国的人类学或许只可能是停留在像弗雷泽爵士摇椅上的人类学一样，充斥着种种"假如我是一匹马"（if I were a horse）的推理 ①，而无法发展出后来以马林诺夫斯基、拉德克利夫 – 布朗、埃文斯 – 普里查德以及格拉克曼等为代表的现代民族志的田野工作。新一代的人类学家借助早期冒险家们开辟出来的航路来到了非洲、澳洲乃至中南美洲的

---

① 基于英国人类学家格拉克曼和拉德克利夫 – 布朗之间的一次谈话而由此比喻，暗指一种有似弗雷泽这样的足不出户的人类学家的进化论思维的弊端。参见 Max Gluckman, *Politics, Law and Ritual in Tribal Society*, Oxford: Basil Blackwell, 1965, p.2, p.36, note 5。

原住民中间，在那里他们发现了一种不必完全依靠哲学思辨就可以把握的现实原住民的真实思维模式，他们用了大量时间、精力及心思实际参与其中进行观察和思考，将现实的呈现作为田野工作的第一要务，他们借助问题和图像，清晰而又翔实地描记下一个又一个新发现的文化生长的真实存在形态，而所有这些似乎都与西方的文化、习俗和制度形成了极为强烈的对比或反差。如果说今天我们有了一种自觉意义上的人类学的"道路"或者路学的研究，那么对于早期从事实地田野研究的人类学家而言，先期道路的拓展以及开发，无意之中成就了这些人类学家非同一般的研究视野和他者关怀，尽管道路开发之后文化场景的留存和保护向来都是令人倍感伤心的事情，这恐怕是文化不包容所造成的教训，值得引起今天人类学家的反思和自觉。

人类学意义上"一带一路"的未来必然会朝向文化本位进行回归，这也是从单一经济的轨道中回转过来的人存在状态的回归。与此同时，在"一带一路"建设不断推动的过程中，借助人类学的田野工作会有越来越多的发现，例如沿线地带文化差异性的诸多形态，以及差异性文化的对接和文化网络上叠拼式的构建。在此意义上，今天的人类学需要在真实世界中跨越地理与文化边界进行道路拓展，这样人类学研究的他者性才会变得更为突出和明显。人类所面对的文化主题也必然会成为"一带一路"建设中的核心主题。很显然，没有一种经济的发展可以真正离开文化的发展而发展，尽管没有人将文化的概念一直挂在嘴边，但是每一个人对于文化的需求却又是极为强烈而发自内心的。

更应该指明的是，文化之间恰恰通过彼此的接触而呈现其自身。换言之，没有人会平白无故地说自己有文化，但是在面对异文化而表现出惊讶之时，可以在异文化的对照中看到自己文化的影子，自己文化的"镜中映像"就顿然浮现出来了。看到不同的文化习俗与文化传统会产生好奇与疑问，那是由于我们习惯了自己的文化模式；而往往作为一种镜子存在的异文化，也照到了自我文化的根本。道路的开拓成为人类学发现异文化的基础，世界的人类学也在为我们发现和构筑多样性的文化之路而进行一种不懈的努力。在此意义上，"一带一路"倡议的提出和落实，恰恰无意中启动了一项具有划时代意义的中国人类学事业，中国的人类学家似乎责无旁贷地应该走到"一带一路"事业的最前列，由此而去描记差异性文化的存在。而这些文化并非彼此隔离而是相互连通的，形成了一个可以共同存在的人类文化之网。我们借"一带一路"话题勾连起了东方文明和西方文明、陆地文明和海洋文明。基于"一带一路"倡议的展开，一种带有全球性人类命运共同体的观念逐渐凸显而成为一种重要景观，并为所有人知晓、熟悉及赞许。费孝通先生晚年的十六字箴言——各美其美，美人之美，美美与共，天下大同，具有很强的时代前瞻性。美的历程从来都是要经历从自我到他者，再从他者到天下的整体性关怀的提升过程。这个过程为人类在各自文化至高点上彼此交流互动指明了"想象的共同体"的构建途径，那也是今天的人类学家真正可以贡献于人类命运共同体的理想和责任所在。愿以此作为我们中国人类学家进入"一带一路"航程的座右铭，也盼望中国人类学"一带一路"大时代的到来和辉煌！

（原载《中原文化研究》2017 年第 5 期）

申遗背景下的中国海上丝绸之路史迹研究

沈 阳 燕海鸣

一、概念：世界的"海丝"

"海上丝绸之路"（以下简称"海丝"）是公元前 2 世纪至 19 世纪中后期，古代人们主要借助季风与洋流等自然条件，利用传统航海技术驾驶木帆船开展东西方交流的海路网络，也是东、西方不同文明板块之间经济、文化、科技、宗教和思想相互传输的纽带。

"海上丝绸之路"的概念产生于 20 世纪初。法国学者沙畹（Edouard Chavannes）对德国地理学家李希霍芬（Ferdinand von Richthofen）提出的"丝绸之路"概念加以扩展，指出"丝路有陆、海两道。北道出康居，南道为印度诸港之海道"①1960 年代，日本学者三杉隆敏在其研究专著中以"丝绸之路"为词源，加上对分布范围和交通形式的界定，正式提出"海上丝绸之路"一词。

---

① ［法］沙畹：《西突厥史料》，冯承钧译，中华书局 2004 年版。

"海上丝绸之路"的名实意义有着最为广泛的共识性。尽管针对古代海上交流的线路网路，还存在着"陶瓷之路""茶叶之路""香料之路""季风贸易之路""朝贡之路""穆斯林商道""佛教之路"等诸多称谓，或泛指整体，或特指某个文明板块及若干个板块内的线路，但这些具有特定内涵的词汇均指向人类海上交流的共同主题。因此，选择"海上丝绸之路"指代古代世界主要的海上交流网路是顺理成章的。

人类走向海洋的历史相当悠久。有研究证明，中国古代先人在上古时代已经能够借助简单的木舟从大陆到达台湾和东南亚。在世界范围内，各个板块内部及一些相邻板块之间，从形成一定的海上贸易交往，到商业规模不断扩大，活跃在大洋上的各条线路逐步建立起稳定的联系，应该是在公元前 2 世纪前后。最终构成一个由海上交通线路交织、与陆上丝绸之路并列的海上贸易体系，将世界的东西两端连接起来。不同文明的人，秉持着互惠互利、和平交往的原则，沿着这条海上之路行进，形成一条海上丝绸之路。

19 世纪中后期，蒸汽轮船取代木帆船成为海上贸易的主要交通工具，一些欧洲国家在海上贸易线路沿线的大部分地区建立了广泛的殖民统治，传统的海上贸易线路完成了向近代海上贸易线路的过渡，活跃了 2000 年的传统海上丝绸之路也转化为人类共同创造海洋文明的集体记忆。

二、解读："海丝"形成的古代海洋交流背景

作为一个复合的交通体系，海上丝绸之路东至日本列岛，西达地中海西岸，根据地理空间特质及历史发展进程，其所涉及的区域大致可以分为东亚、东南亚、南亚、西亚、东非、地中海等六大板块，在形态上则呈现

为以重要港口为基础，由连接各港口的众多航线交织而形成的海路网络。这些港口的形成与发展，受到地理及相关政治经济文化因素的影响，在其地位形成之后的特定时段内，会产生时间较长的延续性和强烈的吸附作用，成为一定历史时期内的区域贸易集散中心和人文交流前沿。以港口为核心，包含了重要航海基础设施、海上贸易品的生产设施及贸易和人文交流活动相关产物在内的整个广阔区域，成为构成"海丝"整体形态最重要的节点片区（nodes）。

海上丝绸之路上的一些节点片区，在物资、技术、人口、购买力等方面为跨板块的航行提供了极其重要的支撑和保障。这些节点在地理上也相对邻近，所连接的区域成为"海丝"所承载的商贸、文化、技术交流的核心地区，同时它们也是这些交流的物化见证分布最密集的区域。在世界遗产的框架下，我们可以认为，这些"交流活跃区"（spheres of active interaction）是"海丝"独特价值最重要、最典型的载体。

在主要依靠自然动力的航海时代，航海活动受制于风力和洋流，特别是风力。具有显著季节性规律的季风决定了特定区域的降雨总量和洋流模式，也制约了航海行为的基本节奏为有规律的间歇性航行。印度和中国的先民最先获知了季风的奥秘，并开始有意识地利用季风。随着航海活动成为常态，季风区的航海者们对于季风的认识越来越丰富，相关的航海活动也越来越有规律性。比如对于从中国去往印度的人而言，唯一可以起航的时间是冬季，返程则必须等到夏季。对于往来于西亚和中国的阿拉伯商人而言，这种规律性的季风使得他们需要在海外建立社区停驻。因此，他们的行迹遍布于"海丝"沿线。

"海丝"之所以形成和发展，其根本动力是不同区域之间的货物交换。这些区域之间通过"海丝"构建了一套货物往来的网络。海上丝绸之路的货物与陆上丝绸之路有着较大区别, 陆上丝绸之路的奢侈品主要是价值高、重量轻的商品, 如丝绸、大黄、香料、麝香、茶; 而海上丝绸之路的货物可以突破重量的限制, 尤其是金属器皿、象牙、瓷器等重量大、价值高的物品。

海上贸易交流主要有两类模式, 一类是国家主导的贸易, 一类是私人的商团贸易。"海丝"的贸易交流之所以长期繁荣有序, 与各国政府的鼓励和管理密不可分。依靠开放的态度和完善的制度, 国家政权通过贸易交流得到了加强, 商人团体通过贸易交流获得了利益, 从而实现了资源的互通有无, 造就了共生共荣的海洋贸易体系。

伴随着频繁的海洋贸易, 产生了大量的人员往来。不同文明圈的人们相互传递着自己特有的信仰和道德理念, 有的以宗教形式扩散, 有的则以类似中国儒家文化一样的价值行为体系进行互动。在沿线各地, 尤其是交流活跃的节点区域, 大量地域特色鲜明且反映交流历程的文化遗存, 见证了人类与海洋命运共同体的演进历程。例如, 在马来西亚马六甲, 有一条街汇聚了印度教、伊斯兰教和佛教三大宗教的建筑, 因为三大宗教的和谐共处, 该条街巷被当地人称为"和谐街"。这种和谐, 在今天的中国更为普遍, 我们很容易能够在一个区域找到基督教、伊斯兰教、佛教、印度教等各种元素及其与中国本土文化融合的产物。从这个意义上说, 中国浓缩了"海丝"文化交融的历史, 并呈现为一个多元文化交融的资源库。

对交流模式有了认知后, 便可以进一步厘清"海丝"遗产类型的问题。伦敦大学学院教授提姆·威廉姆斯 (Tim Williams) 主持的陆地丝绸之路的《主题研究》中, 将"陆丝"遗产类型分为三大类——基础设施、生产设施、产物类遗产, 这一分类模式实际体现出上文所展现的人类海洋交往历史的一个基本特征——最初的接触往往因为贸易，随后因为贸易需要产生了人员往来，最终通过人员的交往发生了文化的交流与交融，因此同样适于"海丝"。

三、关注："海丝"的中国存在

阐释全球视野下海上丝绸之路的内涵、特点和价值，是为了奠定"海丝"国际认同的基础，而厘清中国在"海丝"所处的位置和作用，对客观准确地揭示中国对古代"海丝"所做的贡献，为21世纪"海丝"的建设提供文化支撑，也同样重要。

中国处在海上丝绸之路东端，也就是以中国东南沿海为中心、涵盖朝鲜半岛和日本的东亚板块之中，是海上贸易活动交流的活跃区域之一。东亚各国即在这一区域内开展商业贸易和文化交流，也驶出南海，经过马六甲海峡、印度洋、阿拉伯海、红海，进入地中海地区，到达这条海上动脉的西段。

中国虽然地理位置偏东一隅，但由于自身手工艺产品质量高、吸引力大，一直吸引着西方商人们愿意冒险远航来中国做生意，也是中国始终在海上丝绸之路历史上扮演重要角色的重要原因，加上古代中国拥有悠久而独特的历史文化和对外来文明的包容和广纳，也使其成为海上丝绸之路东段的核心环节。

中国是"海丝"商贸中高档物品的制造和输出者。古代中国的瓷器、丝绸、茶叶、金属制品源源不断地输出海外，远达西方；而阿拉伯、印度、东南亚的香料、象牙、玻璃等物品也不断地进入中国市场，形成了东西方物资的充分交换活动。这一点被丰富的考古成果，特别是从海底沉船获得的大量出水文物所证实。

在"海丝"路上,中国是本土文化的传播者,海外文化的吸收者。正是通过"海丝",中国的传统文化、生产制作工艺被带到西方,大量书籍流传到日本和东南亚,妈祖文化、稻作技术、茶艺、"孙子兵法"等,或多或少地在海外人群中传播,西方人也由此学会了制作瓷器,仿造中国式园林。18 世纪,《孙子兵法》被带到法国,收入军官考试内容。[①]与此同时,海外丰富多彩的思想文化和物产也随着海洋贸易活动传入中国。佛教、印度教、伊斯兰教、天主教、摩尼教等宗教文化在通过陆地丝绸之路从西部传入中国的同时,也借助海洋从东部进入,在民间流传,与中国本土文化融合,实现中国特色转化。胡椒、沉香、象牙、犀角等作为贵重的药材或香料进口,满足中国人的医疗或饮食需求。通过定制带有他国特色图案的外销瓷和工艺品,中外宗教、历史交互传递着文化信息。

四、认定:中国的"海丝"史迹

历史文献和考古成果证实,中国古代从事海洋贸易交流的区域十分广阔,北至乌苏里,南达合浦的海岸线都曾留下海洋贸易活动的痕迹。2016年,在国家文物局的总体组织下,中国文化遗产研究院中国世界遗产中心对整个中国沿海地区遗存的与海洋活动有关的历史遗存进行全面梳理,最终按照国家文物局的要求,对广州、江门、泉州、漳州、莆田、宁波、龙泉、南京等 9 个城市进行全面调研和分析研究,择取了 31 处具有代表性的遗址、建筑群、基础设施等遗存点作为研究和评估重点。其中包括与海

---

① 吕乃澄:《〈孙子兵法〉在海外的影响》,《外交学院学报》1992 年第 1 期。

洋贸易活动有直接关联的码头、航标塔、库房遗址，也包含窑址、聚落等海运货物生产设施和贸易人群的生活设施，更包含佛教、天主教和伊斯兰教等文化衍生遗存、海外来华人员的墓地等，基本涵盖了国际认可的丝绸之路遗产三个构成分类的内容。

初步搭建起来的中国"海丝"史迹，类型基本完备，各片区有代表性的遗产点、重要节点都处在遗产核心区内，能够支撑主要历史阶段的格局和特点；而各组成部分有实质性的（功能上）联系，对突出普遍价值有实质性、科学的、可清晰界定和辨识的贡献。这一构成体系基于一个延续了2000多年的活态遗产的历史和现实，基本展现了中国古代海洋贸易交流活动的体系肌理，反映了古代东亚片区的航海技术特征和"海丝"互通与交流的特点，也符合《奈良真实性文件》对真实性的评价态度，即"在每一种文化中，必须依照其遗产价值的特殊本质和信息来源的可信度和真实性加以认定"。已经开展的中国"海丝"史迹的前期研究对不同环境——包括文脉、传统、现实社会和经济条件下的文化遗产的完整性做了初步的探索。

可以说，中国的"海丝"史迹见证了风帆航行时期，伊斯兰教、佛教和妈祖信仰等，及以瓷器为代表的生产工艺沿海路传播与交流的历史，是古代人类价值跨海交流的典范。中国"海丝"史迹以丰富的遗存类型，见证了海上丝绸之路沿线历史悠久的风帆航行与贸易，以及相关的祭祀与信仰传统。郑和下西洋、"伊斯兰先贤来华"等古代海洋交流史上的重大事件与"海丝"有着直接联系，一些重大的祭祀和节庆传统流传至今，对当今世界各国的和平交往做出了积极贡献。

五、策略:"海丝"研究与保护

与其他的文化遗产、历史古迹相比,中国的"海丝"史迹具有分布范围大、遗存类型丰富的特点,而且不少史迹在地仍在延续与海洋贸易相关的生产、生活活动,具有一定的活态特性。也正因为这一点,各遗产点也存在管理机构众多、管辖范围交叉的现象,保护名号多种多样,利益相关者众多,诉求多种多样,呈现的保护状态也参差不齐。

(一)突出内涵,发掘价值

对中国"海丝"史迹的遗产价值进行深入发掘,是认识"海丝"遗产的重要环节,而对这些史迹本体(用以阐释"海丝"价值)的不足也应做客观分析。在全面认识其优势和劣势的基础上,采取必要的措施,使遗产价值得到显示并更加突出;对不利因素加以克服,提高中国"海丝"遗产的社会和文化影响力,是"海丝"遗产保护管理工作的重点。

横贯中国西部的陆地丝绸之路,因为地理环境影响,在 14 世纪以后基本废弃,大量壮观的古城遗址、石窟寺被保留下来。而和"海丝"有关联的古代海洋贸易设施则因为贸易活动延续至今,随着城市不断扩大,大量遗存在城市建设更迭发展中被破坏,不仅遗存的外观、内涵明显改变,也造成整个古代海洋贸易活动体系的物证存在明显缺环。

古代海洋贸易活动的交易形式类似现代物流,货物要经江河达到海边,再利用小船送至海上的大船,所以,很多和海运有直接关系的码头、航标、仓库等遗址,规模很小,缺少陆地丝绸之路遗产的视觉震撼力。这也明显降低了"海丝"遗存的吸引力,难以引起广泛的社会关注。

因此,对于"海丝"的内涵、价值的认识,还需要做深入的发掘工作，也需要获得学术和社会层面的认可与支持。

（二）坚持整体保护策略

站在世界遗产的角度看中国"海丝"史迹，由各类史迹点共同构成中国古代海洋贸易和交流活动体系，不可分割，应该坚持整体保护的策略。因此，第一，应尽量将可以确认的海洋贸易遗存列入保护对象，并且不局限于现行的文物保护单位保护管理模式，进一步完善中国"海丝"遗产的体系构建。第二，鉴于海洋贸易活动的延续性，应充分考虑海洋贸易遗存的在用功能和活态遗产特性，正视现代海洋贸易和运输的现实需求。第三，应进一步注意突出"海丝"活动带来的多元文化的特点，不仅要进一步认识和展示"海丝"背景下的外来文化影响，更要深入发掘和诠释中国文化在海洋贸易活动中对世界文化的影响。另外，由于"泉州古城（刺桐城）史迹"作为申遗项目率先进入世界遗产的国际视野，不可避免地造成了两个项目申报遗存的"交叉重叠"问题，这种交叉对中国"海丝"史迹申报的遗产构成体系造成明显影响。克服泉州古城"刺桐城"单独申遗造成的负面影响，重新进行中国"海丝"遗产点的遴选和突出普遍价值的阐释，也成为中国"海丝"史迹研究和保护的重要工作。

为此，针对中国"海丝"史迹的研究，首先应扩大史迹的构成，丰富遗产类型。2017 年，国家文物局明确继续开展新一轮"海丝"申遗的准备工作。一是重新评估中国"海丝"史迹构成，适当增补遗产数量，北海（合浦）、蓬莱、潮州等地的一些文物古迹有意向被补充进新的遗产点名单。二是通过补充申遗对象，重新建构和完善中国"海丝"遗产的构成体系，尽可能使中国的"海丝"遗产包含与海洋贸易直接相关的生产、生活、交易、管理、运输等各个环节的实物遗存。

（三）关注利益相关者的诉求

通过申报世界遗产，"海丝"遗产的保护及其可持续发展，应提倡科学保护，惠及民生，充分调动社会民众的积极性，使每一个利益相关者都成为文物保护员和志愿者，成为遗产保护的重要力量，从而达到可持续保护和利用的目的。

"海丝"遗产的保护，不仅要保护好遗址、建筑及其周边景观，也要保护好遗产地的民众利益。由当地人创造并传承着"海丝"遗产，他们的权益理应得到更好地维护。通过申报世界遗产让更多利益相关者受益，实现遗产地的可持续发展，这是近年来世界遗产保护和发展的大趋势。"海丝"遗产的保护，同样离不开当地社区。

"海丝"遗产类型丰富，遗产点分布区域的经济、社会发展水平不一，所涉及的利益相关者众多，有城市的居民、农村的农民，也有佛教、伊斯兰教、道教等宗教团体。不同群体、个人，都有各自的利益诉求。在遗产保护过程中，如何实现这些利益诉求和遗产的保护、社区的发展多方共赢，是摆在遗产工作者面前的一个紧迫课题。

（四）加强国际范围的合作研究与交流

尽管有待讨论的话题仍然很多，但中国学者已经在国际舞台上发出了中国声音，扮演着"海丝"研究和保护先锋的角色。在联合国教科文组织的推动下，首次海上丝绸之路申报世界遗产国际专家会于 2017 年 5 月在英国伦敦大学学院召开，标志着"海丝"申遗的国际行动正式启动。越来越多的国际学者开始关注"海丝"领域的研究，借此机遇，应该开展与"海丝"沿线各国的交流往来，加强与联合国教科文组织、国际古迹遗址理事会、"海丝"沿线国家的多角度多方位合作研究，建立一个国际认可的"海丝"遗产体系，推动"海丝"概念为更多人所认识和接受，推进"海丝"研究的跨学科发展，以国际学术交流的方式，探讨遗产价值研究、保护和利用的有效路径。并通过中国政府、研究机构的努力，争取"海上丝绸之路"的中国国际话语权。

六、展望：跨海和声

正如英国诗人华兹华斯在赞颂海洋时所说的："大海是非凡的和声家。"海上丝绸之路上的交流历史，恰恰是沿线各国人们演绎一首海洋"和声"的历史。分布在"海丝"沿线的人们，伴随着季风与洋流所给予的"节奏"，用各自文化的"声调"，共同演绎一曲和声旋律。这一旋律拥有自身的起承转合，最为重要的是，尽管声调不一，但只有互相协作，才能够进行完美的演绎。在这一和声中，没有所谓的"主旋律"，也不需要"指挥"。对商贸交易的需求，是人们共同的基调；大自然的馈赠，是人们共同的节奏。和声的开始，是每个演唱者用自己的方式与其他人协作；和声的中途，是所有声调完美结合，共同创造一曲非凡的旋律；和声的结尾，是每个演唱者在这首旋律中找到了更加完整的自我。因此，每个参与演绎这首和声的角色，都是"海丝"的贡献者，更是"海丝"的受益者。

"海丝"路上的中国史迹，是海上丝绸之路所承载的活跃的航海实践、繁荣的货物贸易和广泛的人文交流在东亚板块内最典型的物化表现，见证了人类曾经依托海洋走向整体的文明历程，诠释着"古代世界海上交流"这曲由来自不同地域、不同族群的人们所共同演绎的"跨海和声"。这些重要史迹所承载的有关不畏艰险、勇于开拓、多元共处、和平交往的记忆对当今世界的发展也仍然具有深刻的启意义。

（原载《中国文化遗产》2018 年第 2 期）

文化自觉视野下的妈祖文化与"一带一路"建设 [*]

宋建晓

一、文化自觉：妈祖文化传承创新的一个视角

"文化自觉"的概念最初是由我国著名的社会学家、人类学家费孝通先生提出来的。费先生认为"文化自觉是指生活在一定文化中的人对其他文化的'自知之明'，明白它的来历、形成过程和所具有的特色和它的发展趋向，是为了加强对文化转型的自主能力，取得决定适应新环境、新时代文化的选择的自主地位"[①]。他用一句话概括了文化自觉的基本思想，就是"各美其美，美人之美，美美与共，天下大同"。"各美其美"是加深对于自己文化的了解和自信；"美人之美"是要学会尊重其他文化；"美美与共"是在不同文化交流中寻求共识；"天下大同"则是文化自觉的最终目标，即实现一个和而不同的和谐世界。[②]

* 本文系国家社科基金艺术学项目"基于乡村治理的闽台妈祖信俗与乡土文化互动发展研究"（项目编号：16BH133）的阶段性成果。

① 费孝通：《费孝通论文化与文化自觉》，群言出版社 2005 年版，第 232 页。

② 李艳：《文化自觉的三重释义》，《东北师大学报（哲学社会科学版）》2012 年第 4 期。

"文化自觉"是一个过程，首先要全面分析本文化自身的优缺点，然后在多元文化交往中尊重不同文化之间的差异性，消化和吸收其他文化的经验和长处，取长补短、兼收并蓄，最后实现文化创新。当代中华文化的自觉就是中华民族历代传统文化的自觉、各民族文化的自觉以及各地区区域文化自觉的融合。其中妈祖文化自觉就是这众多文化自觉中的一个优秀代表，是历代传统文化自觉与区域文化自觉的结合体。

实现妈祖文化自觉，需要对其自身的形成、发展的规律以及特色有充分的了解，准确把握妈祖文化的定位，保持文化自信，从而与其他文化进行交流融合。首先，要充分认识到妈祖文化有着自身的文化传统，这种传统很大程度上是与旧有的经济和文化背景相符合的。今天，我们既要认识到妈祖文化的精髓在于妈祖文化精神，大力宣传妈祖精神并加以弘扬和传承，又要使妈祖文化与 21 世纪的新环境相融合，推动妈祖文化自身的"扬弃"，将不合时宜的思想进行废除和更新，这样才能将妈祖文化传播给世界各地的民众，让他们了解和学习妈祖文化精神。

其次，要深入挖掘妈祖文化的现实价值。文化自信是一个国家和民族基于文化在历史进步中地位、作用的深刻认识和对文化发展规律的准确把握，必须充分肯定自身文化的价值追求，形成对自身文化生命力的坚定信念。[①] 只有对妈祖文化充满信心，才能有不懈的动力去推动妈祖文化的发展和创新。正是由于海内外民众对妈祖文化的高度自信，独具一格的妈祖文化才能在历史长河中保留下来。妈祖文化自觉的过程也是探索和认识妈祖文化现实价值的过程，要坚持把妈祖文化的现代价值与我国当前的政

---

① 参见云杉《文化自觉 文化自信 文化自强———对繁荣发展中国特色社会主义文化的思考（上）》，《红旗文稿》2010 年第 15 期。

治、经济、文化等领域的发展战略相结合，从而更好地发挥妈祖文化的作用。

最后，要积极推动妈祖文化的创新发展。现代化进程中的文化转型，是传统农业文明条件下自在自发的文化模式被工业文明下自主自觉的理性模式取代的过程，这是文化的现代化或人自身的现代化。[①] 通过文化载体来实现文化转型，在积极的文化交往过程中实现观念的变革，这种观念的变革就是通过"文化自觉"来实现的。妈祖文化自觉也是顺应新时期新环境的文化转型所必须经历的过程，通过理解和借鉴其他文化的经验和长处，博采众长，从而吸收整合其他文化的精髓并将其运用到妈祖文化的发展中。

二、妈祖文化的自觉发展历程

（一）妈祖文化的形成

妈祖的由来和许多中国传统神话中出现的人物是类似的，其原型源于生活又高于生活，妈祖的存在寄托了人们对于生活的美好愿望和对真善美的追求。妈祖是北宋时期的一个女子，她大爱奉献、乐于助人，常常为遇难船民提供帮助，在她去世后乡人感念她的恩德，广泛传颂她的事迹，使其成为中国航海界共同祭祀的神灵，又由从事海上贸易或移民的人们传播到世界各地。第一座妈祖庙即湄洲祖庙，是莆田百姓在妈祖生前经常为渔

---

① 参见牛汝极《试论"现代文化"的理论与实践》，《新疆师范大学学报（哲学社会科学版）》2011年第 3 期。

民提灯引航的地方建立的，这也是 6000 多座妈祖庙的祖庭。妈祖文化是在妈祖崇拜、妈祖信仰的基础上产生的一种民俗文化。据历史记载，妈祖文化最初仅限于湄洲区域，被湄洲乡民所推崇，"仅落落数椽"[①]，后历经元、明、清三代，逐渐走向鼎盛。妈祖文化之所以能在民间占有稳固的地位，其中一个重要因素是历代统治者对妈祖文化的积极推崇，妈祖因而成为中国人众所周知的"海上女神"。

宋朝对妈祖先后进行了 14 次的褒奖和册封，4 次封"夫人"，10 次封"妃"。最早是在北宋宣和年间，朝廷使臣路允迪出使高丽途中遭遇台风，几艘使船淹没，随船的莆田人李振告知路允迪祈求妈祖保佑，得以转危为安。路允迪返朝后向朝廷奏明情况，赞扬了妈祖的功德并请求宋徽宗册封妈祖，宋徽宗当即决定册封妈祖为"南海女神"，并赐"顺济"庙额一块，还传旨为妈祖建立庙宇，这是妈祖文化第一次得到朝廷正式认可。此后，妈祖文化的传播不仅从民间走向军营，还渗透到国家政治、经济和社会生活的各个方面。妈祖信仰的广泛传播使妈祖宫庙的数量迅速增加。

元代统治者开拓运河大举进行南粮北运，以妈祖信仰鼓舞官兵和船民士气。元代共褒封妈祖 5 次，将原来局限于沿海地区的妈祖信仰演变成全国人民的信仰，将妈祖祭祀载入国家祀典。明朝实行海禁政策，但是由于使臣外交的需要，妈祖文化仍受到朝廷的推崇。郑和下西洋之后，妈祖成为各地沿海民众的守护神。明中后期，大部分海事活动被迫暂停，妈祖文化受到一定冷落。清朝统治者为巩固统治也大力弘扬妈祖的功德，为妈祖宫庙大量赐匾、题词，妈祖信仰达到顶峰，台湾的妈祖宫庙迅速发展起来。

---

① 杨浚、范传贤、许琼英：《湄洲屿志略》,《福建师大福清分校学报》1990 年第 2 期。

民国期间，政府取缔全国所有神庙，由于妈祖生前的孝行和功德，妈祖庙得以延续并改名为"林孝女祠"。新中国成立之后，"文革"时期"破四旧"风气盛行，大量妈祖庙受到不同程度的损毁。改革开放以来，中央政府开始恢复宗教信仰自由的政策，妈祖信仰重新焕发生机。2004年，民政部批准筹备中华妈祖文化交流协会，中华妈祖文化交流协会于当年10月31日正式成立，海内外170多家妈祖文化机构申请入会。历史上与妈祖文化相关的各种石刻碑文、雕像、文献，还有国家级非物质文化遗产"妈祖祭典"等，受到了政府和民间的认可和保护。

（二）妈祖文化的海外传播

妈祖文化向海外传播始于南宋时期，发展于元明，鼎盛于清代。妈祖文化与中国古代港口的开设和海外贸易的发展是紧密相关的。例如，关于天津港起源的记载中，就有"先有娘娘庙，后有天津卫"这种形象化的说法；宋代中国三大市舶司（宁波、泉州、广州）都与妈祖庙建在一起，现在中国几大著名的港口城市，如山东烟台、青岛，辽宁营口等兴建有妈祖庙；澳门的葡萄牙语（Macau）是粤语中"妈阁"的音译。古代航海者在出航前祭拜妈祖祈求平安，在安全归来之后也会将顺利出航归功于妈祖的庇佑。正因为如此，越来越多的人信仰妈祖，由此也进一步推动了妈祖信仰的广泛传播。郑和七次下西洋，往返太平洋、印度洋、阿拉伯海，共访问亚非30多个国家和地区，创造世界航海史的壮举，郑和不仅在船中供奉妈祖神像，而且多次奏请朝廷封赐和御祭妈祖，他还亲自修缮了多座妈祖宫庙，在没有妈祖庙的码头建立妈祖庙，立下宣传妈祖事迹的《天妃灵应之记》的石碑，对于妈祖信仰的传播起到了很好的推动作用。

妈祖文化随着海上丝绸之路的发展，传播到了东南亚地区甚至欧美等国家，出现了"有海水处就有华人，有华人处就有妈祖"的文化现象。其中，日本、马来西亚、印度尼西亚、新加坡这几个国家的妈祖文化传播尤其典型。

日本妈祖文化信仰距今已有 600 年的发展历史，妈祖文化传播到日本，其主要的传播渠道是明清时期对琉球的册封以及东南沿海的商户赴日贸易等活动。琉球最初建立天后宫是在向中国称臣之后，并且天后宫也成为国王国祭之庙。明朝使臣前往琉球途中常遭遇险境，据说都是因为妈祖的保佑使使臣们化险为夷，于是在琉球当地也将妈祖的神迹向当地民众传扬出去。东南沿海民众赴日进行海上贸易、务工等活动，有的民众在当地定居之后，就把自己的妈祖信仰带到日本。据日本学者统计，当前在日本的长崎、鹿儿岛、大阪等地仍尚存一百多座妈祖庙。日本妈祖文化的传播一方面传承了中国原有的文化信仰，另一方面为了顺应日本本土文化，而将妈祖文化与佛教文化相融合，形成"神佛习合"的日本化妈祖文化，在日本随处可以见到妈祖文化与日本本土信仰相结合的遗迹。在日本，妈祖文化的传播呈现了一种多元文化共生的文化氛围。

华人是马来西亚三大族群之一，由于华人数量庞大，妈祖成为马来西亚的主要信仰之一。据民间不完全统计，马来西亚的天后宫共有 35 座，马来西亚的兴安会馆总会属下有 32 个地方分会馆，在每个会馆最高层都设有专门祭祀妈祖的殿堂。马来西亚妈祖庙不仅是华人祭祀的场所，也是华人联络情感的重要媒介。举办妈祖巡游祭拜活动时，当地华人可以有机会联络感情，同时妈祖庙也起着传承和弘扬中华传统文化的作用，为早期华人教育子女学习中华民族优良品德做出宝贵的贡献。马来西亚的妈祖文化不仅受到当地华人认可，也得到马来西亚政府的支持。在吉隆坡建立的雪隆海南会馆天后宫，就是政府批准建立、位于市中心的一座中国宫殿式的天后宫。这座天后宫经常举办大型的文化活动，成为吉隆坡重要的旅游景点。雪隆海南会馆在 2003 年、2006 年先后成立了"妈祖文化研究中心"和"马来西亚天后宫总会"。在学术方面，雪隆海南会馆天后宫出版了 2 卷《马来西亚天后宫大观》、3 辑《妈祖研究学报》，举办了 3 届"国际妈祖研究文化学术研讨会"。可以看出，雪隆海南会馆天后宫为妈祖文化的国际传播与文化交流做出了重要贡献。

印度尼西亚的妈祖文化也是随着华人的侨居而扎根当地的，由华侨集资筹建的妈祖宫庙，目前有 40 多座。印度尼西亚的妈祖信仰在一些地方已经与当地的宗教信仰相融合，被当地居民所认可。比如在东爪哇泗水福安宫，除了祭祀妈祖还供奉了当地居民信奉的印度教女神"难近母"，妈祖文化与当地印度教的信仰共存。苏门答腊岛的棉兰天后宫在重修的时候又取了印尼文名称，目的是适应妈祖文化在印尼民众中传播的需要。

新加坡的妈祖文化传入几乎与新加坡开埠同步，由于新加坡华人占人口的多数，因此妈祖信仰深入到新加坡的各个社会层面中，新加坡水上交通的行业公会、新加坡摩托船主联合会等都供奉妈祖。目前新加坡有 50 多座妈祖宫庙，最著名的天福宫已纳入新加坡国家第一批重点古迹之一。新加坡的妈祖文化不仅是一种宗教信仰，对于当地的华人来说还是特殊的感情纽带。一方面，当地华人常常将同乡会馆设在妈祖庙中，通过妈祖祭祀等活动来沟通感情，增强内部的团结力和凝聚力；另一方面，许多华人将妈祖宫庙作为创办公益慈善事业的渠道，为当地华人提供一些生活、就业等帮助；再者，妈祖也寄托了华人对祖国和故乡的思念，建造天后宫庙采用的全是中国的原材料和工匠，多样的妈祖文化互动也呈现了海外华人对祖国和故乡的情感寄托。

妈祖文化在海外广泛传播的主要原因有几个方面。一是积极的海外贸易政策。宋元时期对外贸易发展迅猛，积极的商贸政策和对外贸易的快速发展推动妈祖文化更好地向海外传播。福建地区港口开放程度高，闽商对妈祖信仰极其推崇，在商船出海以及平安返回后都会特地到妈祖庙祭拜。妈祖文化沿着闽商的足迹，在海外广泛传播。二是华侨在海外侨居国大量修建妈祖宫庙。据史料记载，明代中外交流达到顶峰，闽商不仅在琉球地区修建妈祖行宫，在日本、越南等国家也都修建了妈祖宫庙。许多华人华侨将随身携带的妈祖神像放在当地庙宇或者放在自己家中祭祀，一些事业有成的侨商还会带头捐资在侨居国修建天后宫，于是妈祖文化就自然而然地渗透到当地的文化中。①

妈祖文化是中华传统文化宝贵的精神财富，它涉及的领域非常广泛，包括了经济、政治、军事、艺术等等，史料内容丰富，研究价值高。妈祖文化经过千年的传承，不仅作为一种民间信仰受到广大民众的认可，更是海外华人寻根的一种印记，具有民间性、广泛性、兼容性和海洋性的特征。据不完全统计，目前全世界妈祖信众足有两亿多人，宫庙已达上万座，其中以海上丝绸之路沿线国家、地区居多。②妈祖文化在当代世界文化格局中具有重要的地位，妈祖文化不仅是中国的，也是世界的。作为海洋文明的产物，妈祖文化比其他文化更容易与市场经济相融合，更加适应现代化的社会发展进程。

---

① 参见印度尼西亚兴安同乡会编《福莆仙乡贤人物志》，新加坡福莆仙文化出版社1990年版，第37页。

② 参见宋建晓《21世纪海上丝绸之路中的妈祖文化》，《光明日报》2015年7月22日。

三、"一带一路"建设对妈祖文化自觉的新要求

妈祖文化与"一带一路"尤其是"海上丝绸之路"的开拓发展有着紧密联系。古代"海上丝绸之路"是商贸之路，也是文明交流之路，妈祖文化很大意义上是通过海上丝绸之路传播到海外的，大批信仰妈祖文化的人们通过海上丝绸之路来到中国，华人华侨迁移海外的过程又将妈祖文化传播到海上丝绸之路沿线的国家、地区，海上丝绸之路的港口几乎都有妈祖庙。在21世纪，"一带一路"倡议的提出顺应了和平、合作、发展的时代潮流，"一带一路"坚持"共商、共建、共享"的原则，为妈祖文化注入了新的时代内涵。

（一）妈祖文化的创新发展是"一带一路"建设的重要组成

"一带一路"建设包括经济、文化和社会等全方位的合作发展，妈祖文化的传承、创新是其中一个重要内容。"一带一路"建设承载着沿线国家、地区及其人民共同的发展愿景，妈祖文化作为连接"一带一路"沿线国家、地区的重要纽带①，有利于加强沿线国家之间的情感交流，践行开放包容、文明互鉴的发展理念，为沿线国家、地区间的互动交流搭建平台，完善合作共赢的发展机制。

妈祖文化信仰增强了海内外华人华侨的交流，同时也推动了"一带一路"沿线国家的华人华侨贸易和商贸往来，"一带一路"建设的重点在于推动中国及沿线国家、地区的经济发展，妈祖文化作为"软实力"，也可以为"一带一路"的经济发展起到重要作用。就东盟与福建经贸发展的

---

① 参见宋建晓《全球治理视野下妈祖文化的独特价值》，《光明日报》2017年12月22日。

关系来看，2013 年，东盟已成为福建的第二贸易伙伴和第四大资金来源地，成为福建企业"走出去"的重要地区。妈祖文化的深厚底蕴吸引广大海外游客前来妈祖起源地及国内著名的妈祖宫庙参观，为中国旅游业发展奠定了坚实的基础。据统计，2017 年上半年湄洲岛接待境内外游客共361.8 万人次，同比增长 12.96%，全社会旅游总收入 22.3 亿元，同比增长 7.73%；[1] 天津市修复后的天后宫和古文化街从 1986 年开幕以来，已有80 多个国家和地区的游客包括国家元首来参观。从这些数据中可以看出妈祖文化带来的经济效益和社会效益是非常可观的。[2]

（二）妈祖文化信仰是"一带一路"建设的重要纽带

19 世纪以来，妈祖文化作为民族认同的文化纽带功能愈发体现出来。"一带一路"建设对世界经济、政治格局有着重大影响力，而经济、政治与文化密切相关。在建设 21 世纪海上丝绸之路的历史进程中，妈祖文化自觉能够整合和联系我国海上丝绸之路沿线城市，并与"一带一路"沿线国家、地区架起互惠交往的桥梁。尽管"一带一路"沿线国家、地区的政治体制和经济发展水平有所不同，国家间的政治关系复杂微妙，然而国之交在于民相亲，民相亲在于心相通，妈祖文化的广泛性、民间性的特征，决定了各国民众对妈祖的大爱精神有共同的文化情感认同，因此，妈祖文化在基层民众的交往中能够发挥重要的纽带作用。妈祖文化的亲和力和认同感，会使沿线国家及其民众产生文化情感共鸣，形成相同的利益诉求，并加深相互了解和实现互利共赢。

---

[1] 参见陈可涵《莆田湄洲岛：开拓"美丽经济" 释放生态活力》，《湄洲日报》2017 年 8 月 10 日。

[2] 参见黄端《福建参与"一带一路"建设的地位作用及相关建议》，《福建理论学习》2014 年第 8 期。

我国"十三五"规划中提出"鼓励丰富多样的民间文化交流，发挥妈祖文化等民间文化的作用"。每年在妈祖圣地湄洲岛有 350 多万来自全球各地的信徒参与祭祀祈福等活动，"一带一路"沿线国家、地区以妈祖为主题的文化交流活动更是众多。2016 年，来自印尼、意大利的 40 名华裔青少年来到湄洲岛体验妈祖文化，他们因妈祖而来，学习具有中国特色的汉语、书法、剪纸等，还与中国青少年交流对话。马来西亚马六甲拿督颜天禄一行于 2016 年到湄洲妈祖庙祭拜，参观和访问了中华妈祖文化研究院，颜天禄说，妈祖文化在马来西亚的传播历史悠久，妈祖文化不仅有利于凝聚华人华侨的力量，还促进了华人华侨与马来西亚人的和谐相处，妈祖文化是团结的重要载体，也是"一带一路"精神的延续。

（三）妈祖文化精神与"一带一路"建设有共同的目标指向

妈祖文化精神的标志是和谐共荣，这与"一带一路"建设的目标指向相一致。在人类命运共同体的构建过程中，文化的作用是必不可少的，在主流文化的引导下，多元的民族文化、宗教文化有利于世界和谐。妈祖文化蕴含的立德、行善、大爱精神，体现了中华民族的传统美德，是中华民族的优秀文化遗产之一。妈祖文化深深影响着它的信众们，秉承着妈祖文化的大爱精神，许多信众积极地参与到社会公益活动中，做出了一系列的善举，如创办学校、兴建妈祖庙、修缮古迹等。弘扬妈祖文化精神，建立传承、创新妈祖文化的自觉，有助于缓解人与人之间的冷漠，建立和谐友爱的人际关系，促进社会的和谐共荣。在当代，尽管航海技术已经非常发达，但妈祖文化仍作为保佑航海者出海平安的象征而被广大民众所认同和接受。妈祖文化蕴含的开拓进取、不畏艰险、乐于奉献等精神，与"一带一路"蕴含的精神相契合。这种伟大的精神为 21 世纪海上丝绸之路沿线国家、地区在政治、经济、文化等方面的交流合作，提供了强大的思想动力。

"一带一路"建设的目标是带动整个区域的和谐发展，因此，必须要坚持人文交流先行，实施文化开放的战略，促进不同文化的对话，推动、建设我们自身的文化自信和文化自觉。在"一带一路"建设背景下，我们需要加强对妈祖文化自觉的探索和对妈祖文化资源的整合，制定妈祖文化交流的战略规划，丰富"一带一路"沿线国家、地区妈祖文化交流的内容和载体，采取政府搭台、民间参与相结合的方式，积极提供各种保障和服务，推动妈祖文化在"一带一路"建设中实现自觉发展，促进和谐共荣。

四、"一带一路"建设中的妈祖文化自觉

（一）强化妈祖文化自信

妈祖文化是中华文化的瑰宝，是海洋文化的璀璨明珠。要强化妈祖文化自信，就要在沿线国家、地区，以妈祖文化彰显中华文化的博大精深，展示中华文化的魅力。体现妈祖文化自信最重要的就是将妈祖文化的精髓即妈祖文化的精神，向海内外民众展示出来。一是大力弘扬和谐包容的仁爱精神。妈祖作为仁爱的化身传播于世，妈祖的爱是无私的、没有等级之分的大爱，有关妈祖的传说故事中，妈祖都体现了她博爱慈济的品格。在现代社会，妈祖文化所代表的真善美的思想价值和与人为善、乐于助人的道德精神，对于营造和谐社会有着重要的作用。二是弘扬不畏艰险、勇于进取的精神。众所周知，妈祖是"海上女神"，面对险象环生的大海，妈祖精神给予人们克服困难的勇气，使他们战胜航行过程中的种种困难，正

是这种精神激励着中国人民不畏惧困难漂洋过海，到海外开拓一番事业。三是弘扬爱国爱民的精神。这也是妈祖精神的一大特点，在维护祖国统一以及反侵略战争的历史传说中，有许多因妈祖庇佑最终取得胜利的记载，尤其郑成功顺利进入鹿耳门港的传说在台湾家喻户晓。四是弘扬热爱和平的精神。妈祖精神在当代被赋予了和平的含义，人们把对祖国和平、世界和平的向往寄托在妈祖的身上，妈祖是信众心目中的"海上和平女神"，她是世界人民反对战争、向往和平这一心愿的象征。随着时代变化和社会发展，我们既要重新认识妈祖文化所蕴含的宝贵精神，将它更好地发扬和传承下去，又要将它与时代相联系，使其在现代社会中更好地发挥功能，进而增强妈祖文化自信。

（二）做好妈祖文化沟通

在"一带一路"沿线国家和地区，以妈祖文化作为民间沟通的重要桥梁，在基层民众交往中可以凝聚共识和力量。民心相通是"一带一路"建设的核心，文化交流是促进互信的有效渠道。不同文化间的沟通和交流能够推动妈祖文化自身的发展。2016 年中央出台的《关于加强"一带一路"软力量建设的指导意见》进一步强调了软力量是"一带一路"建设的重要动力。"'一带一路'建设要以文明交流超越文明隔阂、文明互鉴超越文明冲突、文明共存超越文明优越，推动各国相互理解、相互尊重、相互信任。"[1] 党的十九大报告中强调要积极促进"一带一路"国际合作，努力实现政策沟通、设施联通、贸易畅通、资金融通、民心相通，打造国际合作新平台，增添共同发展新动力。"一带一路"倡议不仅需要经贸、政治方

---

[1] 《习近平在"一带一路"国际合作高峰论坛开幕式上的演讲》，2017 年 5 月 14 日，新华网。

面的合作和互动，也需要文化交流和民间沟通。妈祖文化在对外交流中就具有其独特的优势。

首先，要强化妈祖信仰的文化认同。将妈祖文化包含的不畏艰难、开拓进取的精神传递给"一带一路"沿线国家和地区，甚至全世界人民。要以大众性和草根性为诉求，聚焦不同的群体，增进沿线国家和地区对妈祖文化精神的理解和认同，弘扬优秀的中华传统文化。其次，要注重对妈祖文化遗产的保护和开发，对国内及"一带一路"沿线国家、地区保存下来的有关妈祖文化的宝贵文献、书籍以及宫庙等建筑加大保护力度，将其打造成为促进文化认同的妈祖文化品牌。利用现代科技手段传承妈祖文化的传统技艺，运用产业化的形式支撑妈祖文化的传播，同时将妈祖文化精神与公益、慈善事业相结合，让妈祖成为弘扬中国和谐、慈善文化的形象，增加海外人们对中国文化的了解。

（三）促进妈祖文化繁荣

在"一带一路"沿线国家和地区，以妈祖文化与所在地文化互动发展为契机，加强文化融合发展，共同推进文明多样性，追求和谐共荣。妈祖文化经过时间的积淀，在世界各地不断发扬光大，而且积极地与当地的文化相融合。妈祖文化历史遗产是海上丝绸之路沿线国家、地区共有的世界非物质文化遗产，在2009年列入联合国教科文组织非物质文化遗产名录，不同国家、不同文化、不同民族的妈祖信徒每年都会一起纪念妈祖诞辰日与升天日，妈祖文化成为一种跨越国界的文化。正是由于不同国籍、不同种族的人们对于妈祖文化的共同信仰，推动了妈祖文化在世界文化舞台的繁荣。妈祖文化在"一带一路"沿线国家和地区主要是以妈祖信仰的形式表现出来，在21世纪，妈祖文化的传播方式不能局限于传统的祭祀和庙会的形式，而应该采取形式多样的妈祖文化产品，将妈祖文化精神渗透到人们的日常生活中，尤其是运用新媒体等方式来增强妈祖文化的宣传效果。此外，还可以推动妈祖物质文化的发展，譬如对妈祖服饰、妈祖戏曲、妈祖工艺品等的开发，可以通过多样化的方式将妈祖的经典故事改编成电视剧、电影，将传统的妈祖戏曲加入现代元素进行创新转化，从而以现代人喜闻乐见的方式将妈祖文化更好地传播给海内外的民众。另外，在"一带一路"沿线国家和地区举行与妈祖文化相关的活动，推广妈祖文化专题的旅游文化节，结合当地的妈祖习俗和特色，开展以妈祖为创作主题的音乐舞蹈活动、戏曲表演和民俗活动，以更好地吸引海内外的游客。此外，还可以推进妈祖文化与海外华文教育相结合，将妈祖文化融入中文学习教材中，让更多的外国民众了解妈祖文化，感受妈祖文化的深厚底蕴。

（原载《福建论坛（人文社会科学版）》2018 年第 6 期）

"一带一路"视野下中华文化海外传承传播研究

——以南音在马来西亚的传承传播为例

郑长铃　黄　欣

当前，在国家倡导发展"一带一路经济带"的契机下，国内及国外丝路沿线国家与地区积极行动起来，海上丝绸之路又一次成为世界瞩目的商贸经济与文化交流之路。从历史上看，海上丝绸之路不仅仅展现了中国古代时期与其他国家的经济交往活动，还展现了中国与海上丝绸之路沿途的国家之间的文化交流活动。南音作为闽南的代表性传统文化表现形式，也随着海上丝绸之路的经济交往和文化交流，从闽南一隅走出，走向了东南亚乃至更广阔的世界。南音在东南亚尤其是在马来西亚的传承和传播是"一带一路"视野下中华文化海外传承传播的典范，能为后人的研究提供重要的可供参考的案例。

一、海上丝绸之路与南音研究相关文献综述

（一）研究概述

一直以来，海上丝绸之路研究都是国内外学者普遍关注的课题。早在 20 世纪 30 年代，我国学者冯承钧就著有《中国南洋交通史》，认为南海海路交通的开辟或早于西域陆路交通。1955 年，季羡林在《中国蚕丝输入印度问题的初步研究》中提出，南海道为中国蚕丝输入印度的五条道路之一。日本学者三杉隆敏的《探索海上的丝绸之路》较为系统地研究了"海上丝绸之路"。1990 年，联合国教科文组织发起了"海上丝绸之路"综合考察，极大地推动了海上丝绸之路的研究进程，《广州与海上丝绸之路》《南海丝绸之路文物图集》《中国与海上丝绸之路》《海上丝绸之路》等国内学者的研究论著相继出版，日本学者长泽和俊发表了《丝绸之路史研究》，法国学者施舟人发表《海上丝绸之路与南音》。

在海上丝绸之路的研究热潮下，一些学者将目光投向了南音文化在海外的传播和传承，吴远鹏《南音在南洋——东南亚南音发展概述》、罗天全《南音在海外的传播与发展》、龚佳阳《试论泉州南音对南洋华侨华人的社会作用及其海外传承》、林珀姬《"今古相证"话"南音"》等论著相继发表。

除南音文化的海外传承传播之外，南音文化的研究本身也经历了一个逐渐深入的过程。福建师范大学音乐学院教授王耀华于 1988 年、2014 年先后发表《弦管研究的历史与现状》和《近 25 年来的南音研究及其展望》两篇文章，对从古至今的南音研究做了详细论述。

根据王耀华先生的论述，可将南音研究分为以下四个阶段。

1. 1840 年以前的古代南音研究

南音从无到有，由简到繁，曲目由少到多，伴随着南音艺术形成与发展的研究。

2. 1840 年到 1949 年的南音研究

引进西方音乐学观念，南音研究步入近现代阶段，具有考证学的引进、分类法的探索、描述性乐学的出现等特点。主要著作有林霁秋《泉南指谱重编》、朱维之《泉南古曲在中国音乐上之地位》等。

3. 1949 年到 20 世纪 80 年代的南音研究

大量专业音乐工作者投身南音乐学、南音史学理论研究。曲目搜集整理方面有泉州市南音研究社《南曲选集》《指谱大全》、晋江县文化馆《南音指谱大全》等。1981 年以来历届南音大会唱的举办，均能引发南音研究学术热潮。该阶段的主要学术成果有黄翔鹏《"弦管"题外谈》、李文章《梨园戏的综合管门及转调》、王爱群《从南音"滚门"之实探其渊源》等。

该阶段，台湾弦管研究队伍不断壮大，有许常惠主编，吕锤宽、何懿玲、张舜华撰稿的《鹿港南管音乐的调查与研究》，沈冬《南管音乐体制及历史初探》，王嘉宝《南管器乐曲的分析》等论著问世。台湾民俗艺术基金会主办的国际南管音乐会议对弦管研究颇有裨益。

东南亚福建华侨方面，在大量弦管曲集出版的同时，理论研究亦已开始。出版的主要曲集有刘鸿沟《闽南音乐指谱全集》，丁马成、卓圣翔《南管精华大全》，吴明辉《南管指谱全集》等。主要研究论文有彭松涛的《发扬南音》。

4. 1989 年至今的南音研究

南音研究步入常态化、深入化、序列化。该阶段主要研究有孙星群

《福建南音曲体结构·指》，吴少静、李寄萍《南音郎君文化现象新考察》，郑长铃、王珊《南音》等。南音系列化研究成果有泉州南音研究院编撰的《泉州南音集成》、泉州地方戏曲研究社编撰的《泉州传统戏曲丛书》等。

中国港澳台地区及海外南音方面的研究有亚太民族音乐学会会长权五圣《韩国的文人音乐——歌曲》，日本冲绳县御座乐复原研究会会长比嘉悦子《琉球王府中的中国系宫廷乐"御座乐"》等；中国台湾师范大学民族音乐学研究班《基隆闽南第一乐团之研究》等十多篇硕士论文，吕锤宽《泉州弦管（南管）指谱汇编》《台湾传统音乐概论》《弦管音乐》等。

黄念旭的《南音》是较为系统的南音研究专著，不但梳理了南音艺术的历史，包括形成、发展、传播过程和名家，而且分别介绍了南音艺术的体系和形态、南音本体的艺术特色，如南音的指、谱、曲、管门、滚门、撩拍等，并在此基础上深入探讨了乐源、滚门和曲牌名三者之间的关系，同时还介绍了南音的声腔、乐器、表演形式及民俗活动等。

（二）本文的现实意义和实践价值

在上述研究成果的基础上，本文立足于国家文化发展战略的总体规划，依托于丝绸之路丰厚的文化底蕴及南音文化海外传播传承历史，具有重要的现实意义和实践价值。

首先，海上丝绸之路是古代中国与世界其他地区进行经济文化交流的海上通道，对人类文明发展产生了深远影响。被授予"东方文化之都"称号的泉州是联合国教科文组织目前唯一认定的海上丝绸之路的起点。

其次，南音是中国现存最古老的乐种之一，中原移民把音乐文化带入以泉州为中心的闽南地区，与当地民间音乐融合，形成了这种有中原古乐遗韵的文化表现形式。随着泉南人民的迁徙，南音传到中国港澳台地区及东南亚诸国，形成了一个南音文化圈。

因此，在中国与中亚共建"丝绸之路经济带"、与东盟共建"21世纪海上丝绸之路"的大背景下，结合海上丝绸之路历史脉络，考察南音文化在海上丝绸之路沿线的传播传承及其与当地文化的交融，是从文化的角度为国家"新丝绸之路经济带"的战略提供理论与人文精神支持。

基于上述因素，研究南音的海外传承传播，在发展中国文化、使中国文化融入世界文化并使之成为世界文化方面，无疑具有十分重要的意义和价值。

二、个案选择

本文以南音在马来西亚的传承传播为例，考察"一带一路"视野下中华文化的海外传承传播。

在人类的发展过程中，任何的物质活动与文化形态从来都是密不可分、相辅相成的：物质活动产生文化形态，而文化形态又促进物质活动。丝绸之路所产生的文化影响要远远大于经济影响，随着海上丝绸之路的形成，当异域文化通过海上丝绸之路来到中国，对古老的中华文明进行补充、改造的同时，有着千年历史的中华民族文化也源源不断地通过海上丝绸之路传播到海外，伴随着中国丝绸、瓷器等商品中所附加的文化形态影响并改造着异域文化的形成与发展。

南海丝路是海上丝绸之路中历史最为悠久的路线之一。南海丝路因涉及地域广博、贸易量巨大和文化影响深远等因素，成为中国几千年对外交往的重要通路。而在南海丝路的三条商路（广州、泉州、宁波）中，自古就有"梯航万国"之称的泉州是西洋、南洋、东洋三路的物资交汇和集散之地，故此在海上丝绸之路中最为发达，占有重要的地位，成为吞吐港口之首。仅据南宋赵汝适《诸蕃志》一书记载，宋朝时期通过泉州与海外进行贸易的国家和地区总计 53 个，而到了元代汪大渊的《岛夷志略》中统计就达到了 98 个之多。这就使得泉州在元代的时候便成为东方的第一大港，它的进出口贸易额位于世界前列，即便是当时埃及的亚历山大港也无法与它匹敌。① 至明清时期，政府实行海禁和迁界政策，泉州人为了生计，冒禁远渡，侨居海外，形成了多次大规模移民热潮。

从泉州在海上丝绸之路的历史地位来看，它是中国通往海外的重要起点和吸纳海外商贸的驿站。在海上丝绸之路两千余年的发展中，以泉州为代表的闽南文化随着泉州人的脚步流播海外，在中华文化与西方文化的交织中日益彰显出独特的人文魅力和精神风貌。

南音是闽南最具代表性的文化表现形式之一。作为中国现存最古老的乐种之一，它是中原音乐与闽南当地音乐融合的中原古乐遗韵的文化表现形式，并在文化融合与语言同构的发展中逐渐形成了具有闽南地域独特人文精神的南音文化。南音在漫长的发展过程中，成为民间性、自娱性的音乐，可以说，南音已经贯穿在泉州人的生命历程中，只要在闽南人聚居的地方，便能听到南音。南音随着泉州人的迁徙，流播到中国港澳台地区与东南亚诸国，形成了一个南音文化圈。

除了在闽南地区的泉州、漳州、厦门和中国港澳台地区以外，泉州南音还流播到菲律宾、印度尼西亚、新加坡、马来西亚、泰国、缅甸、越南等国家，成为海外侨胞和中国港澳台同胞世代珍视、竞相传唱的乡音。在众多国家和地区中，马来西亚作为海上丝绸之路的重要节点，有着独特的

---

① 参见张星烺编注，朱杰勤校订《中西交通史料汇编》第二册，中华书局 2003 年版。

地位。依托南海丝绸之路,中马有着经济贸易、文化交往的悠久历史。考察南音在马来西亚传承传播的历史和现状,对研究"一带一路"视野下中华文化的海外传承传播,无疑有着极为重要的作用和意义。

三、海上丝绸之路视野中的马来西亚

丝绸之路作为古代横贯东西方的政治、经济、文化交流的生命大动脉,为亚欧之间的联通及发展做出了巨大的贡献。从历史时段及地域形态来看,丝绸之路又分为陆上丝绸之路与海上丝绸之路。当唐宋时期陆上丝绸之路"道路梗绝,往来不通"[①]而逐渐衰落的时候,海上丝绸之路却日益繁荣起来。

早在12世纪初,法国汉学研究学者沙畹(Edouard Chavannes)在《西突厥史料》中即认为"丝路有海、陆两道,北道出康居,南道为通印度诸港之海道"[②]。海上丝绸之路由陆上丝绸之路衍生而来,它是指以中国为起点的古代东方通过海运的形式,与西方(南亚、中亚、西亚)各个国家进行经济贸易所形成的交通路线。

从现有的研究来看,海上丝绸之路共有四条:一是从广州经由印度、西亚、非洲、欧洲等地往返的西洋道;二是以泉州为起点,经澎湖、琉球、菲律宾至印度支那和南海各地的南洋道;三是从明州(宁波)至日本、朝鲜的东洋道;四是登州朝日道,这条海上丝绸之路与明州并行,是

---

① 陆贽:《慰问四镇北庭将吏敕书》,载(清)董诰等编《全唐文》卷四六四,中华书局1983年版,第4738页。

② 姚楠:《海上丝绸之路与中外文化交流·序》,载陈炎《海上丝绸之路与中外文化交流》,北京大学出版社1996年版,第2页。

中国北方与朝鲜、日本经济贸易的交通要道，但因其非政治中心及战乱频发，故此并未在海上丝绸之路中占有太多地位。因此，在学界的共识中，海上丝绸之路又有"两海四道"之说，两海即南海与东海。南海丝路有广州、泉州、宁波三道；东海丝路则是以山东登州为起点的登州朝日道。

其中，南海丝路形成于秦汉时期，发展于三国、隋朝时期，繁盛于唐宋时期。在2世纪初期，罗马船只便通过印度洋驶抵南海，通过缅甸及该地区的掸国向汉朝进献"幻人"，其"自言我海西人，海西即大秦也"，因此《后汉书》中有"掸国西南通大秦"的记载①，"至桓帝延熹九年（166），大秦王安敦遣使自日南缴外献象牙、犀角、玳瑁，始乃一通焉"②。《汉书·地理志》中较为详细完整地记载了南海、印度洋航路的贸易。

> 自日南障塞、徐闻、合浦船行可五月，有都元国；又船行可四月，有邑卢没国；又船行可二十余日，有谌离国；步行可十余日，有夫甘都卢国。自夫甘都卢国船行可二月余，有黄支国，民俗略与珠厓相类。其州广大，户口多，多异物，自武帝以来皆献见。有译长，属黄门，与应募者俱入海市明珠、璧流离、奇石异物，赍黄金杂缯而往。所至国皆禀食为耦，蛮夷贾船，转送致之。亦利交易，剽杀人。又苦逢风波溺死，不者数年来还。大珠至围二寸以下。平帝元始中，王莽辅政，欲耀威德，厚遗黄支王，令遣使献生犀牛。自黄支船行可

① （南朝宋）范晔撰，（唐）李贤等注：《后汉书》卷八十六《南蛮西南夷列传》，中华书局1965年版，第2851页。

② （南朝宋）范晔撰，（唐）李贤等注：《后汉书》卷八十八《西域传》，中华书局1965年版，第2920页。

八月，到皮宗；船行可二月，到日南、象林界云。黄支之南，有已程不国，汉之译使自此还矣。①

《汉书·地理志》中记载的贸易路线中所列地名，学界尚有争论，可以确定的是，这条航线经过了东南亚的多数国家，其中就包括了马来半岛，也就是今天的马来西亚和印度尼西亚。②在马来半岛的柔佛河流域考古发掘出的秦、汉陶器残片可作佐证。

到5世纪，马来半岛上的婆皇、甘陀利、丹丹等古国，都曾派遣使者到访中国。如《宋书》载："元嘉十九年（442）婆皇（故地在今马来半岛的彭亨州）国遣使献方物。"马来半岛地区的许多地名也曾多次出现在典籍当中，如唐代贾耽在《皇华四达记》中所记载的"广州通海夷道"就描述了马六甲海峡周边的地形和国家。

又两日行，到军突弄山（今越南昆仑岛）。又五日行，至海峡（今马六甲海峡），蕃人谓之"质"，南北百里，北岸则罗越国（今马来半岛南端），南岸则佛逝国（今印度尼西亚苏门答腊东南部）。③

15世纪，南海丝绸之路的发展到达高峰。自永乐三年（1405）至宣德八年（1433）的28年间，郑和率众七下西洋。船队从西太平洋穿越印

---

① （汉）班固撰，（唐）颜师古注：《汉书》卷二十八下《地理志·第八下》，中华书局1962年版，第1671页。
② 参见朱杰勤《汉代中国与东南亚和南亚海上交通路线试探》，载《中外关系史论文集》，河南人民出版社1984年版。
③ 孙光圻：《中国古代航海史》，海洋出版社2005年版，第244页。

度洋，直达西亚和非洲东岸，途经众多东南亚国家。马来半岛上的满剌加
（马六甲）则是重要的目的地和往返必经之地。

马六甲海峡是印度洋与太平洋之间的重要通道，也是当时东南亚的国
际贸易中心。郑和下西洋期间，中国与满剌加建立了密切友好的关系。明
永乐元年（1403）冬，明成祖派遣中官尹庆出使其国，赠送其酋长拜里迷
苏剌礼物，并宣示威德及招徕之意。永乐七年（1409），郑和奉命带诏书
诏封其酋长为满剌加国王，其国之西山为镇国之山，以为经营西洋之中转
站。其后，满剌加国多次遣使来华，仅《明史》中就记载有22次。

由此可见，中国与马来西亚的经贸文化交流有着数千年历史。19世
纪末20世纪初，"来自东南亚各殖民宗主国的工商资本纷纷涌入东南亚，
投资于铁路、港口、电力、航运、制造业、金融业等，引发对熟练劳动力
的需求"①，大量中国劳工南下东南亚，中国与马来西亚的经济贸易文化交
流持续加深。

四、中华传统文化在马来西亚的传承传播概况

马来西亚是中华文化在东南亚传承传播的重要场域。马六甲特殊的地
理位置使其成为南海丝路中重要的交通枢纽，大量货物在这里中转，吸引
中国商人至此开展商贸活动，形成了早期的华人社区。

中马之间的经贸文化交流，奉行着和平友好的原则。中国商人获当地
人礼遇的事件在历史文献中颇有记载。如南宋《诸蕃志》记载：

---

① 庄国土：《论中国人移民东南亚的四次大潮》，《南洋问题研究》2008年第1期。

（商船）抵岸三日，其王与眷属率大人（王之左右曰大人）到船问劳。船人用锦藉跳板迎肃，款以酒礼，用金银器皿、褥席、凉伞等分献有差。既泊舟登岸，皆未及博易之事。商贾日以中国饮食献其王，故舟往佛（渤泥）者必挟善庖者一二辈与俱。朔望并讲贺礼。几月余方请其王与大人论定物价。价定然后鸣鼓以召远近之人，听其贸易。价未定而私贸者罚。[①]

元代《岛夷志略》中也有"（渤泥国人）尤敬爱唐人，醉也扶之以归歇处"的记录。可见当年中马之间的友好关系。

根据《马来纪年》和《杭·杜亚传》等当地文献记载，当时的华裔与当地民众和谐相处，受到当地人的尊重，政府也为中国商人在此生活、经商创造了宽松、和平的环境。15 世纪初期，随着郑和七下西洋，中马文化交流达到高峰。东南亚的"峇峇娘惹"，又称土生华人，便是当时定居在满剌加（马六甲）、满者伯夷国（印度尼西亚）和室利佛逝国（新加坡）一带的华人与马来人通婚的后裔。相关资料显示，1895 年至 1927 年间，迁入马来西亚的中国人超过 600 万。[②] 至 1957 年马来西亚独立建国时，华人人口已达 233 万人，占当时居民总数的 37.1%。[③]

在旅居当地的华人中，有不少人是浸染在中华文明的传统教育中成长的，有着极高的汉文化素养，他们将中华文化传授给留居地的民众。一个

---

① （宋）赵汝适原著，杨博文校释：《诸蕃志校释》，中华书局 1996 年版，第 136 页。

② Choo Keng Kun, "Masyarakat Majmuk Semenanjung Malaysia: Evolusi Sejarah", in: Zuraina Majid ed., *Masyarakat Malaysia: Tinjauan dan Perbincangan terhadap Beberapa Isu dan Topik Semasa*, Penang: Penerbit Universiti Sains Malaysia, 1985, p. 56.

③ Fuziah Shaffie, Ruslan Zainuddin, *Sejarah Malaysia*, Shah Alam: Penerbit Fajar Bakti Sdn. Bhd., 2000, p. 269.

又一个华侨聚集地的形成，使中国文化在马来西亚扎根播种，使马来西亚成为中国文化对外传播的重要基点。

在历代两国人民的友好交流之下，中华文化在马来西亚地区传承传播，对马来西亚产生了广泛的影响，几乎遍及物质文化、精神文化和制度文化的各个领域。

（一）物质文化方面

一般认为，物质文化是满足人类生活和生存需要所创造的物质产品及其所表现的文化，它包括服饰文化、饮食文化、居住文化、交通文化等。在数千年的经贸文化交流之中，中华民族文化源源不断地通过海上丝绸之路传播到马来西亚，伴随着中国丝绸、瓷器等商品中所附加的文化形态影响并改造着异域文化的形成与发展，对马来西亚物质文化的发展产生了深远影响。

早在东吴时期，孙权就特别派遣使节康泰、朱应从海路出访扶南和南海诸国，即我国历史上著名的"南宣国化"，这也是中国首次派遣使节通过海上丝绸之路加强对外的政治、经济、文化联系。康泰、朱应出使南海诸国多年，归国后写了《吴时外国传》和《扶南异物志》等书籍，详细记述了南海各个国家的政治、经济、文化等方面的情况。这些著作虽然大部分都已散佚，但还有相当部分保存于《水经注》《太平御览》和《通典》等著作中。扶南作为当时的南海大国，其范围已经包括了今日的泰国、缅甸和马来半岛等地区，其位置处于东西海上交通要冲。

《梁书》中记载："吴时，遣中郎康泰、宣化从事朱应使于寻国（扶南国王范寻），国人犹裸，唯妇女著贯头。泰、应谓曰：'国中实佳，但人亵露可怪耳。'寻始令国内男子著横幅。横幅，今干漫（筒裙）也。

大家乃截锦为之，贫者乃用布。"①可见马来西亚的服饰文化受到中国的影响。

在峇峇娘惹文化中，也能明显看出中国文化的痕迹，如娘惹一直保持着成年女子束发、儿童梳成总角的风俗，这是明代文化在当地的遗存。又如农业方面，越南、缅甸、马来西亚等诸多东南亚国家的耕作方法受中国影响，农具的运用方法、耕牛的使用方法、许多蔬果品种均由中国引进。马来西亚人还将中药与当地草药结合使用，形成了具有当地特色的医药体系。

（二）制度文化方面

制度文化也称社会文化，是反映个人与他人、个体与群体之间的关系。这种关系表现为各种各样的制度，如政治、经济、教育、军事、法律、婚姻制度等。

永乐七年（1409），郑和奉命带诏书诏封其酋长为满剌加国王，其国之西山为镇国之山。之后，明代政府在今天的印度尼西亚境内设立了旧港宣慰司，开始对今天的马来西亚、新加坡、印度尼西亚西部等地区进行统治。满剌加、苏门答腊作为与旧港宣慰司相配的御封军镇，建立城栅、仓库。

跟随郑和下西洋的巩珍在《西洋番国志·满剌加国》中记载：

中国下西洋舡（船）以此为外府，立摆栅墙垣，设四门更鼓楼。内又立重城，盖造库藏完备。大䑸宝船已往占城、爪哇等国，并先䑸

---

① （唐）姚思廉撰：《梁书》卷五十四列传第四十八《诸夷》，中华书局1973年版，第789页。

暹罗等国回还船只，俱于此国海滨驻泊，一应钱粮皆入库内存贮。各舡并聚，又分综次前后诸番买卖以后，忽鲁谟斯等各国事毕回时，其小邦去而回者，先后迟早不过五七日俱各到齐。将各国诸色钱粮通行打点，装封艌，停候五月中风信已顺，结综回还。①

可以说，满剌加国的建立与发展，离不开明朝的支持。"然而，16 世纪初葡萄牙殖民者侵入东南亚，占领了满剌加，导致东南亚国际形势发生剧变，从根本上动摇了以'朝贡'制度为基础的'华夷秩序'。面对这一空前的变局，明朝最高统治者愚昧无知，不了解世界大势，作出不合时宜的反应与决策；加之明朝国力式微，缺乏坚强的实力作后盾，在对葡交涉中软弱无力，其结果只能是坐视满剌加的灭亡，从此我国丧失了在东南亚原有的地位，东南亚逐步沦为西方的势力范围。"②

近代以来，由于马来西亚族群组成的多元化，加之英国的殖民统治，马来西亚在制度文化方面受中华文化影响较小。

（三）精神文化方面

旅居马来西亚的华侨在中华文明的传统教育中成长，也将中国的文化典籍、技术知识传授给了当地民众。他们的生活方式、思维方式、价值取向、精神信仰等，都对马来西亚产生了深远的影响。

在马来西亚华人中，闽粤两省人士占极大比重。闽南文化随着闽南华侨的脚步流播到了马来西亚，与当地文化相结合，在此生根发芽。以语言

---

① （明）巩珍著，向达校注：《西洋番国志》，中华书局 1961 年版，第 16—17 页。
② 廖大珂：《满剌加的陷落与中葡交涉》，《南洋问题研究》2003 年第 3 期。

为例，语言是文化的重要载体，据有关学者考证，在马来语中使用的汉语词汇有 1200 多个，其中闽南方言的借词就占了约 90%。[①]可见闽南文化对当地的影响。近代以来，这些旅居海外的华人通过创办华文刊物、成立华文学校、组建华人社团等方式，有意识地发展和弘扬中华文化，将中国的传统习俗、文学作品、音乐戏曲等引入马来西亚并且发扬光大。

1. 生活习俗和宗教信仰

马来西亚的生活习俗和宗教信仰等受中国文化影响很深。以马来西亚西北部的槟榔屿为例，据当地民间传说，从 1786 年开埠之后，中国闽粤两省人最先到达该地。当地民间信仰中的"本头公""大伯公"即闽南人对土地公尊称的特殊口语。[②]

华人还将中国的传统节日、社会风俗带到了马来西亚。今天，马来西亚政府将中国的传统节日设为假日，当地民众通过各种特殊的节日仪式和活动欢度中国佳节，并且将中国的传统节日与地方文化相结合。如每年端午节，当地华人都会吃粽子、赛龙舟。马来西亚的粽子富有地方特色，有娘惹粽、鲍翅粽、海南粽等，其中娘惹粽将虾米、辣椒、肉馅烹煮在一起，并加入多种香料，口味酸甜香辣，极具南洋风味。

2. 文学作品

19 世纪末至 20 世纪的华人移民将中国的诗歌、小说、散文等文学作品传播到马来西亚。

19 世纪末，福建永泰人力钧医术精湛，曾奉召入宫为慈禧治病，他游历新马一带，于时任中国驻新加坡领事官左秉隆处得知"槟城多诗人"，

---

① 孔远志：《马来语中的汉语借词》，《语言、地理和人类学皇家学院学报》1987 年第 4 期。
② 参见张少宽《南溟脞谈——槟榔屿华人史随笔新集》，南洋田野研究室 2007 年版，第 159—163 页。

便赴槟城与时下诗人名士唱酬往来。其著作《槟榔屿志略》中收录了不少当地诗人的诗作，如吴春程《吴春程骈文钞》、林载阳《槟城竹枝词》等，诗作可谓相当丰富。[①]

在马来西亚民间流传的中国口头文学主要有"讲古"和"过番歌"两种形式。"讲古""过番"都是闽南方言。"讲古"即说书、讲故事，用闽南语对小说或民间故事进行再创作和表演；"过番"即出国、出洋，"过番歌"是流传于闽南、中国台湾及东南亚华人社区的一部闽南方言长篇说唱诗，讲述漂泊海外的孤独与辛酸。

在中国古代典籍的翻译方面，峇峇娘惹族群做出了突出贡献。自19世纪末起，他们将《三国演义》《水浒传》《西游记》等大批中国古典小说翻译成马来语。[②]遗憾的是，部分翻译作品已散佚，流传至今的仅有几十部，其中通俗小说占大多数。20世纪后半叶，陆续又有《梁山伯与祝英台》《中国古典诗词选》《孙子兵法》《三国演义》《大学·中庸》《道德经》《聊斋故事选》等典籍被翻译出版。

3. 音乐、戏曲等传统文化表现形式

远渡重洋的中国人将家乡的生产生活方式带到了东南亚地区。在异国他乡艰难创业时，一首家乡的曲调、一出熟悉的戏曲，抚慰了游子孤苦无依的心灵，缓解了对故土的思念，也为忙碌的生活增添了色彩。华人群体的发展壮大，为中国传统音乐、戏曲等在马来西亚的传承和传播提供了充足的土壤。高甲戏、粤剧、闽剧、京剧、歌仔戏、莆仙戏、布袋戏、木偶

---

① 参见张少宽《南溟脞谈——槟榔屿华人史随笔新集》，南洋田野研究室2007年版，第113—115页。

② 参见莫嘉丽《中国传统文学在新马的传播——兼论土生华人的作用》，《华侨华人历史研究》2001年第3期。

戏、皮影戏等众多剧种在马来西亚落地生根，南音等传统音乐在南洋的街巷中不断响起。

以槟榔屿为例，100多年前，槟榔屿市区内就有三十几间戏台。据当地族老说，当时这些戏台多聘请香港等地的粤剧"大锣鼓"演出，有时也邀请福建班或京剧班表演。

这些传统文化表现形式既丰富了华人的精神文化生活，也维系着他们对中华文化的认同，增进着海外华人的凝聚力。人在他乡，谋生不易，华人们组建起了各种社团，相互帮扶。这些社团成为中国传统音乐、戏曲在马来西亚传承传播的重要载体。大凡举办南音社、戏剧社演出，进行各种集体活动，大多由会馆、社团牵头。

五、南音文化在马来西亚的流布及现状调查

（一）南音文化释义

笔者认为，从狭义的角度而言，南音文化是一种技艺持有者、习得者和享用者的生活方式和生命体验过程，包括所有南音持有者、习得者、享用者所共有的语言、传统、习惯和规制，有激励作用的思想、信仰和价值，以及它们在物质工具和制造物中的体现。

广义来说，南音文化作为中华民族文化系统中的一个子系统，涵盖了闽南地域历史衍生发展过程积淀下来的诸多层积及其相关的文化空间与物件，在这个地域中，南音文化所积淀形成的习俗仪轨、规约制度、价值认同、精神信仰俨然已经成为人们精神生活中不可或缺的文化传统。

（二）南音在马来西亚的传承传播情况

随着闽南移民到达中国台湾、香港地区及东南亚诸国，南音也随之流播到这些地方，逐渐形成了一个南音文化圈。在南音文化圈中，大大小小的南音馆阁作为南音存续的载体，数百年来持续不断地延续着南音文化的命脉。如中国台湾的闽南乐府、中华南管研究社、鹿港聚英社，香港的福建体育会，澳门的南音社，菲律宾马尼拉的长和郎君社，新加坡的湘灵音乐社等，馆阁中的轻弹曼唱，联结着绵绵中华情愫。

1. 南音在马来西亚传承传播的历史

18 世纪起，大批泉州人移居到今天的马来西亚一带，至 1921 年，马来西亚的泉籍华侨已达 34 万人。南音作为闽南人生活中不可割舍的一部分，作为闽南人的一种生活方式，伴随着闽南人的乡情、相思也千里万里地漂洋过海，来到了马来西亚这片土地。

马来西亚最早的南音社，相传为吡叻（霹雳）太平仁和公所。太平仁和公所创立于清光绪年间 1887 年前后。因成员多来自晋江东石镇，而东石镇古称"仁和里"，故称"仁和公所"。据传仁和公所时常举行南音演奏、演唱活动，在马来西亚享有极高声誉。

1890 年，巴生雪兰莪永春公所（又称巴生永春会馆）也成立了南乐组，至 20 世纪 30 年代，马六甲同安金厦会馆（1931）、沁兰阁、云林阁、马来西亚渔业公会音乐组、太平锦和轩（1945）、安顺福顺宫（1950）等相继成立。此后，又有一大批南音社团陆续涌现，如吉兰丹仁和南乐社（1960）、吡叻（霹雳）太平仁爱音乐社（1963）、新文龙永春会馆（1978）、马六甲桃源俱乐部、雪兰莪适耕庄云箫南音社、巴生雪兰莪同安会馆南管音乐组（1978）、巴生螺阳音乐社、巴生浯声协进社、江沙艺群音乐社、江沙仁和公所、班达马兰新韵音乐社、峇株巴辖南乐社、马六甲晋江会馆、马六甲兴安会馆、怡保福建会馆、峇都牙也福建会馆等。①

这些南乐社分布在马来西亚各地，聚集了一大批热衷南音的闽南人，是南音传承传播的基站。人们在南音社团中开展南音的演奏、交流活动，切磋技艺，培养新人。一些南音社还录制南音唱片，发行相关特刊，发表研究文章。这些乐社的活动将南音这门古老的文化表现形式介绍给了当地民众，推广到更多的地区，对南音在马来西亚的传承和传播起到了极为重要的作用。

1980 年 3 月，马来西亚福建社团联合会成立南音小组，筹划承办东南亚南乐大会奏，由拿督杨朝长任主任。南音小组筹划从马六甲同安金厦会馆南乐组着手培养一批南音好手，并和桃源俱乐部合作，在马来西亚国营电台播放南音歌曲。一时间，马来西亚南音界群贤毕至，热闹非凡。②

1981 年 8 月，马来西亚福建社团联合会文化部南乐团正式成立，并在首都吉隆坡成功举办了第三届东南亚南乐大会奏。香港福建体育会南乐队、台湾闽南第一乐团、南声国乐社、鹿港聚英社，印度尼西亚南乐研究社，菲律宾、新加坡的南音社团等参加了这次大会奏。参加这次活动的马来西亚南音社团有马六甲同安金厦会馆南乐组、巴生雪兰莪永春公所南乐组、巴生雪兰莪同安会馆南管音乐组、雪兰莪适耕庄云箫南音社、太平仁爱音乐社、吉兰丹仁和南乐社等。③此次活动极大地提高了马来西亚在南

---

① 参见 [马来西亚] 瓜雪暨沙白县福建会馆《瓜雪暨沙白县福建会馆南音乐团成立五周年及马来西亚国际南音汇演特刊》，2011 年 7 月。

② 参见 [马来西亚] 瓜雪暨沙白县福建会馆《瓜雪暨沙白县福建会馆南音乐团成立五周年及马来西亚国际南音汇演特刊》，2011 年 7 月。

③ 参见 [马来西亚] 瓜雪暨沙白县福建会馆《瓜雪暨沙白县福建会馆南音乐团成立五周年及马来西亚国际南音汇演特刊》，2011 年 7 月。

音文化圈的地位。

遗憾的是，20世纪80年代以后，随着马来西亚经济的快速发展，流播到当地的中华传统文化受到了极大的冲击，包括南音文化在内的传统文化在马来西亚华侨尤其是年轻人中的认同感在逐渐衰减。马来西亚南音盛况不复，几十个由会馆成立的南音团，仍然活跃的寥寥无几。所幸，仍有许多关心南音、热爱南音的马来西亚华侨在不断坚持，他们默默守护着南音的火种，为南音在马来西亚的重新崛起提供了可能。

2. 从失落的槟城谈起

槟城是马来西亚华人较早开发的城市之一，也是马来西亚华人较多的城市之一。随着华人的到来，一座座华人会馆也随之成立，成为华人在海外的据点和精神寄托，直至其成为中华文化传播的空间。成立于1919年的槟榔屿晋江会馆就是其中之一。

其实早在晋江会馆成立之前，就已有不少晋江人在当地各社会层面积极开展活动。如孙中山的革命事业，以及在教育、书刊报业等领域，以王问渠、黄回澜、吴裕再、刘惟明、郭燕声、黄乃武、王子珊、倪祖泽等为表率的晋江人在其中做出了不少的贡献。

至于闽南人是从什么时候来槟榔屿的，南音是从什么时候被闽南人带到槟榔屿的，现都已无法考证。但笔者相信，槟榔屿自1786年开埠以后（时值清乾隆年间），便已有闽南人到此谋生，南音也随之传入。19世纪以前，不少华人背井离乡，南下谋生，到南洋落脚并解决了生计问题以后，便开始了对故国和亲人的无限思念。当时并没有像今天一样发达的通信技术，因此，这种思念只能借"乡音"寄托。

笔者在槟城田野考察期间，曾拜访槟榔屿晋江会馆杨玉筬先生。杨先生向笔者介绍自己的阿公（闽南话祖父）是在20世纪从中国来到马来西亚的，当时并没有直接来到槟城，而是在吡叻（霹雳）州的怡保市谋生。因为杨先生祖父是一名不折不扣的琵琶高手，后来便带着南音琵琶到槟城发展。当时的槟城因为经济发达，吸引了大量周边州市的富商来此生活，而这些富商们有一个共同的爱好——玩南音。因为杨先生祖父拥有高超的琵琶弹奏技艺，他不但很快融入当地的上流圈子，还谋得了不错的工作，同时，他的家也逐渐成了闽侨们的新"据点"，门庭若市。但遗憾的是，这样的场景如今在槟城早已经看不到了，只能通过老人的回忆去感受。这其中的原因既有马来西亚当局对华人的压制政策，也有马来西亚华二代、华三代等受当地文化影响而对中华文化的轻视甚至漠不关心。尽管那些老华侨们的内心深处依然深爱着南音，但是在当地的华人群体中，流行歌曲早已成为主流。

所以，笔者在田野考察期间，只了解到，在吉隆坡举行的第三届东南亚南音大会奏，分别于 1981 年 8 月 11 日、12 日及 13 日在马六甲、太平及槟城举办了巡回演奏。

3. 艰难前行的太平音乐社

太平市是与南音最早结缘的马来西亚城市。吡叻（霹雳）太平仁和公所是马来西亚最早的南音社团，揭开了南音在马来西亚传承传播的序幕，正是在其影响下，马来西亚各地兴起了数十个南音社团。遗憾的是，该社团至 20 世纪已销声匿迹。

所幸，南音在该地后继有人——1964 年，太平仁爱音乐社成立了。

马来西亚独立初期，太平市人口以晋江人居多。为团结同乡，深化感情，发挥守望相助的精神，1963 年，蔡世托乡贤及数位热心同乡奔波筹组乡会，终于在 1964 年元旦成立了太平仁爱音乐社。蔡世托任首届社长，蔡尤河任总务。太平仁爱音乐社的创会主旨是：团聚晋江同乡，共同举办发扬传统南音乐曲及戏剧的活动。

音乐社在成立之初获得了多位对南音乐曲、戏剧艺术颇具造诣的先贤的支持。在他们的声援及指导下，社团规模日渐壮大。社员们积极投入南音技艺的研习行列，开展南音培训，培养出了一批极具技艺水平的剧艺与南乐组成员。音乐社的代表曲目有《桃花搭渡》《秦香莲》《胭脂记》《陈三五娘》《金枝玉叶》《雪梅教子》《管甫送》《扫秦》《笋江波》等。

音乐社成立适逢当年马来西亚国庆日庆典，乐社应邀代表太平市华人社团在太平湖畔国庆游艺晚会上表演南音节目，精彩的表演获得观众的热烈称赞，也奠定了太平仁爱音乐社在华人社区文化领域中的地位，强化了乐社成员在当地重播南乐的信念。此后的十余年间，乐社应邀到新加坡及马来西亚的吉兰丹、槟城、霹雳州等地义演 30 余次，演出协助筹获善款达数十万令吉，享誉新加坡、马来西亚等地，掀起了一片学习南音文化的热潮。1979 年，太平仁爱音乐社成立十五周年，组织举办了第一届东南亚晋江同乡联谊大会，庆典当日汇聚东南亚各国晋邑乡绅、社会贤达，一时传为美谈。

乐社全盛时期，有戏剧演员 20 余位、音乐演员 10 余位、义务舞台工作人员 10 余位，乐器齐备，阵容浩大。

如今，太平仁爱音乐社已历经 50 多个春秋，随着时代变迁、社情转易，当年的盛况已不复存在。当地的年轻一辈华人缺乏乡土情怀，对中华文化的认同度逐渐减低，与南音难有共鸣，乐社成员呈现老龄化趋势。

目前，仁爱音乐社南音戏剧组已经是北马来西亚硕果仅存的南音乐社，仅存约 10 位组员，在艰难中前行。为力挽狂澜，推动南音文化的传承和传播，乐社社长蔡海瑞、总务黄奇发及财政陈启全带领着团队，在坚持创社宗旨的前提下，努力探寻重振乐社、发扬南音文化的方法。乐社顺应社会发展的需求，不断自我调整，创立了卡拉 OK 歌唱班，伺机尝试培育年轻接班人。乐社还鼓励对南音有兴趣的、不同籍贯男女及华乐团毕业生加入，并引导他们了解泉州南音，学习、传承及发扬南音。目前，仁爱音乐社南音戏剧组组织社员在每月第一和第三个周四练习南音。戏剧组原本有咏唱南音、乐器演奏和戏剧表演等活动，因戏剧表演需要较多人手，故而现阶段戏剧组的活动只以南音演唱和乐器演奏为主。

在 50 多年的岁月中，仁爱音乐社经历了风雨崎岖，仍坚持着传播南音文化、传承传统乡情的信念。社员们相信：随着中华民族的崛起与中华文化的普及，冬季之终是春之始，南音锦曲在太平一定会有发扬光大的一天。

太平仁爱音乐社南音戏剧组职员名单（2016—2018）如下：

顾　　问：拿督蔡海瑞、蔡天生 PJK、黄奇发、黄重庆、蔡长源、陈启全

指　　导：蔡秀音、蔡长荣、吴再花、黄英杰

主　　任：许隆基 PJK

副主任：蔡长荣、黄锦泉、黄福发

秘　　书：吴桂月

副秘书：李玉英

委　　员：蔡文全、黄锦川、黄静思、洪明星、李燕凰、陈秀瑄、周燕玉、蔡长吉、杨素霞、黄启友、许宝玉、黄锦良、蔡红珠、陈启章

乐器 / 道具 / 管理：吴桂月、李玉英、蔡长荣

4. 富有生气的巴生、沙白南音社团

（1）巴生南音传承发展的历史

巴生是马来西亚雪兰莪州的皇城，也是马来西亚的第一大港。18世纪以来，众多华人渡海南下，或直接乘船抵达巴生，或先到达马来西亚各地，再从内陆迁居到巴生。大部分到达巴生的华人从事的是底层的体力劳动，在橡胶园或码头讨生活。而这些华人中，又以福建人占大多数，因此，闽南话成为当地流行的方言之一。到1921年时，巴生的福建人已经接近9000人，他们扎根巴生后，用勤劳的汗水开创新生活，并且为当地的教育、文化、民生等做出了不俗的贡献。

虽然身在他乡，但巴生的闽南人仍记得自己的根在中国，他们将自己的信仰、习俗、文化等带到了巴生，并且用自己的努力，将家乡的文化发扬光大。他们组成了各种华人社团，团结一致，共担风雨；他们带去了自己的信仰，在异国他乡筑起精神的港湾；他们还组建了许多南音社、戏剧社，在熟悉的曲调中建立起联系感情的平台，也维系着对自身传统文化的认同。

南音在巴生已有一百多年的历史。1890年，巴生雪兰莪永春公所成立了南乐组，是巴生最早的南音社团。20世纪70年代后，巴生雪兰莪同安会馆南管音乐组、巴生螺阳音乐社、巴生浯声协进社等南音乐社也相继成立，巴生南音进入了传承发展的繁荣时期。

巴生雪兰莪同安会馆是巴生的福建同安人为了增强联系、凝聚力量而建立的组织，成立于20世纪70年代。会馆中南管音乐组的设立是同安会馆区别于当地其他华人社团的特色。在会馆成立的几十年间，成员们为南音在巴生的传承奉献出了极大的力量。

巴生同安会馆南管音乐组最初由当地黄梨厂的同安工人在1978年组

建，2005 年，由于资金不足等原因停办。南管音乐组虽然停办了，但巴生同安人传承南音的信念不曾熄灭。终于，在同安华人的不断倡议和共同努力下，2009 年，巴生同安会馆南管音乐组得以重新组建。目前，南管音乐组有会员 20 多人，他们怀着对南音的深厚感情，以及传承发展南音的责任，积极地开展南音表演、培训、研究等活动，涌现出了以南音才女林素梅为代表的一批关心南音发展、致力于南音传承的优秀南音人。

（2）沙白南音传承发展的历史

沙白南音传承发展的历史对于研究南音在马来西亚的传承和传播有着十分重要的意义。沙白云箫南音社和福建会馆南乐团的兴衰与发展，是泉州南音海外流播的典型案例。

沙白县适耕庄，地处马来西亚雪兰莪州北端。20 世纪 90 年代，这里还是一个刚开辟不久的村庄。居民过着日出而作、日落而息的朴实生活，文化娱乐活动十分匮乏。为丰富生活，休闲娱乐，当地的一些闽南华侨集资创办了名为"云箫南音社"的南音乐社，利用工余的时间，就这样玩起南音来了。随着古朴优雅的曲调在村庄缓缓升起，他们便仿佛回到了故乡的那个小城，那条窄巷，那座梦中的红砖瓦房，在忙碌的生活中获得片刻的宁静。

音乐是没有国界的，即使语言不通，仍然能陶冶人性，引起共鸣。三十几位沙白的年轻女性，在长期的耳濡目染之下，也渐渐地爱上了南音，甚至开始学习南音。在云箫南音社几位技艺高超的南音前辈的熏陶之下，她们不但最终学会了南音演唱，还精于南音乐器的弹奏。遗憾的是，好景不长，几年之后，云箫南音社因资金不足难以维持，只好宣告解散。

到了 2006 年，陈观福担任瓜雪暨沙白县福建会馆会长时，有理事提议把停顿 40 年的南音恢复起来。经过理事筹划，在会馆的资助下，福建会馆南乐团终于在 2006 年 7 月 14 日成立了 ①，中断多年的南音重新在沙白县响起了。

南乐团成立之后，致力于培养年少的南音爱好者。值得注意的是，目前南乐团中负责教导南音的几位祖母级的导师，正是当年学习南音的几位沙白年轻女子。闽南人把南音带到了沙白，把南音传播到当地民众之中，而这些当地民众，又成为沙白南音传承延续的重要支柱，令人不禁感叹命运的神奇，也惊叹于南音强大的吸引力和生命力。

目前，沙白福建会馆南乐团已经培养出了一批青少年南音爱好者，乐团还曾受邀到福建泉州、中国台湾等地和印度尼西亚、新加坡等国家演出。2011 年，福建会馆南乐团成立五周年时，为增进不同地区南音弦友间的交流、提升社会对南音的认识、承担起传承南音的使命，福建会馆南乐团主办了国际南音大会演，共有 8 个国家及地区的 300 多位弦友参加了本次会演。

沙白华侨传承南音的不懈坚持令人感动，相信在他们的努力之下，南音在沙白一定能够迎来美好的明天。

雪兰莪州瓜雪暨沙白县福建会馆 2006 年 7 月 14 日成立南音理事会名单如下：

顾问：颜碧志 AMN、苏青山 PJK

会长：陈观福

署理会长：郑益兴

---

① 活动手册载明：活动时间为 2006 年 7 月 14 日，活动实际举办时加印了插页，载明时间为 7 月 16 日。

副会长：黄忠义、黄天然、郑庆荣

总务：陈金德

副总务：林克茗、潘金铁

财政：李振成

青年团团长：郭成辉

妇女组主席：李秀菊

理事：颜景煌、陈松杉、陈永槐、黄联兴、李振成、黄天然、李亚礼、陈金安、李锦辉、陈水利、潘金载、黄运强、陈志惠

南音导师：林金良、颜秀格、颜玉宝、颜美华、潘升平、郑素霞、潘玉成

组长：陈观福

副组长：李秀菊

秘书：林克茗

财政：颜秀格

组员：颜秀格、颜玉宝、颜美华、林金良、潘升平、郑素霞、李秀菊、黄素华、黄素琳、蔡煜勤、蔡埝祯、蔡煜仁、陈靖雯、郑诗缘、林凯虹、林凯琪、林慧婷、林素琼、颜秀月、颜雅薇、辜庭伟、崔燕婷、谢静宁、邱欣柔、黄佳利、黄凯柔、刘静宜

5. 衰退中的马六甲南音社团

马六甲是闽南人最先到达的马来西亚地区之一。马六甲同安金厦会馆南音团成立于1931年，历史悠久，与吉兰丹仁和南乐社、吡叻（霹雳）

太平仁爱音乐社并称马来西亚东邦三大南音社团。

在田野考察过程中，笔者拜访了马六甲同安金厦会馆的部分老前辈。据他们介绍，资助教育是马六甲同安金厦会馆显著的特点。该会馆于1960年设立了资助同乡子女的中学奖学金，并于1968年向全社会开放。1979年设立百万元基金，成立大专院校贷金会，使众多的学生在其资助下学有所成。

同时，马六甲同安金厦会馆还十分重视音乐和戏剧，设有大鼓吹组、平剧组、闽剧组和南音组，努力在南洋传播中华文化艺术。尤其是该会馆南音组数十年来，在马来西亚电台演播节目，并经常在马来西亚或代表马来西亚到各国演出。先后在该会馆担任主席的同安人有陈期岳、杨朝长、杨建谒等。

但是，在马六甲南音界，不同门派的弦友之间并没有太多的交往，这一点笔者在田野考察过程中深有体会。在笔者最初的采访计划中，原本是要分别拜访不同门派的弦友，但是当排在后面的被采访者知道了笔者的采访顺序后，便拒绝接受笔者的采访。后来，笔者从侧面了解到，因为不同门派意见不同，一直被个人成见影响，致使马六甲南音界无法聚在一起切磋南音，更无法开展南音活动。根据相关资料记载，马六甲的南音社团曾多次参加东南亚和中国闽南地区举办的南音大会唱活动，也曾经出现过著名的南音高手。马六甲南音昔日的辉煌，曾经引起过一位从英国留学归来的音乐学家的高度重视。他把马六甲南音作为研究对象，得到了国际音乐学界的关注。但这些辉煌，在今天很难再见到了。由此可以看出，在南音文化传承传播的生态中，最核心的是"人"的问题。一个文化形态要在当地传承发展，虽然"天时"和"地利"很重要，但"人和"更重要。没有了"人和"，即便"天时"和"地利"再优越，也会呈现出逐渐衰落的情况。

正因如此，20 世纪 80 年代之后，马六甲同安金厦会馆不复当年之势，中断多年，维持得很艰辛。

马六甲同安金厦会馆理事部 2014—2016 年度职员名单如下：

名誉主席：陈诗抽

法律顾问：陈厚杉律师局绅

会务顾问：拿督杨建筑局绅

主席：黄国源

署理主席：拿督杨建良局绅

副主席：陈光海、拿督孙金福局绅、林金木

总务：杨诚恭

副总务：陈荣辉

财政：陈书慕

查账：蔡锡平

文书：陈称秀

副文书：陈江河

交际主任：蒋明展

副交际主任：梁孙丰

仲裁主任：陈文迪律师

副仲裁主任：李金土

音乐主任：许金顺

副音乐主任：陈念升

体育主任：杨福文

副体育主任：何再添

青年团团长：徐荣科

署理团长：林兴南

副团长：李火转

妇女组主任：陈娜莉

妇女组署理主任：吕秀雪

理事：王振相、林尚崑、何成春、陈诗球、纪伟忠、
陈美农、林辉发、杨雨城、林艺忠、高伟良、
陈诗鑫

之后，我们还有"沉稳的吉隆坡"没有走进，按计划还必须再访槟城，因为那里有一个没有讲完的故事……新时期"一带一路"影响中华传统文化海外传承传播复兴极其关键的"人和事"还将展示：第一，杨玉箴及其身后的团队；第二，执着的林素梅；第三，年长的新秀许隆基；第四，希望的田野——三姐弟和他们的同龄人……

六、中华传统文化海外在地存续的力量

中华传统文化之所以能够远播海外，实现在地存续，是因为其丰富的精神文化内涵、发展的流动性与系统的包容性。

首先，中华传统文化之所以能够实现广泛的海外在地存续，离不开其自身丰富的精神文化内涵。中国优秀的传统文化，是中华民族不断创造积累的宝贵精神财富，几千年来从未间断，在今天仍然具有强大的生命力与价值。中华文化的这种优秀内质，是其能够流播海外，在异国他乡依然充满蓬勃生机的根本。

其次,依托中华文化形成的海上丝绸之路文化具有强烈的流动性,这种流动性促进了中华文化在海外的传播。凭借海上丝绸之路,中国与东南亚地区实现了频繁的经贸文化交流,在广泛交流的过程中,中华文化依托华人这一载体,传播到东南亚乃至更广泛的地区。在这一过程中,华人海外聚居地成为重要的基点,作为中华文化与本土文化相互碰撞、相互激发、相互融合的重要场域,以其为中心,中华文化得以迅速流播到东南亚各地。

最后,中华传统文化还以强烈的兼容性吸纳着异域文化的给养,这种兼容性为其传播海外并实现在地存续提供了可能。到达东南亚的华人华侨将中华文化带到异国他乡的同时,也将其与当地的文化相结合,吸纳着包括南洋文化、东南亚文化、阿拉伯文化以及西方文化的各种品质。这种海纳百川的精神极大地促进了中华文化在海外的传播与发展,经过漫长而复杂的过程,中华文化逐渐融入世界文化的大家庭之中,为在地文化增添了新鲜的生命活力。

当然,中华文化得以实现海外在地存续的最根本原因,还在于中国国力的日渐强盛,在于中华民族的伟大复兴。无论离家多远,祖国永远是海外华人华侨的坚强后盾。他们从祖国的不断发展中获取到了奋进的力量,展现出自尊、自信的精神面貌,向世界展现中华文化的魅力。在这一过程中,华人实现了对中华文化的自识、自珍、自觉与自爱,认识自己国家民族的文化,珍惜它,自觉地传承、保护它,最终树立起民族的文化认同与文化自信。

(原载郑长铃、王珊主编《2016"一带一路"文化遗产国际学术研讨会论文集》,
文化艺术出版社 2017 年版)

下编 "一带一路"艺术交流融合与未来发展

敦煌石窟研究百年回顾与瞻望

樊锦诗

敦煌石窟泛指敦煌地区及其附近的石窟，其中有代表性的是莫高窟、西千佛洞、安西榆林窟，是中国中古时期的重要佛教文化遗存。1900 年，敦煌莫高窟藏经洞的发现，出土了 5 万余件从十六国到北宋时期的经卷和文书，不论从数量还是从文化内涵来看，都可以说是 20 世纪我国最重要的文化发现，从此，以整理和研究敦煌文献为发端，形成了一门国际性的学科——敦煌学。也正是由于藏经洞的发现引导人们重新认识和发现了敦煌石窟。

在敦煌石窟中，除了以石窟为主体保存有大量的壁画、雕塑外，藏经洞还出土了一批木版画、绢画、麻布画、粉本、丝织品、剪纸等美术品，这样大量的文化遗存、遗物，是研究佛教艺术及其反映的各种文化影响的重要依据，成为人们探讨中古时期东西方物质文化和精神文化的形象资料。近一个世纪以来，历代研究人员，含辛茹苦，辛勤采撷，索微探幽，在敦煌石窟研究中取得了丰硕成果。从 20 世纪开始，敦煌石窟研究主要经历了以下几个时期。

一

第一个时期是敦煌石窟研究的发端。主要工作是对石窟的调查、登录和资料的公布。同时，对石窟进行了一些粗疏的分期，对石窟内容进行了一些初步考释和研究。这一时期可分为两个阶段。

（一）前一个阶段，从 20 世纪初至 30 年代。从现代意义的历史学来说，将敦煌石窟作为实物对象，开展历史考古领域的研究，应当追溯到清朝末年的西北舆地之学。随着清末西方殖民主义对中国的瓜分，边疆问题日益突出，一些清代的文人士子开始探讨边疆问题或亲自到边疆考察。作为进入西域的门户——敦煌，是必经之地和考察的对象。清末学者徐松于道光年间撰成《西域水道记》，陶保廉在光绪年间所著《辛卯侍行记》，在他们沿途的亲历考察中，对所经地域的城镇沿革、人物风俗、名胜古迹、碑铭资料都做了翔实记述，其中关于敦煌史地和莫高窟的材料，便是对敦煌石窟考察的记载。另外，敦煌的石窟也见录于清修地方志中。只是当时中国的考古学还没有起步，他们的考察记录仅是记述性的。

19 世纪下半叶，随着我国逐渐沦为半殖民地半封建社会，西方列强对清政府的政治、经济、文化不断渗透，西方列强也开始对我国文化遗存进行大肆掠夺。1900 年藏经洞的发现，引起了西方探险家对敦煌石窟的注意。20 世纪一二十年代，英国的斯坦因、法国的伯希和、俄国的鄂登堡等一些西方学者和探险家，开始以现代考古学的方法调查、记录、公布了敦煌石窟的部分照片和其他资料。

1900—1916 年，斯坦因先后三次到新疆等地考察。1907 年到敦煌莫高窟考察时，除了从王道士手中骗购了藏经洞发现的写卷和绢画外，还对莫高窟的建筑、雕塑、壁画进行了考察和记录，这也是第一次对莫高窟艺术进行详细的记录，1921 年出版了《西域考古图记》《千佛洞》，刊布了莫高窟壁画、绢画等照片和其他资料以及部分榆林窟壁画照片。[①] 斯氏在敦煌期间还对长城遗址进行了掠夺性盗掘。

1908 年伯希和到莫高窟进行调查时，又骗购了藏经洞的精华，同时对大部分石窟做了描述、记录，拍摄了照片，还第一次给莫高窟有壁画洞窟编了号，对石窟的年代和壁画内容做了一些考订，对残存题识进行了记录，这是最早以近代科学的方法对敦煌石窟进行的编号和内容登录，伯氏于 1920—1924 年编著出版了《敦煌石窟图录》1—6 册。

1914—1915 年，鄂登堡带领俄国第二次中亚考察队到敦煌，在伯希和考察的基础上，对莫高窟做了比较全面、系统、详尽的综合性考察。除了对伯希和的测绘做了补充修改，新编、增编了一些洞窟编号外，还逐窟进行了拍摄、测绘和记录，对重点洞窟做了临摹。在测绘出南区洞窟单个洞窟平、立面图基础上，最后拼合出了总平面图和总立面图，形象地记录了莫高窟当年的真实情况。遗憾的是，他的这些成果直到近年才被逐渐整理发表。[②]

西方学者对敦煌石窟的考察，伴随着掠夺与破坏，造成了大量文物的肢解和流失。同时也带来了西方近代的考古方法，对石窟进行了编号和内容登录，公布了部分石窟照片和壁画摹本，为我们保存了许多珍贵的原始资料，成为很长一段时间里人们研究敦煌石窟的主要依据。

这一阶段，国外一些学者依据伯希和、斯坦因公布的资料，对洞窟进行了研究。在分期研究方面，日本人小野玄妙于 1924 年即已开始，此后

---

① 参见［英］斯坦因《西域考古图记》，牛津大学出版社 1921 年版；［英］斯坦因《千佛洞》，伦敦，1921 年。

② 将由上海古籍出版社赴俄罗斯拍摄，与敦煌研究院合作整理出版。

有 1931 年巴切豪夫（L. Bachhofer）、1933 年喜龙仁（Osvald Sirén）的文章，由于掌握的石窟资料有限，他们的分期大都失之偏颇。① 美国的华尔纳《万佛峡——一个九世纪佛教壁画洞窟的研究》，对榆林窟五窟（今编第 25 窟）的壁画内容做了专题研究。② 值得一提的是，1937 年日本学者松本荣一依据斯坦因、伯希和从敦煌骗购的藏经洞出土的绢画、纸画以及在敦煌拍摄的壁画照片，写出了图文并茂的巨著《敦煌画的研究》，初版于 1937 年，再版于 1985 年，至今仍然是研究敦煌艺术的重要参考书。松本氏的研究，着重于画面与经文对照的考释，做出了很大贡献。缺点在于未将各类经变画放在中国历史和佛教、美术发展史的长河中进行系统的宏观考察，因而未能提示出各类经变画产生、发展以及式微的历史规律。这一阶段的国外学者对壁画内容的研究主要是重于艺术的描述。

这一阶段，国内的一些学者积极奋起，对石窟的调查和记录做了很多工作。1925 年陈万里随福格艺术博物馆第二次中国西北考察对敦煌石窟进行了考察，他的《西行日记》是我国学者对敦煌石窟的第一次科学考察记录。③ 1931 年贺昌群《敦煌佛教艺术的系统》是中国学者关于敦煌石窟艺术的第一篇专论。④ 此后，建筑学家梁思成初次对敦煌壁画中的建筑与内地的古建筑进行了比较研究。⑤ 总之，这一阶段国外学者集中对敦煌石窟的资料进行公布，我国有关敦煌石窟研究的专论文章较少，主要是侧重

---

① L. Bachhofer, "Die Raumdarstellung in der Chinesischen Kunst des Ersten Jahrtausends n. Chr.", *Münchner Jahrbuch. der Bildenden Kunst*, n. f.Ⅶ , 1931, pp.207-208; Osvald Sirén , *A History of Early Chinese Painting*, New York and London, 1933, p.29.

② 参见［美］华尔纳《万佛峡——一个九世纪佛教壁画洞窟的研究》，哈佛大学出版社 1938 年版。

③ 参见陈万里《西行日记》，朴社 1926 年版。

④ 参见贺昌群《敦煌佛教艺术的系统》，《东方杂志》1931 年第 28 卷第 17 号。

⑤ 参见梁思成《伯希和先生关于敦煌建筑的一封信》，《中国营造学社汇刊》第 3 卷第 4 期。

于敦煌遗书的研究，石窟内容只是连带论及，到 40 年代我国对石窟的研究才真正开始兴起。

（二）从 20 世纪 40 年代开始，敦煌石窟研究工作开始全面兴起。这主要表现在两个方面：

一是我国的一些学术机构和学者们，开始自己组织考察团对敦煌石窟进行调查和研究。40 年代初，吴作人、关山月、黎雄才、张大千等先后到莫高窟和榆林窟临摹壁画，对宣传和推动敦煌石窟的研究起到了积极作用。1941 年，历史学家向达受中央研究院历史语言研究所邀请，到敦煌进行考察。同年，教育部组织以王子云为团长，画家何正璜、卢善群等为成员的西北艺术文物考察团到敦煌，与中央社摄影部合作，对莫高窟进行了调查和拍照。1942 年的西北史地考察团和 1944—1945 年的西北考察团，向达、夏鼐、劳干、石璋如、阎文儒等先后到敦煌进行考古调查，对大部分石窟登录内容，抄录碑文、题记，考证洞窟年代等。向达、夏鼐和阎文儒等率领的考古组不仅对敦煌石窟进行了考察，还调查了敦煌的汉长城遗址，发掘了一些古墓葬，为敦煌石窟的研究提供了许多历史背景资料。[①] 尤其是这些考察资料，不仅在这一时期进行了研究、公布，有些资料经他们带回内地整理后，又于五六十年代发表了一系列重要的研究成果。

二是敦煌艺术研究所（敦煌研究院的前身）的成立。由于一些学者、专家和学术团体不断地到敦煌调查、临摹、研究，引起了社会各界的广泛关注。在社会有识之士的呼吁下，在于右任先生的大力倡导下，1944 年终于在莫高窟正式成立了敦煌艺术研究所，常书鸿任所长。敦煌艺术研究

---

① 参见夏鼐《敦煌考古漫记》，《考古通讯》1955 年第 1—3 期。

所的成立, 是敦煌石窟研究的一个里程碑, 标志着敦煌石窟劫难的结束, 敦煌学从单纯的文献研究扩展到以敦煌石窟为研究对象的开始。敦煌艺术研究所也是我国成立最早的研究敦煌学的机构, 为全面研究敦煌石窟创造了条件。当时在极其艰苦的条件下, 不仅做了大量的保护、临摹工作, 并且开始对敦煌石窟做了一次全面的清理、调查和编号, 做了大量资料整理工作, 并刊布了部分资料, 取得了很大的成绩, 为敦煌石窟研究的全面发展奠定了基础。

这一阶段, 对于洞窟的调查、登录取得了可喜的成果。1940 —1942 年张大千对洞窟做了一次清理编号, 对洞窟年代做了初步判断, 以后出版了《莫高窟记》。[①]1943 年何正璜《敦煌莫高窟现存佛洞概况之调查》, 是我国初次公布的莫高窟内容总录。[②]1944 年李浴完成了《莫高窟各窟内容之调查》(未刊), 对洞窟的记录更为详尽。石璋如的《莫高窟形》, 收录了许多窟形、照片资料。[③]1943 年史岩调查完成的《敦煌石室画象题识》, 是最早的莫高窟供养人题记汇集。[④]1946 年阎文儒《安西榆林窟调查报告》, 对榆林窟的内容做了调查、登录和研究。[⑤]一次又一次对石窟的调查、登录, 一次比一次更完善, 有些是许多人先后多次调查的结果。虽然, 其中有些资料一直没有刊布, 有些近年才整理出版, 但这些资料为以后敦煌石窟内容总录和供养人题记等一批研究成果的出版奠定了基础。

同时还有一批研究和介绍敦煌石窟的文章, 如傅振伦《敦煌艺术论

① 参见《张大千先生遗著莫高窟记》, 台北故宫博物院 1985 年版。
② 参见何正璜《敦煌莫高窟现存佛洞概况之调查》,《说文月刊》1943 年第 3 卷第 10 期。
③ 参见石璋如《莫高窟形》, 台湾 "中央研究院" 历史语言研究所 1996 年版。
④ 参见史岩《敦煌石室画象题识》, 比较文化研究所、敦煌艺术研究所、华西大学博物馆 1947 年版。
⑤ 参见阎文儒《安西榆林窟调查报告》,《历史与考古》1946 年第 1 号 (沈阳博物馆专刊)。

略》、李子青（李浴）《莫高窟艺术志》是对敦煌艺术的总论文章，较为全面地探讨了敦煌的绘画、彩塑、建筑、音乐以及各时期的艺术风格等。^①向达《敦煌佛教艺术之渊源及其在中国艺术史上之地位》，该稿据 1944 年在兰州的讲演稿整理，主要讨论了敦煌艺术渊源的问题。宗白华《略谈敦煌艺术的意义与价值》，对敦煌艺术与希腊艺术之异同做了研究。李广平《千佛洞二一三洞释迦舍身故事图人物考证》，对萨埵太子本生故事中的人物种族问题做了个案研究。^②劳贞一《伯希和敦煌图录解说》，对伯希和的图录和一些石窟的时代做了说明。^③

这一阶段，一些专家在敦煌对石窟进行长期的实地调查研究，为我国敦煌石窟的研究打下了坚实的基础，开始不断地、稳固地向前发展。同时，几乎对敦煌石窟的不同领域都做了探讨，有些具有开创性的意义。从此，我国的敦煌石窟研究工作开始超越国外，不仅研究工作以我国为主，研究成果也多处于领先地位。

二

第二个时期从 1949 年中华人民共和国成立至 1976 年"文革"结束，是敦煌石窟研究的发展时期。敦煌石窟研究的广度和深度都大大地向前迈进了一步。一些老一辈史学家和考古学家在实践中不断地探索和积累经验，开始运用考古学的方法对敦煌石窟进行调查记录和研究，在理论和方

---

① 参见傅振伦《敦煌艺术论略》，《民主与科学》1945 年第 1 卷第 4 期；李子青（李浴）《莫高窟艺术志》，《河南省立信阳师范学校校刊》1946 年第 1 期、1947 年第 2 期。

② 参见李广平《千佛洞二一三洞释迦舍身故事图人物考证》，《力行月刊》1944 年第 9 卷第 5—6 期。

③ 参见劳贞一《伯希和敦煌图录解说》，《说文月刊》1943 年第 3 卷第 10 期。

法上为敦煌石窟的深入研究奠定了基础。

中华人民共和国成立以后,敦煌石窟研究开始走出仅从艺术角度研究的局限,我国的一些考古学者探索运用考古学的方法对石窟进行研究。石窟考古首先要按照考古学的方法进行科学的登录,进而探讨排年、分期和性质,然后才能进一步研讨它的艺术风格和社会意义。20世纪50年代初,夏鼐在《漫谈敦煌千佛洞和考古学》一文中,首先谈到了如何将考古学在敦煌石窟研究中运用的问题。[1]1956年,宿白的《参观敦煌第285号窟札记》,初次运用考古类型学的方法,通过285窟壁画的分类排比,对莫高窟的北魏洞窟做了比较研究。[2] 在此期间,敦煌文物研究所充实了一批年轻的历史、考古研究人员,成立了研究考古组。1962年,北京大学历史系考古专业宿白先生讲授了以敦煌石窟考古为内容的《敦煌七讲》(讲稿),并选择典型洞窟进行实测、记录,为敦煌石窟考古研究在理论和方法上奠定了基础。敦煌文物研究所对第248窟撰写出的详细考古研究报告,就是对新的石窟考古研究方法的实践。[3] 从此敦煌石窟的研究工作在前人研究的基础上,进一步拓宽了工作领域。这些石窟考古的理论和方法,在我国石窟寺考古研究中具有普遍的指导意义。

进入20世纪五六十年代,一些研究人员经过长期临摹和调查,对过去的石窟调查、登录做了进一步校勘、增补,对石窟内容和时代有了新的认识、新的发现。谢稚柳的《敦煌艺术叙录》[4] 等,对敦煌石窟又进行了

---

[1] 参见夏鼐《漫谈敦煌千佛洞和考古学》,《文物参考资料》1951年第5期。

[2] 参见宿白《参观敦煌第285号窟札记》,《文物参考资料》1956年第2期。

[3] 参见敦煌文物研究所《敦煌北魏248窟报告(稿本)》,载樊锦诗、刘玉权主编《中国敦煌学百年文库·考古卷》,甘肃文化出版社1999年版。

[4] 谢稚柳:《敦煌艺术叙录》,上海古典文学出版社1957年版。

编号和登录。每一次编号和记录都会对洞窟内容的认识加深，洞窟编号趋于合理、科学，内容登录不断完善、准确。

这一时期，我国学者也开始运用图像学方法研究石窟内容，如周一良《敦煌壁画与佛经》、金维诺《敦煌壁画祇园记图考》和《祇园记图与变文》、潘絜兹《敦煌莫高窟艺术》等①，他们不是简单地对壁画内容进行考释，而是运用佛经、变文、敦煌文献，对壁画与佛经和变文的关系等做了深入探讨。

利用碑铭、供养人题记等石窟资料与敦煌文书相结合，对莫高窟营建史进行研究。向达《西征小记》，考证了莫高窟开窟于苻秦建元二年（366）。②宿白《"莫高窟记"跋》，考证了莫高窟的始建年、窟数及一些窟像的建造年代。③金维诺《敦煌窟龛名数考》，依据《敦煌石窟腊八燃灯分配窟龛名数》对部分洞窟的名称和建造年代进行了考证。④所有这些，在这一研究领域都具有开拓性的意义。

本时期对敦煌石窟艺术的源流进行了更加深入的探讨。敦煌为丝路之咽喉，中西交通之枢纽，是东西方文化交流的见证者。因而，敦煌艺术与东西方艺术的关系也就成为学术界探讨的焦点之一。这一问题的讨论从20世纪三四十年代就已开始，首倡"东来说"的是贺昌群，他认为西来佛教艺术首先传入云冈，然后从东传入敦煌。⑤向达则持"西来说"，认

① 周一良：《敦煌壁画与佛经》，《文物参考资料》1951年第4期；金维诺：《敦煌壁画祇园记图考》，《文物参考资料》1958年第10期；金维诺：《祇园记图与变文》，《文物参考资料》1958年第11期；潘絜兹：《敦煌莫高窟艺术》，上海人民出版社1957年版。

② 参见向达《西征小记》，《国学季刊》1950年第7卷第1期。

③ 参见宿白《"莫高窟记"跋》，《文物参考资料》1955年第2期。

④ 参见金维诺《敦煌窟龛名数考》，《文物》1959年第5期。

⑤ 参见贺昌群《敦煌佛教艺术的系统》，《东方杂志》1931年第28卷第17号。

为敦煌艺术源于印度，然后向东传播，影响了中原诸石窟，对此在《敦煌艺术概论》《莫高、榆林二窟杂考》二文中，又做了更加全面、深入的论证。[1] 常书鸿《敦煌艺术的源流与内容》又持“东西交融说”[2]，学者们对敦煌艺术的源流观点不尽相同，说明中外文化交融下的敦煌艺术成分十分复杂，此后，这一问题也成为学术界一个长期争论的课题。

金维诺有关祇园记图（即劳度叉斗圣变）的经变画研究，以及《敦煌壁画维摩变的发展》《敦煌晚期的维摩变》的文章，较为系统地论述了敦煌壁画中某一经变的源流、演变过程和艺术成就。这种对一种经变进行专题性研究的方法，对深入地研究敦煌经变画具有一定的启发意义，但是，对这些经变在敦煌出现并发展的原因和时代背景分析不够，影响了文章的深度。[3]

另外，阎文儒《莫高窟的石窟构造及其塑像》、梁思成《敦煌壁画中所见的中国古代建筑》、宿白《敦煌莫高窟中的〈五台山图〉》，对洞窟的构造、石窟的营建、壁画中的建筑等问题做了考察和分析。[4] 金维诺《敦煌壁画中的中国佛教故事》，首次对敦煌壁画中的中国佛教史迹画做了研究。[5] 孙作云《敦煌画中的神怪画》，对敦煌石窟中的中国神话传说题材

---

[1] 参见向达《敦煌艺术概论》，《文物参考资料》1951 年第 4 期；向达《莫高、榆林二窟杂考》，《文物参考资料》1951 年第 5 期。

[2] 常书鸿：《敦煌艺术的源流与内容》，《文物参考资料》1951 年第 4 期。

[3] 参见金维诺《敦煌壁画维摩变的发展》，《文物》1959 年第 2 期；金维诺《敦煌晚期的维摩变》，《文物》1959 年第 4 期。

[4] 参见阎文儒《莫高窟的石窟构造及其塑像》，《文物参考资料》1951 年第 4 期；梁思成《敦煌壁画中所见的中国古代建筑》，《文物参考资料》1951 年第 5 期；宿白《敦煌莫高窟中的〈五台山图〉》，《文物参考资料》1951 年第 5 期。

[5] 参见金维诺《敦煌壁画中的中国佛教故事》，《美术研究》1958 年第 1 期。

进行了专题性探讨。① 本时期的一系列论文，在石窟内容的不同方面都有较深入的研究。

这一时期窟前遗址的发掘也有很大收获。1963—1966 年，对莫高窟南区北段和中段长约 380 米的区域内进行了清理和发掘，共清理出 22 个窟前殿堂建筑遗址、7 个洞窟和小龛。由目前底层洞窟之下发现的 3 个洞窟，不仅搞清了莫高窟崖面的洞窟分布有 5 层之多，而且揭示了莫高窟创建初期窟前地面高度要低于现在的地面 4 米以上。修建现底层洞窟窟前殿堂遗址，乃唐后期窟前地面升高后所致。探明了南区底层洞窟前在五代、宋、西夏、元时期曾建有窟前殿堂，形成了前殿后窟的建筑结构格局，殿堂的建筑结构有包砖台基殿堂式和土石基窟檐式两种。相当于五代、宋的曹氏归义军政权时期的整修，使莫高窟的外观达到了历史上最为宏伟壮观的时期。这次发掘和整理研究工作于"文化大革命"期间被迫停顿。②

另外，劳干、苏莹辉也对壁画、塑像、建筑以及敦煌壁画与中国绘画的关系等做了专题论述。③ 国外的一些学者对敦煌艺术与中原、西域艺术的联系，洞窟的排年等进行了探讨，洞窟排年具有代表性的作品有 1953 年日本福山敏南的《敦煌石窟编年试论》④，1956 年喜龙仁的《中国绘画：名家与技法》(*Chinese Painting: Leading Masters and Principles*)⑤，1958 年英国索伯（A. C. Soper）的《北凉和北魏时期的甘肃》(*Norther Liang and*

① 参见孙作云《敦煌画中的神怪画》，《考古》1960 年第 6 期。

② 参见敦煌文物研究所《敦煌莫高窟窟前建筑遗址发掘简记》，《文物》1978 年第 12 期。

③ 参见劳干《敦煌艺术》，台湾中华丛书编审委员会 1958 年版；苏莹辉《敦煌学概要》，台湾中华丛书编审委员会 1981 年版。

④ ［日］福山敏南：《敦煌石窟编年试论》，《佛教艺术》1953 年第 19 期。

⑤ Osvald Sirén, *Chinese Painting: Leading Masters and Principles*, New York and London, 1956, p.64.

Norther Wei in Kansu）。[①] 这一时期是敦煌石窟研究的深入发展时期。研究的范围大大拓宽，深度也大大地向前迈进了一步，说明敦煌石窟的研究已逐渐向专题性和深层次发展。尤其是敦煌石窟的考古研究工作逐渐展开，对一些石窟用考古类型学方法进行了排年分期。这一时期发掘了部分区域重要石窟的窟前遗址，为恢复一些洞窟的历史面貌增加了新资料。

三

第三个时期是敦煌石窟研究的全面发展阶段，研究成果目不暇接，学术观点日新月异。尤其是敦煌研究院作为敦煌石窟研究的主体，取得了引人注目的成果。"文革"以后，在国家的重视和支持下，1982 年《敦煌研究》创刊发行，1983 年开始定期举行学术研讨会，1984 年将敦煌文物研究所扩建为敦煌研究院，段文杰任院长，一批又一批的青年历史、考古研究人员来到敦煌，献身于敦煌事业，敦煌石窟研究工作得到了前所未有的发展。通过细致深入的调查、整理、考证、研究，使敦煌石窟中蕴藏的丰富内涵、悠久历史、艺术价值，逐渐得以揭示、说明、解读。所取得的重要成果，发表在 150 多种图书与 2000 多篇论文中，这些研究成果基本上反映了这一时期敦煌石窟研究的情况。由于篇幅所限，我就以敦煌研究院为主，对这一时期在石窟研究中取得的一些主要成果做一简单介绍。

（一）石窟内容调查、登录和石窟报告工作

石窟内容调查、登录和石窟报告工作是石窟研究的基础性工作。至

---

① ［英］索伯著，殷光明译，李玉珉校：《北凉和北魏时期的甘肃》，《敦煌研究》1999 年第 4 期。

20 世纪七八十年代，在前人研究的基础上，经过再次复查、校勘、增补，凝结了几代人心血的重要研究成果——《敦煌莫高窟内容总录》《敦煌石窟内容总录》《敦煌莫高窟供养人题记》等终于问世，使敦煌石窟变得条理清楚，脉络分明，每个石窟的内容和布局，详细具体，一目了然，为学术界研究敦煌石窟提供了最权威和实用的基础资料。①

这一时期国内外又出版了一批图文并茂的学术成果，既向研究者提供了资料，又做了相当有深度的研究，如敦煌研究院的《敦煌莫高窟》《敦煌石窟艺术》等。国外则将斯坦因、伯希和在敦煌骗购的藏经洞版画、绢画、麻布画、粉本、丝织品、剪纸等一些美术精品，选印出版，成为研究敦煌艺术的重要资料集。②

敦煌石窟是重要的佛教文化遗迹，为了永久地保存这些珍贵的资料和历史的文化信息，必须有计划地做好敦煌石窟考古报告工作。这项工作必须对每个洞窟的建筑、彩塑、壁画，以及附着的题记、碑刻、铭记等资料，采用测量、绘图、照相、文字等记录手段，进行全面、系统、科学的收集整理，并对洞窟的创建、改建和年代，彩塑和壁画的布局、题材、内容、特点、制作及其内在关系等进行探讨。这是一项十分重要的基础研究工作，也是一项艰巨浩繁的系统工程。为了全面、系统、科学地保存敦煌

---

① 参见敦煌文物研究所整理《敦煌莫高窟内容总录》，文物出版社 1982 年版；敦煌研究院编《敦煌石窟内容总录》，文物出版社 1996 年版；敦煌研究院编《敦煌莫高窟供养人题记》，文物出版社 1986 年版。

② 参见敦煌文物研究所编《中国石窟·敦煌莫高窟》（共 5 册），文物出版社、日本平凡社 1982—1987 年版；敦煌研究院、江苏美术出版社编《敦煌石窟艺术》（共 22 册），江苏美术出版社 1993—1998 年版；［英］韦陀、［日］上野阿吉编著《西域美术》（共 3 册），大英博物馆、日本讲谈社 1982—1984 年版；［法］吉埃、［日］秋山光和编著《西域美术》（共 2 册），法国吉美博物馆、日本讲谈社 1994—1995 年版。

石窟资料，推动敦煌石窟全方位深入的研究，满足国内外学术机构和学者对敦煌石窟资料的需求，敦煌研究院根据敦煌石窟洞窟分布排列及石窟形成过程的复杂因素，以洞窟建造的时代前后序列为脉络，结合洞窟布局形成的现状，拟订了编辑出版多卷本《敦煌石窟全集》的长远规划。现在已组织研究和技术人员，对敦煌莫高窟北朝时期的几组洞窟，进行了测量、绘图、照相、文字记录，编写了记录性考古报告，并探讨了洞窟的时代和特点，为下一步石窟研究做了准备。

（二）石窟遗址和洞窟的清理发掘

1979—1980 年，恢复了 20 世纪 60 年代中断的莫高窟南区窟前殿堂遗址发掘。此次在莫高窟南区南段的窟前发掘，清理出的第 130 窟窟前下层遗址，是莫高窟窟前规模最大的铺砖殿堂建筑遗址。此后将几次的发掘整理出版了发掘报告。[①]

1988—1995 年，对北区洞窟的大规模清理发掘，是又一重要的考古发掘工作，为揭示莫高窟的全貌和营建历史，提供了宝贵的实物资料。通过对莫高窟北区长达 700 米崖面上已暴露和被沙掩埋的全部洞窟进行清理和发掘，探明该区共有洞窟 248 个（含已编号的第 461—465 窟），基本上弄清了每个（或组）洞窟的结构、使用状况、功能和年代。其中有僧众生活的僧房窟、修行的禅窟、仓储的廪窟、葬身的瘗窟等六种，形制有别，功能不同。洞窟的分布大致是，北朝从该区南部开始开凿，隋唐的洞窟分布在中部，西夏之后的洞窟集中于北部。清理中还出土了不少遗物，有汉文和多种少数民族文字文献、回鹘文木活字、钱币、木雕、浮塑以及日常

---

① 参见潘玉闪、马世长《莫高窟窟前殿堂遗址》，文物出版社 1985 年版。

生活用品等。遗迹和遗物说明北区是僧众活动的区域。^①

莫高窟南区遗址和北区洞窟的全面清理，既揭示出了莫高窟在漫长的营建过程中外貌景观的变化，也揭示了莫高窟 4—14 世纪不仅持续不断地修建了众多的礼佛窟，而且还修建了僧众从事修行和生活的石窟。两种不同性质、功能的洞窟既做了分区布局，又组成了统一、完整的石窟寺。这些考古发现将有助于进一步探明莫高窟的性质、功能和营建历史。

（三）石窟的断代与分期研究

搞清洞窟的建造年代、分期也是石窟研究的一项基础性工作，中外的一些专家、学者曾为此做过有意的探讨。在前人研究的基础上，敦煌研究院对洞窟分期断代的研究成果主要表现在三个方面：

一方面，大量没有纪年的洞窟，采用考古类型学和层位学的方法，对洞窟形制结构、彩塑和壁画的题材布局、内容等区分为若干不同类别，分类进行形式排比，排出每个类型自身的发展系列；又做平行不同类型系列的相互比较，从差异变化中找出时间上的先后关系。将类型相同的洞窟进行组合，从雷同相似中找出时间上的相近关系，并以遗迹的叠压层次关系，判断洞窟及其彩塑、壁画的相对年代。又以有题记纪年的洞窟作为标尺，结合历史文献断定洞窟的绝对时代。我们采用这种方法，不仅完成了敦煌莫高窟北朝、隋代、唐前期、唐后期、回鹘、西夏等时代洞窟的分期断代，特别是排出了一批北周、回鹘洞窟。同时揭示出了莫高窟各个时期

---

① 参见彭金章、沙武田《敦煌莫高窟北区洞窟清理发掘简报》，《文物》1998 年第 10 期；彭金章、王建军《敦煌莫高窟北区洞窟所出多种民族文字文献和回鹘文木活字综述》，《敦煌研究》2000 年第 2 期；史金波《敦煌莫高窟北区出土西夏文文献初探》，《敦煌研究》2000 年第 3 期。

洞窟发展演变的规律和时代特征。① 以同样的方法，对莫高窟北周时期洞窟做更进一步的分期排年，再找出这个时期十余个洞窟年代上的先后关系。② 对莫高窟中心塔柱窟除了做分期和年代探讨外，还透过纵向和横向比较，探讨此类洞窟的渊源和性质，对石窟考古做出了重要贡献。③

一方面，"我们在石窟调查中发现，考证一些壁画的内容常常从壁画的时代得到启发；而判断洞窟的时代早晚，又常以壁画内容作为佐证"。有的学者结合敦煌文书和石窟资料主要从佛教艺术史角度，对石窟进行了分期研究，与考古分期相比较，两者的分期结果基本上一致，如莫高窟北朝洞窟也是分为四期，各期包括的洞窟编号完全一致。④

另一方面，依靠洞窟的供养人题记、敦煌文书、碑铭，并结合历史文献，做了深入细致的探讨，考订出了一批唐、五代、宋、西夏时期洞窟的具体修建年代及其窟主。⑤ 在此基础上，根据崖面的使用情况，将洞窟崖面排列顺序与窟内供养人题记、敦煌文书相结合，综合研究，断代排年。⑥

运用不同方法对洞窟分期和年代的研究，相互结合，互为补充，在敦煌石窟分期排年研究中取得的学术成果，不仅确定了洞窟本身的时代，为

---

① 参见樊锦诗、马世长、关友惠《敦煌莫高窟北朝洞窟的分期》，载敦煌文物研究所编《敦煌研究文集》，甘肃人民出版社 1982 年版；刘玉权《敦煌莫高窟、安西榆林窟西夏洞窟分期》，载敦煌文物研究所编《敦煌研究文集》，甘肃人民出版社 1982 年版。

② 参见李崇峰《敦煌莫高窟北朝晚期洞窟的分期与研究》(未刊)。

③ 参见赵青兰《敦煌莫高窟中心塔柱窟的分期与年代》(未刊)；赵青兰《塔庙窟的窟形式演变及其性质》，载段文杰主编《1990 敦煌学国际研讨会文集》，辽宁美术出版社 1995 年版。

④ 参见史苇湘《关于敦煌莫高窟内容总录》，载敦煌研究院编《敦煌石窟内容总录》，文物出版社 1996 年版。

⑤ 参见贺世哲《从供养人题记看莫高窟部分洞窟的营建年代》，载敦煌研究院编《敦煌莫高窟供养人题记》，文物出版社 1986 年版。

⑥ 参见马德《敦煌莫高窟史研究》，甘肃教育出版社 1996 年版。

敦煌石窟各项研究提供了时代的确凿依据，还为敦煌石窟的深入研究奠定了坚实的基础。

（四）敦煌石窟内容的研究

敦煌石窟壁画内容博大精深，包罗万象，被中外学者誉为"墙壁上的博物院"。经过几代学者对敦煌石窟内容进行社会历史的、佛教史的和艺术史的研究，已经比较充分地揭示出敦煌石窟的内容及其价值。

经过 20 世纪 60—80 年代的深入调查研究，基本上查明了敦煌壁画中的本生、佛传、各种经变、佛教东传故事以及中国神话传说，发现了独角仙人本生、须摩提女因缘、微妙比丘尼因缘、贤愚经变、福田经变、目连经变等一批新题材。[1] 对某些壁画题材和内容以及传统观点提出了新的解释，纠正了以往一些错误的定名。如莫高窟第 321 窟南壁，第 454、456 窟北壁和榆林窟第 32 窟正壁，过去长期定名为"灵鹫山说法图"，后经史苇湘先生考订，第 321 窟为宝雨经变，其他各窟经霍熙亮先生考订为梵网经变，等等。[2] 学者们在考证出新题材内容的同时，还结合历史、佛教史、画史，对壁画内容与特点也有进一步的阐发，或从新的角度进行了深入探讨。

宏伟灿烂的经变画是敦煌壁画中最辉煌的精粹，据统计，敦煌壁画和

---

[1] 参见樊锦诗、马世长《莫高窟北朝洞窟本生、因缘故事画补考》，《敦煌研究》1986 年第 1 期；史苇湘《敦煌莫高窟中的〈福田经变〉壁画》，《文物》1980 年第 9 期；樊锦诗、梅林《榆林窟第 19 窟目连变相考释》，载敦煌研究院编《段文杰敦煌研究五十年纪念文集》，世界图书出版公司北京公司 1996 年版。

[2] 参见史苇湘《敦煌莫高窟的〈宝雨经变〉》，载敦煌文物研究所编《1983 年全国敦煌学术讨论会文集 石窟·艺术编（上）》，甘肃人民出版社 1985 年版；霍熙亮《敦煌石窟的〈梵网经变〉》，载段文杰主编《1987 敦煌石窟研究国际讨论会文集·石窟考古编》，辽宁美术出版社 1990 年版。

纸画、绢画中的经变画有 30 余种、1300 余幅。大部分经变画分别按专题做了系统整理和研究，尤其是对法华、维摩诘、涅槃、弥勒、阿弥陀等长期盛行的大型经变画的深入、全面研究，取得了令人瞩目的成果，不仅对照石窟榜题、佛经、敦煌文献与历史资料和画史、考释清楚了每幅经变画每一品的内容情节，而且探讨了每一类经变不同时期内容情节、艺术形式传承演变的特点，研究了经变产生的历史背景、反映的佛教思想，揭示了敦煌经变产生、发展和演变的规律。在研究洞窟内容的同时，还分析探讨了历史上的佛教思想和佛教信仰对开窟的影响。日本的秋山光和、百桥明穗等外国学者在经变画的研究和粉本的考释上，也有许多研究成果。[①]

敦煌石窟中佛教图像繁多，种类复杂，内容丰富。有显教图像，也有密教图像。对这些图像必须进行佛教图像学的辨识，对其所依据的佛典以及每类图像的佛教内涵和义理深入探究，进而可以揭示出一些信仰的发展和变迁，如对交脚造像、千佛图像、三身组合像等，对它们的定名、蕴含的佛教义理、出现的缘由以及发展和流变的深入研究，可以了解在我国大乘菩萨思想的传播、弥勒信仰的发展、净土思想的兴衰等。[②]一些学者在图像义理、功能的研究方面，也有很大贡献，如中国台湾的李玉珉，美国

---

① 参见［日］秋山光和《牢度叉斗圣变白描粉本和敦煌壁画》，《东京大学文学部文化交流研究设施研究纪要》1979 年第 3 期；［日］秋山光和《说话中的说话原文、画面构成及问题——从〈变文〉及绘画关系入手》，载《国际交流美术史研究会第八回·说话美术》，1989 年版；［日］百桥明穗《敦煌的法华经变》，《神户大学文学部纪要》1986 年第 13 期。

② 参见贺世哲《敦煌莫高窟北朝石窟与禅观》，载敦煌文物研究所编《敦煌研究文集》，甘肃人民出版社 1982 年版；贺世哲《关于北朝石窟千佛图像诸问题》，《敦煌研究》1989 年第 3、4 期；贺世哲《关于敦煌莫高窟的三世佛与三佛造像》，《敦煌研究》1994 年第 2 期；张学荣、何静珍《论莫高窟和麦积山等处早期洞窟中的交脚菩萨》，载段文杰主编《1987 敦煌石窟研究国际讨论会文集·石窟考古编》，辽宁美术出版社 1990 年版。

的阿部贤次（Stanly K.Abe）、巫鸿等。[①]

敦煌石窟中保存的密教图像是敦煌艺术中的重要组成部分，"15 世纪以前的藏传密迹，西藏地区保存甚少，现知保存较多且具系统的地点是莫高、榆林两窟。两窟藏传密迹又直接与所存唐密遗迹相衔接，因而又是探索唐密、藏密关系的极为难得的形象资料"[②]。据统计，敦煌石窟保存的密教经变和造像有数百铺，并且从盛唐至元代连绵不断。因此，其密迹图像数量之多、延续时间之长居我国石窟之冠。"无论研讨汉地唐密，抑或考察藏传密教，皆应重视敦煌、安西的遗迹，尤其是莫高窟遗迹。"[③] 但是，这一研究领域一直很少有人涉足，几乎是敦煌研究院的一个空白。随着这一时期宿白、阎文儒等一些学者的探索，我院也发表了一批研究成果。[④]

对石窟中神话传说题材的进一步探讨。敦煌石窟艺术中的中国神话传说题材主要集中在西魏第 249、285 窟窟顶四披。如第 285 窟窟顶东披的伏羲、女娲，一说是"西魏至初唐时期，由中国传统文化与外来佛教文化相互融合而产生的一种混合创世说，已从中原传播到敦煌，西魏时期，以图像的形式进行了严谨优美的表现"。这是以中国神话传说题材表现佛教

---

① 参见李玉珉《敦煌 428 窟新图像源流考》，《故宫学术季刊》1993 年第 10 卷第 4 期；Stanly K. Abe，"Art and Practice in a Fifth – Century Chinese Buddhist Cave Temple"，*Art Orientals*，Vol.20，1990，pp.1-31；巫鸿《什么是变相——兼谈敦煌叙事画及敦煌叙事文学之关系》，载敦煌研究院编《段文杰敦煌研究五十年纪念文集》，世界图书出版公司北京公司 1996 年版。

② 宿白：《中国石窟寺研究》，文物出版社 1996 年版，第 15 页。

③ 宿白：《中国石窟寺研究》，文物出版社 1996 年版，第 310 页。

④ 参见刘玉权《榆林窟第 3 窟〈千手经变〉研究》，《敦煌研究》1987 年第 4 期；彭金章《莫高窟第 76 窟十一面八臂观音考》，《敦煌研究》1994 年第 3 期；彭金章《千眼照见 千眼护持》，《敦煌研究》1996 年第 1 期；彭金章《敦煌石窟十一面观音经变研究》，载敦煌研究院编《段文杰敦煌研究五十年纪念文集》，世界图书出版公司北京公司 1996 年版；彭金章《敦煌石窟不空羂索观音经变研究》，《敦煌研究》1999 年第 1 期；王惠民《武则天时期的密教造像》，载中山大学艺术史研究中心编《艺术史研究》第一辑，中山大学出版社 1999 年版。

内容，伏羲即宝应声菩萨、女娲即宝吉祥菩萨。[1] 另一说认为伏羲、女娲图是来自中国的道家，象征日月，这是佛道思想互相结合在壁画上的表现。[2] 在对中国神话传说题材的探讨中，各家采取了百家争鸣的态度，这实际上是对中国文化史和佛教民族化的研究，具有重要意义。

对佛教史迹画的研究也有了很大发展。在 20 世纪 50 年代我国一些学者，如宿白《敦煌莫高窟中的"五台山图"》、金维诺《敦煌壁画中的中国佛教故事》就开始对佛教史迹画进行了考证。[3] 这一时期不仅有一画、一壁的局部研究，而且有了总体性探讨，如马世长《莫高窟第 323 窟佛教感应故事画》、史苇湘《刘萨诃与敦煌莫高窟》、孙修身《莫高窟的佛教史迹故事画》等一系列文章 [4]，对敦煌的佛教史迹画的故事内容不仅全面介绍，还从中西交通、佛教发展历史的角度做了详尽的考释。

在艺术方面，段文杰发表了《早期的莫高窟艺术》《唐代前期的莫高窟艺术》《莫高窟晚期的艺术》等一系列论文，探讨了敦煌艺术的源流，各时期的艺术成就、风格的演变和特色以及雕塑、绘画技法，让我们对敦煌艺术有了一个宏观、系统的认识。[5] 佛教石窟艺术本是一门宗教艺术，

---

[1] 参见贺世哲《关于二八五窟之宝应声菩萨与宝吉祥菩萨》，《敦煌研究》1985 年第 3 期；贺世哲《莫高窟第 285 窟窟顶天象图考论》，《敦煌研究》1987 年第 2 期；贺世哲《石室札记》，《敦煌研究》1999 年第 4 期。

[2] 参见段文杰《十六国、北朝时期的敦煌石窟艺术》，载《段文杰敦煌石窟艺术论文集》，甘肃人民出版社 1994 年版。

[3] 参见宿白《敦煌莫高窟中的"五台山图"》，《文物参考资料》1951 年第 5 期；金维诺《敦煌壁画中的中国佛教故事》，《美术研究》1958 年第 1 期。

[4] 参见马世长《莫高窟第 323 窟佛教感应故事画》，《敦煌研究》1982 年试刊号；史苇湘《刘萨诃与敦煌莫高窟》，《文物》1983 年第 6 期；孙修身《莫高窟的佛教史迹故事画》，载敦煌文物研究所编《中国石窟·敦煌莫高窟　第四卷》，文物出版社、日本平凡社 1987 年版。

[5] 参见《段文杰敦煌石窟艺术论文集》，甘肃人民出版社 1994 年版。

"宗教艺术首先是特定时代阶级的宗教宣传品,它们是信仰、崇拜,而不是单纯观赏的对象。它们的美的理想和审美形式是为其宗教服务的"[①]。史苇湘的《信仰与审美》《形象思维与法性》《再论产生敦煌佛教艺术审美的社会因素》等论文,将敦煌艺术上升到了美学研究的高度,对敦煌艺术的社会根源、美学特征和思想做了阐发。[②] 英国的韦陀(Roderick Whitfield)、玛丽琳·爱姆·丽艾(Marilyn Rhie)等国外学者,也对敦煌艺术的风格做了颇有见地的研究。[③]

敦煌石窟是古代文化的宝库,其中蕴藏着众多研究领域极为丰富的珍贵资料。在研究壁画佛教内容的同时,我国不同学科领域的学者十年来持续地对壁画中的服饰、建筑、音乐、舞蹈、交通、科技、民俗、图案等进行了专题研究。如在建筑研究方面,运用大量的资料,从建筑类型入手,系统地研究了敦煌石窟的洞窟形制,敦煌壁画中的建筑布局、成组建筑、单体建筑、建筑构件、建筑彩画,并结合文献材料,进行充分论证,为建筑研究填补了空白。[④] 在服饰方面,以时代为脉络,分门别类地研究敦煌壁画中丰富的服饰资料。[⑤] 在图案研究方面,对敦煌壁画中各个时代

---

① 李泽厚:《美的历程》,文物出版社 1981 年版,第 107 页。

② 参见史苇湘《信仰与审美》,《敦煌研究》1987 年第 1 期;史苇湘《形象思维与法性》,《敦煌研究》1987 年第 4 期;史苇湘《再论产生敦煌佛教艺术审美的社会因素》,《敦煌研究》1989 年第 1 期。

③ Roderick Whitfield, *The Art to Central Asia: The Stein Collection in the British Museum*, Tokyo: Kodansho Internationnal Ltd., 1982-1985, Vol.1, pp.21-36. 参见 [美] 玛丽琳·爱姆·丽艾《公元 618—642 年的敦煌石窟初唐佛教塑像和风格形成》,载段文杰主编《1987 敦煌石窟研究国际讨论会文集·石窟艺术编》,辽宁美术出版社 1990 年版。

④ 参见萧默《敦煌建筑研究》,文物出版社 1989 年版。

⑤ 参见段文杰《敦煌壁画中的衣冠服饰》《莫高窟唐代艺术中的服饰》,载《段文杰敦煌石窟艺术论文集》,甘肃人民出版社 1994 年版。

的图案，进行图案纹样和结构形式的系列排比，在细致剖析的基础上，探讨了敦煌图案的结构、内容、风格的演变发展规律及其与中原、西域的关系。[1]

佛教石窟艺术不是单纯的观赏对象，每个石窟中的一尊像、一铺壁画，将其精心组合布局，安排在同一个空间里，都有其特定的宗教含义和功能，不同时代又有不同的题材组合。因此，必须对每一洞窟的内容和艺术进行整体研究，了解这些作品在同一洞窟中组合的关系和佛教义理，以及将它们组合在一个洞窟内的社会历史原因。一些大陆的专家、学者在对敦煌石窟内容全面、深入探讨的基础上，对莫高窟第45、61、254、249、285、290、428窟等，榆林窟第25窟等一批不同时代的代表洞窟，以洞窟为单位，进行历史、艺术、佛教内容的综合研究。[2]一些台湾的专家、学者也成绩斐然。[3]

上述佛教内容与不同专题的研究成果，为近年开始的佛教类、社会类、艺术类的28个专题分门别类的研究，打下了良好的基础。全方位的敦煌石窟专题研究，系统地汇集了敦煌石窟各专题的全部资料，充分利用前人的研究成果，进行全面、系统的整理和分析，揭示敦煌石窟各个领域的丰富内涵和珍贵史料价值。这项研究成果，已在敦煌研究院和香港商务印书馆合作编辑的《敦煌石窟全集·专题篇》中陆续出版。

---

[1] 参见关友惠《敦煌莫高窟早期图案纹饰》，《敦煌学辑刊》1980年第1期；关友惠《莫高窟隋代图案初探》，《敦煌研究》1983年创刊号；关友惠《莫高窟唐代图案结构分析》，载敦煌文物研究所编《1983年全国敦煌学术讨论会文集　石窟·艺术编（下）》，甘肃人民出版社1987年版。

[2] 参见敦煌研究院、江苏美术出版社编《敦煌石窟艺术》（共22册），江苏美术出版社1993—1998年版。

[3] 参见李玉珉《敦煌莫高窟259窟之研究》，《台湾大学美术史研究集刊》1995年第2期；叶佳玫《敦煌莫高窟隋代四二〇窟研究》，硕士学位论文，台湾大学艺术史研究所，1996年。

（五）敦煌石窟与历史的研究

包括精神活动在内的人类一切活动，都是一种社会历史现象。敦煌石窟的产生、发展、衰亡，在社会历史的长河中有其自身的兴衰史。敦煌在历史上地位十分重要，可是正史记载既稀少又简略。一些学者通过对敦煌石窟的调查研究，结合敦煌文书和历史文献，研究石窟的营建历史，探讨了敦煌地区的社会史、佛教史、文化史、民族史、中西交流等，为研究敦煌历史增添了新的一页。

关于敦煌石窟的营建史，向达、宿白、金维诺、贺世哲等先生曾在不同时期，利用史籍、遗书、供养人题记、窟前发掘资料等，先后对莫高窟建窟的起源、洞窟的营建、崖面的使用、一些洞窟建造的具体年代和窟主等问题，以及各个时期莫高窟营建的历史背景和营建活动等都进行了分析和探讨。马德在继承前辈学者研究成果的基础上，对敦煌石窟 4—11 世纪的营建历史进行了全面考察，系统地叙述了莫高窟的创建、营造和发展的历史过程，写出了总结性的专著《敦煌莫高窟史研究》①。

关于敦煌石窟与敦煌世族的关系。4—11 世纪，敦煌各个时期的各级统治集团、官宦、高僧、世族、民间社团、庶民家族、过往行客等各个阶层的人物都参与了莫高窟的营建。通过他们在各个时期对莫高窟的营建活动，可以探讨他们之间以及与敦煌石窟的相互关系。如施萍婷《建平公与莫高窟》，考证了建平公其人在敦煌的任职时间，建平公与敦煌石窟的关系，判明了建平公所开之窟为莫高窟第 428 窟。②史苇湘《丝绸之路上的

---

① 马德：《敦煌莫高窟史研究》，甘肃教育出版社 1996 年版。
② 参见施萍婷《建平公与莫高窟》，载敦煌文物研究所编《敦煌研究文集》，甘肃人民出版社 1982年版。

敦煌与莫高窟》《世族与石窟》，从总体上剖析了敦煌的索、阴、翟、李、张、曹等豪门大姓的族源，他们在政治、经济、军事、文化上的重要地位，相互间的姻亲关系，并探讨了绵延有绪的敦煌世家豪族与敦煌石窟营建千年不衰的关系。[①] 贺世哲《敦煌莫高窟供养人题记校勘》，贺世哲、孙修身《瓜沙曹氏与敦煌莫高窟》等，从张氏、曹氏世系及归义军政权每位执政者的生平和在瓜（安西）、沙（敦煌）的统治，研究了他们的建窟活动与佛教信仰。[②]

关于敦煌石窟与少数民族的关系。归义军时期，由张氏、曹氏世系及每位执政者，在瓜（安西）、沙（敦煌）的建窟活动，揭示了他们与中原王朝和周边少数民族政权的关系。并通过西夏石窟壁画和西夏文材料，探讨了西夏党项羌统治瓜、沙的历史状况，西夏政权的政治、经济、佛教，它与汉族、吐蕃、回鹘的文化交往。从敦煌石窟划分出的一批回鹘洞窟[③]和出土的回鹘文书研究[④]中，看到沙州回鹘为保存发展自身力量，东与中原、宋、辽、金王朝，瓜沙地区与曹氏政权、西夏政权，内部与甘州、西州回鹘的错综复杂关系，勾画了沙州回鹘的出现、发展、消亡的历史面貌。探讨了沙州回鹘的佛教和文化。并从历史、宗教民族等方面进行了探讨分析，这对研究少数民族语言文字，敦煌石窟建造与少数民族的关系，

① 参见史苇湘《丝绸之路上的敦煌与莫高窟》《世族与石窟》，载敦煌文物研究所编《敦煌研究文集》，甘肃人民出版社 1982 年版。

② 参见贺世哲《敦煌莫高窟供养人题记校勘》，《中国史研究》1980 年第 3 期；贺世哲、孙修身《瓜沙曹氏与敦煌莫高窟》，载敦煌文物研究所编《敦煌研究文集》，甘肃人民出版社 1982 年版。

③ 参见刘玉权《瓜、沙西夏石窟概论》，载敦煌文物研究所编《中国石窟·敦煌莫高窟 第五卷》，文物出版社 1987 年版；刘玉权《关于沙州回鹘洞窟的划分》，载段文杰主编《1987 敦煌石窟研究国际讨论会文集·石窟考古编》，辽宁美术出版社 1990 年版；刘玉权《敦煌西夏洞窟分期再议》，《敦煌研究》1998 年第 3 期。

④ 参见杨富学、牛汝极《沙州回鹘及其文献》，甘肃文化出版社 1995 年版。

研究吐蕃、回鹘、党项羌、蒙古等少数民族在敦煌的活动，民族交往与民族关系、中西文化交流等都有重要意义。此外，还对敦煌壁画中的出征仪仗制度、家具等进行了研究。敦煌石窟规模宏大，拥有 800 余个洞窟，50000 余平方米壁画，2000 余身彩塑，营建时期自 4—14 世纪，长达千年之久，内容丰富，题材广泛。壁画佛教题材就有尊像画，本生、佛传、因缘故事，佛教东传故事，经变画和中国传统神话等五大类，每一类又可细分为 10 多种题材；社会文化科技内容有民俗、服饰、生产、科技交通、军事、体育；艺术内容有人物画、动物画、山水画、图案、音乐、舞蹈、飞天、建筑等。上述壁画内容为研究中古时期佛教、社会、文化、艺术、科技历史等提供了丰富的形象资料。

四

一百年来，经过几代学者的不断努力，经历了资料登录整理、画面解读、内容考证、专题探讨、综合研究等，出版了一大批学术论著，为今后进一步深入研究打下了良好基础。21 世纪的敦煌石窟研究拟在以下几个方面有待于加强。

1. 进一步做好资料工作。深入的研究要以占有充分的资料为基础，敦煌石窟已出版了不少图像资料，但是，都是局部的、片断的，要做深入、系统的专题研究，或综合研究，还缺少系统的、全面的资料，这就必须细致地、系统地做好石窟资料的整理，尤其要做好石窟档案。

2. 20 世纪敦煌石窟的佛教类、社会类、艺术类的各个专题都已开始研究，有的专题已有较深入的研究，成果显著。但总体上单个专题的研究还有待进一步加强。每一类专题的内容莫不是材料丰富、时间绵长，都应该作为一部专史来研究。因此，每个专题都必须在现有的研究基础上，系统搜集、整理资料，综合文献分析考证，联系其他地区的同类资料，才能全面准确地解读壁画，深入认识敦煌石窟的价值和意义，为敦煌石窟的整体研究、综合研究做好准备。这样才能充实和丰富中国佛教史、文化史、科技史的材料及其研究。

3. 每个洞窟都是由彩塑、壁画和建筑三者结合成的整体，其内容的组合与布局，都是按照中古时期当地的佛教思想和佛教信仰、艺术审美统一规划制作而成的。过去由于历史的和认识的局限，对点和面的研究较多，尽管已开始将洞窟作为整体进行研究，但这些研究有的是介绍性的，有的深度还不够。为了加强敦煌石窟的整体研究和综合研究，今后要加强对个体洞窟的基础研究，对每个洞窟进行佛教、艺术、历史的综合研究，探讨每个洞窟或每一组洞窟的题材内容、佛教思想、性质、功能、艺术特点等。

4. 敦煌处于古代中西交通咽喉之地，是东西文化的集散地，敦煌高度发达的汉唐文化是敦煌和河西走廊文化的根基；同时，敦煌又受到西面印度、西亚、中亚、西域文化的影响，周围又同少数民族有着密切的联系，千年的敦煌石窟就是东西文化及多民族文化持续不断交流、融合、发展的产物。东西文化的交流和融合，渗透到敦煌石窟的建筑、彩塑、壁画的各个方面。敦煌文化有着丰富的东西文化交融形象材料，因此，作为中西文化交流产物的敦煌石窟，必须置于中西文化交流的大背景下进行研究。通过比较研究，找出内容和形式各个方面所受到的东西文化及多民族文化的具体影响，影响的具体来源、背景、路线、内涵，在中西文化的对比中，找出敦煌石窟自身独有的特点和价值。

5. 研究方法和手段更新。由于敦煌石窟内容丰富，涉及学科广泛，为了推动敦煌石窟的深入研究，必须运用考古学、图像学、文献学等不同的研究方法，而且要多种学科、不同方法结合研究。敦煌石窟是一定历史条件下表现佛教思想的石窟艺术，石窟中的佛教图像是一种表象，要了解它深刻的思想内涵、文化内涵和艺术特质，就必须利用佛教典籍、历史文献、画史资料去分析探讨，因此，敦煌石窟的研究必须使历史、佛教、艺术结合起来进行综合研究。由于研究对象本身很强的多元性与综合性，有效地组织多种形式的合作是非常必要的。只有这样才能去攻克重大研究课题，使石窟研究有新的突破。因为通常研究者个人的精力、时间、学识是有限的。现在研究成果不断大量涌现，现代的信息手段不断更新，为我们的研究工作提供了先进的手段，我们应最大限度地使用现代化的科技手段及时地沟通、交流、吸纳研究的新成果。

（原载《敦煌研究》2000 年第 2 期）

多元荟萃　归根中华

——敦煌舞蹈壁画研究

王克芬

敦煌是古代丝绸之路上的要塞，也是中原通往西域的交通要道。在这里，僧侣、商人、外交使节、留学人员等来往频繁，域内外各族人民杂处，因此，敦煌莫高窟是中西文化并存、交融的艺术宝库，带有明显的多元化文化色彩。

被誉为世界艺术宝库的敦煌莫高窟，历时千余年，保存了极其丰富、珍贵的舞蹈形象。敦煌艺术是弘扬佛教的，但创造这些佛教艺术的是生活在现实社会中的民间画家和雕塑家，因此，敦煌艺术直接或间接地反映当时的现实生活，其中有关舞蹈的壁画，栩栩如生地反映了当时的舞蹈形态和风韵。

舞蹈是转瞬即逝的时空艺术，在没有古代舞蹈动态资料的情况下，那些凝固在石窟壁面的历代舞蹈形象，就成为十分罕见、珍贵的舞蹈史料。这些舞蹈壁画，具有很高的历史价值、学术研究价值，并为今人创作、表演舞蹈提供最具体、生动的参照形象。

一、佛经、舞祭与舞蹈壁画

石窟艺术中，常常保存着丰富的舞蹈形象。一方面是佛经有这方面的规定，另一方面是佛事活动中"舞祭"的传播。

1. "伎乐供养"是印度大乘佛教主要经典之一——《妙法莲华经》（后秦鸠摩罗什译）规定的。所列对佛的 10 种供养有："一华（花），二香，三璎珞，四抹香，五涂香，六烧香，七缯盖幡幢，八衣服，九伎乐，十合掌。"又，《法华经》卷一《序品》："香花伎乐，常以供养。"按照佛经的规定，只要有佛像的地方，为佛奏乐起舞的各种壁画、雕塑，自然应运而生。

2. 据古天竺传说，在佛的护法神——"天龙八部"中，有为佛专司音乐舞蹈之神：乾达婆与紧那罗，与中国佛教艺术中供养佛、娱佛的飞天、天宫伎乐、经变伎乐等音乐舞蹈之神是相同的。鸠摩罗什译《大智度论》卷十称：乾达婆与紧那罗都是为"诸天作乐的天伎"。慧琳《一切经义》载："紧那罗还常与乾达婆为妻室"，故在印度佛教艺术中，他们常常一起出现。如印度佛教圣地阿旃陀石窟高高的石壁、石柱上，他们相依相偎，并坐在天际云端。

中国的"飞天"一词，最早见于《洛阳伽蓝记》[1]。元代宫廷乐队《乐音王队》中，有扮成飞天像的舞者[2]，他们所扮演的是中国的紧那罗与乾达婆，也是敦煌壁画中最富舞蹈美感的形象之一。

3. 以舞祭祀。据擅长印度舞并多次到印度学习考察的舞蹈家张均

---

[1]　范祥雍校注：《洛阳伽蓝记校注》卷二，上海古籍出版社 1978 年版。

[2]　参见（明）宋濂等《元史》卷七十一，中华书局 1976 年版。

讲，20 世纪 30 年代以前，印度的古典舞主要保存、流传在寺院，由"神的侍女"们以舞祭祀，宗教节日则可供群众观赏。这种祀神的"舞祭"方式，随着佛教在我国的传播而流传。《洛阳伽蓝记》载，北魏佛寺的"伎乐"甚是美妙动人，如景乐寺"歌声绕梁，舞袖徐转……得往观者，以为至天堂"。又如长秋寺在佛像出行时，还有狮舞开道，诸种杂技表演随行。

由此可见，佛教盛行的北魏时代，佛寺已有繁盛的乐舞活动。

到了乐舞艺术高度发展的唐代，佛寺的乐舞活动更加盛大。最突出的是懿宗朝（859—873）。懿宗笃信佛教，在安国寺修建落成时，由宫廷伶官李可及编演了一个上数百人表演的女子群舞——《菩萨蛮舞》。舞队一出，"如佛降生"[1]，似仙女下凡。

藏经洞发现的敦煌文献 S.0381 载："大蕃岁次辛巳（801）二月二十五日，因寒食（节），在城官僚百姓，就龙兴寺设乐。"所谓"设乐"，就是演出乐舞百戏等技艺。又据《南部新书》载："（唐）长安戏场多集于慈恩（寺），小者在青龙，其次荐福，永寿。"由此可知，唐代寺院乐舞等技艺表演活动是相当兴盛的。寺院既是宗教活动的中心，又是群众娱乐的场所，与后世的"庙会"有某些相似之处。

唐代敦煌寺院有寺属"音声人"[2]，所谓"音声人"，即乐舞杂技等专业表演人员。

元代宫廷首创的佛教舞蹈《十六天魔舞》，颇具盛名。据《元史·顺帝纪》载，此舞是顺帝至正十四年（1354）由宫廷创作首演的。舞者有宫

---

① （后晋）刘昫等：《旧唐书·曹确传》，中华书局 1975 年版。

② （宋）欧阳修、宋祁等：《新唐书》卷二十二，中华书局 1975 年版。

女三圣奴、妙乐奴、文殊奴等16人表演，舞者戴象牙佛冠，身披璎珞，大红销金长短裙，金杂袄，云肩合袖天衣，绥带，鞋袜，手中执加巴剌般之器，内一人执铃杆，由宫女组成的乐队伴奏。在宫中做佛事时表演，并规定"宫官受秘密戒者得入，余不得预"。可能由于这个娱佛的女子群舞，其乐声舞态非常美妙，迅速传出宫外。《元典·章刑部》竟发出了禁令，无论何人，不得演《十六天魔舞》，杂剧里也不准唱演，如有违反，就要得罪受罚。从一些有关的诗文记载看，这道禁令并未能阻止《十六天魔》流传。

在佛寺宗教活动中，有乐舞表演宣传宗教或娱乐群众，以舞祭娱神敬神的方式至今仍在传承。如笃信藏传佛教的西藏寺院在宗教节日有面具舞《羌姆》表演，蒙古族有《查玛》表演，其他一些民族地区也流行各种风格不同的佛教舞蹈。

从以上事实，我们可以看出，印度以舞祭神的"神的侍女"之舞，唐代有寺属"音声人"，元代有《十六天魔舞》流传的遗风，至今仍在佛教寺院传播。

频繁的乐舞活动，给创造佛教艺术的画工、塑匠提供了极生动、丰富的艺术形象，激发了他们的创作灵感。可以说，佛教艺术中，能最大地发挥古代艺术家才华和想象力的是乐舞艺术形象的塑造。这些艺术形象是随民族、时代、审美情趣的不同和舞蹈文化发展的脉络而发展变化的。

丰富多彩的敦煌莫高窟舞蹈壁画之可贵，正因为它是连绵千余年的一部形象舞蹈史。

二、三期舞图　各具特色

前辈敦煌学家经过长期的研究将敦煌艺术划分为早、中、晚三个历史时期，即：

1. 早期：4 世纪的北凉时代至 6 世纪的北朝时代；

2. 中期：6 世纪末至 10 世纪初的隋唐时期；

3. 晚期：10 世纪初的五代时期至 14 世纪的元代（此后无舞蹈壁画）。

（一）早期的多元化风格

这一时期的舞蹈壁画主要有"天宫伎"及其他富于舞蹈美感的飞天、药叉及供养伎乐等。

佛教是东汉时期传入中国的，至南北朝时期逐渐兴盛。北朝壁画中的舞图，带有较浓重的佛教发源地印度、尼泊尔的风格。同时又由于北朝各代多是由北方少数民族建立的政权，他们原本是剽悍勇敢的游牧民族，加之当时他们正处在兴旺发达时期，统一了北方十六国的鲜卑拓跋部建立的北魏，是一个相当强盛的王朝，他们三徙京都，从盛乐（今内蒙古和林格尔）迁到平城（今大同），后直入中原腹地，建都洛阳，迫使汉族政权南迁，史称南朝。北朝矫捷雄健的民族气质和胜利南进、昂扬挺进的时代精神，相当明显地反映在早期敦煌壁画的舞蹈形象中，它们是北方游牧民族豪放粗犷的精神气质与西域佛教发源地舞风的共同展示与巧妙结合。当北魏孝文帝推行汉化政策后，中原舞韵又浸润其中。北魏 259 窟、435 窟的天宫伎乐，肩披长巾帛似今印度妇女披的纱丽，其舞姿也颇富印度风韵。壁画上多处出现的捧手弹指，也是西域（今新疆及中亚一带）民族民间舞的常用动作。北魏 435 窟的天宫伎乐手执花绳而舞的形式至今仍在新疆民间流传，西域舞的造型频繁出现。同窟另一身天宫伎乐，下着长裙，体态窈窕，表情含蓄，舞姿柔婉，很可能是北魏孝文帝推行汉化政策后的作品。西魏 249 窟的天宫伎乐舞姿刚劲，劲从心出的豪健舞姿，正是北方游牧民族精神的体现。北周 297 窟佛龛下的供养伎乐 5 人均着西北少数民族服装，二舞人双手交叉举至头顶，做移颈动头的舞蹈动作。北周 299 窟主佛龛楣莲花丛中的舞者也做移颈动头姿。这种舞姿至今仍盛行于新疆等地。还有，西魏 285 窟的飞天群，身姿窈窕，身穿长裙，舞姿柔曼，又显示了中原舞风在敦煌舞图中的影响。

（二）中期民族化、世俗化的发展进程

随着佛教东传中原时间的推移，佛教艺术民族化、世俗化的发展趋势日渐明显。大唐盛世广取博采的恢宏气度，更推动了佛教艺术民族化、世俗化的发展进程。

敦煌莫高窟现存有壁画和雕塑的洞窟 492 个，其中唐窟就有 228 个，几乎接近洞窟总数的一半。唐代壁画中出现了画工精美、场面宏大、富丽堂皇的经变画伎乐舞图、佛经、佛传故事画中的民俗舞场面及供养人行列中的舞图等，都是唐代社会生活的真实舞蹈场景直接或折光反映。我们可以从中体会出唐人诗篇及史籍中记载各类唐舞的特点和某些具体形象。

如 220 窟的初唐"东方药师变"中，发带飞扬急转如风的舞伎，与唐诗中描绘"健舞""胡旋舞"的诗句："左旋右转不知疲，千匝万周无已时。"（白居易《胡旋女》诗）是何等相似？在同一画面中出现的另一对舞伎，头戴宝石冠，上身穿锦半臂，下着石榴裙，一手"托掌"挺举，另一手侧垂做"提襟"姿，舞姿刚劲，"托掌"与"提襟"都是古典舞的常用动作，是表现豪健英武的身姿。其服装纹饰，令人有身着盔甲的感觉，这

不禁使人想起唐代大诗人杜甫名诗《观公孙大娘弟子舞剑器行》描写公孙大娘动人心魄的表演："昔有佳人公孙氏，一舞剑器动四方。观者如山色沮丧，天地为之久低昂。霍如羿射九日落，矫如群帝骖龙翔。来如雷霆收震怒，罢如江海凝清光。"诗序中又说唐代著名舞伎公孙大娘舞《剑器》是"玉貌锦衣"。司空图《剑器》诗有"楼下公孙昔擅场，空教女子爱军装"句，可知公孙大娘舞《剑器》穿的是美化的军装，以至于成为当时女子喜爱的"时装"了。这一对伎乐舞图在一定程度上，反映了唐代著名《剑器舞》的风貌。

另外还有些舞姿图，如205窟的双人舞图，舞带低垂，柔曼婉转，表现了唐代"软舞"特点。舞者作弹指状，又可证西域舞的影响。经变画中双人舞场面构图精巧，变化丰富。有时是二伎舞姿相同，对称相向而舞，多半是姿态各异，或高低对比，或平行而立，或对角斜站，舞姿或一张一收，或一背一面，或蹲身，或挺立，变化丰富，同时又十分协调，相互呼应，巧妙地组合在一起，这充分显示了古代，特别是唐代的编舞水平。

隋唐时期的大幅经变画中的舞蹈图主要是表现神佛世界的天乐。另外，在佛经故事画和佛传图中，也有不少生活气息浓郁的民俗乐舞场景。这些画面较小且零散，但它们的历史价值与学术价值都比较高，舞者多着常装，圆领罗衫，衣袖稍长，便于起舞，束腰带。人间生活中，婚丧嫁娶，饭馆酒肆，求神祭祀等都有乐舞活动。表现佛经故事的有关情节也出现了类似民俗舞，如弥勒经变画中，就有不少"嫁娶图"。莫高窟445窟的《弥勒经变》嫁娶图中，上方端坐宾客，新郎跪拜，新娘站立作揖和奏乐起舞的乐工舞人等。舞者的服饰与舞姿风格，与南唐《韩熙载夜宴图》中王屋山的舞《六么》（即唐代著名"软舞"《绿腰》）十分相似。又如《维摩诘经变》中，描写维摩居士深入民间酒肆、妓院去宣传佛法的内容，于是，莫高窟晚唐360窟等的壁画就出现了客人饮酒用餐，桌前舞者起舞劝酒的画面。民间宗教祭祀舞，也经常出现这类生活场景。盛唐23窟《法华经变》"方便品"中，就有舞者在塔前起舞拜塔的画面，舞者及身后的乐人，均着常服，生活气息浓郁。《法华经变》中，有儿童聚沙堆塔也是做功德，同样能升天堂的内容。右下方配以儿童仿效成人堆沙筑塔的画面，明确地向信众阐述了佛经中所述内容。

莫高窟154、449、12窟等的壁画中，分别画有多幅"火宅图"，这本是"法华经变"七喻之一——"火宅喻"，表述佛劝众生应脱离人世苦海，莫要在烈火燃烧的险境中忘情歌舞。画面中的舞者大多是天真可爱的儿童，应该说这是研究当时儿童舞的绝好形象资料。唐代以后的洞窟也有不少这样的画面。

巫人歌舞赛神本是当时民间风俗，莫高窟360、12窟等的壁画就有巫人怀抱琵琶在神坛前歌舞赛神或求神治病的画面。

这些巫舞场面虽然反映的是当时民间巫术活动的情况，却也保留了丰富的民间舞蹈形象。壁画中的女巫，头上戴花，身着唐朝服饰，手抱琵琶，随乐起舞。唐代，琵琶除了是乐舞中的主要乐器外，也是祭神活动的重要乐器。巫人弹奏琵琶，有一种特殊的风格和韵味。据《乐府杂录》载，唐代著名琵琶手段善本，在听了康昆仑弹奏琵琶后说："本领何杂，兼带邪声！"昆仑惊曰："段师，神人也。臣少年初学艺时，偶于邻舍女巫授一品弦调，后乃易数师。段师精鉴如此，玄妙也。"所谓"邪声"当是巫人弹奏琵琶所具有的独特风格。敦煌壁画巫舞场面中，多次出现弹奏琵琶起舞的女巫，舞姿、服饰都颇有唐朝特色，可见，这些壁画反映了唐代民间巫舞的情状。

距敦煌地区很近的古凉州（今甘肃武威），巫舞赛神也颇流行。王维《凉州郊外游望》一诗写道：

野老才三户，村边少四邻。

婆娑依里社，箫鼓赛田神。

洒酒浇刍狗，焚香拜木人。

女巫纷屡舞，罗袜自生尘。

虽然佛教是反对巫术的，但王维的诗句反映出距佛教圣地敦煌不远的凉州，却巫风盛行。

巫舞具有十分悠久的历史，与前代相比，唐代的巫舞神秘的气氛淡薄些，娱神兼娱人的作用更为突出。王维《祠渔山神女歌》"迎神"诗有"坎坎击鼓，渔山之下。吹洞箫，望极浦。女巫进，纷屡舞"句，王叡《祠神歌》"迎神"诗有"蒪草头花椰叶裙，蒲葵树下舞蛮云"，都是描写唐代巫舞的生动诗句。

154窟的盛唐壁画，有幅《文士舞剑图》：一文士端坐床榻上，手执经书，专心念经，左上方一人右手挥剑欲刺，左手掐"剑诀"直指念经人头顶。左下方一人左手伸臂砍掌，右手握掌，充满怒气，二人腿部均着"登弓步"姿，这些手势与身姿，均是目前武术、古典舞的常用动作。此画是表现《金刚经》"忍辱波罗蜜"，此经文宣扬的是：为达彼岸，无论剑刺、挨打受辱也绝不动摇，一心念佛。"波罗蜜"即到达彼岸之意，这是一幅充满浓厚生活气息的宗教画。

我国舞剑传统历史悠久。剑本是古人随身佩带的武器。目前发现最早的剑属商代，流行于西周初年，盛行于东周、汉、唐并传承至今。人们在用剑操练击刺技术时，创造了多种剑术技法。在这些技法中，既有用于实战的剑术，也有展示舞剑英姿的剑术。早在春秋战国时代，剑作为步兵装备武器，《孔子家语》中已有子路戎装见孔子并拔剑起舞的记载。《史记·项羽本纪》也载刘邦、项羽宴于鸿门，项庄舞剑的史实。可知两千多年前，剑既是武器，同时也是舞具。东汉以后，由于骑兵的发展，刀等逐渐取代了剑的作用。在军事上，剑作为武器的作用减弱后，作为舞具的作用则更为显著。隋、唐时代，剑的形制精致华丽，将军、贵族、文士时兴佩剑。唐代裴旻将军善舞剑，被誉为唐代三绝之一。唐代著名民间舞蹈家公孙大娘，继承前代剑术，吸收当时舞剑技法，创作表演了动人心魄的"剑器舞"。敦煌莫高窟154窟这幅《文士舞剑图》，应是当时生活舞蹈形态的反映。

供养人，是出资修窟造像的佛教信奉者。供养人的造像，相当于"写生画"。供养人行列中的舞队，是真实生活的写照，具有更高的历史价值。晚唐156窟《张议潮出行图》中的8个男舞者，颇似今藏族民间舞"锅庄"顿足张臂的舞姿；而《宋国夫人出行图》中的4个着长袖唐装的女舞者，又酷似今藏族民间"弦子舞"的舞韵。藏族民间传说，飞舞长袖的"弦子舞"是文成公主入藏时传到雪域高原的。文成公主入藏时，曾带去各种技艺百工，从"弦子舞"的风韵比较接近汉族传统的"长袖舞"看，这种传说有一定的合理性。今日藏族"弦子舞"，已深深扎根于藏族人民中，成了藏族传统舞种之一。

中唐时期，吐蕃在敦煌一带统治了67年，吐蕃的传统舞风必然会在敦煌壁画中显示。敦煌舞蹈壁画的多元性，与中西各族乐舞相互交流融合的发展趋势，正是唐代舞蹈广取博采，高度发展，真实社会现象在宗教艺术中的反映。

隋唐时期的舞蹈壁画，金碧辉煌，璀璨夺目，舞蹈形象开朗明快，昂扬俏丽。舞巾、击鼓、弹琵琶而舞，形式多样，多姿多彩。这正是古代舞蹈发展的高峰时期——大唐乐舞生动真实的写照。

（三）晚期的传承、变异与出新

五代、宋的敦煌壁画舞图多承袭前代，有些可能是"粉本"（摹本）传承。但经变画中的舞图已不如唐代那样生动，舞者十分重要的腰部、胯部的动态造型，多少有些板且直。有个别经变画中出现了舞袖的独特舞姿。南宋以后，舞蹈作为独立的表演艺术，处在向戏曲艺术转化、融入的转折期。加上程朱理学对人们思想行为的深刻影响，端端正正的立、坐、站，比较拘谨的姿态，正是被当时社会所崇尚的体态。唐代普遍喜舞好歌，以善舞为荣的风气，逐渐变为以舞为耻的心态。画工、塑匠很难像唐代那样容易、频繁地见到高水平的，甚至可能参与其中舞蹈表演。这大概是这一时期敦煌舞蹈壁画水平下滑的重要原因。

莫高窟、榆林窟晚期壁画中，西夏和元代的舞图风格独特。西夏是党项羌人建立的政权，公元 1038 年立国，先后与辽、宋、金对峙了 180 多年。西夏职官、朝贺之仪，仿效唐宋之制，珍视中原文化，"其设官之制，多与宋同。朝贺之仪，杂用唐、宋而乐之器与曲则唐也"[①]。

与西夏同时并存的宋、辽、金，戏曲艺术已普遍传播发展。而地处西北，远离中原的西夏，戏曲并未得到流传。从敦煌莫高窟、安西榆林窟及肃北五个庙等遗存的西夏舞图看，西夏仍保存了本民族独特的舞蹈风格。有个别舞图累见汉风。如安西榆林窟 3 窟南壁的西夏乐舞壁画：

---

① （元）脱脱等：《宋史·夏国传》，中华书局 1977 年版。

乐舞人在回廊厅堂中奏乐起舞，乐人分坐两旁，一舞者执巾起舞，主力腿呈开胯半蹲姿态，腿端跨于主力腿膝部。微倾头，稍拧身，双臂作"顺风旗"姿，长巾漫卷下垂，舞姿柔曼，在一定程度上，具有中原舞韵。这与西夏重视中原文化，仿效唐、宋朝贺礼仪，采用唐代乐器、乐曲有密切关系。

霍熙亮先生在安西东千佛洞 2 窟，发现了一组西夏供养伎乐，其中有一幅舞者双身紧紧勾连缠绕，双人高托供品盘的人物像，造型奇妙罕见，十分引人注目。画面上两人裸身，饰莲花冠及臂环、手镯等，肩背饰挽结飘带，手指、手臂及双腿都相互勾绕，既表现了敬佛的虔诚，又具有舞蹈的美感，反映出了西夏舞蹈的某种特殊风貌。这一幅双人共举供品盘的供养伎乐图，融精巧与粗放于一体，实属宗教画舞图中之精品。

榆林窟 3 窟的 3 身西夏供养伎乐，分别击腰鼓、拍板和执剑而舞。那掬腿击鼓的技法，至今仍在陕西安塞腰鼓舞中流传。

元代壁画中的舞蹈形象，下身均作半蹲开胯之姿，这是马上民族的体态特征。这种姿态也常出现在印度、蒙古国等地的佛教艺术中。在印度，继佛教之后兴起的印度教中的三大主神之一——舞王湿婆神，既是生殖创造之神，也是破坏毁灭之神，既是苦行之神，也是充满活力的舞蹈之神。湿婆神的偶像姿态，是一腿半蹲，一腿向侧屈抬。这一舞姿虽与我国舞蹈壁画双腿开胯对称或立或抬的舞姿不完全相同，但其基本姿态是比较接近的。世界各地的佛教艺术既有各自不同的风格，也有某些共同的特点。

早在忽必烈统一中国前的半个世纪，蒙古军即已于 1227 年击败西夏军的抵抗，攻占了沙州（今敦煌）。因此，蒙古族人在敦煌莫高窟造像的时间是相当早的。著名的莫高窟 465 窟中有被史苇湘先生称为"风格迥异的金刚乘藏密画派"的作品。此窟满壁皆绘双身佛像（即"欢喜佛"）。佛立作"登弓步"姿，佛母一腿与佛的主力腿叠立，另脚绕跨在佛身腰后，作交合状。这类佛教艺术中的双身像，它们的源头可能是古老生殖崇拜遗风的延续与发展。人类祈求种族繁衍的愿望，在神的光环中，在宗教神秘外衣的笼罩下，以另一种面貌被人类供奉在神坛之上。十分引人注目的是，这些巨幅双身像的周围都绘制了不少舞图。除正对窟门的一幅双人对舞图外，其余多为独舞图，其特点：首先是姿态合理，是经过严格训练的舞人可以达到的舞蹈动作。其次是难度大、技巧高，有一腿屈立，另脚勾挂在手臂间，双手合十高举头顶的姿态。这是一个需要有极好腰功和腿功的动作，早已被著名舞剧《丝路花雨》所采用，获得了很好的舞台效果，并已编入中国古典舞基本训练教材。还有作腾空奔驰飞跃状，犹如芭蕾舞的"大跳"动作，且一手从腿下掬出举钵，动作难度很大。又有一腿屈立，拧身回头，高抬另腿，需要有控腿功的"亮相"造型。上述这些舞蹈造型与其他敦煌壁画中的舞图风格迥异。西夏和元代的某些舞蹈壁画，可视为晚期敦煌壁画中的精品。

莫高窟98窟五代酒宴俗舞图：5个着常服男子，端坐在一长方形桌旁，1个男舞者身穿短装常服，双手半握掌，平展双臂，吸腿劲舞。右旁有击拍板为舞者伴奏的乐人。

榆林窟38窟的婚宴图，清晰细致地描绘了汉族男子与回鹘贵族女子通婚的婚礼场面。在举行婚礼的帷帐前，有一庶民打扮的男子，面对一着长裙披帛的年轻女子挥袖起舞。还有那些天真可爱的莲花童子等。虽然这是宗教画，却也是生活场景的写真，更是当地不同民族相互通婚史实的写照。

丰富多彩、金碧辉煌的敦煌壁画，是世界艺术宝库中闪烁着熠熠光辉的珍珠，它们形象地展示了中华民族历史悠久而优秀的舞蹈文化传统。

特别值得我们注意和细心体察的是，敦煌舞蹈壁画中的菩萨、飞天、伎乐天造型非常之美，但美而不媚，那是圣洁、端庄、清纯的美。观赏这些壁画，不但可以使人得到美好的艺术享受，还能净化人的心灵。

三、多元荟萃　归根中华

各地区、各民族、各时期的佛教舞蹈，都带有本地区、本民族，以及某个特定历史时期的特点。因为任何宗教，都需要采用当时、当地人民喜闻乐见的方式来传播，因此，也必然采取各地的传统艺术为其服务。这就形成了世界各地的佛教艺术，创造了包括佛教舞蹈在内的各自不同风格的佛教文化。

敦煌的佛教艺术及其舞蹈壁画，也是随着时代的变迁、地域及民族传统文化的不同而显示出各自不同的风格与审美特征。早期敦煌舞蹈壁画，无论舞姿或服饰都带有不少印度、尼泊尔风韵，同时又显示出北方游牧民族的强悍精神。随着时间的推移，中原汉风慢慢浸润其中。到了中期的隋唐时代，在显示多元舞蹈因素的同时，大唐舞风逐渐占据重要地位。如隋唐敦煌壁画中的飞天、伎乐天，都身披肩绕长长的巾带，长巾成了飞天翱翔云天的翅膀，形成了变化万千的美妙舞姿，千百年来，令世人赞叹不已。

长绸舞，古称巾舞。早在公元前 11 世纪立国的周代，在其创立的"雅乐（舞）"体系中，就有教育国子（贵族子弟）的《六小舞》,《六小舞》中有《人舞》执五彩缯而舞，这大概是古巾舞，今长绸舞的源头。直至公元前3世纪初至公元3世纪的汉魏时代，已用于宴飨。[①] 巾舞不仅史籍有载，汉代画像石中，更有不少巾舞的生动画面。如四川羊子山汉墓出土的一块百戏画像砖，一女舞者头梳双髻，身穿短衣及镶边长裤，双手舞长巾，横飘空中，手握的一端，明显包有短棍，这样舞起来既省力，又便于舞出一些难度较大的绸花。女舞者身后，有一蹲步而行，形象滑稽的男舞者，似在追逐舞巾女子。另一幅山东安丘汉墓出土的男子舞巾图，舞姿豪健洒脱，舞者脚踏一鼓，双臂飞舞菱纹长巾，甩展两侧，巾与人身高的比例看，约有两丈长，长绸舞起来在空际萦绕卷扬，变幻莫测，如风卷流云，似炊烟袅袅。也许正是由于这种视觉效果，画工们给神佛世界的舞蹈之神，披上了长长的绸带，轻盈飘逸，美丽多姿。这是佛教艺术在中国传播过程中，中国艺术家的独特创造。而这一创造的灵感，很可能来自生活中源远流长的巾舞（《长绸舞》）。时至今日，中国舞蹈家们已运用这种独特的舞蹈形式，创作出了《飞天舞》《红绸舞》等舞蹈，戏曲《天女散花》等，并在国际比赛中获奖。

敦煌舞蹈壁画中，出现类似"顺风旗""提襟""端腿""托掌""按掌"等舞姿，这些舞蹈造型，既在汉代画像砖上频繁出现，又是今日古典戏曲舞中的常用动作，具有浓郁的中华舞风。

我国是一个由56个民族组成的多元一体的中华民族大家庭，舞蹈传统极为悠久丰厚。敦煌舞蹈壁画中多处出现的单手弹指，或双手捧掌弹指，以及移颈动头等舞姿。据唐人杜佑《通典·乐二》中，生动地描绘

---

① 《隋书·音乐志》："始开皇初定令，置'七部乐'……其后牛弘请存鞞、铎、巾、拂等四舞……因称：'四舞，按汉魏以来，并施于宴飨……'"参见（唐）魏徵等《隋书》，中华书局1973年版，第2册，第377页。

了胡舞的乐情舞态："胡舞铿锵镗鞳，洪心骇耳……举止轻飙，或踊或跃，乍动乍息，跷脚弹指，撼头弄目，情发于中，不能自止。"① 可知远在千余年前传入中原的西域（包括今我国新疆等西部地区）舞，已有"跷脚弹指，撼头弄目"富于表情的俏丽舞蹈动作。至今，中亚及我国西北少数民族如维吾尔族、哈萨克族等民间舞中，仍保存了弹指、撼头（移颈动头）等特色舞蹈动作。

西夏党项羌人的舞蹈壁画，风格独具，元代蒙古族人的舞蹈壁画矫健奔放，它们都是中华民族百花园中不同形态、不同色调的舞蹈之花。

另外，一些伎乐天舞图，巾带低垂，柔曼温婉，低眉蹲身，饱含中原含蓄典雅的汉风。榆林窟19窟出现了甩舞长袖的伎乐天，与一执琵琶舞蹈的舞者对舞。其甩袖而舞的舞姿及头妆的样式均与戏曲舞者相似，它的出现距戏曲兴起的宋代不远，当不是偶然的巧合，应是时代风尚使然。"长袖善舞"历史久远。西周《六小舞》之一的《人舞》，其特点是不执舞具，"以舞袖为容"②。春秋战国时代，诸侯贵族醉心于歌舞作乐，表演性舞蹈有很大的发展。出土文物中，玉器、漆器出现了许多十分优美生动的舞蹈形象，如河南金村出土的战国玉雕舞女佩饰，二舞者着长袖舞衣，细腰长裙，一手作"托掌"姿，飞舞长袖于头上，另一手作"按掌"姿，拂垂长袖于腰侧，相对而舞。另有传世的挽臂玉雕舞人、断一臂玉雕舞人，姿态各异，娟秀华美。四川成都百花潭出土的战国"宴乐渔猎攻战纹壶"，表现了战国多方面的生活场景。壶颈部分还有一幅采桑图：有的正在采摘桑叶，其中一个正飞卷长袖作舞，体态婀娜秀美。这正是"桑间濮

---

① （唐）杜佑：《通典》卷一百四十二，中华书局1984年版。
② 《周礼注疏》卷二十三，载《十三经注疏》上册，中华书局1979年版，第793页。

上"民间歌舞场面的生动写照。汉代继承了战国楚舞袅袅长袖、细腰欲折的传统，《西京杂记》载：汉高祖宠姬戚夫人，多才多艺，"善为翘袖折腰之舞"。

汉代墓室出土的文物中，如舞俑、汉画像、玉雕舞人等都有十分丰富的舞袖形象。

汉代文人对舞袖美姿的描写也不少，如张衡《观舞赋》有"裙似飞燕，袖如回雪"句，傅毅《舞赋》有"罗衣从风，长袖交横"等，都是描写袖舞的生动诗句。从战国经汉唐，及至明清两千多年间，描述舞袖的文字，史不绝书。各代出土文物中的舞袖形象，更是层出不穷，从未间断。戏曲兴起后，吸收融合了历史悠久的舞袖技法，借以表现各种人物的不同思想感情。时至今日，戏曲舞与民间舞中，保存了十分丰富且富于表情的舞袖古法，加强了袖舞的表现力，也提高了袖舞的观赏价值及震撼观众的能力。中华民族的舞蹈传统之深厚，历经数千余年，其不绝不灭的顽强生命力，不能不令人惊叹！

自东汉明帝永平十年（67）佛教传入我国后，我国各民族人民，特别是少数民族人民创造了丰富多彩、各具特色的佛教舞蹈。中原汉族地区，佛事活动以舞祭祀的风俗，至南北朝及唐代还很盛行，到宋以后舞祭之风渐衰，这与舞蹈发展的总趋势有关，也与科学技术的发展和对神的崇信程度减弱有关。

在我国，地处边疆的少数民族地区，佛教舞蹈一直相当兴盛，传承至今。藏族的《羌姆》，是一种风格独特、传承千年的佛教舞蹈，大约在公元 7 世纪，由印度、尼泊尔传入西藏。在西藏第一座佛寺——桑耶寺建成开光典礼上，天竺高僧莲花生，将藏族土风舞与佛教哲理内容相结合，编成《羌姆》表演。举行了"戴上面具，击鼓跳舞"的仪式，这便是最早的藏族佛教舞蹈《羌姆》。每逢宗教节日，佛寺都要跳《羌姆》，"羌姆"藏语为驱鬼跳神的动作，借以酬神驱邪，守护佛法，祈丰年，求神佑。跳《羌姆》的僧人，都要经过严格的训练。撒拉族舞蹈学硕士古兰丹姆深入考察了青海塔尔寺《羌姆》，并查阅了相关文献，了解到清康熙五十七年（1718），七世达赖喇嘛格桑加措下令，在塔尔寺建立了"乾巴扎仓"（法舞学院），该学院设在塔尔寺较偏僻的东北角，俗人、女人都不准进，完全是封闭式的教学。就在这里训练从事乐舞活动的僧人，也是排练《羌姆》的场所。在寺院专门设立"法舞学院"来传授《羌姆》，对这种宗教舞蹈的传承与发展起到了非常积极的推动作用。

藏传佛教传到蒙古族地区，《羌姆》也随之传入，但蒙古族不称《羌姆》，转用"羌姆"的蒙古语音译为"查玛"。蒙古族传统信奉萨满教（原始多神教）。元世祖忽必烈于公元 1271 年建立元朝，大力扶持喇嘛教，封藏僧八思巴为国师，于是，喇嘛教大兴。随着喇嘛教在蒙古草原的传播，《查玛》不断吸收蒙古族原始宗教萨满教"跳神"和其他蒙古族舞蹈，形成了具有蒙古族特色的佛教舞蹈——《查玛》。

内蒙古的寺院也有专门训练跳《查玛》的僧人。这些跳《查玛》的僧人，都是经过挑选的，近似舞蹈学校选拔舞蹈学生一样，看其身体条件以及对舞蹈动作的领悟能力如何，等等，特别是鹿神的扮演者，要求更高。因为鹿在蒙古族人民心目中是吉祥自由的象征，鹿神的扮演者要表现鹿的敏捷与灵活，能跳得高，奔跑快，这就需要有一定的功力，所以要选年轻的僧人加以训练。

《羌姆》与《查玛》的共同特点是：戴面具，装扮各种神像而舞。它们的根源是历史久远、流布极广的面具舞。

裕固族大都居住在甘肃南部裕固族自治县和酒泉一带，长期与蒙古族、藏族等民族和睦相处。14 世纪以后，裕固族主要信仰喇嘛教。《护法神舞》就是裕固族最有代表性的佛教舞蹈，每年农历正月十五和六月六日在寺院表演。舞者都是经过训练的喇嘛，所扮演的角色多是偶像化的神灵，头上戴着狰狞神怪的面具，手执金刚杵等法器而舞，借以驱鬼、消灾求佛保佑。舞队中有牛、马、鹿、鹰、骷髅、乌鸦、喜鹊等各种护法神出场。其中，鹰、乌鸦、喜鹊等护法神是裕固族独有的。这与该民族常年生活在深山密林中的自然环境及游牧生活有密切的联系。

地处中原的山西五台山诸寺院流行一种佛教舞蹈《金刚舞》，俗称"跳神""跳鬼"或"跳布扎"。

相传五台山是文殊菩萨的居住地。文殊菩萨是释迦牟尼的左胁侍，每年农历六月十日文殊生日都要举行盛大的佛事活动。在黄庙（喇嘛寺院）表演的《金刚舞》颇负盛名，舞者由经过专门训练的喇嘛担任，除扮演菩萨者外都戴面具，身穿各色锦袍、软靠，装扮成各种护法神，金刚力士、鬼怪等，其内容是表现大威德金刚降妖伏魔的故事。

五台山的《金刚舞》与藏族、蒙古族佛寺舞蹈《羌姆》《查玛》有传承关系，相同之处颇多。同时，由于五台山位于汉族聚居区的中原之地，故《金刚舞》又明显地具有一些汉族舞蹈的特点。

北京地区的《跳布扎》，又称《跳鬼》和《跳神》，是流行于北京各喇嘛寺院驱鬼祈福的佛教舞蹈。北京《跳布扎》起源于何时，已难考证。明人著《酌中志》已有记载，书中所载《跳步叱》即今天的《跳布扎》。当时的服饰是头戴高顶笠，身穿五色大袖袍，而后世的《跳布扎》主要是头戴各式面具而舞，这很可能是受到蒙古族本土佛教舞《查玛》的影响所致。清代雍和宫曾派僧人到内蒙古的佛寺学习《跳布扎》，内蒙古也曾派高僧到北京传授技艺。每当农历正月三十日，雍和宫《跳布扎》时，热闹非凡。

南传佛教大约在公元 1 世纪后，从天竺传到东南亚缅甸、泰国后，再传入我国西南傣族等地区，属小乘教派。

傣族的佛教舞蹈有《孔雀舞》《大鹏鸟舞》《鱼舞》《蝴蝶舞》《象脚鼓舞》等。这些舞蹈的形成与傣族地区林木密布，动物繁多的生存环境有密切的关系。这些舞蹈本身并没有多么浓重的宗教色彩，且早已在民间传承。佛教传入后，以这些善良、优美的模拟动物的舞蹈供养佛、娱佛，并在佛教节日向群众展示演出，又成了欢度节日的娱人舞蹈。

云南其他信仰佛教的兄弟民族，也都用自己的民间舞供养佛、娱佛。如德昂族的《象脚鼓舞》，白族的 "绕坛"《莲花灯舞》、《八宝花舞》（即《散花舞》）以花、香、灯、涂、果、乐 6 个舞段，形象地演释了佛经中规定的对佛多种方式的供养。

大理白族，佛教盛行，民族歌舞活动 "绕山林"，既与宗教活动有关，又是群众的游乐歌舞集会。其中包含许多歌舞表演，如《霸王鞭》、《八角鼓》（"金钱鼓"）等。其他如维吾尔族著名的《灯舞》（顶灯起舞），朝鲜族的《僧舞》（击鼓飞舞长袖）、《波罗舞》（击钹而舞），浙江的《跳净童》等，都是我国各民族人民创造的佛教舞蹈。[①]

佛教传播在世界各地的同时，各国各族人民创造了各具特色的佛教艺术，其中也包括舞蹈艺术。我国各族人民在各自传统舞蹈文化的基础上，创造了不同风格、不同形式的佛教舞蹈。它们深深地扎根在人民群众之中，有的出现在敬佛的祭礼仪式中，有的出现在宗教节日或其他节日的群

① 有关中华大地各族佛教舞的论述，参考了王克芬、金立勤、霍德华合著的《佛教与中国舞蹈》，天津人民出版社 1995 年版。同时还参考了赤烈曲扎、刘志群、李家平、高厉霆、乌兰杰、王景志、孙景琛、刘恩伯、吕良、乔瑞明、刘金吾、苏天祥、石裕祖、金东勋等先生论述少数民族佛教舞蹈的研究成果。

众游乐场合。

灿烂辉煌的敦煌艺术，美丽多姿的舞蹈壁画，记录了中华民族广取博采、兼收并蓄、吸纳百川的兼容精神，展示了中华民族根深叶茂的舞蹈艺术。

近两千年前，由印度、尼泊尔传入中国的佛教艺术，经过中华民族文化艺术长期的浸润发展，使它们具有了深深的中国情，浓浓的中国韵。它们是在多元文化的沃土中，生长在中华民族文化之根上的艺术奇葩。

（原载《敦煌研究》2005 年第 3 期）

开放发展　合作共赢

——"一带一路"的文化经济学视角*

赵　磊

国内外很多学者常用"地缘政治学"或"政治经济学"的工具来分析"一带一路",但笔者更愿意将"一带一路"视为"文化经济学"的典型案例。什么是"一带一路"产品?只有同时实现经济收益与文化收益,即实现"双收益"的,才是中国想要的、真正能够赢得国际社会尊重的"一带一路"产品?换句话说,"一带一路"受欢迎,不仅因为它是一个给各方带来实惠的经济事件,更因为它能够成为一个引起共鸣的文化事件。

"一带一路"给很多学者创造了打通己学和彼学的机会,也倒逼中国城市和企业思考如何医治诸多不联不通的痛点,纠正一些错误认知,开创对外开放新局面。

* 本文系中央党校—国家开发银行重点项目"一带一路与边疆稳定研究"的阶段性成果。

一、"一带一路"是中国对外开放的升级版

中国共产党十八届五中全会把推进"一带一路"建设作为中国"十三五"规划的重要内容之一，从扩大内需增长点和开创对外开放新局面做出了重大战略部署。未来五年，"一带一路"将如何继续对中国经济以及世界经济产生积极影响，值得期待。

自提出"一带一路"构想两年多来，"一带一路"倡议得到国际社会，特别是沿线60多个国家的积极响应，正在逐步收获早期成果。

"一带一路"让"三驾马车"重获动力。"一带一路"倡议于2013年9月提出，是中国经济发展的亮点之一，因为这段时间恰好是中国经济下行，且全球经济乏力的时候。"一带一路"打通国内国际两大市场，让投资、消费、出口"三驾马车"重新获得动力，得以良性循环，并实现互联互通。首先是投资领域，"一带一路"发展能够吸引外资到中国，特别是沿边沿海地区，跟"一带一路"直接相关的省市，投资态势已逐渐回暖。此外，"投资双向性开始凸显"，国际资本注入中国"一带一路"沿线城市，而中国的企业实施"走出去"战略，开始走到沿线去投资相关国家。

习近平主席2015年10月19日出访英国，一支人员多达150人的企业家代表团随访，与英国签订超过300亿英镑的贸易投资协议，涵盖零售、能源、金融服务、航天等多个行业。中国充沛的海外投资，使英国等丝路国家得以生产好的产品，而这些产品最终会部分回流到中国市场，中国的资本，英国的技术，中国的市场，英国的品牌，中国的需求，英国的经验……开始充分互联互通。

其次，"创新驱动、消费拉动"是中国经济未来五年的一个突出特点。中国民众个性化消费的时代已经来临。老百姓手头宽裕了，开始个性化消

费，企业应当要满足他们的差异性需求。但是，拉动消费，市场要充分尊重规律，不仅生产产品，还要生产个性化的产品。"一带一路"发展过程中，有很多优质海外企业走进中国，也有很多优秀中国企业走向海外，这有利于我们更加敏锐地把握全球消费市场。

再次，"一带一路"对于中国经济最大的刺激，就是出口。促进优势产能"走出去"，积极主动开展国际产能合作，实现互利共赢，是近年中国出口的突出特点。高铁、核电等满足沿线国家硬性需求的优势产能开始集群式地"走出去"。在"一带一路"之前，中国的大多数出口，主要走向发展中国家，而这两年，中国的优势产能进入发达国家了。我们"走出去"的市场，由低端走向高端，中国产品附加值，也由低附加值逐渐走向高附加值。

"十三五"规划提出推进"一带一路"建设"以企业为主体，实行市场化运作"。[①] 这对中国企业提出了更高要求，必须向高附加值企业转型升级。"一带一路"建设，不仅要在基础建设方面发力，还应当在管理、运营、后期服务、金融支持等方面发力。"走出去"的中国企业，在沿线互联互通的合作竞争中把握机遇，找到自己的方向。

未来五年是"一带一路"系列标志性项目落地的黄金期。"一带一路"建设具有阶段性。未来五年，恰好是"一带一路"建设初期，高铁、核电等一系列标志性项目将会落地。这些项目大多与基础设施建设相关，但是我们的金融、服务、教育和人心相通也必须逐渐跟上，这是一个渐进的过程。

---

① 《中共中央关于制定国民经济和社会发展第十三个五年规划的建议》，人民出版社 2015 年版，第 30 页。

"一带一路"是中国对外开放的升级版。"一带一路"远比人们起初想象的距离更为绵长，未来，其范围也必定更加宽广。正如习近平主席所言，"一带一路"不是某一方的私家小路，而是大家携手前进的阳光大道。"一带一路"是开放的，源于古丝绸之路但不限于古丝绸之路，地域范围上东牵亚太经济圈，西接欧洲经济圈，是穿越非洲、环连亚欧的广阔"朋友圈"，是所有感兴趣的国家都可以添加进入的"朋友圈"。

二、"一带一路"与中国的文明型崛起

2015 年 3 月，博鳌亚洲论坛的最大收获是"一带一路"愿景与行动文件的发布，这是首个纲领性文件。在笔者看来，"一带一路"的成功不仅在于务实的经济项目，更在于人心、思想、文化制度，甚至包括宗教信仰等。从本质而言，"一带一路"受欢迎，必然是"中国风""人文情""潮流感"与"国际范"。"一带一路"的成功，不仅是经济事件，更是文化事件，是中国文明型崛起的标志。

目前，对"一带一路"的前景有两种截然相反的甚至极端乐观与悲观并存的评价，一个是"新版的朝贡体系"，另一个是"国际关系史上最大的烂尾工程"。其实，不需要预设"一带一路"的最终结果是什么，关键是在这个过程中，所有的中国人是否能够凝神聚智，群策群力，不断成长，展现一个不断进步的中国。

文明型崛起的重要衡量指标就是"议程设置"能力的提升。所谓"议程设置"就是"我不能决定大家内心想什么，但能决定大家一段时间集中讨论什么"。2010 年，中国 GDP 成为世界第二，老二是不好当的。2011 年，美国高调重返亚太，日本、菲律宾等美国的盟友也开始蠢蠢欲动，向

中国施压。其结果是，中国西北边疆的民族问题与南海、东海等海疆问题几乎同时升温。这一时期，美国主导了亚太话语，核心词汇（高频词汇）包括"中国威胁""军购""军售""军演"以及"军事冲突"等"冰词"。2013年9月之后，"一带一路"概念的提出，伴随着亚投行、丝路基金、金砖国家银行等一系列组合拳的使用，使周边国家甚至西方国家开始热议互联互通、经贸合作、金融支持、人心相通等"暖词"。在短期内，中国依然不能确定周边国家以及西方世界能否从内心深处接受"一带一路"理念，但这一理念显然已经成为各方的话语焦点，有很多人开始谈论甚至慢慢喜欢上了这一中国词汇。"议程设置"能力的提升是拥有国际"话语权"的前提条件。相关大国近年来纷纷提出了类似的战略构想，影响较大的有日本的"丝绸之路外交战略"（1997）、欧盟的"新丝绸之路计划"（2009）、美国的"新丝绸之路战略"（2011）等，但都没有如中国的"一带一路"更引人关注、更受人期待。

今天，可以从多侧面感知中国的国际影响力：中国重视什么、关注什么，这一地区、这一事物就会立即成为国际社会的兴奋点——中国决定世界聚光灯的焦点。例如，缅甸、哈萨克斯坦等国家曾长期被西方国家冷落，当中国的"一带一路"进入缅甸、哈萨克斯坦等国时，各国开始重新审视其政策，并纷纷加强同中国在相关国家的影响力博弈，当然直接受益的是沿线各国。

有一位朋友的话很有道理："中华文明曾经被富强（列强）征服，今天我们不能为了富强而放弃文明。"笔者在"一带一路"的调研过程中，常常感叹："中华文明如此伟大，可我们如何让沉睡的文明苏醒呢？""中国人如何充满自信地去探索推动社会进步的各种可能，逐渐拥有被国际社会所分享的文化与价值？""一带一路"就其目标而言，不是要和别人竞争,更不是要同美国争夺霸权,而是要挖掘中国自身的潜力,提升自我,"一带一路"不是转移财富的过程,而是创造财富、文化复兴的过程。

三、"一带一路"与传统理念的超越

在国内,中华民族长期存在"中原中心主义",即在中国版图上始终有"文明与野蛮""内正统与外蛮夷"的严格区分,而"后者需要被教化",这一范式会周期性地约束中国的文明型崛起,导致中国经济与社会顽固地存在"排他主义的地方化倾向,以及保守主义的本地化倾向"。

在国外,国际社会长期存在"中心—边缘秩序",这一秩序在国际政治上的特点是:以民族国家为核心、以"典型欧洲范式"的主权国家框架去规范世界不同的政治主体;这一秩序在全球经济上的特点是:以全球化为核心、以"资本主义范式"的"中心—边缘"框架去约束世界不同经济体,其内在逻辑是"中心侵蚀边缘""边缘依附中心"。

美国社会学家沃勒斯坦是"世界体系理论"的代表人物。他对于中国这个社会主义大国一直予以重视。他在为中文版《现代世界体系》所作的序言中真诚地指出,"占人类四分之一的中国人民,将会在决定人类共同命运(的历史进程)中起重大的作用"。[①]"一带一路"既是对上述传统理念的一种超越,也是中国对人类世界的贡献。路、带、廊、桥等"去中心"(Decentralization)的中国式话语开始崛起,代表着平等、包容,代表着国际社会的"非极化"发展倾向。"互联互通"开始成为一种时尚,"痛则不通、通则不痛"的中国式文化与哲学思想开始备受瞩目。

---

① [美]伊曼纽尔·沃勒斯坦:《现代世界体系》第一卷,罗荣渠等译,高等教育出版社1998年版。

　　"一带一路"是具有鲜明中国理念标识的全球公共产品，致力于提升中华文明的国际贡献度。我们必须明确，"负责任国家"是中国文明型崛起必然具有的身份定位。首先，"责任"在政治学中有其特定含义：责任是承担与角色相应的义务，责任是一种尽责的品质。由此我们可以得出，"负责任国家"的基本要求是能够自觉遵守与其身份相称的义务。当然，"负责任国家"在不同历史时期有不同的评价标准。然而，"负责任国家"与"负责任大国"有根本性的区别，后者不仅要参与全球治理还要提供公共物品。这里的公共物品不仅包括有形的物质产品，还包括无形的精神产品。在国际社会，"大国责任"是指一个国家作为大国所应该承担的义务，这不仅是因为大国对国际政治格局变迁的影响最大，而且还因为在无政府状态中，"权力最大的单元（国家）将担负起特殊责任——提供公共物品"。[①] 大国提供公共物品，不仅在于大国能够获得经济收益，也在于大国需要获得社会学意义上的尊重，而后者对大国身份而言是必不可少的。在人类历史的长河里，我们可以看到大国不断地提供公共物品。例如，作为 18—19 世纪最为强大的国家，英国承担了保障国际海道安全的责任。

　　作为最大的发展中国家、联合国安理会常任理事国、儒教文明的发源地，中国应当承担"大国责任"。"穷则独善其身，达则兼济天下"，这种中国式的哲学思维深刻地影响着中国外交。"一带一路"倡议的提出是中国从地区性大国向世界性强国转变过程中外交理念的重大调整，是中国由"负责任国家"向"负责任大国"转变的重要体现，是中国向国际社会提供的公共物品，且与以美国为代表的西方国家所推崇的"民主和平论"等公共物品有本质的不同。的确，中国有丰富的传统文化资源，有成功的经

[①] ［美］肯尼思·华尔兹：《国际政治理论》，信强译，上海人民出版社 2003 年版，第 265—281 页。

济崛起实践，有与世界打交道的上千年历史经验，完全可以为人类社会贡献不同于西方话语的精神财富，争取为人类文明做出更大贡献。① "一带一路"倡议将以实际行动改变"崛起大国必将挑战现存霸权"的国际关系霸权兴衰逻辑，尊重世界文明多样性和各国发展模式的独特性，加强思想文化领域和不同宗教之间的国际对话，倡导相互尊重、开放兼容的文明观，以一个"文明型国家"（civilizational-state）的崛起为国际社会做出更大的原创性贡献。

四、亟待修正的对"一带一路"的错误认知

自 2013 年 11 月至今，笔者在参加"一带一路"相关学术会议以及在接受媒体采访时，常常感受到"一带一路"在很多人眼中已经成为一个大蛋糕，大家都忙着争抢，很多认知错误不断地发酵、传染……这些认知错误如不纠正，必然会导致"一哄而上、一抢而光、一哄而散"的窘境。

第一，慎用"桥头堡"等军事色彩浓厚的词汇。很多省份定位自己为"一带一路"的"桥头堡"（bridgehead），但是桥头堡是军事术语，本意是防御性的，即"说什么，我也不能让你进来"。因此，"桥头堡""排头兵""先锋队""主力军"等词汇翻译成外文，不具开放性、包容性，而且容易让人产生误解，以为中国是要来"打仗"的。上述词汇是中国人熟悉的，但是国际合作是要讲给外国人听的，"一带一路"如不进行国际表达，会使接受程度和传播效果大打折扣。

第二，慎谈"过剩产能"。常有媒体提到，"'一带一路'建设，可以

① 参见《公共外交：提升中国软实力的重要选择》，《解放军报》2010 年 7 月 25 日。

把过剩产品销售出去"。"过剩产能"这个词汇，让沿线国家听了很反感。"你不要的、过剩的，别人会要吗？"给人的感觉是，中国要到沿线上去"倒垃圾"。因此，要避免使用这种令人不舒服的词汇描述"一带一路"建设中的核心概念，建议用中国的优势产能、富余产能以及产能合作等词汇来替代。

第三，"沿线有 64 国"的表述不准确。千万别把丝路沿线国家限定在 64 个（表 1），传统沿线 64 国没有欧洲最发达的西欧部分，也没有亚洲最活跃的日韩两国，显然是不合适的。笔者建议，全世界有 230 多个国家，只要致力于"一带一路"发展的，都是丝路国家，这样看还包括美国，也包括拉美国家，等等。因此，笔者提倡对丝路国家的界定应用"64+"的概念。

表 1　丝路沿线 64 国区域与国家情况

区　域	国　家
中亚 5 国	哈萨克斯坦、土库曼斯坦、吉尔吉斯斯坦、乌兹别克斯坦、塔吉克斯坦
东南亚 11 国	印度尼西亚、马来西亚、菲律宾、新加坡、泰国、文莱、越南、老挝、缅甸、柬埔寨、东帝汶
东北亚 2 国	蒙古、俄罗斯
独联体 6 国	乌克兰、白俄罗斯、格鲁吉亚、阿塞拜疆、亚美尼亚、摩尔多瓦
南亚 8 国	印度、巴基斯坦、孟加拉国、斯里兰卡、阿富汗、尼泊尔、马尔代夫、不丹
西亚北非 16 国	沙特阿拉伯、阿联酋、阿曼、伊朗、土耳其、以色列、埃及、科威特、伊拉克、卡塔尔、约旦、黎巴嫩、巴林、也门共和国、叙利亚、巴勒斯坦
中东欧 16 国	波兰、罗马尼亚、捷克共和国、斯洛伐克、保加利亚、匈牙利、拉脱维亚、立陶宛、斯洛文尼亚、爱沙尼亚、克罗地亚、阿尔巴尼亚、塞尔维亚、马其顿、波黑、黑山

第四，"丝绸之路主要由发展中国家构成"的表述不准确。丝绸之路经济带的核心区域是中国西北五省以及中亚五国，21 世纪海上丝绸之路的核心区域是中国东南、西南省份以及东盟十国，但它们的两端一头连着活跃的东亚经济圈，另一头系着发达的欧洲经济圈。因此，发达经济体的资金、技术和经验，也是丝绸之路的宝贵财富，发达国家也是"一带一路"的重要成员。

第五，"资源、能源合作"不是"一带一路"的唯一主题甚至优先主题。有很多人认为，"一带一路"建设就是要保障中国的资源、能源供给，确保稀缺性资源的战略安全。的确，丝路沿线国家大都有丰富的资源和能源储备，如黑金（石油、煤炭）、蓝金（天然气）等，但是这些国家非常不喜欢"一谈生意就是资源、能源"，他们不希望成为"骑士的马"。

第六，有为才有位，不用忙着定位。很多省份在忙着争抢历史上谁是丝绸之路的真正起点，有的叫"丝绸之路的新起点"，有的叫"丝绸之路的黄金段"，有的叫"丝绸之路的节点"，等等。这在全球化、互联网经济时代的意义是有限的，关键不是叫什么，而是要有内容、有亮点、有突破，即在今天本省有哪些"错位竞争、不可替代"的丝路优势。

第七，中国向丝路国家"卖什么"。有很多省份一说到丝绸之路，还在丝绸、茶业、瓷器等"老三样"上做文章，这是历史上中国的主打产品。今天，我们要卖什么？首先，需要了解合作伙伴需要什么，要超越"有什么，就卖什么"的阶段：对方需要什么，我们就卖什么。要多卖必需品（如美国的三片：薯片为代表的餐饮、芯片为代表的科技、影片为代表的娱乐），少卖奢侈品；既是卖产品，也是卖价值、卖文化，要通过消费中国产品上升到对中国的欣赏和认同（而不是与之相反）。所以，要在"卖什么"上做文章。

第八，中国向丝路国家"买什么"。总体思路是：我们需要什么，就买什么。今天中国企业特别需要提升学习能力、适应能力、整合资源的能力，要在"一带一路"建设中把我们急需要的买回来、请回来，初始阶段最需要的可能不是能源资源，不是市场，而是技术、经验和视野。中国城市也要在与丝路沿线城市交往中，探索城市治理现代化的路子，在中国气派、文化品位上做文章，打造能够赢得人心的中国城市，打造具有国际品质的中国城市，把先进国家在历史文化保护以及城市规划设计中的好的思路、好的做法带回来、学回来。

第九，丝路战略既要顶层设计，更要基层创新。在调研过程中，很多地方干部最后的总结往往惊人的相似：希望中央重视我们，给予特殊的政策，在资金和政策上予以倾斜；我们有干劲，早就做好准备啦，就等中央一声令下，让我们干什么，我们就干什么。但是，北京的专家再聪明，他们不一定比新疆的干部更了解新疆，北京的领导再英明，也不一定比广西的干部更了解广西。所以不能等，要有基层创新，要先做起来。

第十，"一带一路"不宜过快、过急，没有时间终点，但有时间节点。要适时推动"一带一路"落地，特别是要在智力支持上下功夫。海南的发展离不开中国（海南）改革发展研究院，上海的发展离不开上海国际问题研究院，这些省份的淡定与远见是因为他们有源源不断的智力支持。建议整合全国人才资源在南方省份建立海上丝路研究院，在西北省份建立陆上丝路研究院，同时配套建立智库产业园区，提供中国企业"走出去"所急需的信息交互、项目对接、风控管理等服务。同时，要积极发挥企业特别是民营企业的积极性，"春江水暖鸭先知"，他们的作用不可低估，要充分激发他们的活跃性和敏锐性。

五、"一带一路"的痛点经济学

痛点经济学，就是文化经济学，因为找痛点就是读心、暖心、攻心的过程，就是打造文化与经济精品的过程。文化是行走的经济，经济是可持续的美好，美好是认真展现的态度，态度是由内而外的文化。

今天，中国西北还有很多不联不通的地方，甚至沿海也有不少不联不通的地方，所以要先找准痛点，才能打通痛点。首先，"一带一路"建设需要打造"智慧共同体"。"有思路才有线路"。"一带一路"建设过程是国人自我教育、自我修正、自我完善的过程，当前13亿中国人中的每一个个体开始尝试在思想、知识、心灵领域的互联互通。中国开始真正走向世界，成为世界之中国。几千年来，中国人一直习惯于国际社会主动了解我们，因为我们是中国之世界，我们了解别人的意愿和能力始终不强，但今天，"一带一路"迫使中国人上路，在了解这个美丽星球的同时，出现了一批批的"一带一路人"。什么是"一带一路人"？即老在路上，总倒时差，常换水土，不停找思路，时时被刺痛，但频频被感动的中国学者，比如，"一带一路百人论坛"的学人们。

"一带一路"建设过程中，取得的成绩固然令人欣喜，但其中存在的"痛点"更值得我们关注，如中国西部投资不足的原因之一是因为物流成本高，根源则是中国西部有太多的物理、心理封闭性，缺乏互联互通。"一带一路"的机遇在哪里？简单的回答：找准体验痛点就找到了商机的盈利点和机制的突破点。我们要敏锐地发现"一带一路"上的体验痛点，体验痛点就是商机的盈利点，就是"一带一路"机制建设的突破点。

其次，中国的城市和企业有很多痛点必须找准并加以解决。诗人说：人的一生有两样东西不会忘记，那就是母亲的面孔和城市的面貌。中国城镇化经历了三个阶段：第一个阶段是土地面积扩大的城镇化（土地带来财富的同时也带来矛盾），第二个阶段是人口数量增多的城镇化（户籍带来财富的同时也带来矛盾），第三个阶段是寻找归属感的城镇化（解决人内心的归属与认同问题）。在第三阶段，城市的发展目标，不再是高楼大厦、公共设施，应更考虑城市品牌、城市文化、城市理念，以及市民对城市的归属与依赖，城市发展由功能定位走向人文定位。正如习近平主席所言：在中国，老百姓要"望得见山、看得见水、记得住乡愁"。这样的城镇化才是有魅力的。建设有魅力的中国丝路城市要避免心浮气躁，要在细节和争取人心上下功夫。

一方面，丝路城市的成功与否不单纯看经济增长指数的高低，更重要的是看文化建设在社会发展、对外开放中的含金量。"一带一路"对中国城市而言，不仅是经济崛起的良好契机，更是中华民族文明型崛起的自我鞭策："一带一路"不会一蹴而就，需要精耕细作，只有耐得住寂寞、少折腾，才能造得出精品。

在"一带一路"建设中，要切实提升中国丝路城市的实力层次。一个城市的实力层次由三个层次组成（图1）：第一个层次是"地质圈"实力来源。每个城市在对外宣传的时候，讲得最多的肯定是描述经纬度、面积、资源、古迹等，基本属于有形可见的物理层面、地理层面的实力来源。比"地质圈"高一层次的是"生物圈"的实力来源，这个层次做的不是一件件具体的事情，而是要处理一系列复杂微妙的关系，最核心的是人与自然的关系（生态）以及人与人之间的关系（民生）。比"生物圈"还高一层次的是"思想圈"，就是在教育、媒体、艺术、文化、标准、规范、价值、亲情、信仰、追求等无形的领域发力。在人类社会中，越强大恰恰越无形，"一带一路"建设要提升沿线国家对中国城市的欣赏与认同，必须要在"生物圈"与"思想圈"层次发力。

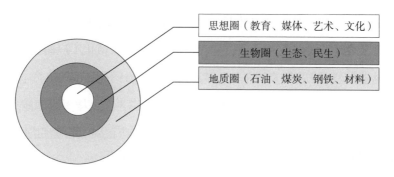

思想圈（教育、媒体、艺术、文化）

生物圈（生态、民生）

地质圈（石油、煤炭、钢铁、材料）

图 1　城市实力的三个层次来源

当前，一些城市配套"一带一路"建设做了一些宣传手册，但他们往往是这样宣传自己的：一是这个城市交通多么便利，四通八达；二是历史古迹多么众多，独一无二；三是地下资源多么丰富，应有尽有，等等。如此，这样的城市定位还停留在"地质圈"实力的宣传，没有在"生物圈"和"思想圈"层面上下功夫，是不会产生"回头客"的。旅游业或文化业是"一带一路"的"朝阳产业"，是"一门兴、百业旺"的产业，但是推进文化旅游必须充分挖掘旅游景点或城市景观的文化内涵，文化要有感动人的力量，要能够激发一种冲动，即与人分享的冲动。在丝路城市建设中，不论是城市的文化品牌还是旅游品牌，都要注重艺术气质和文化品位，要讲究错位竞争的美，个性化往往最美。

另一方面，企业不仅要卖产品，也要卖文化。目前，中国企业的短板是：有企业不一定有产品，有产品不一定有品牌，有品牌不一定有品牌价值；渐进性创新不少，但突破性创新不够。今天，中国企业不走出去也有风险，而且风险可能更大。原来问中国企业为什么要走出去，很多企业家回答"要服务国家战略"，现在的答案往往是"走出去是要解决生存压力"。可见，企业家越来越在商言商，经历着从要我走出去到我要走出去的转变。因此，"一带一路"建设中，不要过分夸大中国企业走出去的风险，关键是自身要准备好、要把项目选好，要真正具有国际视野和品牌意识。美国、日本和韩国等国的企业没说要做"一带一路"，但他们实际做的就是"一带一路"，即用有"温度"的产品和文化"征服"人心。其实，中国企业的最大风险是中国企业性格的内向性，不走出去，中国企业会越来越被动，会越来越受制于人。关键是在"走出去"的过程中，企业要不断发现痛点、解决痛点，努力开拓运营与管理服务业务，提升高附加值。从长远看，中国企业在丝路基础设施建设中要努力推进"硬联通"与"软联通"的互促结合。"软联通"就是把中国企业的标准、服务、价值观带出去，用文化软实力赢得顾客。

总之，"一带一路"建设要有文化自信，那么文化自信的基础是什么？是经得起时间检验和历史考验的人民（国内民众以及国际受众）满意。在此，我们用 20 个字来概括"一带一路"建设的运作机制：政府引导、企业主体、市场运作、项目推动、文化融通。"一带一路"标志着中国走在文明型崛起的大道，同时中国人开始找痛点、找差距、找路径、找归属、找信仰。的确，文明型崛起的国家应该像麦穗一样，空心的麦穗举头摇向天空，而饱满的麦穗则俯身低头朝向大地，它自信成熟又内敛含蓄。

（原载《党政研究》2016 年第 2 期）

敦煌早期壁画的民族传统和外来影响

段文杰

敦煌早期壁画，一般指的是十六国、北魏、西魏、北周四个时期的作品，即北朝时期的作品。作为佛教艺术的一种形式，它是外来的种子在我国土壤上栽培出来的花朵。……

用马克思主义的基本立场、观点、方法对敦煌艺术进行重新探讨，是一件极有意义的工作。本文仅从早期壁画的民族传统和外来影响的角度，提出几点不成熟的意见，以作为引玉之砖。

一

敦煌石窟早期壁画主要有三类：第一类是佛经故事画，第二类是以中国神话或神仙为题材的绘画，第三类是装饰图案。

佛经故事画是敦煌早期壁画中最主要的内容，它包括"萨埵那舍身饲虎""睒摩迦深山奉亲""月光王以头施人""尸毗王割肉喂鹰""微妙比丘尼现身说法""九色鹿舍己救人""沙弥守戒自杀""五百强盗成佛""须阇提搬兵复国""须摩提女请佛"，以及释迦牟尼生平事迹等，共二十余种之多。

像许多研究者所指出的那样，早期的故事画多以修"六度"为内容，要求人们忍受各种迫害凌辱、困穷疾苦而不生怨恨之心。反映在画面上，就是充满恐怖和悲惨的气氛。这一套东西，固然是来自西域的经典和佛教艺术，然而在当时大量出现在敦煌，却绝不是偶然的现象。一个典型的例子是"强盗成佛"。这个故事在西魏、北周时代一再出现，这和北魏后期以来风起云涌的农民起义是有密切关系的。洛阳出土的北魏元朗墓志中说："皇家多难，妖氛竞起，河西之地，民莫安居。"鲜卑贵族对起义军"屠没郡县，煞害王人"的行动胆战心惊。当时驻守瓜州的东阳王元荣忧心忡忡地说："天地妖荒，王路否塞，君臣失礼，于兹多载。"①可见农民起义军截断了从敦煌去洛阳的道路，闹得元荣朝拜主子，履行"君臣之礼"都不可能，因此就大造佛窟，大写佛经，乞灵于宗教。希望"四方附化，恶贼退散"，以保障他们的安宁。

举这一个例子就可以说明，采用外来的东西，其目的总是"为我所用"。而在这采用之中，为了把佛教哲学和神学思想化为具体的形象，就必然会很自然地与当时当地的社会生活相结合。画面上大量出现的农耕、狩猎、捕鱼、屠宰、驯马、井饮、修塔（图1）、舟渡、治病、射靶、作战、奏乐、舞蹈、象轿出行、商旅往来等劳动生产和社会活动，以及审讯、挖眼、活埋等残酷刑法，或是纯粹的中国的形象，或是中国化了的形象，它们是当时社会面貌某些侧面的真实反映。

---

① 东阳王元荣于普泰二年（532）写《律藏分》第十四卷题记。

图 1　北周 269 窟《福田经变》中的"修塔""画堂阁""井饮""商队"

在这一类壁画中，使我们感兴趣的是它的表现形式。十六国时代，多采用主体式单幅画并列的组画形式，一幅画只表现主体人物的主要情节。北魏时代，多为横卷式连环画，画面出现几个到十几个情节。到了北周时代，故事画有所发展，内容越来越丰富、曲折，画面愈拉愈长，有的两条平列，有的三条重叠，有的甚至六条合在一起，表现一个故事内容。由于故事内容和主题思想不同，画面结构也多种多样，大致可分为下列两类，第二类中又分几种（关于这个问题，在下一节里还要谈到）。

一是主体式单幅画。如 275 窟《月光王施头》，画面只有三个人物，仅仅表现"献头"一个场面。254 窟《尸毗王本生》则画幅较大，内容增多，以割肉为主，表现了五个情节。其次序图示如下（图 2）：

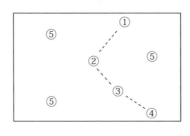

图 2

① 老鹰追鸽。

② 鸽仓皇飞入尸毗王手中求救。

③ 侍者持刀割肉。

④ 身肉割尽，重量不如一鸽，尸毗王举身坐秤盘内。

⑤ 天人眷属围绕赞欢。

二是横卷式连环画。为了揭示不同的主题思想，画面结构又有几种，一种是按故事的发生、发展、高潮、结束的顺序展开画面，有头有尾，有因有果。如《微妙比丘尼缘品》就是其中之一。画面次序如下（图3）：

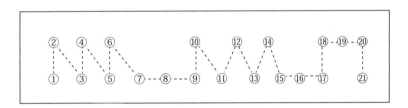

图 3

① 微妙前生以铁针刺死大妇婴儿。

② 今生微妙与梵志结为夫妇。

③ 微妙再次怀孕，与丈夫携子回娘家。

④ 露宿树下，夜半分娩，招来毒蛇咬死丈夫。

⑤ 微妙见丈夫被毒蛇咬死，惊慌失措，悲痛欲绝。

⑥ 微妙携子渡河，一子为狼所瞰，一子被水冲没。

⑦ 路遇老梵志，告知娘家失火，全家被烧死。

⑧ 微妙走投无路，寄居老梵志家中。

⑨ 微妙与另一梵志结为夫妇。

⑩ 梵志醉归，微妙正在床上分娩，未及开门，梵志破门而入，怒打微妙。

⑪ 梵志烹煮婴儿，逼令微妙食子。

⑫ 微妙被迫出走。

⑬ 微妙至一墓园，时逢长者子怀念亡妻，守墓悲泣。

⑭ 微妙又与长者子结为夫妇。

⑮ 长者子七日病故。

⑯ 当时印度风俗，丈夫死妻必殉葬，微妙被活埋。

⑰ 夜间盗墓贼发冢，微妙复活。

⑱ 微妙又与贼首结为夫妇。

⑲ 贼首以盗劫被捕，判处死刑。

⑳ 贼首死，微妙第二次殉葬，又被活埋。夜间有狼发冢，寻食死人，微妙又得复活。

㉑ 微妙露形见佛，被度为比丘尼。

这幅画描绘了 21 个场面，由于故事内容较长，采用了犬牙交错的进行方式，完整地表现了全部故事内容。描写了微妙家破人亡，走投无路，两次被活埋，三次被迫改嫁的悲惨遭遇。[1] 透过"因果报应"等宗教谎言，可以看到封建社会中妇女的苦难生活。

另一种是从两头开始，中间结束的构图，如《睒子本生》就属于这类。[2] 图示如下（图 4）：

---

[1] 此故事系 1965 年我所史苇湘复查旧窟内容时发现，见元魏凉州沙门慧觉等译《贤愚经》卷三。

[2] 参见西晋《佛说菩萨睒子经》。

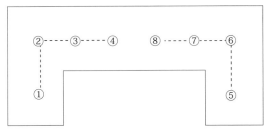

图 4

① 国王宫居。

② 国王乘马出猎。

③ 国王沿溪追逐群鹿，时逢睒子溪边汲水，群鹿从睒子身边驰过。

④ 国王发箭射鹿，误中睒子。

⑤ 睒子在山中采果事奉盲父母。（画残）

⑥ 国王入山寻找盲父母，告知睒子被射身死。

⑦ 国王引盲父母来见睒子。

⑧ 盲父母得见睒子，伏尸痛哭，同时，天人于空中赐药，睒子复活。

这幅画共描绘八个场面。在最后一个场面生离死别，悲痛欲绝的高潮中，以幻想的"神通力"解决了一场悲剧矛盾，使睒子复活，在"皆大喜欢"中结束。"忠孝"的主题思想是很鲜明的。

还有一种构图，画面一开始就是高潮，接着调子逐渐降低，最后归于平静，上面提到的 285 窟《五百强盗成佛》①，是突出的一例。图示如下（图 5 ）：

---

① 参见《大般涅槃经》卷十六、《大方便佛报恩经·慈品》。

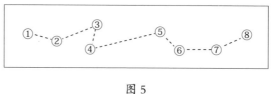

图 5

① 有"五百强盗"，经常"断路劫人"，致使"王路断绝"，国王派大兵进剿。

② 五百强盗战败被俘。

③ 国王审讯，判处酷刑。

④ 五百强盗被剥衣挖眼。

⑤ 五百强盗双目失明，被逐放荒山。

⑥ 佛以"神通力"吹香山药，使五百强盗眼目复明，并为强盗说法。

⑦ 强盗悔过自新，皈依佛法，出家为僧。

⑧ 强盗入山修行，参禅入定。

这幅画以激烈的战斗开始，最后以出家告终，充分说明了以"屠刀"与"佛法"迫使五百强盗放下武器，缴械投降的主题思想。

另一类壁画，是表现神仙思想的民族传统神话题材，主要画在249、285两窟的顶部。中心画方井，四面斜坡上部画神仙云气以示天，下部画山林野兽以表地，形成一个具有宇宙空间感的画面。249窟南顶画三凤驾车，车中坐一女神，高髻大袖长袍，旁边立一持缰御者，这是西王母。（图6）北顶画四龙驾车，车中坐一男神笼冠大袖长袍，也有持缰御者，这是东王公，车顶均置重盖，车前有乘龙骑凤扬幡持节方士引导，车旁有鲸鲵文鳐腾跃，车后旌旗飞扬。人头龙身的"开明"神兽尾随于后，形成浩浩荡荡的行进行列。

图 6 　北魏 249 窟 　西王母

　　285 窟东顶画伏羲女娲南北相对，人首蛇身头束鬟髻，着交领大袖襦，胸前画日月，肩上披长巾。伏羲一手持规，一手持墨斗。女娲两手擎规，双袖飘一举，奔腾活跃。此外，还有龟蛇相交的"玄武"、昂首奔驰的"白虎"、振翅欲飞的"朱雀"等守护四方之神；还有旋转连鼓的"雷公"，挥舞铁钻的"辟电"，头似鹿、背有翼的"飞廉"，兽头鸟爪嘴喷云雾的"雨师"等古代神话传说中的"自然神"；还有人头鸟身的"禺强"、兽头人身的"乌获"、竖耳羽臂的"羽人"等，与仙鹤共翱翔，随云彩而飞动。（图 7）

图 7 　西魏 285 窟 　伏羲女娲

顶部的下方绕窟一周，画山峦树木和各种动物：奔跑的野牛、饮水的黄羊、嚎叫的熊、带崽的野猪、攀缘的猕猴、惊悸的麋鹿、贪馋的虎、拴缚在树上的马，以及射虎、追羊、杀野猪、射野牛等地上人间的活动。这种象征宇宙的壁画，在屈原的《天问》中早已提到。王逸说，屈原之作《天问》，是因为见楚国先王之庙及公卿祠堂，"图画天地山川神灵，及古圣贤怪物行事"。王延寿《鲁灵光殿赋》中也说："图画天地，品类群生，杂物奇怪，山神海灵……遂古之初，五龙比翼，人皇九头，伏羲鳞身，女娲蛇躯。"这些壁画已随着古代建筑的毁灭而无从目睹了，但我们在墓葬中却发现了许多具体而生动的形象；马王堆出土帛画中的嫦娥奔月和各种神怪，洛阳卜千秋墓中的伏羲女娲，汉代画像砖、画像石中的东王公、西王母，河西走廊魏晋墓画中的种种神话题材。特别是最近在酒泉丁家闸发现的十六国壁画墓 ①，顶部呈覆斗形，中心为展瓣莲花藻井，东西顶画东王公、西王母，南北顶画神兽、羽人，顶的下方一周画山林、野兽。墓室的建筑形制，壁画内容布局和表现方法，均与敦煌249、285窟等顶部非常相似。这一发现有力地说明：敦煌壁画中的神话题材，与墓室壁画有密切的关系。

这类传统神话题材，从祠堂、宫殿而进入坟墓，画在墓室的天井上，或者作为"铭旌"覆盖在死者的棺材上，已失去了原始神话的意义，而成为保护死者安宁或引导死者升天的仙人。在290窟佛传图中出殡的丧车上就画着乘凤持节的方士形象，249、285窟顶部的壁画中，也有大量的这类人物。这类土生土长的题材经常和佛教故事画在一起，形成了"中西结合"或"土洋结合"。如果说这种结合还只是一种"混合"，那么249窟西

---

① 1977年酒泉丁家闸出土十六国时期壁画墓，请看甘肃省博物馆有关报道。

顶的画面就是进一步的"化合"了。(图8)画上有赤身四目、手擎力士的阿修罗王。阿修罗背后,有高耸的须弥山,山上有天城,雉堞巍峨,宫门半开,是佛教中的"忉利天宫"。《法华经》上说,一个人虔诚地书写佛经,"是人命终,当生忉利天上"。这种把佛经中的天宫、人物拿过来代替原有的仙人方士、仙山琼阁和南朝墓室壁画中既有"四神""羽人戏虎""羽人乘龙"等题材,又有飞天、伎乐天、莲花等佛教内容一样,把道家的"羽化升天"和佛教的"极乐世界"合为一体,这正是魏晋南北朝时期外来的佛教逐渐"民族化",和道家、儒家思想逐渐融合的反映。

图 8　北魏 249 窟　天宫伎乐

　　还有一类壁画是装饰图案,主要是平棋和藻井,它是我国古代建筑顶部的装饰。莫高窟现存最早的洞窟之一 268 窟,顶部用泥塑叠涩平棋一排,与沂南汉墓石刻平棋基本相同。都从木构建筑脱胎而来。藻井是我国古代宫殿建筑象征"天井"的装饰,所谓"交木为井,画以藻文","殿屋之有圜泉方井兼施荷花者"谓之藻井。272 窟就是莫高窟现存第一个叠涩式藻井。无论是平棋还是藻井，都是在中心方井倒悬一朵大莲花，这就是建筑上所谓"反植荷蕖"。

到了北魏晚期，藻井一变而为华盖。华盖是"天子"和王公大臣的"伞"。佛教传入我国以后，如上所说，掺进了封建统治阶级的内容和形式，"设华盖以祀佛图老子"，在汉代已经出现。285 窟的藻井就是一顶典型的汉式华盖。除中心垂莲外，四边桁条上装饰着忍冬、云气、火焰、彩铃、垂幔等纹样，四角悬挂着兽面、玉佩、流苏、羽葆。这就是《东京赋》里所谓"树翠羽之高盖"，是莫高窟首创的具有民族特色的装饰形式。

除了平棋和藻井之外，还有龛楣、边饰和椽间图案。形式尽管各不相同，纹样则是共通的。主要纹样有莲荷纹、忍冬纹、云气纹、火焰纹、星象纹、棋格纹、鸟兽纹，以及神怪、飞天等。莲花是我国古老的装饰纹样之一，春秋时代青铜莲鹤壶上已经出现展瓣莲花，汉墓中已有完整的莲花藻井，这说明在我国佛教艺术兴起之前，莲花已被广泛使用。佛教也利用莲花作为"净土"的象征。所以佛教艺术兴起以后，莲荷图案大量出现。莲花的变形和赋彩越来越丰富、精致，成为历代敦煌图案不可缺少的题材。

忍冬是一种植物变形纹样，洛阳卜千秋墓壁画的云彩中出现了最早的忍冬纹，武威东汉墓出土的屏风也用忍冬纹作装饰，民丰东汉墓出土的丝织物上绣着忍冬的形象。到了两晋南北朝时期，忍冬纹成为佛教石窟主要的装饰纹样之一。敦煌早期石窟是忍冬纹的大本营，从十六国一直延续到唐初，才逐渐为新的纹样所代替。古代的工匠们，巧妙地运用反复、连续、对称均衡、多样统一、动静结合等形式美的规律，把三瓣忍冬组成了波状形、圆圈形、方形、菱形、心形、龟背形等各种各样的边饰，还把忍冬变为缠枝藤蔓，变为鸽子、鹦鹉、孔雀、鸵鸟栖歇的林木（图 9），甚至把忍冬与莲花结合起来，组成自由图案，作为伎乐的背景。总之，把简单的题材，变成了丰富多彩的图案，并且充分体现了我国民间装饰图案主次分明、形象精练、构图完整、变形巧妙、赋彩明快、朴实厚重等特色，大大地丰富和发展了装饰图案的内容和形式。

图 9　西魏285窟　对鸟龛楣

总而言之，无论是佛教故事画、传统神怪画或者装饰图案，从思想内容到表现形式，都具有中原汉民族艺术的传统和西域少数民族艺术的特色，同时，也明显地体现了外来佛教艺术的影响。这些都是南北朝时期，民族大融合和中西文化交流的必然产物。

二

敦煌早期壁画，在绘画技法上充分利用了民族民间绘画的成就，以表现外来的佛教内容，并在适应新题材、新内容的制作实践中，又转而丰富和发展了传统技法，创造了新的时代风格。

早期壁画，主要是主题性故事画。要把佛经里用文字描述的故事，化为具体的视觉形象，组成生动的情节，这里就有如何选取情节、安排画面、塑造人物形象、处理人物与人物的关系、人物与环境的关系等等一系列立意构图的问题。这就是顾恺之所说的“置陈布势”和谢赫提出的“经营位置”。

敦煌早期壁画，十六国时代的一面是画、一面是榜题的本生故事组画，在汉代画像砖、画像石中已经比比皆是。如武梁祠的《曹子劫桓》《专诸刺僚》《荆轲刺秦》等。北魏以后多为前文所说的横卷式连环画，这种形式汉晋时代已大为流行，如沂南汉画中的《宴饮图》、顾恺之的《女史箴图》等。在428窟佛像的袈裟上画着佛教所谓“三界”的内容，内容形式都与马王堆和临沂金雀山出土的“铭旌”非常相似。“铭旌”画面分上中下三段，上段画日月、“天阙”或“仙山琼阁”，以表示天上；中段画墓主人像及其宴饮歌舞等享乐生活，以示人间；下段画鱼龙怪人以示地下。毗卢遮那佛袈裟上所画“欲界”也分三段：上段画阿修罗手擎日月，身后画须弥山、佛像等以示佛国天宫；中段画各种人物活动，有富人、劳动者，还有牲畜，以表示“人界”；下段画刀山剑池和恶鬼，以示“无间地狱”。画面都以中段“人间”为主，画面长、内容多。尽管一个是表现我国固有的神仙思想，一个是描写外来的佛教内容，形式结构如此一致，绝非偶然巧合，而是后者采取了前代的表现形式。

除了画幅的形式，在画面构图上也无不借鉴于前代。《鹿王本生》《睒子本生》等故事画，从两头开始而在中部故事的高潮中结束的构图，不是突然出现的。沂南汉画中的《攻战图》描写胡汉两军的战争，人马从相对的方向涌上大桥，相遇于桥头，展开了一场搏斗。这大概就是

《鹿王本生》这类构图的前奏。428 窟的《舍身饲虎图》，按照故事情节的顺序，共画了 11 个场面，并以山峦、树木、屋宇表现人物活动的环境，巧妙地以此作为故事情节的间隔，使画面段落分明又衔接自然，不仅画面富有变化，也增强了壁画的生活真实感。这样情景生动的故事画的出现，首先是早期故事画从简单发展到丰富的必然结果。同时，汉晋时代已经产生了许多故事画，顾恺之就是一位杰出的故事画家，他的《洛神赋图》，特别是《画云台记》中设计的张天师七试赵升的道教故事画，情节曲折，惊险动人，多用顺序式构图，并较详尽地描写了人物活动的环境。北周时代长篇故事画的出现，也离不开前人积累的丰富经验。

早期壁画以人物为画面的主体。人物形象不外两类：一类是宗教人物如佛、菩萨、天王、力士等，另一类则是世俗的供养人和故事画中的人物。佛、菩萨是宗教偶像，其形象是不能随意由画工来任意创作的。佛经中所谓"三十二相""八十种好"，包括佛像的坐式、立式以及各种手印（手的姿势），都有严格的规定。作为世界性的宗教，这些规定已成为各国绘制或塑造佛像所共同遵循的格式。然而在统一之中有着特殊，在服从于规定标准的原则下，造像的面貌神情以至衣冠服饰，都可以随着社会生活的差异而有很大的不同。即以衣冠服饰一端为例，早期佛像多着红色袈裟，有通肩式和右袒式，这是印度式的服装。袈裟上以密集的衣纹表现轻纱透体的质感，画史称"曹衣出水"，实际上是犍陀罗的雕刻衣纹在壁画上的反映。菩萨身上的璎珞、宝冠等饰物，以及裸体、赤足等习惯，也很明显地来自印度和波斯等国。到北魏后期，随着魏孝文帝改制，佛、菩萨以至飞天的服饰，尽管上半身裸露的菩萨像仍然不废，但同时出现了褒衣博带、大冠高履，一变而为中国士大夫或某种女性的形象。这种情形不仅在敦煌早期壁画中是这样，包括我国其他一些著名的石窟艺术的雕塑、壁画，也莫不留下这种痕迹，而且从当时历经隋唐一直到近代，几乎成了佛、菩萨的标准服饰。至于世俗人物，本来就是以现实生活中的人物为蓝本，按照当地的衣冠服饰、风俗习惯而绘制的。

在人物造型中，人物面相角度的选择，是绘画艺术的一个重要问题，我国秦汉以前的绘画中，人物形象还是一种比较简单的影像。绝大多数是侧面，晚周帛画中祈祷的妇人、战国帛画中御龙的男子、西汉帛画中的软侯夫人和侍从，都是侧面像。两汉时代，绘画已成为封建统治阶级"成教化、明人伦"的工具，内容日益丰富，人物造型技巧逐渐提高，人物形象基本上有三种角度：正面、侧面、半侧面。汉代绘画中的人物形象，大多数是半侧面像。如洛阳出土的西汉墓画《二桃杀三士》图中的武士，望都汉画中《门下功曹》《辟车伍佰》，河西魏晋墓画中的《狩猎》《农耕》《车骑出行》等，画中的人物，都是半侧面像。特别是墓主人像，更是工匠们精心刻画的比较准确的、生动的半侧面像。敦煌早期壁画继承了这个传统。在适应佛教内容的需要的前提下，也塑造了三种角度的形象：佛像都是正面像，这是为了表现佛的庄严神圣；胡人多为侧面像，大约是因为身份卑微和易于突出高鼻深目的特点；菩萨、弟子供养人和故事画中的人物，大多是半侧面像。在塑造半侧面形象中，工匠们不仅注意到面形的准确性，而且找到了一条富于变化的轮廓线，逐步深入地在五官变化中表现人物的风姿神采。同时，还注意到人物姿态动作的丰富性，注意到男女老少外貌的不同和内心的变化，在长期创作实践中逐渐地形成了一套表现喜、怒、哀、乐等不同情绪的程式，对于"寓形寄意"的汉代绘画来说，"程式化"是一个进步，它使人物形象不断地丰富和深化。

我国古代绘画塑造人物形象的艺术语言，主要是线描。它具有高度的概括力，以简练的笔墨，可以塑造出真实、生动、性格鲜明的人物形象。但这种成就并非一蹴而就，而是经历了漫长的发展过程。远在原始社会时期，彩陶罐上就已经用线条描画各种装饰纹样，晚周帛画挺劲而有力的线描还保留着残余的金石味；战国帛画的线描秀劲而潇洒；西汉帛画的线描组合严谨，圆润流畅，主线与辅线的关系已有恰当的处理，并注意到在线描组合的透视感中体现物体的立体感。西汉帛画线描技巧之成熟，标志着我国绘画运用线描的新水平。在汉代绘画中，线描也是形成统一的民族风格的重要条件。但在不同地区又有不同的特点：乐浪漆画的线描简洁细致；望都壁画的线描粗壮严整；沂南画像石和南京晋末时代《竹林七贤图》的线描，挺拔有力如"曲铁盘丝"；河西汉晋墓画的线描，奔放自由，挥洒自如。嘉峪关魏晋墓画有的不起稿，采用一次完成的"勾填法"；有的用土红线起稿，墨线完成（图10、图11）。最近酒泉出土的十六国壁画墓中，土红线、墨线并用，以土红线勾描的飞马，奔腾之势栩栩如生。墓主人《宴饮图》则以土红线起稿，上色后再描墨线开脸出相，最后定型（图12）。敦煌石窟早期壁画的制作程序和用线方法，与上述墓室壁画大体是一致的。

图10　嘉峪关五号墓　魏晋壁画　耕地

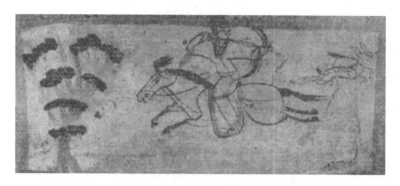

图 11　嘉峪关五号墓　魏晋壁画　狩猎

图 12　酒泉丁家闸十六国时代壁画墓　墓主人像

　　早期壁画，一般都用粗壮有力的土红线勾出头面肢体轮廓，然后赋色，最后再描墨线完成。山林动物以土红线或淡墨线起稿，249 窟顶部的野牛和猪群都是没有上色的画稿，生动自然之趣与魏晋墓画相同（图13）。但由于墓画埋在地下，人不得见，往往比较粗略，敦煌壁画画在洞窟里长期供人瞻仰，还要通过艺术形象去吸引人、感染人，以达到使"观

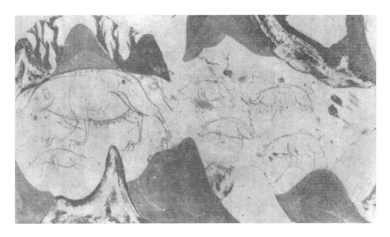

图 13　北魏 249 窟　猪群

者信"的目的，一般都要比墓画严整精致。所以在上色完成后，还要普遍描一次准确的定型线，把人物的形体和精神面貌显示出来，以加强形象的艺术魅力。

　　早期的线描，一般都压力大、速度快、干净利落、秀劲圆润。263、285 窟等的线描，便是早期铁线描的典型，技巧之纯熟，差不多达到"炉火纯青"的境地。完成一幅画要描几次线。由于工匠们在制作过程中不断修改，起稿线与定型线往往不相吻合。如 290、285 窟的飞天，起稿的土红线与定型的浓墨线互相交错，别有一种自然之趣。特别是飘带上蜿蜒曲折而又顺势的长线条，运笔之快，颇有"风趋电疾"之感。潇洒的线条，有助于使清秀轻盈的"伎乐天"悠然自得地飘浮于天花流云之间。这种浪漫性的表现手法，充分显示了古代匠师们高度的形象思维能力。

　　除了墨线、土红线而外，还有白线和朱线。在衣裙的边沿，在帔巾的翻卷处，描一条"提神"的白线，由于描线时发挥了我国毛笔特有的功能，在起笔、收笔、抑扬顿挫的运动中，体现了音乐般的韵律感。从而增强了飘带、衣裙的动势和变化。

早期壁画的线描主要是铁线描。但在自由奔放的土红线和白粉线中，已经孕育着隋唐时代健壮活泼的兰叶描。同时，还给前代柔软秀丽如"春蚕吐丝"的线描赋予了强健的、动的生命力。

我国古代把绘画叫作"丹青"，汉朝人已经提倡"随色象类"，南齐谢赫把"随类赋彩"列为六法之一，可见我国一向重视绘画赋彩。在战国漆画上已具有浓重热烈的色调，秦汉墓画色彩鲜丽明快，西汉帛画的色彩更为丰富，就色种而言，除了石青、石绿、朱砂、赭石、白粉等矿质色，藤黄、靛青等植物色，还有银粉、蛤蜊粉等发光的动物质色，因而使画面呈现出丰富、厚重、沉着、艳丽的美感。但更重要的是出现了体现色彩变化和立体感的晕染法，特别是洛阳卜千秋墓壁画中的人物和咸阳杨家湾的陶俑上，明显地出现了表现人物面部红润色泽和立体感的晕染法。这标志着我国绘画用色已经发展到一个比较成熟的新阶段。敦煌壁画辉煌灿烂的色彩，就是在这个基础上发展起来的。

但是，我们今天看到的早期壁画，大部分是经过千百年风日侵蚀，部分非矿质色已经起了变化。特别是人物面部肢体的肉红色，大半变成了灰黑色，朱红晕染变成了大黑圈，使许多壁画呈现出灰暗青冷的色调和"粗犷""古雅"的情趣，这当然并非壁画的本来面目。

早期壁画绚丽的色彩，在 285、288、263 窟等均可看到，特别是263 窟从西夏重层壁画下剥出来的《降魔变》《说法图》等，有的没有完全变色，有的完全没有变色。如南壁的菩萨像，肉红色的肌肤，黑色的头发，朱红色的天衣，碧绿色的长裙，金光闪闪的环钏，光彩夺目，鲜艳如新。

早期壁画赋色的特点之一，是普遍使用"晕染法"以表现人物的立体感。晕染法有两种：一种是西域式晕染法，以明暗关系表现立体感，即画史上所说的"凹凸法"或"天竺遗法"。这种技法传到西域，为当地各族采用并有所融合发展，创造了两面染、一面染等技法，具有了新的特点。敦煌早期壁画，直接采用了这种西域式晕染法，但也有所变化，普遍出现了圆圈晕染，层层叠晕，画白鼻梁，效果柔和、圆润、立体感强。（图14）另一种是我国中原绘画的传统染法，即染色法，在人物面部染两团红色。嘉峪关魏晋墓画中的妇女形象，炳灵寺西秦时代的女供养人，大多如此，只简单地点两块红色而不施晕染。敦煌北魏故事画中的妇女形象，偶亦用之。到了北魏晚期，无论男人、女人、俗人、佛像，都以朱红或胭脂染两颊和上眼睑，以表现面部色彩的变化，这种色彩体现了物体的固有色，并表现了面部固有色彩中体现主体感。中国绘画不追求光化色。这两种晕染法长期并存，直到隋代南北统一以后，才逐渐融合成一种新的晕染法。

早期壁画赋色中另一个特点是涂色，不是死板地填色。

图14 十六国时期272窟 菩萨

画工在完成画稿后，视物像的需要和均衡协调的原则，在画面上分布色彩，书写"工"（红）、"夕"（绿）等代号，然后饱蘸色彩，按照人物的姿势、帔巾的动态、动物骨骼的起伏、肌肉运动的方向，顺势涂画。这不仅是给物像以应有的色彩，也是进一步塑造形象。无论是奔驰的黄羊、腾跃的骏马，或者起伏的山峦、飘浮的云彩，尽管色彩多已褪变，但涂画的笔触、笔致，仍历历在目。由于掌握了物像内在的规律，所以一笔一画都是活色。尤其是在纯熟的操作中自然流露出来的笔情色趣，使艺术形象更加丰富生动，这就是《鲁灵光殿赋》中所说的"随色象类，曲得其情"的艺术境界。

我国古代绘画的最高要求是"传神"，表现人物的神情意态。从目前发现的绘画实物来看，汉晋绘画中已经出现了不少传神佳作。顾恺之是善于传神的人物画家，他第一个提出了"以形写神"的创作理论。后来谢赫又加以发展，归结为"气韵生动"，列为六法之首。可见南北朝时期把传神艺术提到了相当高度，得到普遍的重视。

敦煌早期壁画中一些优秀作品，在相当的程度上都体现了传神这个原则。在宗教人物形象上，不同类型的人物被赋予了不同的性格和神情。如菩萨的温婉庄静，天王力士的威武雄壮，供养人的虔诚恭敬，飞天伎乐的自由活泼，等等。在同一类型人物中也不是千篇一律，而是各有特点。如249窟一身菩萨，身材修长，姿态婀娜，低头，双手均作拈花式，在默默沉思中露出温柔妩媚的情态。285窟一身侧面菩萨则与此相反，身躯矮而壮，弓着腰，捧着花，嫣然含笑，在愉悦的情绪中带着沉静。（图15）尽管这些形象都渗入了宗教的想象成分，但在人物共同的"柔情绰态"中，又展现了不同的心理状态。

世俗人物与佛、菩萨不一样，神采风姿比较自然，富于生活气息。如

《鹿王本生》中的王后，便是工匠们着意刻画的一个反面人物。当溺人向国王告密时，王后依偎在国王身边，侧身而坐，但又回过头来望着溺人，将右臂撒娇似的搭在国王肩膀上，翘起的食指，似乎在下意识地扣打，曳地的长裙下露出一只光脚，脚指头好像也在不自觉地晃动。（图16）从这些妖娆妩媚的细节刻画中，自然地流露出她正在促使国王为她逮捕九色鹿的隐蔽的内心活动。又如285窟的《禅修图》，为了表现禅僧形如槁木、心如死灰的宁静心境，特意安排了一个野牛奔驰、饿虎嚎叫、猎

图15　西魏285窟　菩萨

户正在捕杀野猪、射手已经瞄准了牦牛的动乱不安的环境，正如梁代诗人王籍的名句"蝉噪林逾静，鸟鸣山更幽"一样，都是用动来衬托静，并在禅僧不同的眉目变化上，表现不同的静的境界。（图17）禅僧们有的裹衣端坐，闭目沉思，对于动乱的尘世无动于衷；有的双目微张，凝视空茫，对于身外之物似乎视而不见，听而不闻。最突出的是端坐胡床、紧闭双目的禅僧，额上倒挂着两道八字眉，在愁眉不展的神情中，流露出在禅修中受到动乱干扰、神志不宁的焦躁心情，但经过一番澄心静虑，似乎又有所

图 16 北魏 257 窟 《鹿王本生》
中的"溺人告密"

图 17 西魏 285 窟 禅僧

图 18 西魏 285 窟 坐胡床的禅僧

图 19 北周 428 窟 《舍身饲虎图》中的"驰马还宫"

得而从嘴角上露出一丝会心的微笑，在他面部微妙的变化中，表现了复杂而矛盾的内心活动。（图 18）再如 428 窟的《舍身饲虎图》，当二兄发现萨埵残骸时，头发飞起、呼天嚎地，向遗骸猛扑过去，以戏剧性的夸张手法，表现了惊惶悲痛的神情。二兄收拾遗骨、起塔埋葬以后，为了向国王报告这意外的悲剧而驰马还宫，当两骑人马奔过山道时，道旁树木随风倾倒。（图 19）工匠们就是用这种寓情于景、情景交融的手法，表现了人物急迫的心情。

不仅人物，在动物画中也有许多栩栩如生的形象。如 249 窟顶部那只双膝跪地吃力地把头伸向水池的饥渴的黄羊，285 窟南顶那只站在土坡上，竖起双耳，回首张望，好像发现猎人似的惊悸的麋鹿（图 20），都表现了动物在某种特殊环境中的生动神态。

总而言之，早期壁画无论人物、动物，甚至一花一木、一山一水，都逐渐地从汉代以前"寓形寄意"的阶段，向"形神兼备""气韵生动"的阶段发展。

我国的民族民间绘画富于装饰性。无论是战国漆画、西汉帛画，或者是汉晋时代的画像砖、画像石，都是以人物为主的装饰画。敦煌壁画浓厚的装饰性，和这个传统也有一脉相承的关系。首先，在构图上平列人物，使画面稳定均衡。如《鹿王本生》，把为数不多的人物，分布在四米多长的壁

图 20　西魏 249 窟　惊鹿

画上，虽然有聚散主从之别，却没有远近大小之分，人物和宫殿楼阁等高。宫室往往不画前墙，使人能洞察内庭中的活动，并以象征性的山水树木装点环境。凡空白处均点以小花，整个画面充分体现了"满"和"全"的特点。其次，体现在色彩分布上。土红涂底是早期壁画的特点，在土红底色的基调上，根据人物的需要，调配青、绿、朱、赭、黄、黑、白、金等色，在"以色貌色"的原则下，使其均衡而又不死板，统一中又富有变化，并充分运用了同色叠晕、异色对比的手法，以显示色彩的深浅明暗。285、263窟等的壁画，红白对比，青绿交辉，具有质朴而又鲜丽的装饰效果。在装饰性的赋色中，有时"不守俗变"，赋予形象以异常的色彩。如《鹿王本生》中驾车的马，不仅在造型上运用了夸张和变形的手法，塑造了一匹嘴尖而腹瘦的骏马，更引人注目的是给马涂上了鲜亮的石绿色。石绿色的马在现实生活中是不存在的。但在土红底色的衬托下，与前面的黑马、白马互相配合，整个色调鲜明和谐，因而更显得绿马的步履轻捷，矫健有力。不仅故事画如此，就是千篇一律的千佛，也利用袈裟色彩的不同，五个一组，组成纵横交错的道道色光，在装饰的美感中，寄寓着宗教的神秘气氛。

一个伟大的民族创造自己光辉灿烂的民族文化，绝不排除而且必然地会借鉴一切外来的东西，而后加以咀嚼、吸收，转化为自身机体的营养。鲁迅先生说得好，我们的祖先"对于别系的文化抱有极恢廓的胸襟与极精严的抉择"①，"凡取用外来事物的时候，就如将彼俘来一样，自由驱使，绝不介怀"②。这种"恢廓的胸襟"是以高度的民族自信心作为基础的。敦

---

① 孙伏园：《鲁迅先生二三事》。
② 鲁迅：《看镜有感》。

煌早期壁画，正是我国各族的匠师以当时的现实生活为源，以传统的艺术技巧为流，又汇集了若干外来的支流而形成的一条艺术长河。

（原载《文物》1978 年第 12 期）

敦煌壁画与中国传统绘画

赵声良

中国的绘画，自明清以来，充满文人意识的山水画、花鸟画及人物画成为普遍的形式，而在唐代以前盛行于寺院、道观以及宫殿建筑中的壁画渐渐失传了，以致很多人见到敦煌壁画这样的绘画，会认为这些艺术不是中国画。这里牵涉到"中国画"的定义问题。可以说很多人是从狭义的方面来理解中国画的。如果要承认先秦、汉唐以至于现代代表中国传统的绘画都是中国画，那么，其中明清以来流行于画坛的那种以文人思想为主导，以山水、花鸟及人物为主要题材，以写意的水墨或水墨加彩为主要形式的绘画仅仅是其中的一小部分。而像敦煌壁画这样在民间有着广泛影响，深受社会各阶层人们喜爱的绘画则是一个重要的部分。从这个意义上看，敦煌壁画是有助于我们全面认识中国传统绘画的。

一、中国传统绘画两大系统的形成

如果我们把从原始社会的彩陶艺术，商周以来的青铜艺术，秦汉画像石、画像砖艺术，南北朝到隋唐的寺院、石窟雕刻及绘画艺术，等等，联系起来，就可以看到中国数千年文明中，有着十分宏大的艺术体系，若单从绘画的方面来看，宫殿壁画、石窟和寺观壁画以及绢本、纸本的佛教绘画代表着具有广泛群众性的艺术，这一艺术体系与文人艺术有很大的不同，我们试以敦煌壁画为例来分析这一类艺术的特质，讨论它与文人艺术的区别所在。

敦煌壁画是至今保存下来时代延续最长、内容最丰富、体系最完整的绘画艺术。考察敦煌壁画，我们看出它有如下特点。

1. 强烈的实用（功利）性。石窟的开凿都是有目的的，有的是僧人为坐禅而建，有的是为信众礼拜而建，在洞窟中，彩塑、壁画都是为了宗教信仰的目的而作，或者表现佛、菩萨形成而让人膜拜，或者描绘佛教故事，让普通人了解佛教的思想教义，所以壁画的制作必须受到佛教思想和仪轨的限制。这一点与汉代祠堂的画像中宣传儒家思想等教育目的是一致的。也就是画史中说的"夫画者，成教化，助人伦，穷神变，测幽微，与六籍同功"[①]。

2. 写实精神。尽管佛经中所记述的故事大多像神话一样，并非真实存在，它要表现现实中并不存在的所谓"净土世界"，以及一些抽象的义理。但作为宗教艺术，则需要以真实可感的形象来表达这些内容，以达到观者感动而加强信仰的目的。所以在敦煌艺术中，从菩萨、天王、弟子等形象，我们却可以看到现实社会中恬静美丽的少女、威武的将军、文静的青年、慈祥的老人等形象。又如表现净土世界华丽无比的宫殿，天宫伎乐轻歌曼舞的场面正是现实世界中帝王的宫殿和宫廷中乐舞生活的反映。隋末唐初的画家杨契丹擅长画建筑画，有人想借他的粉本（画稿），他却指着

[①] （唐）张彦远：《历代名画记》卷一，上海人民美术出版社 1964 年版。

附近的宫殿、车马说："这些就是我的粉本。"[①] 说明那时的优秀画家都是注重写实的。佛教创造出人间没有的佛国世界，但所有这些充满想象力的内容都来自现实生活。

3. 大众性。由于敦煌艺术有着强烈的宗教目的，怎样使深奥的佛教哲理变得浅显易懂，便成了艺术创作的关键。艺术家总是要采用那个时代广大群众喜欢的形式来进行表现。如在早期壁画中画出了中国传统神话传说的伏羲、女娲及东王公、西王母等中国人所熟悉的形象，故事画也采用汉晋以来流行的长卷式构图。当中原一带山水画流行之时，佛教壁画中也出现了山水景物。隋唐以后的菩萨形象往往以当时的美女为模特来描绘。天王和金刚就是现实中的将军和战士的写照，这样无疑给观众一种亲切感。正因为敦煌壁画有这样的大众性，使它最能代表一个时代的大众审美趋势。从南北朝到元代一千多年间，敦煌艺术风格的变化准确地反映出各时代民众审美趣味的变迁。

4. 共性特征和雄浑的精神。敦煌壁画在布局上有一套完整的秩序和规范。如早期洞窟多为中心塔柱窟，洞窟中央是一座方形塔柱，柱的四面开龛造像，以供人们绕塔礼拜，塔柱前为汉式"人"字披顶，两侧壁靠前部分配合中心柱画出大型说法图，后部往往画出佛教故事画以供人们观赏和领会佛教的精神。唐代流行方形殿堂窟，依照寺院的形式，正面开龛造像，佛居正中，两旁依次排列佛弟子、菩萨、天王、力士等（这样的布局令人想起古代帝王上朝时，天子在上，文武百官列于两侧的情景）。洞窟的两壁多为大型经变画，表现佛国的理想境界。总之，每个洞窟都是要营造一个完整的佛国世界。这就要求建筑家、雕塑家、画家密切配合。就是

---

① 参见（唐）张彦远《历代名画记》卷八，上海人民美术出版社 1964 年版。

一铺大型经变也往往需要多人合作。中国古代民间绘画往往是以一些著名画家为主导，形成一个个艺术制作的团队，他们集体进行一些大型寺院和石窟的壁画、雕塑制作，这样才保证了艺术的完整性。另外，僧人、供养者（出资建窟的人）对艺术的设想与期待，也常常会影响艺术创作。在这样的艺术创作中，共性特征要大于个性特征。从某种意义上来说，它也许会限制某个个体艺术家创作个性的发挥。但同时，那种宏大、深厚而广博的精神却是任何单个艺术家的创作都无法企及的。这种美学精神，我们从万里长城、秦皇陵兵马俑、汉画像乃至于明清的故宫建筑中也同样可以领会到。

5. 在表现手法上兼收并蓄的态度。没有固定的美学思想束缚，只要民众喜欢，都可以纳入。南北朝时期佛教艺术受西域风格的强烈影响，很多印度和西域的高僧携经像来中国，带来了外国的雕塑、绘画风格和手法。而在北魏晚期和西魏时代，中原流行的秀骨清像风格也同样出现在敦煌壁画之中。隋唐以后，以长安为中心的中原地区流行的新风格也很快就传入敦煌。从敦煌壁画中就可以看出古代艺术家广泛地吸收各种风格，并融会贯通创造出更新的作品，敦煌壁画各时代都有着明显的时代特征，从中又可看出西域风格、中原风格、回鹘风格、吐蕃风格等。唯其如此，才形成了敦煌艺术的博大与深厚。它的出色之处就在于不抱偏见，大胆吸收一切适合的表现手段，这样不仅没有丧失民族性，反而更加丰富了传统艺术的内容。

从以上几个方面可以看出中国艺术雄厚的传统。中国从魏晋六朝开始，文人士大夫参与了绘画创作，并逐渐形成了文人的艺术（这里所说的"文人的艺术"概念并不是绘画史上所说的宋以后形成的"文人画"。而是泛指在文人思想意识影响下创作的绘画）。这种新的艺术形式逐渐发展，形成了一个独特的系统，到了元代以后，已经可以与传统民众艺术系统相抗衡，并在绘画方面成了中国画的主流。关于这一类绘画，前人已做过很多研究，宗白华先生指出："中国画以书法为骨干，以诗境为灵魂，诗、书、画同属于一境层。"① 在艺术上追求的是"绚烂之极，归于平淡"②。从这里出发，我们可以看出由于文人士大夫参与绘画创作，中国画逐渐产生了一些新的因素，如书法的用笔技法和思想对绘画产生了影响，水墨画在五代宋以后成了绘画的主流，元代以后出现了诗、书、画的结合形式，等等，从而从形式到精神气度等方面完善了"中国画"的形式。同时也意味着这种"中国画"从传统的绘画中分离出来，形成了独自的体系。如果我们把前面所说的民众的艺术作为第一系统，文人的艺术作为第二系统的话，第二系统与前一系统相比，有如下特点。

1. 非功利性。文人画家绘画是为了抒发"胸中之逸气"，追求"萧条淡泊"的境界，他们一般不愿涉足具有实用性的大众艺术。

2. 写意性。他们大都潜心于自己所陶醉的笔墨情趣，而反对绘画过分工细，过分逼真，以免失去绘画所要表现的精神。即使是有写实能力的画家也不愿把物体画得过分真实，而表现出"逸笔草草"的特点。

3. 注重笔墨，反对色彩。这是由于水墨画的发展成熟，画家通过高超的水墨技法就可以表现丰富的世界，把水墨技法当作追求的较高境界，相反对于傅色的绘画则评价不高。

4. 狭隘与保守性。文人的绘画作为中国艺术的一个方面曾取得了较高的成就，特别是在表现精神气韵等方面达到很高的境界。因此，过去

---

① 宗白华：《论中西画法的渊源与基础》，载《美学与意境》，人民出版社1987年版。
② （唐）张彦远：《历代名画记》卷五，上海人民美术出版社1964年版。

的一些绘画理论把文人绘画当作标准来衡量一切，对富有广泛民众性的佛教绘画及其他艺术评价不高，显得过于偏狭。而明清以来，许多画家们不重视绘画的内涵以及作为绘画应有的诸如写生能力、傅色技巧等，而仅仅把笔墨技法当作标准，从而形成了程式化的表现，越来越缺乏生命力。

两大系统的存在，是中国特定时代的产物，今天当我们重新审视历史、文化的时候，就应看到第二系统的文人艺术只是中国艺术的一个部分，只有同时注意到两个系统，才能完整地把握中国艺术的实质。而在第一系统的艺术大多不存的今天，敦煌艺术正好为我们提供了充分的例证，以供我们全面认识中国传统绘画。

二、佛教艺术对中国传统绘画的冲击与拓展

佛教的传入，不仅在中国思想界掀起了巨大的波澜，而且对中国原有的文学艺术产生了深远的影响。在文学方面，适应佛教宣传的需要，产生了讲经文、变文等文体，大大加速了我国讲唱文学的发展。在美术上则是使原来多制作于宗庙祠堂的绘画雕刻扩展到了佛教寺院及石窟之中，随着佛教的发展，前来寺院与石窟进行修行、礼拜等活动的人数及频率、范围远远高于进入宗庙、祠堂以及皇家或贵族殿堂者。因而，壁画、雕刻这样的美术作品在这里获得了空前的观众，宗教的需要、观众的需要，极大地刺激了美术的创作，从魏晋南北朝到唐代，正是佛教在中国发展的高潮时代，这段时期画史上那些著名的画家最得意的作品往往是在寺院中。

如《历代名画记》引用《京师寺记》的记载，记述东晋著名画家顾恺

之,曾在瓦棺寺画维摩诘像,他用了一个多月的时间精心画出了维摩诘像,画完时,"光照一寺,施者填咽,俄而得百万钱"①。这些施者既是佛教信仰者,也是壁画的观众,正是由于观众这样大的热心,才极大地促进了佛教壁画的发展。

《历代名画记》还记载了戴逵为了雕刻好佛像,坐在密室中,听观众对他的木雕佛像的评论,在听取群众意见的基础上又加以研究,经过三年时间,终于雕成了佛像。②像这样画家、雕刻家与观众的良性互动关系,也只有在佛教这样普及的情况下才能形成。

到了唐代,佛教寺院更加发达,画家们多在寺院中绘壁画,并形成了不同的风格流派,以适应当时的竞争状况。吴道子就是唐代绘壁画的高手,《唐朝名画录》记载:"寺观之中,图画墙壁,凡三百余间。变相人物,奇踪异状,无有同者。"③又记载作者曾听八十岁的老人讲述吴道子当年绘画的情景:"吴生画兴善寺中门内神圆光时,长安市肆老幼士庶竞至,观者如堵。其圆光立笔挥扫,势若风旋,人皆谓之神助。"同书还记载了吴道子画地狱变时,"京都屠沽渔罟之辈,见之而惧罪改业者,往往有之,率皆修善"。

绘画能起这样大的社会影响,确也是罕见的。在这样一种观众与艺术家的互动中,形成了中国美术史上最辉煌的艺术时代,也是艺术与普通民

① (唐)张彦远:《历代名画记》卷五,上海人民美术出版社1964年版。

② 参见(唐)朱景玄《唐朝名画录》,载卢辅圣主编《中国书画全书》第1册,上海书画出版社1993年版,第164页。

③ 对于这个问题,许多绘画史专家多有论述。如王伯敏讲到汉代绘画的特点时说:"由于时代的局限,还没有获得更多的实践,所以在'深沉雄大'的表现中,还嫌粗率,人物多取侧面,不善于正面的刻画。透视处理,也还没有一定的法度,不能表现纵深的远近关系。"参见《中国绘画史》,上海人民美术出版社1982年版,第68页。

众的距离最贴近的时代。这一点与欧洲的文艺复兴时代教堂的建筑、壁画、雕刻等艺术的发展类似。艺术品的价值是通过千百万普通观众的眼光来检验的。大多数人喜爱的美术，其风格、流派获得了发展。

总之，佛教促使美术发展成一种公共的艺术，佛教寺院、石窟里的这些壁画、雕刻等，任何人不分地位等级都可以尽情来欣赏，艺术品不再单纯是为某些个人收藏，或为某些个人所作，艺术家在这里得到广泛的与民众接触与交流的机会，这是中国魏晋南北朝到唐代佛教艺术得以兴盛的重要因素之一。

从绘画技法等方面来看，佛教艺术传入中国以后，印度和中亚成熟的人物表现艺术随着佛像绘画大量地传入中国。使中国画家很快掌握了人物比例和动态表现技法，特别是西域式的晕染法，通过细腻的色彩晕染来造成立体感，表现肌肤的细微变化。这样的方法对中国传统绘画产生了重大的影响。

中国到汉代为止的绘画艺术，人物表现往往以线描造型，注重整体的装饰性，而在轮廓线以内缺少具体的刻画或刻画简略，对于人物的比例、形象的写实等方面不太重视，在人物造型上还没有形成一套成熟的技法。[1]

而在佛教艺术传入中国以后，佛像画的造型方法开始影响到了中国。出于宗教崇拜的需要，佛像画有一套严整的规范。这些规范不仅是宗教造神的需要，同时也是美术造型的一种技法。在佛像画的刺激下，中国的人物画艺术得到飞速的发展。南北朝时期，以佛画著名的张僧繇借鉴了印度传来的晕染法，当时称为"凹凸法"或"天竺遗法"，在寺院壁画中取得

---

[1] 参见赵声良《敦煌壁画风景研究》，中华书局 2005 年版。

很好的效果，深受人们的赞赏。曹仲达则以表现印度式佛像"其体稠迭而衣服紧窄"的风格而著名，后世称为"曹家样"。在表现佛教艺术中，大部分中国画家不可避免地要受到印度以及西域绘画艺术的影响，当然这种影响并不是单方面的，他们在接受外来影响的同时，结合传统的绘画技法，不断地创造出代表各时代的中国式的佛教艺术。佛教自传入中国一千多年间，呈现出异彩纷呈、风格多样、时代特征明显等特点，与印度或西域佛教艺术中较长时期保持着同一风格的状况迥然不同，反映了中国艺术无穷的创造力。

三、从敦煌壁画看中国佛教美术的成就

（一）人物造型艺术

敦煌壁画的内容主要包括六类：1. 佛像画；2. 佛教故事画（包括本生故事、因缘故事、佛传故事、佛教史迹故事）；3. 中国传统神怪像；4. 经变画；5. 供养人画像；6. 装饰图案画。除了装饰图案以外，绘画都是以人物（神）为主体的，在敦煌 500 多座石窟中留下了无数的人物形象，可以说是中国人物画艺术的宝库。

佛教最初是反对宗教崇拜的，后来在宗教的发展中，为了适应崇拜者的需要而产生了佛像。在古代印度，佛和菩萨的形象往往是以当时的贵族形象为模特，按照当时的审美标准来塑造的。佛经中对佛像的特征做了很多说明，如"三十二相""八十种好"等，体现着古代印度的美学思想。而在印度北部的犍陀罗地区，由于受到古希腊文化的影响，形成了与印度有所不同的审美标准。佛教传入中国后，最初是模仿着印度和中亚传来的

佛像形式。隋唐以后，逐渐形成了中国式的佛像，不仅面部形象中国化了，而且佛像的衣饰也变成了中国人的服饰，反映了外来的佛教艺术与中国本土艺术的融合。同时，在佛教艺术长期繁荣发展之中，中国的绘画艺术也受到强烈的刺激，从而得到飞速的发展。敦煌石窟北朝到隋唐的佛像艺术正反映出中国绘画艺术发展的一个侧面。

比起汉代以来的人物表现方法，敦煌壁画的人物形象既对人体比例予以重视，同时亦吸收了色彩晕染法，开始重视事物的立体表现，尤其是人物的晕染方法逐渐发展起来。从十六国时代到元代一千年间，壁画中的佛像与世俗人物形象数以万计，各时代都有不少佳作。

十六国北朝时代，按不同类型的人物表现出不同的形象和性格特征，如佛的形象总是庄严慈悲、表情安详。菩萨的形象典雅而含蓄，但比起佛陀来则往往可以画得自由一些，受印度和西域艺术的影响，早期的菩萨有的身体呈"三道弯"式，富于动感，如北凉第272窟的胁侍菩萨、北魏第263窟的菩萨，身体修长，衣服飘举，手势和动态具有舞蹈性，或许正是受西域舞蹈之风影响的结果。西魏第285窟东壁和北壁说法图中的菩萨，衣服和飘带富丽，体现出南朝贵族的风度。天王一般表现出威严和勇武的形象，但北朝的天王像并不多。在洞窟四壁下多画一些金刚力士像（也称药叉），他们是佛国世界的护法之神。这些力士往往夸张地表现出粗壮的身躯，强烈的动态，憨态可掬的面容，也有的表现出兽头人身等怪异的形状。

隋唐以后，画家们更进一步通过形态、表情来揭示人物的内心世界。一般来说佛陀形象作为崇拜的对象，保持着一贯的庄严而慈悲的形象，在菩萨的形象上则表现出不同的个性。如第172窟北壁观无量寿经变中的菩萨，他们或神情专注，听佛说法；或相互窃窃私语，而目光顾盼；或手舞足蹈作欢喜踊跃状；等等，不一而足。又如第 217 窟龛两侧的观音和大势至菩萨，穿着华丽，神情雍容，体现出唐代贵族妇女的面貌。第 159 窟的菩萨像，如温婉的少女，无限妩媚。唐代画家往往通过对眼睛的刻画，传达出不同的表情，或沉思，或喜悦，或回眸含笑，或开心得意。一举手，一投足，不同的姿态，呈现出不同的风韵。

天王力士的形象威武勇猛，但已不像早期壁画那种脸谱化的夸张表现，而更注重写实性，仿佛现实生活中的将军形象，因此既有神的一面，又有真实可感的一面。佛弟子一般表现为僧人的形象，其世俗性更强。早期壁画中已经塑造了迦叶、阿难这一老一少僧人的类型，唐代壁画中佛弟子的形象则更为丰富，如第 217 窟龛内迦叶的形象，通过头部脖颈的线描，表现老僧的形象，同时似在说话的嘴形和那双炯炯有神的眼睛，则表现出他睿智的精神。另一位弟子则在闭目遐思，好像正参禅入定的精神状态。

总之，唐代的人物不仅面容、体形姿态各异，还通过人物表情的细腻刻画来反映内心的精神世界。人物由早期的类型化表现进入了个性化表现时期，出现了大量不朽之作。五代以后，敦煌地方政权偏安一隅，与中原的交流受阻，石窟壁画由沙州画院的画工们制作，形式化严重，人物形象失去了生气。西夏、元代虽然在敦煌开凿的洞窟不多，却出现了一些新型的人物形象和表现手法，代表了敦煌晚期石窟艺术的新成就。如榆林窟第 3 窟文殊变、普贤变中，以多种线描手法，表现出不同个性的人物，各具风采。

（二）线描与色彩

线描是中国绘画的基本艺术语言，也是敦煌壁画造型的主要手段。

敦煌北朝壁画通常先作起稿线，然后上色，最后还要画一道定型线，这是传神的关键，所以也叫提神线。早期壁画中多用铁线描，这是西域传来的手法，线条较细，但要表现出强烈的力量，即所谓"曲铁盘丝"的特点。西域式的画法还在于注重晕染，通过细腻的晕染来造成立体感，表现肌肤的细微变化。这种晕染法通常沿轮廓线向内染，边沿部分颜色较深，高光部分颜色浅。在鼻梁、眉棱、脸颊等部位往往先施白色，再以肉色相晕染，形成明暗关系。由于褪色和变色的原因，北朝时期大部分绘画中，晕染的过渡关系变得模糊，变成了粗黑的线条，给人以粗犷的印象。而脸部往往高光部分的白色却留下来了，鼻梁和眉棱的三处白点像一个"小"字，有人把它称作"小字脸"，其实当时并非如此，我们从第275、263窟等洞窟部分颜色没有变化的壁画中可以看出绘画之初的面貌。这种西域式的佛像表现手法是北朝时期壁画的主流。

汉代以来的中国绘画注重线描，但与西域式的线描不同。西域式的画法可以说线描是为形象服务的，只要造型能够成立，线描本身并不重要，所以，比起线描来，晕染占有更重要的地位。而在中国传统绘画中线描本身具有重要的意义，它不仅是造型的手段，其本身的流动性也要表现出美来。六朝画家谢赫的"六法"论，第一是"气韵生动"，第二是"骨法用笔"。"气韵生动"，强调画面或形象整体所反映出来的精神、韵味，"骨法用笔"就是指线描中要表现出"骨气"和力量，使线描本身也散发着生命的气息。画史上说陆探微的绘画"笔迹劲利，如锥刀焉"，就是指那种力量饱满而气势流畅的线描。通过这样饱含着力量（骨气）的线条，塑造出的人物便充满了勃勃生机。魏晋南北朝，经过顾恺之、陆探微等画家们的努力，线描造型成了中国绘画的主要手段。这一方法也随着中原风格的传入而影响到了敦煌，我们从西魏时代的第285、249窟就可以看到以这样挺拔的线描绘出的人物、动物等形象。第 285 窟北壁的一些供养人形象，还可以与现存传为顾恺之的《洛神赋图》中的形象相媲美，其造型风格如出一辙。

与此同时，中原式晕染法也悄悄进入了敦煌壁画。中原式晕染法与西域式晕染不同，主要是一种装饰性晕染，通常在人物面颊和眼圈部分施以粉红或其他颜色，所谓"染高不染低"，与西域式的"染低不染高"正相反。中原式晕染法在西魏、北周时期流行于敦煌壁画，同时也开始了与西域式晕染法的结合，特别是北周至隋代的壁画中，往往同一人物同时采用两种晕染法。

隋唐以后的绘画中，线描与晕染并重，而晕染既不同于西域式，也不同于西魏以来的中原式，它根据人物的形象和动态，晕染得更为灵活，使画面更富于写实性。隋代第 276 窟的维摩诘像，就是线描造型的典范之作，画面色彩简淡而突出线的作用，衣纹线粗壮而流畅，转折处刚劲有力，甚至面部的胡须也显得"毛根出肉"，写实而又富于美感。

唐代线描技法得到了长足的进展，以吴道子为首的唐代画家们创造了多种线描技法，使中国绘画的造型技法十分丰富。被称为"吴带当风"的兰叶描成为表现力最丰富的一种技法，在敦煌唐代壁画中十分流行。由于线描在造型中占着重要的地位，为了不破坏线描的效果，往往采用减淡颜色以突出线描的神气，甚至有的地方不加彩绘，形成类似白描的效果。如第 103 窟东壁维摩诘经变中的维摩诘形象就以力量充沛而又富于变化的线描，表现出维摩诘滔滔雄辩的精神状态。除了维摩诘的衣服部分有一些色彩外，大部分不施色彩，却显得神气一贯，富有感染力。维摩诘下部的各国王子形象也多用白描画出，线描艺术在这里达到了极高的水平。线描不仅是用以造型的技法，其本身的力量、流动之美也表现出一种气韵和精神。在莫高窟第 103、217、159、158、112 窟等唐代的代表洞窟壁画中，都可以看到线描艺术的成功之作。五代以后，转折强烈，更富于书法气息的折芦描等方法也开始流行于壁画中，西夏榆林窟第 3 窟壁画文殊变和普贤变、元代莫高窟第 3 窟千手千眼观音经变等则融会了多种线描手法，代表了晚期线描艺术的新成果。

北魏洞窟的装饰色彩多以土红为底色，配以对比强烈的石青、石绿、黑、白等色，构成一种热烈而庄严的宗教气氛。西魏以后，受中原绘画的影响，出现了一些以粉白为底色的洞窟，显得色调轻快而明净，如第 249、285、296 窟等的窟顶装饰，有明朗而飘逸的特征。但北周和隋代的大部分洞窟恢复了以红底为主的装饰风格，由于洞窟空间扩大，形成严整而庄重的装饰特色。唐代以后，洞窟的装饰色彩无限丰富，不再以某一种色调为基调，而是多姿多彩，自由表现。中国传统的用色并非写实，而是装饰性表现。除了洞窟藻井、边饰等图案外，大型经变画，人物画中的色彩也大多具有装饰性。如菩萨、飞天等形象的衣服纹样的色彩就未必取源于实物，而往往是为了绘画中的色彩需要予以点缀。唐代壁画多用石青、石绿、土红等色，这些宝石般的色彩，使画面显得高贵而华丽。尤其是菩萨身上装饰的璎珞珠宝等，处处点缀着华美的气息，令人感受到佛国世界的美妙境界。

盛唐以后，著名画家李思训创造的以石绿色为基调的青绿山水曾风靡全国，敦煌石窟中也出现了不少青绿山水画的作品，如第 217 窟南壁和第 103 窟南壁的法华经变中，都画出了青绿山水。第 332、148 窟的涅槃经变也是以大面积的青绿山水为背景而表现的。这样大规模的山水景物，在壁画的装饰上也占有突出的作用，石绿色与适当的石青和金色配合，会产生高雅而富丽的气氛，它与土红等很多暖色调也十分协调。这种协调性极强的颜色，深受当时画家们的喜欢，中唐以后，石绿色便逐步成了壁画的主调，尤其是到五代宋以后，石窟壁画的基调差不多都成了石绿色。

（三）空间的构建

对空间的认识与表现，可以说是中国传统审美意识中的一个最有特色的方面。中国人之所以从很早的时候就开始欣赏山水画，从某种意义上说，就在于对空间十分在意的这种审美思想。

先秦时代的绘画我们很难看到了，但从《诗经》等文学著作中，仍可以感受到人们对于这种自然空间形成的美感的认识。如《诗经·秦风》："蒹葭苍苍，白露为霜；所谓伊人，在水一方。溯洄从之，道阻且长；溯游从之，宛在水中央。"在这首脍炙人口的古诗里，一句"在水一方"，意境十分深远。因为在水的一方，由这种距离而产生的若即若离的美感，让人回味无穷。在屈原的《离骚》《九歌》等诗中，同样可以看到写景的诗句。通过风景来表现思想情感的写法，在汉代乐府诗中也有不少佳句。如《古诗十九首》："青青河畔草，郁郁园中柳；盈盈楼上女，皎皎当窗牖。""涉江采芙蓉，兰泽多芳草；采之欲遗谁，所思在远道。"

我们从这些文学性的描写中，似乎可以看到一幅幅富有田园气息的风景画，从这些风景中也看到了人物，是人物与景物交融、富有情趣的画面。而这种由于远观的距离所形成的美感，在中国传统的审美意识中特别受到重视。

由此，我们可以理解在汉代大量的画像砖、画像石中就出现了很多表现风景的画面，如四川出土的画像砖《采莲、射猎》，通过一道弯曲的河岸，表现由远及近的河流，左侧河中有两只船，船中的人物在采莲。右侧岸上的人物正在弯弓射箭。同样，四川的画像砖《集市图》中，则通过房屋建筑形成远近的空间，表现出人物活动的场所。即使是以表现人物为主题的《乐舞百戏》(山东出土)等画像砖，也要通过人物的斜向排列组合而构成一种空间关系。总之，从汉代绘画中，我们可以看出艺术家总在努力表现一种空间关系，这种表现的愿望甚至远远超过了对人物自身，诸如表情、动态的表现。

如果与古代叙利亚、古印度艺术相比较，我们就更清楚地看到这种差异。如一件古代叙利亚浮雕的攻城图，人物排成斜向，由低到高，人物大多是剪影式的前后排列。尽管人物很多，景物刻画也很细，但看不出纵深的空间来。又如古印度的山奇大塔门上表现降魔的主题，众多的魔军在与释迦牟尼较量中失败而仓皇逃走。人物密密麻麻地排列着，画面十分拥挤，看不出前后的空间感。即使是表现人物在一些景物前面，也会把人与树木、房屋拥挤地排在一起。这一点在阿旃陀壁画中也同样，我们找不到类似中国绘画那样空旷的画面。

所以，对空间表现的喜爱与追求，可以说是中国绘画传统中的一个突出特征。而这一特征就在佛教艺术的表现中得到了长足发展。因为佛教壁画中要表现故事画、经变画，要表现人物众多的大场面，其中的空间处理，充分展示了中国画家的特长。

北魏晚期以后的敦煌壁画，把人物放在一定的背景之中，表现人物的同时，也表现山水风景。如第 285 窟南壁的《五百强盗成佛》故事画中，斜向排列的山峦使人感到形成了近乎三度空间的深度。隋唐以后，经变画的兴盛，标志着中国画空间构成的成熟。经变画一般规模较大，往往一铺经变就画满一壁，特别是以表现净土世界为主的经变画(如阿弥陀经变、观无量寿经变、法华经变、弥勒经变、药师经变等)，以佛说法场面为中心，在佛周围描绘华丽的殿堂楼阁和宝池平台，或者描绘山水风景。

画家以丰富的环境, 烘托出一个理想的佛教世界。虽说是理想的世界, 但其中的一山一水, 和无数楼阁连同其中的佛、菩萨、伎乐、飞天等却是那样真实可感。

这是对空间的设计, 说法和舞乐的场面都离不开建筑的背景, 通过这些建筑背景就表现出远近空间的关系来了。初唐的经变画往往按水平线分成三部分: 中段是说法场面; 下段描绘净水池和平台, 平台上往往有乐舞形象; 上段象征天空, 有飞天等形象, 使人感到空间的无限辽远。盛唐的经变画以中轴线为中心对称构图, 两侧的建筑等景物形成的斜线与中轴线相连, 形成像鱼骨那样有规律的排列形式, 造成了一定的透视感。盛唐第172 窟南北壁的观无量寿经变就是典型的例子。比起科学的透视法来, 它还不完善, 但在科学的透视法还未发现之前的 8 世纪, 这样的构图就是表现空间远近关系最有效的办法。欧洲从 13 世纪开始研究远近表现的方法, 到了文艺复兴时代产生了科学的透视法。可是在中国 8 世纪前后就已产生了鱼骨式的处理方法, 大大地推进了空间关系的表现。

除了建筑以外, 不少经变画也以山水为背景, 或在建筑物周围描绘一定的山水树木, 把建筑物之外的一些空间补充完整。中唐以后综合处理山水与建筑的经变较多, 通常建筑物作为近景, 山水作为远景, 把远近空间有机地联系起来。

盛唐以后弥勒经变往往以山水背景来表现, 如第 445 窟北壁、第 446 窟北壁的弥勒经变都是以山水为中心而描绘出来的。在中部绘出须弥山, 山上绘出宫殿, 象征须弥山和兜率天宫的景象。第 33 窟南壁、第 446 窟北壁的弥勒经变形成了新的山水空间, 中心仍然是须弥山, 但在周围绘出绵延的小山, 仿佛从宇宙的高空向下俯视的远景山峦, 给人以无限远、无限辽阔的空间感。须弥山作为远景置于画面上部, 而近景中则表现儴佉王及眷属剃发出家以及嫁娶、耕作等场面。这些富有人间生活气息的场面显得十分写实，而空间处理的成功，也使画面具有写实性，把须弥山的天国世界和人间世界统一在一个画面之中。

唐代经变画反映了中国画空间表现艺术的重大成果。经变表现的是佛国之境，然而，这些建筑、山水则是人间的风景，它反映了中国人对风景审美的需要，说明了唐代由于山水画、建筑画的流行，这样的审美风气也渗透到佛教艺术中来，画史记载吴道子、李思训等画家们都曾在佛寺中描绘山水画，敦煌壁画中的山水画也为画史提供了可感的形象资料。

以上仅从人物画、线描与色彩、空间构成三个方面，简要说明敦煌壁画反映出的中国佛教绘画的突出成就。应当指出的是，敦煌壁画所体现的成就远远不止这三个方面，从中国绘画发展史的角度对敦煌壁画做深入的研究和挖掘，探讨佛教艺术与中国传统绘画的相互关系，还有大量的工作要做。

（原载《新美术》2007 年第 5 期）

"一带一路"话语体系建设与文化遗产保护*

朝戈金

2014 年 3 月 27 日，习近平造访联合国教科文组织巴黎总部，在其演讲中提出了"文明交流互鉴"这一重要思想："文明因交流而多彩，文明因互鉴而丰富。文明交流互鉴，是推动人类文明进步和世界和平发展的重要动力。"[①]2016 年 8 月，在"推进'一带一路'建设工作座谈会"上，习近平明确提出要加强"一带一路"建设的"话语体系建设"[②]。那么，从中国政府提出的"一带一路"倡议回顾联合国教科文组织在文化遗产领域制定的多边公约，进而思考当下的文化遗产保护如何在 21 世纪人类可持续发展的多维图景中发挥其应有的作用，兼及如何让中国多民族的非物质文化遗产在"一带一路"话语体系中转化成不同文化间的对话资源，从而更好地实现"民心相通"这一"五通"之

* 本文系中国社会科学院登峰战略优势学科建设"中国史诗学"2017 年度项目的延伸性成果。

① 《习近平在联合国教科文组织总部的演讲》，2014 年 3 月 28 日，新华网（http://news.xinhuanet.com/politics/2014-03/28/c_119982831_2.htm）。

② 《习近平在推进"一带一路"建设工作座谈会上发表重要讲话》，2016 年 8 月 17 日，中国政府网（http://www.gov.cn/guowuyuan/2016-08/17/content _ 5100177.htm）。

本，这些问题的讨论便构成了本文的基本写作思路。

一、文化遗产：概念与内涵的发展

在刚刚过去的半个多世纪里，联合国教科文组织陆续出台了若干国际标准文书以加强文物和文化遗产的保护，主要包括《关于武装冲突情况下保护文化财产的海牙公约》(1954)、《关于采取措施禁止并防止文化财产非法进出口和所有权非法转让公约》(1970)、《世界版权与邻接权公约》(1971)、《保护世界文化和自然遗产公约》(1972，以下简称《世遗公约》)、《保护水下文化遗产公约》(2001，以下简称《水下遗产公约》)、《世界文化多样性宣言》(2001)、《保护非物质文化遗产公约》(2003，以下简称《非遗公约》)以及《保护和促进文化表现形式多样性公约》(2005，以下简称《多样性公约》)。联合国教科文组织的持续发力也反映了在现代化和全球化时代"文化与发展"这一命题已然引起了国际社会的严重关切，尤其在"文明冲突论"和"9·11"事件的影响下，以承认并尊重"文化多样性"为主题的文明间对话、文化间对话和宗教间对话也频繁进入联合国系统的议事日程。作为承担教育、科学、文化、传播的政府间组织，联合国教科文组织不断发展公约、建议案和宣言以及指导方针，一方面通过多边公约帮助各国进一步加强国际合作，另一方面也吸纳了各国的国内立法、行政的实践和政策。1998年3月至4月，在瑞典斯德哥尔摩召开政府间文化政策促进发展会议并通过了《文化政策促进发展行动计划》。该计划明确指出："更新遗产的传统定义"，并承认所出现的一些新的文化遗产类别，尤其是文化景观、工业遗产和文化路线；加强对包括口头传统在内的遗产的研究、清查、登记和编目工作，以便能够为实施传统和科学的保护政策制定适当而有效的文件。

在此进程中，文化遗产的概念从内涵到外延也发生了重大变化，指涉越来越广：不仅指分布在世界各地的物质遗产，也指植根于不同文化传统中的非物质遗产，尤其是那些与人的生活世界息息相关的口头传统、表演艺术、仪式、节日、传统知识和传统手工艺等文化表现形式。这样的拓展显示出一种相辅相成的双重导向：一则引导人们承认"共享遗产"，并将之作为"人类共同遗产"来进行表述；一则引导人们承认文化多样性及其形塑的多重文化认同，并将之视作推动可持续发展的创造力源泉。以下，我们围绕几个重要公约做一简略梳理，以便对目前全球范围的文化遗产保护与话语资源的相互关联形成大致的把握。①

1972年《世遗公约》将自然遗产和文化遗存的保护融会贯通，在认同人类与自然和谐共处的同时强调二者之间的平衡。在该公约框架下，遗产主要包括自然和人工环境中具有"突出的普遍价值"的文化遗产和自然遗产，例如具有历史、美学、考古、科学或人类学价值的文物、建筑群和遗址等不可移动的物质文化遗产。《世界遗产名录》中以文化遗产、自然遗产和自然文化混合遗产三类做划分。随后，在该《世遗公约》长达45年的实践中又发展出了更为广泛的遗产类型。迄今为止，世界遗产委员会已识别并定义了几种特殊的文化与自然遗产类型，包括文化景观、城镇、运河与文化线路，并制定了具体的指南以便对这些遗产申报列入《世界遗产名录》进行评估。诚然，这种开放性的拓展与文化多样性的讨论也有

---

① 限于篇幅，这里仅列举联合国教科文组织在文化遗产领域制定的国际标准文书，但仍然需要关注联合国环境规划署通过的《生物多样性公约》(1992)及其框架下的"生物圈保护区"，以及联合国粮农组织发起的"农业文化遗产"等项目。

着内在关联①，而与遗产相互依存的地方社区对保护这些遗产及其环境也扮演着不可或缺的角色。随着第 41 届世界遗产委员会大会于 2017 年 7 月 12 日在波兰克拉科夫落幕，列入《世界遗产名录》的遗产项目已达 1073 处，涉及 167 个缔约国；其中文化遗产 832 处，自然遗产 206 处，自然与文化双遗产 35 处；另跨境遗产占 37 处，濒危遗产占 54 处，还有摘牌 2 处。《世遗公约》193 个缔约国中还有 26 个国家尚未产生世界遗产名录项目。

联合国教科文组织于 1992 年发起世界记忆工程。其目的是实施其《组织法》中规定的保护和保管世界文化遗产的任务，促进文化遗产利用的民主化，提高人们对文献遗产的重要性和保管的必要性的认识。从概念上讲，世界记忆工程是世界遗产名录项目的某种延续，但侧重于有世界意义的文献记录，包括博物馆、档案馆、图书馆等记忆机构或民间社会及非政府组织保存的任何介质的珍贵文件、手稿、口述历史的记录以及古籍善本等。截至 2015 年 10 月 6 日，世界记忆工程国际咨询委员会第 12 次会议在阿联酋阿布扎比闭幕，各国被列入《世界记忆名录》的文献和文献集合达到 346 份。值得注意的是，在联合国教科文组织第 38 届大会期间批准的《关于保存和获取包括数字遗产在内的文献遗产的建议书》（2015）② 已成为迄今为止保护世界文献遗产的"标准工具"（normative tool），并将电子形式的文献也纳入了保护范围。

---

① 参见徐知兰《UNESCO 文化多样性理念对世界遗产体系的影响》，博士学位论文，清华大学，2012 年。

② UNESCO. *The Recommendation concerning the Preservation of, and Access to, Documentary Heritage, Including in Digital Form* (http: //unesdoc. unesco. org/images/0024/002446/244675e. pdf), 2017-07-11.

　　2001 年《水下遗产公约》规定，"水下文化遗产"系指至少 100 年来，周期性地或连续地，部分或全部位于水下的具有文化、历史或考古价值的所有人类生存的遗迹，如遗址、建筑、房屋、工艺品和人的遗骸，及其有考古价值的环境和自然环境；船只、飞行器、其他运输工具或上述三类的任何部分，所载货物或其他物品，及其有考古价值的环境和自然环境；具有史前意义的物品。古沉船、沉没的城市、被水淹没的洞穴和其他对人类具有重大文化或历史意义的水下遗存在该公约中被给予了广泛关注和高度重视。随着公约的生效，国际社会在文化领域又有了一套完整的法律文书，不仅为长期被忽视的水下遗产提供了与陆地遗产同等的全面保护，同时从技术和专业角度促进国际交流与合作，这对水下遗产的合理保护来说不可或缺。1980 年以来，已有 49 处海洋和海岸遗产先后对接《世遗公约》进入《世界遗产名录》；2007 年以来，按照公约专门设立的"水下文化遗产优秀实践"公布制度已产生 7 项优秀实践。

　　而在 2003 年《非遗公约》的框架下，过去一直被忽视的各种传统文化表现形式和文化空间得到了前所未有的关注。随着"非物质文化遗产"这一新概念的普及，加入《非遗公约》的国家已经发展到 174 个之多（截至 2017 年 5 月 12 日），全球范围的非物质文化遗产，包括各种社会实践、观念表述、表现形式、知识、技能以及相关的工具、实物、手工艺品和文化空间都进入了人们的视野。该《非遗公约》所界定的遗产领域主要包括：（1）口头传统和表现形式，包括作为非物质文化遗产媒介的语言；（2）表演艺术；（3）社会实践、仪式、节庆活动；（4）有关自然界和宇宙的知识和实践；（5）传统手工艺。截至 2016 年 12 月 2 日，保护非物质文化遗产政府间委员会第 11 届常会在埃塞俄比亚首都亚的斯亚贝巴闭幕，全球列入该公约名录的非遗项目达到 429 项，其中"人类非物质文化遗产代表作名录"为 365 项，"急需保护的非物质文化遗产名录"47 项，"优秀保护实践名册"17 项；跨国联合申报项目共 30 项。

在联合国教科文组织主导的文化遗产保护运动中，上述公约框架下的各类遗产名录中到底有多少来自"一带一路"国家还有待仔细统计，但是可以肯定的是，"丝绸之路"沿线的文化遗产及其之于文化间对话的历史人文价值和促进文化多样性的意义阐释空间，得到了持续的彰显和拓展，不论是海路还是陆路。鉴于"一带一路"倡议的基本框架基于传统概念上的丝绸之路而设计，本文认为有必要分析"遗产线路"或"文化线路"这一遗产类型及其概念之于促进区域间文化对话的特殊意义。"将线路作为文化遗产的一部分"专家会议期间（1994 年 12 月，西班牙马德里）讨论了"遗产线路"或"文化线路"这一术语的概念，进而提出如下定义：

> 遗产线路的概念丰富多彩，它提供了一种有效的构架，使相互理解、多种历史观的共存及和平文化能在其中发挥作用。遗产线路由各种有形的要素构成，这些要素的文化意义来自于跨国界和跨地区的交流和多维对话，说明了沿这条线路上展开的运动在时空上的交流互动。[①]

而该公约《操作指南》在附件 3《特定类型遗产列入〈世界遗产名录〉指南》中规定，一条遗产线路是否具备列入《世界遗产名录》的资格时，下列五点应予以考虑：（1）重新考虑具有突出的普遍价值的相关要

[①] 联合国教科文组织世界遗产中心：《实施〈世界遗产公约〉操作指南》，中国古迹遗址保护协会译，联合国教科文组织，2016 年，第 69—70 页。

求；（2）遗产线路的概念；（3）遗产线路可被视为一种特殊的动态的文化景观；（4）对遗产线路的认定基于各种力量和有形要素的集合，以见证线路本身的重大意义；（5）真实性条件也将基于线路的重要性和其他组成要素。线路的使用时间也要考虑在内，可能还需考虑其现今使用的频率和受其影响的族群对其发展的合理意愿。其中有关"遗产线路"的概念，则包括：

——基于运动的动态、交流的概念、空间和时间上的连续性；

——涉及一个整体，线路因此具备了比组成要素的总和更多的价值，也因此获得了其文化意义；

——强调国家间或地区间交流和对话；

——应是多维的，不同方面的发展，不断丰富和补充其主要用途，可能是宗教的、商业、行政的或其他。①

从上述定义及其阐释看，文化线路作为遗产类型的提出秉承了联合国教科文组织早期开展的"丝绸之路整体研究项目：对话之路（1988—1997）"的基本思路，为国际社会重新认识和反思人类的交往行动和文化间对话对于当前的和平文化建设和可持续发展的重要意义。长期在国际层面参与世界遗产保护和管理工作的景峰对《世遗公约》规定的文化遗产类型及其概念史的发展，包括国际国内有关丝绸之路及其沿线的文化遗产保护做出了全面系统的钩沉和梳理，其中也肯定了联合国教科文组织和世界

---

① 联合国教科文组织世界遗产中心：《实施〈世界遗产公约〉操作指南》，中国古迹遗址保护协会译，联合国教科文组织，2016年，第69—70页。

遗产委员会围绕丝绸之路与文化间对话的相互促进而做出的不懈努力。①
2014 年，哈萨克斯坦、吉尔吉斯斯坦和中国共同申报的"丝绸之路：长
安—天山廊道的路网"以"文化线路"列入《世界遗产名录》，也充分说
明跨境遗产案例一直是促进缔约国之间加强协作，带动缔约国与咨询机
构、政府间委员会、专业研究中心以及当地社区进一步互动与沟通的对话
实践，其中的经验乃至一些教训都为"一带一路"话语体系建设如何结合
文化间对话促进文化多样性提供了参照和前鉴。

沿着这个方向，我们再讨论丝绸之路沿线的非物质文化遗产及其存续
现状和保护实践之于促进文化间对话的意义看来也是必要的。非物质文化
遗产本身就具备源远流长的人文传统，既是文化多样性的熔炉，也是可持
续发展的保障；而文化多样性既是人类的共同遗产，也是"一带一路"国
家至关重要的文化资源。那么，在"一带一路"话语体系建设中，中国和
相关国家的非物质文化遗产便构成了提供对话活力和资源的重要抓手。

二、"一带一路"建设倡议与非物质文化遗产保护的国际合作

正如中国政府在《推动共建丝绸之路经济带和 21 世纪海上丝绸之路
的愿景与行动》（以下简称《愿景与行动》②）中所宣示的那样，增进沿线各
国人民的人文交流与文明互鉴，让各国人民相逢相知、互信互敬，共享和
谐、安宁、富裕的生活，是"一带一路"倡议惠及于民的中国方案。只有

---

① 参见景峰《丝绸之路文化线路系列跨境申遗研究》，科学出版社 2015 年版。
② 国家发展改革委、外交部、商务部：《推动共建丝绸之路经济带和 21 世纪海上丝绸之路的愿景与
行动》，2015 年 3 月 28 日。

倡导文明交流互鉴，尊重各国发展模式的自主选择，存异求同、兼容并蓄、美美与共，才能真正促进文化间对话。而如何在尊重文化多样性和人类创造力的前提下，结合相关国家的文化遗产保护实际，深入挖掘共享遗产之间的文化联系，营造文化间对话的良好氛围，提炼出一系列共识性话题，推进双边和多边的人文交流，就成为国家文化遗产领域的政策制定者和学界不可推卸的责任。

2017 年 5 月，联合国教科文组织总干事博科娃在"一带一路"高峰论坛的"增进民心相通"平行主题论坛发言，呼应了习近平主席所提出的"丝路精神"，体现了中国与联合国教科文组织富有活力的合作。截至目前，双方在文化、教育、科学、信息传播等领域的合作取得了丰硕成果，以下数字反映了一些基本情况：联系学校 8 所，联合国教科文组织教席和姐妹网络 20 个，生物圈保护区 33 个，创意城市 8 个；入选《世界遗产名录》52 处；入选联合国教科文组织非物质文化遗产名录 39 项，以及入选《世界记忆名录》10 项。这些合作和参与反映了中国认可联合国教科文组织在文化领域通过的若干公约和相关标准文书的理念，进而积极参与其实践的姿态。大而言之，这些基于国际合作的一系列实践依托的是联合国教科文组织与成员国之间的互动和协作，相关项目和计划同样在许多成员国形成了辐射；尤其是文化遗产保护已然成为相关公约缔约国普遍关注的共同事项，并在几十年的发展中形成了国际社会共同使用和相互理解的话语系统，这便为"一带一路"建设倡议的话语体系建设奠定了良好的话语资源和对话空间。

非物质文化遗产维系着相关社区、群体和个人的文化认同和持续感，在民众的传承和实践中世代相传，在当下具有重要的文化意义和社会功能。令人稍感遗憾的是，国内学界和政策制定者对文化遗产如何融入"民心相通"的话语建设尚未给予高度关注，在近期出版的研究报告中，既有

"一带一路"的大数据分析，也有"五通"的指数统计，但在"民心相通"这个专题下没有找到任何有关勾连文化遗产与人文交流的信息①；即便是列国志也几乎无涉文化遗产保护的基本情况②。以下，我们仅以非物质文化遗产保护的国际合作为主线，通过相关的几个话题来讨论"一带一路"的话语体系建设问题。

首先，如何从非物质文化遗产保护观察"一带一路"国家在文化领域的合作关系？《愿景与行动》将"一带一路"的范围描述为："丝绸之路经济带重点畅通中国经中亚、俄罗斯至欧洲（波罗的海）；中国经中亚、西亚至波斯湾、地中海；中国至东南亚、南亚、印度洋。21世纪海上丝绸之路重点方向是从中国沿海港口过南海到印度洋，延伸至欧洲；从中国沿海港口过南海到南太平洋。"习近平在"一带一路"国际合作高峰论坛开幕式上发表的主旨演讲中表示，"一带一路"建设植根于丝绸之路的历史土壤，重点面向亚欧非大陆，同时向所有朋友开放。不论来自亚洲、欧洲，还是非洲、美洲，都是"一带一路"建设国际合作的伙伴。③鉴于下文要做一个初步的统计分析，这里还是需要确定目前通过各种方式响应"一带一路"倡议的国家范围。虽然未见特别明确的说法，但以笔者所见，近年研究"一带一路"建设倡议的宏观报告中，分别有 63 国、65 国和 80

① 参见北京大学"一带一路"五通指数研究课题组《"一带一路"沿线国家五通指数报告》，经济日报出版社 2017 年版；国家信息中心"一带一路"大数据中心《"一带一路"大数据报告（2016）》，商务印书馆 2016 年版。

② 参见王胜三、陈德正主编《一带一路列国志》，人民出版社 2015 年版。

③ 参见习近平《携手推进"一带一路"建设——在"一带一路"国际合作高峰论坛开幕式上的演讲》，人民出版社 2017 年版。

国等数种统计依据①，这种数字上的变动恰恰说明"一带一路"是一个开放的概念，"一带一路"国家范围在逐步扩大，可能还会不断延展。

中国社会科学院民族文学研究所口头传统研究中心"'一带一路'国家非物质文化遗产保护研究课题组"依据国家发改委主办的"中国一带一路网"的"各国概况"栏目中所列入的"一带一路"沿线和周边国家，加上已经与中国签订合作协议的国家，再加上《"一带一路"国际合作高峰论坛成果清单》中所列与中国签署了合作协议的国家，那么包括中国在内的"一带一路"国家共计84个②。根据联合国教科文组织官网非物质文化遗产专题（ich.unesco.org）的相关数据进行统计，在这84个国家中共有78个国家加入《非遗公约》③；爱尔兰等16个国家虽已加入该公约但尚无非遗项目列入。因此，"一带一路"国家中有63个缔约国已有非遗项目入选公约名录，共计258项，具体入选的名录类别情况为：人类非物质文化遗产代表作名录220项，占85%；急需保护的非物质文化遗产名录30项，占12%；优秀保护实践名册的8项，占3%。目前，全球已加入《非遗公约》的国家共174个，在教科文组织公布的429项非遗名录项目中，由"一带一路"国家独立申报或联合申报的项目数量占60.1%，比例明显高于全球各地区列入名录的平均水平。若包括非缔约国，全球共有113个国家有非遗项目入选公约名录，其中"一带一路"国家占55.8%。另外，在以国家计名入选公约名录超过10项

---

① 依次见以下3种著述：《"一带一路"沿线国家五通指数报告》《"一带一路"大数据报告（2016）》《一带一路列国志》，出版信息见前揭。

② 参见中国一带一路网（http://www.yidaiyilu.gov.cn/）。

③ 俄罗斯、马尔代夫、南非、新加坡、新西兰及以色列等6个国家尚未加入《非遗公约》；然而，俄罗斯有2个项目在《公约》生效之前被教科文组织宣布为"人类口头和非物质遗产代表作"，后于2008年自动转入《人类非物质文化遗产代表作名录》。

的 13 个国家中，中国、韩国、克罗地亚、土耳其、蒙古、印度、越南和伊朗 8 个国家属于"一带一路"范围，也是高于全球平均水平。① 课题组成员郭翠潇采用量化和数据可视化方法对来自"一带一路"国家的名录项目进行了系统梳理，并分别从项目数量、类别、领域、国家分布、时间分布、联合申报等角度进行统计分析，反映了"一带一路"国家参与《非遗公约》实施的基本情况、特点以及合作关系。② 这样的统计分析或许还可以走得更远，比如可以进一步围绕"丝绸之路经济带"北线、中线和南线以及"21 世纪海上丝绸之路"西线和南线的划分，继续探讨相关国家的非遗传承、实践及保护策略。

就目前的分析看，在"一带一路"国家中，尤其是在传统的丝绸之路沿线国家中，我们可以做出基本判断，非物质文化遗产得到这些国家社会各界的重视，在抢救、保护、传承、弘扬、清单编制、申报等环节的工作中，这些国家的政府、民众和相关专业人员都秉持比较积极的姿态，以不同的方式努力落实联合国教科文组织在非物质文化遗产保护方面所倡导的原则和方法。较其他地区而言，传统丝绸之路沿线上一些国家，自然环境相近、地域上彼此相邻、文化上长期互动和交流、天然阻隔不多等原因，更容易形成民族学所定义的"经济文化类群"和"历史民族区"等区域性文化板块。若是结合这一区域的名录项目来看，把文化遗产的保护工作与人类社会的发展进步的关联作为主要考量的维度，则该区域和次区域目前为外界所知晓的遗产项目，从诸多方面为我们提供了大量鲜活的样例，昭

---

① 以上统计详见郭翠潇《"一带一路"国家〈非遗公约〉名录项目数据统计与可视化分析》，《民族文学研究》2017 年第 5 期。

② 以上统计详见郭翠潇《"一带一路"国家〈非遗公约〉名录项目数据统计与可视化分析》，《民族文学研究》2017 年第 5 期。

示着人类文明的进步和发展，民众的诗性智慧和惊人的创造力，在不同的国家或地区文化传统中以什么样的方式，成为维系和协调社会组织、传递知识和价值观、提供无可比拟的审美愉悦、建构人与自然的关系、发展人自身的综合能力的重要源泉。这方面的例子实在是太多了，这里随手举例说明。在中国新疆维吾尔自治区的维吾尔民族中间长期流传着的麦西热甫，就是一个生动的事例。麦西热甫是维吾尔族传统文化的一个极为重要的载体。作为一种综合性的文艺表现形式，该项目集纳着成系列的民俗实践和表演艺术形式，将饮食和游艺，音乐和舞蹈，戏剧和曲艺，等等，整合为一体。不仅如此，麦西热甫还是民间的"法庭"，负责断是非，调节冲突，也是"课堂"，教导民众礼仪规矩、道德伦理、文化艺术及传统知识等。这就等于说，一宗综合性的民间文化遗产，以其生命力和影响力，参与了社会文化的模塑和建构。

其次，如何结合公约精神促进"一带一路"国家的人文交流。在《非遗公约》的框架下，联合国教科文组织建立起来的三类非遗名录连同国际援助一道成为保护非物质文化遗产的四重国际合作机制。与生物进化的线性特征不同，文化的进化往往是通过非线性的方式达成，有时可能要跨越遥远的时空距离。不同文化之间的交流互鉴，对于人类进步而言，其意义和作用，往往超乎我们的预想。文化交流上的难和易，也往往都与文化交流的特质有关。

通过《非遗公约》名录观察文化合作的现状，颇能说明问题。在《世界遗产名录》中，按主题统计，海洋与海岸49处，陆地建筑149处，文化景观103处，林地91处，城市190处；按跨境计，共有37处（其中文化遗产19处、自然遗产16处，混合遗产2处，濒危遗产1处），虽然涉及65个国家，但在已列入的1073处遗产中占比不高。而综观非遗名录中，有个现象引起了我们的注意，那就是"一带一路"国家完成的跨国联合申报，比起其他地区来，在数量上多，在参与范围和规模上也比较大，且不论《非遗公约》较之《世遗公约》还"年轻"太多：在"一带一路"国家已列入名录的 258 个项目中，有 20 项是两个或两个以上国家联合申报的，占所有联合申报项目的三分之二。[①] 其中有两个项目的联合申报超过了 10 个国家：一是"猎鹰训练术：一宗活形态人类遗产"，由 18 个国家联合申报；二是"诺鲁孜节"，由 12 个国家联合申报。一看便知这两个项目都是主要在传统丝绸之路沿线国家的主导下完成的。阿拉伯联合酋长国牵头发起"猎鹰训练术"的联合申报，参与国家还有奥地利、比利时、捷克共和国、法国、德国、匈牙利、意大利、哈萨克斯坦、韩国、蒙古、摩洛哥、巴基斯坦、葡萄牙、卡塔尔、沙特阿拉伯、西班牙、叙利亚，这些国家横跨亚洲、欧洲和非洲。"诺鲁孜节"由伊朗发起，参与申报国家还有阿塞拜疆、印度、伊拉克、哈萨克斯坦、吉尔吉斯斯坦、巴基斯坦、塔吉克斯坦、土耳其、土库曼斯坦、乌兹别克斯坦。丝绸之路沿线国家尤其是中亚国家联合申报的项目明显高于其他地区，就是这类文化遗产拥有诸多共享因素的一个表征。

假如我们看一看保护非物质文化遗产政府间委员会评审机构就"猎鹰训练术"所作决议，就会对《非遗公约》及其《操作指南》所蕴含的理念有更为切近一点的理解。决议指出：猎鹰训练术最初是一种获取食物的方法，但随着时间的推移，该传统在社区内部和不同社区之间逐渐形成了与自然保护、文化遗产及社会参与的更多关联。训练猎鹰，繁育它们，与它们建立更为密切的关系，成为许多国家的常见做法，虽然在一些具体环节上有所不同，但训练猎鹰的基本方法，大体上是相同的。驯鹰人认为他们

① 详见朱刚《"一带一路"倡议与非物质文化遗产保护的国际合作》，《西北民族研究》2017 年第 3 期。

自己是一个群体，还认为驯鹰活动意味着与过去的联系，与自然环境和文化传统的联系。决议特别强调该传统为相关社区提供了归属感、自豪感和持续感，以及增强了文化认同。也强调该传统对"自然状态"的尊重，以及对自然环境的保护，对保护猎鹰物种的积极意义等侧面。这里传递了至少这么几层意思，包括但不限于：关于非物质文化遗产的保护，有助于增强关于人类文化多样性的理解和包容，有助于与鼓励和推动不同文化之间的彼此欣赏和对话，有助于增强特定文化传统的社区和民众对自身文化的自豪感和自信心，有助于环境保护和人类在利用自然资源时应有的小心谨慎，取用有度的态度，有助于在动物的使用和驯养过程中，具有人性和人道主义的情怀，也就是说给予动物应有的关爱和尽量顺应它们的天性而与它们建立关系等。这些层面的考量，乃是一种既尊重不同文化传统，又符合现有联合国人权文件精神的立场。这里鲜明地、毫不含糊地传递了关于非物质文化遗产保护与人类社会可持续发展之间的直接关系，进而对这种关系、对人类社会的长久发展的意义做出了比较完整的阐释。

共同参与"诺鲁孜节"申报的 12 个国家在地域上相邻，文化上长期相互影响，具有彼此相同或相近的文化事象，这并不难理解。从联合申报这个行动本身，也可以看到历史上丝绸之路在推动各个国家之间相互交流、相互影响方面的直接的或潜隐的作用。另外，这种基于扩展的分批多次申报的过程，也是增进相互了解和彼此欣赏的有益实践。"诺鲁孜"意为"新的一天"之意，具体时间指春分之日。从这一天开启的新年庆祝活动往往也是人们祈求未来生活繁荣的日子。在大约为期两个星期的节庆活动中，相邻的各民族民众用象征纯洁、光明、财富和生命活力的饰物装扮环境和居所，与亲人们围聚在餐桌旁，享用大餐。人们也会隆重装扮起来，探亲访友，与邻里交换礼物，对长者表达敬意等。大型的公共仪式活动也会以多种方式进行，音乐、舞蹈、其他类型的街头表演等，都构成了"诺鲁孜节"的组成部分。评审机构在决议中认为，诺鲁孜节日实践的开展，涉及民间文化活动的诸多方面，包括庆典、仪式、游戏、餐饮、音乐、舞蹈、口头艺术、手工艺等。因此，该遗产项目有助于加强社会的文化认同和持续感，有助于通过家庭和公共集会促进和平和谐和相互尊重，并通过社会之间的互动，增进不同社区的彼此了解。在新的历史条件下，该传统也会借助大众传媒、互联网、研究机构、非政府组织和其他方式向更远的地区传播。而据联合国新闻报道，现在全球每年有 3 亿人在 3 月 21 日共同庆祝这个传统节日。

最后，如何把握非物质文化遗产的跨界共享与增进"民心相通"的话语关系。习近平总书记在 2014 年召开的中央民族工作会议上指出：民族地区是我国的资源富集区、水系源头区、生态屏障区、文化特色区、边疆地区、贫困地区。只有了解了这个"家底"，才能真正了解我国的基本国情。布歇在其题为《文化间交流的语用学：一个矛盾视角的有界开放性》的文章中，解释了为什么文化间沟通总是应该在语境中进行，尽管在文化交流中通常会产生误解，但人们可以争辩说，促进相互理解实际上是全人类的共同利益。要成为文化间的人，沟通不能被偏见所侵染。人类无法避免评估各种情境、语境、关系、人群和文化。关键是持有相互尊重和开明的态度，而不是鄙夷和偏见。只要承认人类各种互动方式都是有意义的，以及他们行动或相互行动的逻辑是多元化的，文化间交流就变得更加可敬。价值理解是良善和合理的，因为这种多样性和多元性总是使社会充满活力，乃至比以往任何时候都更能促进现代生活的创造性和互动性。① 联

---

① Bouchet, Dominique, "Pragmatics of Intercultural Communication: The Bounded Openness of a Contradictory Perspective", *Pragmatics and Society*, Vol.1, No.1, 2010, pp.138-154.

合国教科文组织《非遗公约》的快速发展和深入人心正好为我们创造了文化间沟通和交流的特定语境。

"民心相通"的话语资源，在我们熟悉的大量非物质文化遗产项目中都能观察到，例如近年来列入 2003 年《公约》名录的烤馕制作和分享文化、蒙古包制作技艺、皮影戏、剪纸艺术等，到处都洋溢着文化彼此影响的痕迹，到处都体现着人类极为出色的学习能力和再创造能力。而且，就以"沟通民心"而言，从口头传统（如玛纳斯、格萨尔、江格尔、兰嘎西贺等史诗）到表演艺术（木卡姆、阿依特斯、呼麦、多声部民歌），从传统节日（端午、春节、中秋、清明、泼水节）到人生仪礼（成年礼、婚礼），从有关自然和宇宙的知识和实践（珠算、二十四节气、中医针灸、太极拳、少林功夫）到传统手工艺（宣纸、龙泉青瓷、坎儿井、多民族的乐器），这些传统文化表现形式不论进入公约名录与否，大多跨界共享，通过民间互动，交流对话，水到渠成。润物无声的文化互鉴，往往比那些官方设计并推行的规划，更为有效和持久。

前文已述及，"文化遗产"这一概念几十年来已大大拓宽，尤其是通过相关公约搭建的国际合作机制，各国申报或联合申报的遗产项目逐步进入国际视野，从整体上提升了文化遗产的可见度，也促进了人们对保护文化遗产及其重要性的认识。中国是世界上文化多样性和生物多样性最为丰富的国家之一，拥有 56 个民族，说着 130 多种语言，语言系属复杂。他们操持着不同的经济生活方式，拥有不同的文化传统，发展出令人叹为观止的地方性知识体系。这些知识和文化，既是顺应环境的结果，也是指引人们更好生存和发展的智慧。关于文化遗产领域的探讨，对理解中国的文化格局和现状，也有极其重要的启迪意义。郝时远在其题为"文化多样性与'一带一路'"的主题讲座中，全面分析了中国文化多样性如何助力和丰富"一带一路"民心相通的若干问题。他指出：

> 我国边疆少数民族地区由于历史的原因，与周邻国家和地区存在着传统的交往关系，其中包括语言相通、文化相通、习俗相通、宗教相通等因素。例如新疆地区的多民族、多文化、多语言和宗教信仰等因素，与中亚几个国家都能够相通，跟西亚的国家也能够相通，甚至与其他伊斯兰国家也能够相通。这是我们的优势还是劣势？承载这些文化的少数民族，在"一带一路"建设的对外开放中，应该在民心相通方面发挥更大的作用。
>
> 习近平总书记引用司马迁总结先秦、秦汉历史有关"夫作事者必于东南，收功实者常于西北"的说法，指出："建设'一带一路'对民族地区特别是边疆地区是个大利好，要加快边疆开放开发步伐，拓展支撑国家发展的新空间。"这一"新空间"就包括了边疆民族地区的文化多样性优势，也包括了承载多样性文化因素的各民族人民在实现"以人为本"的发展中发挥的对外"人心通"的优势。从这个意义上说，中国民族政策中尊重差异、缩小差距的基本理念，与"一带一路"大棋局倡导的人文精神和互利共赢，是完全相通的。[①]

值得注意的是，近年看到有这样的说法，即践行民族政策、尊重民族认同会导致族群间的疏离感，会削弱民族团结。联合国开发计划署《2004年人类发展报告》就有对这些质疑的有力回应，可见持有这些看法不光在国内，国外也有；不光今天有，以前就有。所以，引用该报告中的话来

---

① 郝时远：《文化多样性与"一带一路"》，《光明日报》2015 年 5 月 28 日。

说：鼓励多样性并不排斥忠诚和国家统一；多样性并不是剧烈冲突的根源；鼓励文化自主权并不是传统主义对人权的排斥和拒绝；多样性并不妨碍人类增长和发展。[①] 这样的论断，是意味深长的。

余论："丝路精神"与"一带一路"话语体系建设

2017 年 5 月，习近平主席倡导要弘扬"和平合作、开放包容、互学互鉴、互利共赢"的"丝路精神"，为丝绸之路注入新的时代内涵。作为"增进民心相通"平行主题会议上的首位发言人，联合国教科文组织总干事博科娃也回顾道，"在几千年里，丝绸之路的传奇故事讲述着遇见——民众间、文化间、宗教间、知识间的遇见。丝绸之路讲述了相互理解驱动下的人类进步的故事，提醒我们没有一种文化能够孤立封闭的发展繁荣"。进而她指出，通过代表古老丝绸之路精神的教育、文化与科学创新等软实力连接各国人民将为和平与共同繁荣创造新的机遇："一带一路倡议是一种软实力基本建设——为青年一代提供知识、价值观和开放的思想，让他们可以塑造更全纳、更和平的社会、掌握多样性的语言、能穿行于各种文化之间。"文化遗产保护与"民心相通"关系密切，发掘其中的话语资源可以为共建"一带一路"提供基于历史文化记忆、人文思想脉络和多重身份认同的智力支持，丰富"文明交流互鉴"的学理阐释。

以"共商、共建、共享"的理念为当前的全球治理提供中国方案，已经体现在国家层面的庄严表述中——利益共同体、责任共同体和命运共同

---

① 参见联合国开发计划署组织编《2004 年人类发展报告：当今多样化世界中的文化自由》，中国财政经济出版社 2004 年版，第 2—5 页。

体——成为向世界发出的诚挚吁请。冲破地域或区域障碍，沟通世界、促进人类和平，"一带一路"倡议当能发挥积极作用。文化遗产保护的中国实践能为促进世界文化多样性和维护人类永久和平提供什么对话资源，则是我们今天应当思考的重要话题。

民心相通是"一带一路"建设的社会根基。有学者认为，"一带一路"不仅是一个经济事件，更是一个文化事件，是中国文明型崛起的标志。[①]在今天看来，这种有关"崛起"的言说已经与"文明交流互鉴"的平等对话精神构成了并不那么和谐的"强势"之声。不过，我们也注意到，还有一些学者已经从尊重文化差异和促进文化间对话的视角关注"一带一路"区域合作问题及其发展走向。[②]不论怎样，营造文化间对话的和谐氛围，让文化遗产成为交流、合作和相互理解的话语资源，既要讲好"中国故事"，也要讲好"人类故事"，才能在地方、国家、双边或多边、区域或次区域层面改进文化间对话及和平文化建设的环境、能力和方式。写到这里，遥想跨越了数千年的古今丝绸之路，跟随先哲们的脚步，我们迎来的无疑是一次次意义深远的"旅行"。

（原载《西北民族研究》2017 年第 3 期）

---

① 参见赵磊《一带一路：中国的文明型崛起》，中信出版社 2015 年版。
② 参见刘威、黄晓琪《主动应对文化差异 助推"一带一路"区域合作》，2017 年 4 月 21 日，中国社会科学网。

"一带一路"的文化遗产价值体现与保护利用

范 周

2013 年 9 月和 10 月，习近平主席在出访中亚和东南亚期间，分别提出建设"丝绸之路经济带"和"21 世纪海上丝绸之路"（简称"一带一路"）的构想。2015 年 3 月习主席在博鳌亚洲论坛上进一步指出，让文明交流互鉴成为增进各国人民友谊的桥梁、推动人类社会进步的动力、维护世界和平的纽带。作为一条横跨欧亚的大走廊，"一带一路"既是经济走廊，亦是文明链接的纽带。文化建设是"一带一路"的重大议题，它应当成为弘扬中华优秀传统文化、实现中华文化伟大复兴的伟大历史机遇。

一、丝绸之路：既是经贸之路更是文化之路

丝绸之路曾是古代中国创造与亚、欧、非诸国经济贸易繁荣的象征，穿越千年，我们仿佛听到了西域大漠的驼铃之声，看到了沿海码头的繁忙景象。经济与文化密不可分。敦煌的莫高窟见证了东西方宗教的交流融合，西域特产的葡萄酒经过历史的发展融入中国的传统酒文化当中，从中国丝绸、茶叶、瓷器和四大发明，到西域香料、珠宝、医药、汗血马，古

丝路连通的不只是商品贸易，更是东西方两大文明。古丝绸之路的魅力在于，它不仅是一条经贸通道，更是一条文明互鉴之路，它以贸易为发端，文化的渗入与影响却是历久弥新。

古丝绸之路是古代世界人类主要文明之间相互交流的核心纽带，它所承载的中华文化基因绵延至今、影响广泛，为东西方文明的交流写下了光辉的一页，现如今它们都是全人类共有的、珍贵的文化遗产。

"一带一路"沿线国家和地区一直以来都是国家对外文化交流合作的重点区域，新时期提出"一带一路"，"人文先行""文化先行"仍然十分重要。不论是高层互访，还是丝路沿线文化年、艺术节等文化活动的积极举办，还是以"丝绸之路"为主题的文化活动与合作项目的举办，抑或是建立中国海外文化中心主动性、针对性传播，以及文化企业，如新疆卡尔罗动漫公司与伊朗企业合作制作动漫《一千零一夜》，以及四达时代集团在非洲卢旺达、几内亚、尼日利亚等10多个国家取得有关数字电视的运营资质等对外文化贸易的创新与突破，"一带一路"上的文化建设与人文交流都是重要方面，也取得了诸多成就。"一带一路"的文化价值是难以衡量的，而中国作为"一带一路"构想的发起国，应当深挖"一带一路"的文化富矿，构建出新时期的文明对话之路、文化交流之路，为人类文明再添光辉。

二、互联互通：新丝路上文化作用不能忽视

互联互通是"一带一路"的血脉，"一带一路"和互联互通相容、相通、相辅相成。"丝绸之路"起源于各人类文明中心之间的相互吸引，一直以来都是古代东方与西方之间文化交流的代名词，也是文明交流的大动

脉。从某种意义上来说，丝绸之路上的多元文化交流，是其长盛不衰、衰而复胜的重要因素。互联互通承古惠今，在今天有了更加丰富的含义和更高的层次，而文化以其毫无边界、润物无声的文化力量仍将发挥更加深远而强大的作用。

（一）不同文明的共同发展

习近平总书记在纪念孔子诞辰 2565 周年国际学术研讨会上指出："物之不齐，物之情也。""和而不同"是一切事物发生发展的规律，世界万物万事总是千差万别、异彩纷呈。世界文明的多样性在人类文明的交流中不断发展。

历史上，中国古代四大发明传入西方，推动了欧洲资产阶级革命时代的到来；西方艺术、科技知识、宗教等先后传来中国，对中国原有文化艺术与社会哲学体系产生了重要的影响。"一带一路"这条最长的经济走廊上东方文明、西方文明、阿拉伯文明、恒河文明熠熠生辉，农耕文化、游牧文化、屯垦文化、海洋文化多元并存。"一带一路"开放包容的精神也决定了其注定会成为各国、各地区、各民族、各宗教之间互利互信、合作共赢的桥梁和纽带，异质文化的交流、吸收与融合，在"一带一路"构建过程中的激荡，将成为促进不同文明发展的重要原动力，文明发展的再生力也因多样化而不断增强。

（二）文化敲开民心相通的大门

民心相通是"一带一路"建设的社会根基，而在沿线国家开展广泛的社会和文化交流则是沟通民心、增强互信的重要途径，也为"一带一路"的实施奠定文化基础。在"一带一路"建设的过程中，不能忽视的是沿线

64 个国家在意识形态、价值观、民族信仰等方面存在的客观差异，而文明对话、人文交流这种"软动力"恰恰能够用自身的特点，发挥丝路精神的感召与引领作用，实现民心相通、实现互信，这将是"一带一路"倡议全面实施的文化基础与社会根基，与经贸合作形成"软硬相向"之势。

（三）借文化之力发出中国声音

当下，国际竞争并没有随着国家间的合作联系扩大而减弱，层级与竞争的激烈程度空前提升才是事实。文化是一个国家屹立于世界民族之林的重要支撑，文化的地位在综合国力的竞争中日渐重要，文化全球化趋势已经成为全球化趋势的重要表征之一。"一带一路"在中国经济社会发展全面转型之际提出，是激活中华民族优秀文化基因的新契机，而文化的作用在"一带一路"建设中的发挥，也将会凝聚国家力量，增强文化认同，从而更好地扩大中华文化的影响力。

中华文化绵延千年，博大精深，世间杰出。面对西方发达国家的文化全球化发展态势，面对中国经济发展的新常态，借力"一带一路"，通过文化交流与合作发挥文化力量，塑造良好大国形象，掌握话语权，并最终扩大国际新格局的文化影响力，提升国家文化软实力，是应有之义。

（四）激活文化合作基因

"一带一路"沿线国家文化资源多元丰富，艺术形式灵活多样。据统计，丝绸之路沿线各国共计拥有 200 项世界遗产，世界遗产分布最为密集，这里既有包括雕塑、壁画等各门类的艺术珍品，也有古城、宫殿、陵墓等气势恢宏的建筑遗迹，还有各类非物质文化遗产活在当下。"一带一路"文化建设的互联互通，这些宝贵的人类财富不能缺失。

"一带一路"所构建的，是文化发展与合作的广阔市场与空间，面对这样的利好形式，应发挥文化资源跨境整合的优势，突破原有文化发展的资源与地域瓶颈，实现文化共建、利益共享。而随着这些文化交流合作的不断深化，更深层次的人文交流将陆续开展并不断拓展，与之相关的经贸合作也会迎来新的机遇。

三、丝路文化：文化遗产保护要先行

历史和文化是"一带一路"建设的重要基础，也是"一带一路"沿线文化方面的重要特征之一，如今，丝绸之路已经成为横跨欧亚的一条遗产大道。文化遗产决定了"一带一路"文化发展的厚重底蕴与发展潜力，可以预见，随着"一带一路"构想的不断实施，"一带一路"文化遗产保护将迎来新的机遇与挑战。

（一）千年积淀，文化遗产璀璨丝路

"一带一路"沿线国家历史文化遗产、非遗资源异常丰富。在联合国教科文组织《人类非物质文化遗产代表作名录》中，国外的文化遗产，如格鲁吉亚复调演唱、俄罗斯塞梅斯基的文化空间与口头文化、意大利西西里木偶剧、也门萨那歌曲、土耳其迈达赫艺术等大批非遗项目都来自"一带一路"沿线国家；中国入选的世界非遗项目中，新疆维吾尔木卡姆艺术、妈祖信俗、南音等均与丝绸之路和海上丝绸之路有着极其密切的历史渊源。同时，我国境内陕西、河南、甘肃、青海、宁夏和新疆等省、自治区的众多历史文化遗址均是"一带一路"沿线的文化遗产。可以说，在千年积淀之后的"一带一路"处处闪耀着历史文化的光辉，这些属于人类文

明珍宝的文化遗产是"一带一路"文明对话与交流的历史印记，也是新时期"一带一路"文化发展、文化传承互联互通的重要方面依托。

（二）如数家珍，文化遗产保护要摸清家底

我国政府长期以来高度重视丝绸之路沿线文化遗产的保护工作，在"一带一路"文化遗产开发与保护过程中，首要前提是通过沿线各国、国内沿线各省、自治区的协作来摸清文化遗产的实际情况。

陕西省组织非遗专家学者赴哈萨克斯坦"陕西村"进行非遗调研，并完成了《中亚陕西村民俗文化遗产（非遗）现状调研报告》；内蒙古文物考古研究所与蒙古国科学院持续进行的中蒙合作考古发掘项目，这都将为两国文化遗产的协作开发奠定基础。因此，在"一带一路"文化遗产的保护与开发方面，一定要组织"一带一路"沿线的丝绸文化遗产调查，掌握"一带一路"文化遗产资源，大力开发认知和研究技术，确认丝绸起源、发明、传播和交流等重要节点，等等，为丝路文化遗产的保护奠定基础。

（三）合作共赢，建立文化遗产保护长效机制

国家主席习近平在 2015 博鳌亚洲论坛的主题演讲中提到，"一带一路"倡议不是中国一家的独奏，而是沿线国家的合唱。"一带一路"搭建的是文化遗产海内外共享的广阔平台，在文化遗产保护方面亦需要沿线各国通力合作，建立长效机制。

首先，要加强与沿线其他国家的跨境合作，建立长效机制。在这方面，我国已有了相关尝试，取得了一定的成果。从 2006 年起，中国与哈萨克斯坦、吉尔吉斯斯坦、塔吉克斯坦、土库曼斯坦、乌兹别克斯坦共同启动丝绸之路跨国系列申遗工作，2014 年 6 月，由中国、哈萨克斯坦和

吉尔吉斯斯坦三国联合申报的"丝绸之路：长安—天山廊道的路网"项目成功入选世界文化遗产名录。中国与丝路沿线国家间的文化遗产协作由来已久，作为文化遗产大国，中国应在立足本国文化遗产传承和保护的基础上积极开展合作交流，学习、分享先进经验，助力其他国家的非遗保护工作。其次，在国内各省、自治区的合作方面。沿线地方各级政府应高度重视沿线文化遗产保护管理工作，梳理长远眼光，建立长效机制，通过各省、自治区内部财政、国土、旅游、建设、文化和文物等部门间的有机协调来为之创造更好的条件，通过各个省市之间的文化遗产保护联动布局，实现跨越发展。

（四）尊重规律，文化遗产保护不能舍本逐末

文化具有特殊性，丝路沿线的文化遗产保护由于特殊的人文环境、自然地理条件，其保护与开发必定要尊重规律，兼顾经济效益与社会效益，不能忽视外部的客观影响。

以"一带一路"沿线文化遗产的旅游开发为例，旅游开发过程中一定要尊重历史文化遗产的保护与开发关系，既不能完全以短期的、局部的经济利益为目的，也不能完全忽视开发的必要性，而是要在尊重文化文物遗产开发客观规律的前提下进行。这是"一带一路"文化遗产开发的根本原则，是历史文化遗产可持续开发，确保文化遗产的安全性的根基。旅游开发如此，其他类型的文化遗产开发亦然，不尊重文化发展的客观规律，就是在舍本逐末，自断未来。总之，要通过主观意识提升、客观规范限制，来对"一带一路"沿线的各类文化遗产开发予以相应的约束，使之符合规律。在这一过程中，需要推广文化遗产保护的先进经验，加大丝路沿线文化遗产保护的投入力度，以及将具体成果纳入相关绩效考核评价指标当中等。

（五）打造品牌，拓宽丝路文化遗产发展空间

"一带一路"文化遗产的开发需要打造品牌，品牌的打造则需要统筹规划，高位思考。"一带一路"沿线文化遗产资源数量多、种类繁杂、跨越地域广阔、文化宗教背景复杂、文化差异明显，统一品牌以及子品牌的打造很有必要。

在这一过程中，应当积极搭建丝路文化遗产展示交流平台。例如充分利用沿线博物馆的展示与交流功能，与国外相关机构对接进行丝路文化遗产交换展览；与沿线相关机构联合举办研讨会，策划系列旅游产品等。在此基础上，还应充分利用现代科技手段，创新文化遗产开发新形态，要借力文化遗产开发相关的重大文化项目，将文化与科技融合的成果利用到其中。

四、丝绸之路文化建设原则：包容开放、互鉴创新

历史上的丝绸之路，是一条和平之路、合作之路、友好交流之路，这里实现的是不同文明之间的对话与交融，谱写的是人类文明的新奇迹，见证的是多元文明共生共荣、不断发展的辉煌。在今天，共商、共建、共享仍然是"一带一路"建设的原则，包容开放、互鉴创新的原则需要在"一带一路"文化建设中秉承。

（一）包容开放：有胸怀才能更宽广

"五色交辉，相得益彰；八音合奏，终和且平"，"一带一路"的宝贵文化财富是沿线各国人民共同创造的奇迹，在文化建设中也应当以包容开放为原则。

第一，尊重差异，共生共荣。"一带一路"沿线是多民族、多宗教聚集区域，文化、宗教、意识形态领域差异巨大，我国与沿线各国的文化交流情况也各有不同，东南亚、欧亚地区、中亚国家、亚非地区与阿拉伯地区各国的文化开放程度也不尽一致。在这种情况下，文化建设只有尊重差异，才有可能共荣共生。

第二，庖丁解牛，分析需求。"一带一路"沿线国家的多元性、差异性是客观存在的事实，也恰恰为文化发展所需。在尊重差异的基础上，要通过个性化、有针对性地对各国文化合作需求进行挖掘，按国家、按地域的不同差别，有针对性地开展文化交流与合作，让"一带一路"上的文化建设更有成效。

第三，集聚人才，凝聚智慧。文化的发展不能没有人才，"一带一路"文化发展最不缺的就是资金和设备，而由于各种客观存在的复杂形势而更需要人才力量的注入。要整合国内外智库资源，发挥"一带一路"文化建设的智库研究作用，要引进培育具有国际视野、适应国际需求、了解多边惯例的国际型文化人才。

（二）互鉴创新：新思路才能有新丝路

第一，顶层设计，保驾护航。"一带一路"文化建设涉及范围广，项目数量多、种类杂，资源丰富且差异显著，因此，文化新格局的构建需要顶层设计与战略部署。在"一带一路"文化建设的过程中，要从国家规划角度出发，通过顶层设计全面布局，使之与国家"一带一路"整体规划衔接，与各区域文化发展规划相对接，最终实现资源统筹综合利用，使"一带一路"文化建设有重点、分层次地有序进行，避免无序开发、重复建设等无效作为。

第二，品质内容，中国魅力。品质，就是要用真正的精品展现中国魅力。历史上"一带一路"流通的是中国美轮美奂的瓷器、精美卓绝的丝绸，是四大发明等先进文明的代言品。今天的"一带一路"文化发展承担着推动经济转型升级的使命，同样需要我们打造属于自己的文化精品，这就需要我们创新思维，找到、创造出"新丝路"上的最适合、最具有引领与代表作用的文化内容，用有品质的文化内容打动人，产生文化认同，这是文化建设的最高境界。

第三，立足特色，联动布局。自《推动共建丝绸之路经济带和 21 世纪海上丝绸之路的愿景与行动》发布以来，多省份在忙着争抢历史上谁是丝绸之路的真正起点，"桥头堡""新起点""黄金段""排头兵"等各类名号不断出现，这其实是缺乏全局思维、长远眼界的表现。为消除省市之间定位不清、项目重复建设等弊端，必须通过有效的顶层联动布局实现真正发展，只有这样才能够立足各省特色，合理分工、高效配置，发挥出各自的地域优势。

（原载《遗产与保护研究》2016 年第 1 期）

"一带一路"文化视野中的中国电影文化辨识度意义

周 星

随着中国国力增强，相匹配的思想创新成果不断展示在世人面前，并且获得全球的认可，这其中，"一带一路"的国家倡议最为令人鼓舞。经过三年多的发展，"一带一路"收获了一批重要的早期成果，已经成为各方加强国际合作的重要途径和积极参与推进的重要国际公共产品，是迄今最受欢迎、前景最好的国际合作平台。[①]电影也需要纳入到"一带一路"的大布局中加以发展。中国电影已经超越了最初的发展阶段，即从固守国内，到期望走出去，再到思考自身优势如何和世界交流认同的阶段。走过模仿之路，走着市场之路，在更焦虑如何实现文化艺术的影响之路时，我们迎来了呼应国家"一带一路"倡议的好时机。这是一个新的面向世界和提升自身的机会，中国电影的发展需要站在这一基点上来重新审视历史和现实。其实，"一带一路"注重交流而非主观设定和闭目塞听，它面向全球更多寻求认同的文化，需要宽阔的视野来实现自身的跨越。

---

① 参见《"一带一路"三年"五通"走了多远》，《光明日报》2017 年 5 月 13 日。

一、电影需要强化文化辨识度

"一带一路"给予我们的启发是各国文化都有自身的特色，电影既需要保持优势特色以具备传播的独特性，也需要具有情感的感染性。而反观中国电影，一个严肃的问题凸显而出：凭借什么来立足世界？以模仿好莱坞而获取市场显然很失败，以类型片造就通向世界的影像的成功案例也寥寥，以俯就粉丝年龄和趣味去的拍摄难以为继，而东鳞西爪地偷艺拼接，根本得不到观众和市场的认可，至于翻拍题材与借助国外导演来试图走出国门的创作也未必成功。这时，电影的文化属性问题就无法回避。站在什么角度都不如站在真切的自我认知角度来得纯正，自我的犹豫不定、疑惑自身价值、东施效颦的失败几乎是铁定的。没有自身文化的一体性，没有本土文化气质的电影，永远不是中国电影的追求目标。越是在国际化和扩大交流的背景下，一个国家的电影就越需要有定力，无论怎样去追随世界潮流，都不可丢弃自己文化传统的核心部分，也不能丢弃自己文化细节，由此才能具有文化的辨析度，才能因特色显现而得到尊重。

不妨以亚洲电影来看。伊朗电影的独特性可以给我们许多启示，比如艺术追求的本土性、朴质的创作特色等。从理论上看，作为政治上难获西方尤其是美国认可的伊朗，其电影更不会得到西方世界的认可，但其实不然，2017年第89届奥斯卡奖授予伊朗电影《推销员》最佳外语片奖。而导演阿斯哈·法哈蒂已是第二次入围奥斯卡最佳外语片奖。此前他执导的《一次别离》曾在2012年获得奥斯卡提名与金熊奖。这时候电影的文化品性和个性魅力就凸显而出，人们对伊朗电影的评价给中国导演上了一课："无论如何，伊朗电影这些年在国际影坛上的表现非常抢眼。除了奥斯卡奖、金球奖等，伊朗电影还是戛纳、柏林、威尼斯三大国际A类电影节的常客，深受各大奖项的青睐。”①就因其具有独特的魅力。从评论家观察的角度看，也许更容易看到问题的关键。评论家陆支羽认为，“他们并不仅仅只是靠题材取胜，而是在剧作、情感、技巧、表演上都极具伊朗特色，且创作能力都非常值得肯定”。同时，伊朗电影也切合目前电影创作的国际潮流。而影评家韩浩月表示，现在影坛在世界范围内都呈现出对商业片的厌恶，而伊朗电影的人文气息很浓。②伊朗特色已经为人所知，人文气息正是伊朗电影本有的一贯追求，事实上这些使得伊朗电影具有不受外界诱惑而令人倾慕的艺术魅力。民族自信的追求，其实是需要以恒定的价值观和自然的本土特色为基础。始终在摇摆不定地追风逐浪，以为这就是现行风尚，却不知古人早有邯郸学步、忘乎自己的警示教训。

其实没有定律的电影会造就没有定性的观众，印度电影观众是中国的一倍，而银幕才有我们的三分之一，观众拥戴的是形成影响力的自身文化特色。最近人们提及关于《功夫瑜伽》《大闹天竺》等的印度元素的电影，前者显然不错，但其实也意味着我们长于吸纳却也容易因趋附而失去自己的本色。印度电影《摔跤吧！爸爸》因其主流形态的感召力、国家意识的鼓舞精神而大获全胜，在中国获得 12.95 亿元票房，全球票房达到 3 亿美元。“从近两年的数据来看，目前印度的电影出口量仅次于美国，且在北美和英国的影响力高居进口片第一。以 2016 年的北美市场举例，在票房过 100 万美元的 46 部外语片里，印度电影就占到 29 部，中国电影才只有 3 部。而在 TOP10 的榜单上，印度电影更占据了 6 席，第一名就是目前在国内热映的《摔跤吧！爸爸》，中国票房最高的《美人鱼》也只排在第七位。

---

① 《伊朗电影给中国导演上了一课》，《北京日报》2017 年 3 月 3 日。
② 参见《伊朗电影给中国导演上了一课》，《北京日报》2017 年 3 月 3 日。

印度的海外票房已达到了本土票房的 10%—13%，而中国平均每年只有 5% 左右，中印电影的出口差距还是相当明显的。"① 在印度电影的出口优势面前，除了语言外，独特性无疑是值得中国电影反思的，事实上，企图按照世界潮流去露脸，混同于一般的所谓世界性，往往是适得其反。

我们需要反思近年中国电影发展是不是一味推重市场而忽略了应当建立在艺术文化传统基础上的市场适应，是不是过于强化了外在的"适应时代"而降低了内在的强化精神，是不是把向票房高的和观众猎奇推高的不断变化的商业创作当成范本，而忽视了自己的特色和气养所能产生的新鲜样态，总之，我们一味随波逐流的时候却可能失去长远优势。而电影发展的时代命题与受众期望，都聚焦到文化品质上来。千万不要以为追求文化就会失去市场，恰恰是良好的市场需要良好的文化来打造。而一个国家的电影必然需要自身的文化辨识度来显示自我的独立价值，只有市场和追随他者、随波逐流的电影，不能称作独立性的电影国家。站在这一角度看，中国电影似乎还有许多需要反思的观念。

必须强调，好的电影都是因自身具有某种特质，而得到惊讶的目光。早期被世人关注的电影如《渔光曲》自是独特的中国人的生活体现。《马路天使》《小城之春》《一江春水向东流》等 20 世纪 30—40 年代的电影，在改革开放后得到世界电影节高度的赞誉，称其为意大利新现实主义的先驱，就因为它们对于当时人们的生活遭际和东方人的情感表现出一定的深度。中华人民共和国成立后的一些电影创作多得到当时社会主义阵营电影节的肯定，也是因为有其新生活的鲜活性。从电影节大致可以透

---

① 《〈摔跤吧！爸爸〉战绩神奇"宝莱坞"成为中国资本追捧的下一座金矿？》，2017 年 5 月 26 日，东方财富网。

视文化认知度的高下，在影像文化呈现中，中国电影的被认知是可以得到比照的。一般认为威尼斯、柏林和戛纳电影节是各自有自己的特色取舍，但近一年世界三大电影节主竞赛单元都没有中国电影的踪迹，第67届柏林国际电影节中国电影完全阙如，第73届威尼斯国际电影节也只是在主竞赛之外的地平线单元，有王兵的《苦钱》得到最佳剧本奖，最好的也只是第70届戛纳国际电影节将最佳短片"金棕榈"给予了邱阳的《小城二月》。

无论用什么理由来解释，中国电影在世界电影节的不得宠是明显的事实。我们首先要归之于文化显示度的问题。在中国电影规模化走向世界电影节的时代，文化的张扬和个性十分明显，以欧洲三大电影节为主要场域的获奖状况，可以看到我们的辉煌时刻都有其文化激扬的原因。比如20世纪80年代开始接续不断的获奖中，1988年，张艺谋的《红高粱》获第38届西柏林国际电影节"金熊奖"。1989年，吴子牛的《晚钟》获第39届西柏林国际电影节特别奖"银熊奖"。1990年，谢飞的《本命年》获第40届柏林国际电影节"银熊奖"；张艺谋的《菊豆》获第43届戛纳国际电影节"路易斯·布努埃尔特别奖"。1991年，张艺谋的《大红灯笼高高挂》获第48届威尼斯国际电影节"银狮奖"。1992年，张艺谋的《秋菊打官司》获第49届威尼斯国际电影节"金狮奖"和"最佳女演员奖"（巩俐）。1993年，谢飞的《香魂女》和李安的《喜宴》同获第43届柏林国际电影节"金熊奖"；宁瀛的《找乐》获第43届柏林国际电影节"新电影论坛奖"和"特别荣誉奖"；陈凯歌的《霸王别姬》获法国第46届戛纳国际电影节最高奖——"金棕榈奖"和国际影评人联盟大奖；张艺谋的《大红灯笼高高挂》获英国影视艺术学院"最佳外语片奖""纽约影评人协会最佳外语片奖""比利时电影评论家协会大奖"。

1994 年，张艺谋导演的影片《活着》的男主角葛优获"第 47 届戛纳国际电影节最佳男演员奖"。1995 年，李少红的《红粉》获第 45 届柏林国际电影节优秀单项奖视觉效果"银熊奖"；张艺谋的《摇啊摇，摇到外婆桥》获第 48 届戛纳国际电影节"最佳技术大奖"，被美国全美影评人联盟评为年度格里菲斯电影奖"最佳外语片奖"和获美国第 61 届纽约影评人协会年度电影奖"最佳摄影奖"。1996 年，张艺谋的《摇啊摇，摇到外婆桥》获第 68 届奥斯卡摄影奖提名；严浩的《太阳有耳》获第 46 届柏林国际电影节"国际电影评论协会奖"和最佳导演"银熊奖"。在那样一个国际获奖频仍的年代，中国电影的独特标识高扬在胶片世界，世界重要电影节有没有中国电影加入是值得关注的要事。文化的中国在影像中带着东方世界的文化符号，哪怕是被一些人阐释为伪民俗等，却的确是带着文化和地域的特色洋溢优势。显然，在第五代和一些第四代导演的电影曾经连续不断地在三大电影节得奖的年代，也是中国电影文化追求显赫的时期，文化标识不仅是曾经在世界电影中独树一帜的武侠精神，还有诸多发生在中国土地上的鲜活生活。可惜，市场为大的时代，却被一个潮流带着新的潮流的类型云集，失去了文化风采和个性激荡的特色，这就是中国电影需要警示而改变的要害。

二、民族品性与乡土意识的重要性

关于"一带一路"的文化话题，必然关涉沿线的文化交流，而需要进入我们的视野的是如何感知交流的基础，其正是以自己的民族特色和独具一格的本土风情来相互感染。乡土就是自己国家的文化积存，取自于生命成长的环境，眷恋于生活的点点滴滴，汇聚而成思索的艺术聚焦。没有乡土存念的电影就只能是短暂的娱乐游戏和玩闹体验，既不能打动人心，更不会留下记忆的美好存念。

中国电影需要保持自己的独一无二，在题材选择的趋向性、情感展示的东方色彩、故事生存的现实土壤印记、叙事方式的人心亲近性，以及乡土精神的无可替代上，必须发扬自有自信的传统。在越来越多和西方靠拢的太空世界、梦幻玄幻题材的时候，我们的本体文化精神和乡土意识呈现出流离失所状态。没有根的故事，无稽之谈的玄幻固然能满足一时的新鲜感，但得以被世界所吸引的还必然是独特地域的生活景观和精神生活的表现。还是以案例来说明，若干年前日本的获奖影片《入殓师》获得第 81 届奥斯卡奖最佳外语片奖，就是一个日本刚入道的新人入殓师，在职业的执守精神中，展示了周围美好的情感世界，依然是日本电影的沉静悠缓的风格，却深入表现了人心底的眷恋、爱戴的精神。2016 年创下观赏人次纪录的韩国电影《鬼乡》，对于历史上的慰安妇的表现，深深打动人心，真切的历史，不忍回顾的伤害，揭开了日本侵略者的残酷暴行，对于韩国人民心内的痛楚的叩击感同身受。伊朗获得"金熊奖"的《一次别离》，在似乎简单却充满生活艰难矛盾困惑的情境中，展示了伊朗人民生活心理的复杂性，让以为简单至极的宗教信仰的细微之处展示出来。2010 年 5 月，戛纳国际电影节上寄予厚望的中国电影《日照重庆》未能获得奖项，而泰国电影《能召回前世的布米叔叔》战胜戈达尔、北野武、阿巴斯的电影夺得"金棕榈奖"，影片充满了泰国电影神秘的人与鬼魂相通的气息，也是泰国电影常见的一种表现。导演阿彼察邦·韦拉斯哈古致辞说感谢泰国的"文化积淀"将他带到了戛纳，所谓文化积淀也就是泰国的文化习俗。至于 2001 年获得威尼斯国际电影节"金狮奖"的印度电影《季风婚宴》，将一个婚宴前后各式人等的复杂心态表现得栩栩如生,印度人际生活中常见的家族关系与不为人知的隐秘都暴露无遗。

比照而论,当下中国电影更需要增强自身的民族文化与乡土意识,在"一带一路"电影文化的行列中凸显我们曾经有过也继续延伸的文化精神。实际上,我们有过多重形态出色的世界感知的影像形象,而民族乡土的世界认知也并不缺乏:在《神女》《渔光曲》《一江春水向东流》等早期创作中,中国人的家庭伦理情感与现实悲剧遭际,构成了人在社会境遇中的悲剧呈现,直击下层人的苦难,掏挖内心凄凉感,而充满人道主义精神渴望的创作,创造了中国悲剧创作的特定生活描摹。而《马路天使》《乌鸦与麻雀》等艰难生活中的小民鲜活的个性展示,深陷不良环境却总能自我排遣的喜剧性表现,构成悲喜剧交织的中国电影描绘现实的一种特色。从《小城之春》到《乡音》《归心似箭》《城南旧事》《边城》《那山那人那狗》等创作,特别凸显出民族诗意内心的特质,注重心理生活,期望美好的散文化诗意,让情感的东方化与人性深处的可望不可求的压抑与自我排遣的升华,构筑出东方性的抒情样式。《刘三姐》《阿诗玛》《五朵金花》等载歌载舞的喜剧形态创作,曾经风行一时,至今仍然让新观众津津乐道,因为即便是在政治压抑的年代,情感表现和时代的巧妙融合,都带着强烈的政治色彩下的大众欢悦接受的特殊性。而中国的现实主义传统电影更是源远流长,从早期电影人的《桃李劫》《渔光曲》到第三代电影人的《林家铺子》,再到改革开放开始复苏的《邻居》《野山》《人生》《老井》《背靠背,脸对脸》,以及新一代电影人的《小武》《十七岁的单车》《苏州河》《过年回家》《二十四城记》等,构成中国电影重要创作存在,时代变迁和人心波动的微妙性,为历史留下了难得的一批精神文献存在。而20世纪80年代的《红高粱》横空出世,将中国人开始舒展身心向影像展示生命力的激情，造就了更为开放大度的电影创作局面。80 年代以《一个和八个》《黄土地》等开启影像造型世界的中国气势的创作，一度让世界影坛刮目相看，那种面向世界学习影像语言，又极具中国极致化追求的创作，将中国电影语言现代实践推向了新的境界。而中国还有艺术化的少数民族电影，《婼玛的十七岁》《图雅的婚事》《黑骏马》《塔洛》《静静的嘛呢石》等，给世界展示了多样化的民族电影艺术力量。至于在独特的中国制造的主流形态创作中，也有不俗的影像创造，如近年的《湄公河行动》等，国家意识与公民生命维护的意义也进入深层把握。有过良好传统的中国电影，也具备着创造世界电影的中国景观的条件，但比起以往一些阶段的整体艺术追求并且形成中国特色潮流而言，近年一些个体的自我创作偶尔露出峥嵘，主流形态的艺术和市场得计的形态，都难以成为具有世界电影文化竞争力的对象，这显然值得思考。

多元形态的中国电影就要打破单一的市场环绕的追逐，千篇一律地赶潮不是良好的创作局面。鼓励各种形态、不同机构尤其是不同民族文化的多样性创作和不同创作者的个性创造，中国电影的多样性光彩才能够呈现。

无论就市场规模还是文化积存，中国电影的世界形象都应当特色鲜明，中国电影依然需要自然地呈现风貌：包括来自我们多民族聚合的宽容大度的品性，坚忍不拔的精神，注重人伦情感的优美责任，抒情浪漫的精神气质，与自然相融和谐一体的本性等，都需要更为多样的表现。而注重现实世界的人生描摹的现实表现电影，东方风情的诗意抒情内敛的情感表现电影，柔中带刚的应世态度的创作，尤其需要加以展示。我们不乏题材的多样性，也不缺生活向上的丰富性，文化深处诸多的审美传统取之不竭，现代人生的开放视野越来越大，多民族瑰丽的精神情感差异性更具有表现素材的优势，中国电影的特色和五光十色的创作局面一定会到来。

（原载郑长铃、高德祥主编《2017"一带一路"文化艺术交流合作国际学术研讨会论文集》，文化艺术出版社 2018 年版）

"一带一路"与中国电影的新发展

丁亚平　史力竹

在经济全球化主导的世界格局之下，国际竞争国内化，国内竞争国际化日趋明显。中国经过改革开放近四十年的探索和实践，经济发展已经进入新常态，中国电影展现了多元发展的态势与精神，具有历史意义与现实指涉的双重价值，独特地展示了中华民族的风土人文风情，承载着民族化文化内涵与国家形象的传播作用。共建"一带一路"倡议中提出"五通"，其中"民心相通"被确立为"一带一路"建设的社会根基，是各国文化艺术了解和交流的基础。广泛开展文化交流深化双边合作，有力促进着中国电影产业繁荣与区域合作。

全球化语境与互联网时代下的世界处于大发展、大调整、大变革之中。与新的发展内驱力相伴相生的，还有发展过程中遭遇的深层矛盾。经济发展的不平衡、区域间的战乱和冲突、恐怖主义与难民的大规模流动等问题未能得到有效解决。面对问题与挑战，2013年，习近平主席在出访中亚和东南亚期间，先后提出共建"丝绸之路经济带"和"21世纪海上丝绸之路"的倡议，其核心是促进国家基础设施建设的互联互通，传承弘扬丝绸之路友好合作精神与协调发展。"民心相通"是"一带一路"建设的社会根基，其中文化交往是根基建设的重要对象。2017 年，"一带一路"国际合作高峰论坛在北京举行，会议全面总结了"一带一路"建设的收获成果，共商下一阶段的合作举措，推进中国经济社会发展的同时，加强国际合作，深化伙伴关系，实现联动发展与双赢。"一带一路"是一条繁荣创新之路，一条开放文明的新丝路，也为中国电影的国际传播铺就了一条康庄大道。

中国社会和世界政治、经济发展正在经历一场前所未有的历史大转折。世界电影市场发展竞争加速，国际化分工日趋明晰，电影产业全球化与本土化融合冲突并存，世界电影的新格局和新态势不断形成。从 1978年的改革开放，到新世纪加入 WTO，至"一带一路"倡议实施，中国电影不断融入世界电影。中国电影在民心相通、文化交流方面的独特优势，使电影产业与市场发展充满活力，而担纲"一带一路"背景下自觉树立文化自信，保持文化个性的重要使命，则更形成特定的历史与文化作用场。"一带一路"为各国之间的交往架设桥梁，为多层次、宽领域的人文合作搭建平台、开辟渠道，为中国电影的创作打开文化视野，提供中国电影"走出去"的新方向，将"文化共同体"这一想象转化为现实。

一、互助共生：选择的责任

近十年来，中国故事电影年产量接近七百部，各类影片年产量达到近千部。在借鉴、引进、选择的能力开始舒张并广泛付诸实施的地方，电影的欲望也在发展。中国电影产业以市场为主要驱动力，呈现多重面向，一方面，中国电影市场发展不断激发内生动力，市场规模扩容、创新活力与电影票房增速齐头并进。另一方面，中国电影市场在近十年来走势强劲之下，2016年票房高开低走，年初的《美人鱼》创下了33亿元人民币的票房佳绩，除却"票房注水"和"票补"的客观因素外，电影市场不断扩大，影迷的观影选择也趋向理性。观众审美水平不断提高，影片质量与票房成绩成正比，仅靠优质"IP"与明星效应拉动票房注定是要淹没在市场竞逐的商业浪潮之中。显然，中国电影需要的不仅是高歌猛进，更需要十年磨一剑、精雕细琢的"工匠精神"。中国电影在产生世界性的重大影响的同时，也带来新的反思、挑战和批判。

《推动共建丝绸之路经济带和21世纪海上丝绸之路的愿景与行动》提出要在"沿线国家间互办文化年、艺术节、电影节、电视周和图书展等活动，合作开展广播影视剧精品创作及翻译"①，电影作为文化事业"排头兵"正式被纳入"一带一路"倡议。中国已经迅速崛起成为电影大国，迈向了向电影强国过渡的坚实一步。但这恰也预示着电影的转型发展和改变的更大的可能性。

2017年7月上映的吴京自编自导自演的《战狼2》，获得56亿多人民币的票房，成为2017年国产片中现象级爆款影片。7月30日，美国娱乐权威《综艺》发布一则题为《中国票房：〈战狼2〉以1.27亿美元首次登上全球票房冠军宝座》的头条新闻，其在新闻当中写道：中国电影《战狼2》以1.27亿美元，力压美国华纳兄弟影片公司发行的二战题材影片《敦刻尔克》的7300万美元，成为全球周末票房冠军，《战狼2》票房整整超出《敦刻尔克》5000万美元，几乎是其两倍。

遵守工业化流程，运用好莱坞叙事，拍摄而成的更具范式意义的电

---

① 《推动共建丝绸之路经济带和21世纪海上丝绸之路的愿景与行动》，《经济日报》2015年3月29日。

影，兼具现代特征与民族风格，具有开启民族电影创新思维的先行意义。无论是对于张艺谋或是吴京这样的年青一代导演，都需要将革命的萌芽转化为实现，多向度地探索、开发、讲述独具中国特色的故事，从艺术、商业、技术、人物等维度深耕发力，发挥中国电影更大的优势。传播中国文化的重任在肩。

中国电影的健康持续发展不仅是产业问题，更涉及社会、文化、经济、艺术等多个领域。"一带一路"反映出中国电影希望走出国门、寻求新发展与跨国合作的主动姿态，致力于将"粗放型"电影生产方式转变为"集约内涵型"的可持续发展模式。进入合拍时代，"一带一路"国家合作形式多种多样，人才、资金、技术、场景的资源优化整合，至两国到多国的强强联手，中国合拍片以全新形象直面来自好莱坞电影的强势进攻。"这些举措对于中国电影有利无害，可以有助于我们借船出海，装载优质中国货，一路推进海外市场，有助于我们吸纳各国的电影创意、经验和风格，兼收并蓄，最终制造出'全球公共产品'。"① 在全球化语境中，准确把握国际类型电影发展的脉动，紧跟国际脚步，最大限度地发挥电影的社会化与民族化。中国电影产业的发展离不开自身努力与创新，也与周围国家以及西方国家跨地域的文化艺术交流密不可分，在"一带一路"构筑的国际舞台之上接受考验、寻求突破。

二、言说中国与民族国家电影的发展

文化是熔铸在一个民族血脉之中的精神力量，已成为国家核心竞争力

---

① 严敏：《构建"一带一路"电影桥，正其时也》，《解放日报》2017年6月1日。

的重要因素。中国，作为全球第二大经济体，亟须提高文化软实力，以及与中国社会经济和国际地位形成相辅相成的文化优势。"一带一路"联结了不同民族、国家、地区，于中国而言，习近平主席提倡"运用与时俱进的'和'文化理念，讲述中国故事、传播'和合'智慧，引领国际新秩序，构建人类命运共同体"[①]。将"和"思想渗透到中国电影创作和管理层面，在尊重全球化趋势和文化多样性的前提下，用国际化语汇讲述中国故事，推进中国电影持续深入地走向国际市场。中国电影市场的快速崛起，赢得世界电影业的瞩目，对于中国这样一个电影产业发展的崛起国，如何争取世界电影主导地位所面临的更多的还是挑战。当前，美国在世界电影格局中仍占据主导地位，中国施行创新驱动、"一带一路"和海外投资，都是下一步改革的方向。中国电影作为言说中国的民族国家电影，记录和见证中国经济、政治、社会文化变迁和转型的艺术载体，不是单纯强调政治权力，抑或是表现地缘团体的地域性聚合，而是突出现代国家伴随发展而生发的情感记忆，以形成大范围的民族想象为旨归。"一带一路"的构想源自中国，其成功却是世界共享；中国电影呈现中华民族的悠远文化，却涵盖了团结协作、忠勇奉献、自由民主等民族主义，深度阐析了人类命运共同体概念。

电影是一种能直接表现国家文化风貌特征的艺术表现形式，蕴含国际思维的中国电影在世界电影体系中掌握更多的话语权，在开放包容的环境中，充满东方色彩与中国元素的电影一次次在国内国外绽放异彩。高概念电影诚然是文化输出的一把利刃，但 2017 年印度电影《摔跤吧！爸爸》却引发了关于电影出海的新思考，成为"一带一路"引导中国电影

---

① 《习近平用"和"文化构建人类命运共同体》，2015 年 8 月 8 日，新华网。

"走出去"的新方向，成为海外优秀电影落地中国的新渠道。《摔跤吧！爸爸》这部"一带一路"国家新电影有着深厚的印度本土烙印，不同于印度电影一贯的歌舞风格，它用故事直击现实矛盾，聚焦印度性别歧视。进入21世纪以来，印度电影正悄然发生改变，在学习好莱坞电影运作模式的基础上，融合本土文化，有揭示贫富差距的《贫民窟的百万富翁》，直面教育体制的《三傻大闹宝莱坞》，涉及宗教信仰体系的《我的个神啊》，在题材上大胆创新，改变套路化情节，不断丰富角色性格和故事内容。2016年《印度电影行业报告》显示，印度本体电影票房在电影产业整体收入中占比约为75%，海外票房占比约为7%，印度电影越来越受到国际观众的认可。电影技术与媒介理论在全球范围内是相对一致的，文化的呈现却是多彩缤纷的，中国的文化属性与民族性格与各国不尽相同，这是中国电影"走出去"的重点，也是难点。开拓国际视域，加强对各国的文化研究，熟悉各地风土人情，构建立体化多层次的电影产业交往格局，为中国电影与中华文化的海外传播破局。

世界范围内存在多民族国家电影，每个民族国家在一百多年的电影制作中产生了类型、风格、样式繁多且匠心独具的电影美学。"一个国家的电影实践是多元化的，绝非一种类型和模式，把一国之电影简单化为某种固有的形态，必然引发诸多质疑。"[1]民族国家电影的建构并非止步于对好莱坞电影的自觉抵抗，"一带一路"为沿线国家提供了特有的资源，不同国家在经济、文化、社会交往中，在世界电影版图上寻找国家地位、确立民族身份，更好地实现中外电影交流的共赢目标。在"一

① 张英进：《民族、国家与跨地性：反思中国电影研究中的理论架构》，《南京师范大学文学院学报》2012年第3期。

带一路"大框架中，中国电影致力于肩负民族国家电影之重任，《捉妖记》《战火中的芭蕾》《大唐玄奘》《战狼2》等电影影像也承载了现阶段中国的精神和文化，中国电影输出文化价值的同时，也推动物质产品走出去，精神文化反哺物质文化的积极作用，成为实现世界电影跨国家、地域之间沟通交流的基础性支撑。构建全球电影共同体是民族国家电影发展的必经之路，而时代和环境正在有力地促进中国电影产业的良性循环发展。

三、"共享型"创作如何形成

历史就是文化，传承丝路精神，建设"一带一路"，是历史潮流的承延。中国电影担当着文明沟通的使者，推动各国文化的互学互鉴和交流，使不同文化在相知相遇以至共享中发展前行，是区别于以前电影发展理念的新的视角和观点。随着新的文化环境和社会背景的变迁，中国电影正发生着巨大的变化，而"一带一路"恰恰助推了中国电影创作的新思维的形成。

近年随着国家战略的进一步推动，中外电影合作影响广泛。2014年在首届丝绸之路国际电影节上，中国与丝路沿线国家的电影合作项目广受关注，中俄合作拍摄的《黑土地的最后一战》、中韩合作的《花样厨神》以及中印合拍的《功夫瑜伽》三个项目成功签约。此外，中泰首次合作，依托泰国专业惊悚团队合拍电影《索命暹罗之按摩师》，成为为中国电影市场量身打造的异域风情与中国文化相融合的探索之作，而中国导演执导、越南"洗剪吹"组合首次参演的爱情喜剧电影《越来越囧》，拍摄中分别前往越南、柬埔寨、泰国等国取景，以此展现不同国别的东南亚风情，不无探路的实践性价值。"一带一路"是一条和平之路，承载着对安宁的期盼，沿线国家人民守望相助，共同打造和谐家园以至新的文化与精神纽带，需要在不同领域做出新的摸索。

从中国电影产业的长远发展看，电影的发展需要借助现代化的高科技和特效技术，但形成民族国家电影的自觉势在必行。电影的最终目的是将其思想和价值观念清晰表达，中国电影要提升内容生产能力需要寻找合作共赢的机会，还要努力实现价值共享，在世界主义和全球性文化价值所不能企及的范围内提供归属感，强调个人对特定历史命运、社会责任的承担。2017 年春节档上映的《功夫瑜伽》系响应"一带一路"首批中印合作拍摄的作品，以一段唐朝历史传说为起点，讲述了跨冰岛、迪拜、印度三国的寻宝故事，将中印两国文化交融其中。电影收获票房 17.4 亿元，成为春节档票房冠军。《功夫瑜伽》在海外上映也打破多个国家的票房纪录，取得新加坡、马来西亚单日票房冠军，在新加坡还斩获首周末票房冠军。在习近平总书记访问哈萨克斯坦期间，《功夫瑜伽》在"哈萨克斯坦 2017 中国电影展"上进行重点展映，主演成龙担任推广大使，向世界讲述中国故事。和唐季礼的这次合作让成龙在内地电影的票房纪录再创新高，电影上映前并未有太强的吸睛力，但影片凭借老少皆宜的喜剧故事和演员的精彩表演获得观众肯定，一路逆袭成为春节档满意度冠军。成龙的招牌功夫，配以他独特的诙谐幽默，轻松愉悦地实现观众对其传达思想理念的认同，这是本片最难能可贵之处。"瑜伽作为印度文化的符号与象征，不仅为影片的'寻宝探险'平添了色彩斑斓的异域风情，更重要的是，它提供了一种'发现自己、世界与自然三者合为一体'的立场与观点。瑜伽的这种立场与观点，与成龙功夫喜剧所潜含的'个人英雄主义与救世情怀'，各具特色却息息相通，具有广阔的互动与对话的可能。"① 斯皮尔伯格的《夺宝奇兵》开启了"寻宝探险"商业叙事模式，而《功夫瑜伽》则在延续这一题材基础上致力于本土化和区域化的缝合，满足了新环境下大众文化消费，以惊险神秘、跌宕起伏的猎奇情节作为吸引力，"强迫观众臣服于情感上或心理上的冲击，创造出一种完全不同于沉迷在幻觉叙述中的观众关系"②。尽管是"强迫"，但实际上创作者是在了解观众欣赏趣味的基础上，强化故事逻辑，情节生动，并辅之以在银幕之上的一些景观，迪拜追车、冰川乱战、土狼围剿、终极庙堂丝厂动作戏，以此作为吸引力，使观众获得愉悦感。

文化互动的重要问题是文化异质化与同质化紧张且矛盾的关系，中国电影以讲好中国故事的"共享型"创作，区别于一般意义上的合拍片，既具有吸引观众的文化穿透力，又是服务"一带一路"建设的首要任务。中国电影应该是包容多种文化的电影，是能够协调不同文化之间的冲突的电影，共享、共通、多元素融合，这样的电影方可达到争取更多观众之功效。"一带一路"倡议下产生的电影类型取向多元，迎合的受众和市场更为宽广，电影制作不再满足于适应一个国家或几个国家、地区，这样的电影不一定是制作宏大的，可能只是一个小人物身上发生的故事，"接地气"、贴近生活的简单故事，然后极尽可能地将不同的差异性文化融入其中，带观众进入一种全新的观影体验。

纵观具有开拓性的电影往往在本土文化的根基上建构"大厦"，关注

---

① 范志忠：《〈功夫瑜伽〉："一带一路"语境下中国电影的跨国制作》，《中国电影报》2017 年 2 月 8 日。

② ［苏联］爱森斯坦：《吸引力蒙太奇》，载理查德·泰勒主编《文集（1922—1934）》，英国电影学院，1988 年，第 35 页。

社会现实，表达真实情感，彰显人文关怀，以国际化的电影表达手法推演叙事，以通俗化叙事策略传播价值体系，进而打通文化壁垒，以影像沟通对话，唤起观众的情感共鸣。如何从他国的电影产业模式中学习经验，在"共享"的意义上改造和提升中国电影的内容创作与生产，探寻艺术、文化与商业的平衡点，提升中国电影在世界电影市场的份额与话语权，在"一带一路"的方针政策之下，中国电影正在不断反思，校准观念与方向，与扭曲价值观和绑架中国现行电影创作的拜金主义告别，转变为全新的、开放的、包含共享性的话语选择和推动海外电影传播的有效策略，是一种必然趋势。

四、跨文化关系的建构：纾解国际传播的文化困境与障碍

中国电影作为一种文化形式和兼具智慧与创造功能的主体走过了百余年的历史发展。随着在世界上全球化和逆全球化并存时刻的到来，中国倡导"一带一路"新型全球化，通过文化接触和跨文化关系形成的国际化空间开始在电影创作中无处不在。

"一带一路"是一个涉及国家、民族、语言及文化关系众多的倡议，言说中国的需要基于中国电影探求产业深度与广度的海外渠道的拓展之上。面对新语境下的发展，一方面，中国电影在全球和区域电影市场无疑是缺乏市场经验和积累的，在海外市场传播中尚存在结构性障碍，在辐射力、影响力方面仍较薄弱。另一方面，中国电影在海外不能被接受，与电影内容创作缺乏张力、类型单一的语言障碍等有关，文化核心难以切实转化为电影创作的内生活力和驱动力，进而造成"文化折扣"。根据作者供职的中国艺术研究院影视研究所一项对"一带一路"区域受众的调查，大

部分受访者目前以网络为观看中国电影的主要渠道，少量受访者通过电影院观看中国电影，超过 30% 的受访者认为中国电影的思维逻辑难懂，近 70% 的受访者认为中国电影字幕翻译难懂。在调查中，受访者普遍肯定了中国近年来的飞速发展，但对于中国电影的认可度仍然较低。中国电影的国际传播关系到中外文化交流，更与中国国家形象与软实力建设休戚与共。面对纷繁复杂的现状，应该再次审视中国电影海外传播策略问题，正视并探索解决之道，规划"走出去"的发展道路，在"一带一路"倡议下开启电影创作与产业结合的更广大的路径势在必行。

（一）跨界融合补结构性短板

2016 年，中国电影海外票房和销售收入为 38.25 亿元，同比增长 38.09%。2015 年，中国电影海外票房和销售收入为 27.7 亿元，同比增长 48.13 亿元。相比较近十年来中国电影的强劲走势，2016 年的中国电影似乎进入了"狂热"后的"冷静"期。也是在 2016 年，万达集团继并购 AMC 之后收购美国传奇影业；博纳影业集团完成私有化后的 A 轮融资，并参与制作李安的《比利林恩的中场战事》；阿里巴巴集团跟史蒂芬·斯皮尔伯格合作，极尽所能地摸索解开电影技术艺术的网结。中国电影在世界电影版图的"扩张"脚步从未停歇，但目前中国电影公司的规模体量与工业运作与好莱坞电影公司相比仍存在产业规模小、运作能力弱，尚未形成健全的产业链。在类型选择与内容创制上，中国电影仍以武侠片、功夫片作为"王牌"类型，以及通过文艺片在全球各大电影节展示中国特色文化。但仅以此，难以切实抓住海外观众的注意力，在海外电影市场赢得票房佳绩，产生广大影响。电影是内容创意产业，内容创制是源头。中国电影的繁荣需要通过与他国的跨界融合，形成完善的电影产业链。对于中外合拍片，中国已经形成相对清晰、细致的战略，在工业化、国际化水平上有显著提升。中国还需要借助"一带一路"的倡议，通过官方、民间、科研学术机构以及新媒体渠道与沿线国家建立差异化合作机制，在"共享、互动、流动、智能"的新趋势下，优化资源配置，进行中国产业的全球布局。

中外电影合作态势已经发生了重大变化，截至目前，中国已经与16个国家签署了电影合拍协议。韩国作为"一带一路"沿线的重要国家，与中国的电影合作也趋于密切，通过雇佣韩国公司的电影创作人才、学习韩国电影特效技术，利用中韩文化的同源性，成为中国电影获得海外市场的重要策略。中国还和印度签订《中国印度电影合作协议》并推出三部合作电影项目：《大唐玄奘》《功夫瑜伽》《大闹天竺》，这三部电影均以中方为主导。万达院线已经成为全球第一家跨国院线企业，这成为中外合作强有力的背景。从融资、发行、制作等多层面的合作可以更加有效地促进中国电影取得更大的海外市场收益，以及推动中国电影的海外传播，提升中国电影在国际市场的竞争力。

（二）寻求文化"最大公约数"

跨国文化交流中常遭遇的问题是"文化壁垒"和"文化折扣"现象，树立平等原则，秉持宽容态度，深入开展文化领域的对话合作，用行动践行民心相通。在全球化的趋势之下，很难坚守国家民族文化的原汁原味，在交融、消解的过程中，保持本民族文化特色至关重要。在全球化的裹挟之下，电影市场、资本的跨境流动与扩张和对境外电影工业的仿制，重绘了世界电影的版图，也重构了跨国电影的分享机制。寻求不同文化之间的"最大公约数"的首要目的是拉近"一带一路"覆盖地文化之间的距离，让合作更加坚实。由于"一带一路"的历史和文化渊源，中国同这些国家地区本身有历史延续而来的亲和力，中国电影更容易打造立足基石，在本国电影中彰显中国的文化特征。相比较国际电影节以及各种国际奖项的赞誉，中国电影更需要得到沿线国家普通观众发自心底的认同。通过电影影像实现中国文化的通俗化、大众化的表达，打破阻隔在国家文化之间的"边境线"。用国际化的叙事手法表达本土文化，将中国人民真挚的情感诉求、真实的生活风貌呈现在他国观众眼前。于一般观众而言，本国民族文化之外的文化传递是新鲜且陌生的，迥然不同的文化背景使观众理解他国电影中的文化符号有难于逾越的鸿沟，了解输入国的历史、人物、民俗等生活状态和叙事逻辑，以解决电影受众与电影创作者之间信息传递不对等的问题。

让－雅克·阿诺导演的中法合拍片《狼图腾》是一个海外传播的成功案例。电影对"文革"这一特别时代的历史背景淡化处理，人类掠夺狼群过冬的黄羊以及灭狼运动的"狼性"在镜头下被揭露，探讨了人与自然的深刻话题。图腾是一种信仰，灭狼让人类失去的不仅是草原，更是最初自由原生的生态图景，丧失了永不屈服、决不投降的意志与尊严，遮天蔽日的黄沙与穹顶之下的雾霾是自然对于生态失衡的"现世报"。导演改编了原有的结局，陈阵将小狼放生，毕利格阿爸的天葬仪式之后，陈阵见到成长为真正的狼的小狼，这是让－雅克·阿诺导演对大自然生命的一种敬畏。导演让－雅克·阿诺访谈中说道："我的目的是双重的。一方面，我想向世界展示这个文明的魅力和力量，第二是展示对狼的尊敬和迷恋的态度。因此，这个问题不仅是中国的问题。这部小说的美，在于它的主题具有普遍意义。"①《狼图

---

① ［法］让－雅克·阿诺、祝虹：《用电影捕捉灵魂——〈狼图腾〉导演让－雅克·阿诺访谈》，《电影艺术》2015 年第 2 期。

腾》主题的普适价值为电影在全球范围内传播奠定基础。面对"文化壁垒"与"文化折扣"的困境，以"去中国化"消融文化霸权，充分考虑输入国的文化文明与价值体系，借鉴好莱坞电影惯用的正与邪的斗争、对人性的拷问以及人与自然和谐相处等主题，实现本土文化和沿线国家文化共生、共通、共存。

（三）调整国际传播的地缘布局

好莱坞在全球的扩张步伐，伴随着其意识形态对各国文化的渗透，观众在观影过程中不自觉地将影像背后的理念纳入个人的主体意识。中国电影在全球化的进程中，不可避免地与资本主义市场的力量进行博弈，中国特色社会主义市场经济也逐渐与西方市场经济接轨，但阶级与经济社会发展以至价值观等问题的困扰依然是不争的事实。基于经济差异、地缘与文化认同，置于"互联网+"与新媒体时代，"一带一路"沿线各国在历史与现实的承续转换之间，电影成为表达跨文化理解极为便捷的方式。从空间分布上看，"一带一路"横跨三大洲，经济发达的欧洲经济圈与活跃的东亚经济圈首尾相连，沿线各国与中国都有着深厚悠远的文化交流与文明积累。中国电影在"一带一路"沿线国家的传播，以地缘布局为依据，激发了中国电影内容、风格与题材的再次开发，增强跨国资源互通融合，在宏观的整体视域下，对于跨文化的交流、理解和互通都至关重要。电影是一门高度市场化的产业，中国电影的海外传播仍然需要尊重市场逻辑，以点带面、层层递进是中国电影现阶段富有成效的"走出去"的路径。根据各地海外观众对于中国电影的印象和反馈，做出适当的改善，及时调整中国电影在国际市场的格局。

2015年，以24亿元票房登顶年度中国电影票房冠军的《捉妖记》于

2015 年 11 月 12 日在韩国正式上映，上映当天以 2037 观影人次垫底韩国电影单日票房榜，这似乎与之前韩国导演金基德的预言不谋而合。《捉妖记》韩国发行公司李惠智室长也表示，韩国观众对于中国电影的认识还不足，原本希望《捉妖记》能成为韩国观众对中国电影转变意识的"桥头堡"。但看过本片的观众惊讶表示"虽然笑点俗套有些遗憾，但是可爱的怪兽形象还是很有趣的""比预想的视效要好"。尽管《捉妖记》在韩国的票房失败，但这不失为是一次"破冰之旅"。相比较之下，同期在韩国首尔汝矣岛 CGV 影院参加展映的《重返 20 岁》，无论是放映次数还是观影人次都遥遥领先其余 9 部参展电影。《重返 20 岁》改编自韩国电影《奇怪的她》，此外曾经作为韩国人气偶像团体的中国成员鹿晗的参演令韩国粉丝纷至沓来，电影在 NAVER 的网友评分高达 9 分。时隔七年之久，在韩国重映的《不能说的秘密》[①] 依然在 96 块银幕上映，动员 56843 观影人次。中国电影的海外拓展之路步履维艰，但无论是口碑收获，抑或是票房收获，都印证了在共同文化圈里，中国电影在不断成长。韩国文化内容振兴院将文化出口的集中攻略区域为中国和日本。在推进海外拓展的过程中，离不开政府的支持与鼓励，"一带一路"在中国电影"走出去"上指明了方向，制定了策略，勾画了蓝图，现阶段需要的是中国电影人合力并举，创造中国电影海外传播的新局面。

（四）电影主体文化形象的形成与转变：各美其美，美美与共

中国社会正在经历一场前所未有的历史大转折，以"文化自信"为基调的文化传承与发展方兴未艾，费孝通先生曾提出的"各美其美，美人之

---

① 《不能说的秘密》于 2008 年 1 月 10 日在韩国首映。

美，美美与共，天下大同"的思考，与今天习近平主席提出来的"一带一路"中各文明之间的"共存共荣"及"人类命运共同体"的思想遥相呼应，促使我们进一步看到了世界电影发展中各种电影文化之间"共存共荣"的发展趋势。

在全球化时代文化传播的跨文明相遇中，中国电影需要改变思想，树立国际化的反身性战略与策略。改变观念，需要建立以受众为中心的思想，认真研究根植于不同文明的海外观众，兼顾不同文化语境下的观众所存在的语言障碍、文化障碍和审美习惯的差异情况，研究、掌握、采取具有普遍意义的故事讲述方式、叙事规则，同时，反向性地建立以亚洲电影、"一带一路"国家电影并进而扩大到世界电影市场为导向的创作体系、市场化策略与传播规则。在价值观的传播与输出上，可以在不放弃表现中华文化价值的同时，思考别人可能接受、大家可能接受的东西，表现亚洲以至东西方存在的彼此都认同的价值观。只有这样，才能让中国电影真正"走出去"，最终达到传播我们的文化价值观和国家修辞，促进"一带一路"区域人民的交流与国际文化传播的目的，进而为民族电影创新表达，提升水准与质量，克服电影全球化或市场化这些范畴上的本土中心论，树立更广阔的电影空间中的中国形象，发挥独特的作用。

各美其美，美美与共，可说是中国电影中主体文化形象正完成的一个轮回的转变。"一带一路"下的中国电影产业正发生巨大的变革，作为电影输出国，秉持开放的话语选择、国际性的眼光是中国电影在全球电影发展进程与全球化携手并进和产生广泛影响力的关键；作为电影输入国，以兼容并蓄的胸怀，接纳不同国家地域的文化与中国文化碰撞产生的火花。中国电影产业经过十余年高速发展，正处于从电影大国向电影强国迈进的关键时期，在"一带一路"的发展之下，要求中国电影具有文化自信和强大的正能量，自觉承担肩负进一步发展民族国家电影的责任。抱着这样的愿望而踏上电影全球化征途的中国电影，势将更为深入、有效地与其他电影产业和文明形成良好的互动关系，迎来自己的新时代。

（原载《艺术评论》2017 年第 12 期）

"一带一路"框架中戏剧交流的回望与前瞻

宋宝珍

2013 年 9 月和 10 月，中国国家主席习近平先后提出共建"丝绸之路经济带"和"21 世纪海上丝绸之路"的重大倡议。2016 年习主席在乌兹别克斯坦发表演讲，指出："丝绸之路是历史留给我们的伟大财富。'一带一路'倡议是中国根据古丝绸之路留下的宝贵启示，着眼于各国人民追求和平与发展的共同梦想，为世界提供的一项充满东方智慧的共同繁荣发展的方案。"①2017 年 5 月 14 日，习主席在"一带一路"国际合作高峰论坛上再次重申"丝绸之路"建设的重大意义："古丝绸之路绵亘万里，延续千年，积淀了以和平合作、开放包容、互学互鉴、互利共赢为核心的丝路精神。这是人类文明的宝贵遗产。"②

"一带一路"建设作为现代思想理念和跨文化发展框架，旨在促进中国与周边国家的政治协商、经济兴盛与文化包容，在利益共同体原则的基础上，实现亚洲、欧洲、非洲不同文明之间的对话、交流与合作，实现中

---

① 习近平：《携手共创丝绸之路新辉煌——在乌兹别克斯坦最高会议立法院的演讲》，《人民日报》（海外版）2016 年 6 月 23 日。

② http:// politics.people.com.cn / n1 /2017 /0514 / c1001 − 29273666.html。

国的和平发展以及周边国家的利益共商、共享、共建。经济发展与文化繁荣是中国和平崛起的重要保证。"一带一路"建设构想中的经济腾飞，离不开跨文化的交流、合作、互惠、融通。在这样的时代背景下，话剧作为一种现代艺术形式，也是文化创意与交流的载体，理应发挥其在各民族之间增进友谊、加强理解、开展合作、谋求共识的作用。本文就中国话剧百余年历史发展中，与外来文化的关系进行简单的梳理，以便以史鉴今，抚今望远。

一、中外戏剧的碰撞与交流

中国是一个戏剧大国，传统的戏曲艺术（Opera）历经 800 多年的历史沧桑，演变为 300 多个剧种，分布在全国各地，至今仍有演出的戏曲艺术尚有 260 多种。在 20 世纪初叶，一种源自西方的现代舞台艺术形式——话剧（Spoken Drama）植入中华文化土壤，在艺术形式上，它有别于传统戏曲，不以歌舞演故事，而主要以对话、形体动作和舞台布景，创造真实的艺术情境。

可以说，没有中西文化的交汇，也不会有中国话剧的诞生。迄今可查的西方戏剧在中国本土的演出，可以上溯到 16 世纪末。据《澳门圣保禄学院年报》记载，澳门圣保禄学院的师生们曾于 1596 年 1 月 16 日在圣保禄教堂（今大三巴）台阶上演出过西方戏剧：

> 圣母献瞻节那一天，公演了一场悲剧。主角由一年级的教师担任，其余的角色由学生扮演。剧情叙述如何以信仰战胜了日本的迫害。演出在本学院门口的台阶上进行，结果吸引了全城百姓观看，将

三巴寺前面的街道挤得水泄不通……演出如此精彩，毫不逊色于任何大学的演出水平。因为演员用拉丁文演出，为了使不懂拉丁文的观众能够欣赏，还特意制作了中文对白……同时配上音乐和伴唱，令所有的人均非常满意。①

文中提到戏剧，表现的是"以信仰战胜日本的迫害"，那么由此推断，这个戏有可能已经不是单纯的宗教剧，而是部分地反映了澳门人民抗倭斗争的故事，这也是这个戏的演出受到市民普遍关注的原因之一。文中还记载，演出中出现了"中文对白"——这说明，当时圣保禄学院的师生，已经具有了良好的中文水平；也有一种可能，中国人参与了这个戏剧的制作、演出活动。

1604年1月27日的《澳门圣保禄学院年报》，详细记述了一场喜剧演出的内容与经过。圣保禄学院的学生演出，甚至开始走出校园的围墙，进入了澳门社会的市民生活中。该年报的这项记载中提到了本次演出的社会效果："本来这一喜剧如同往年那样，是为欢迎中国主教莅临而演的，但是今年似乎是为了娱乐本城居民，因为市民们为荷兰人给他们所造成的巨大损失而沮丧，荷兰人刚刚剽掠了澳门的三艘货船……"②

就以上两场演出而言，戏剧观众包括澳门的居民，说明其有了"公演"的性质。迄今为止，这是有据可查的中国本土最早的话剧演出。

鸦片战争之后，中国被迫打开国门，东西方文化开始在这里交汇。1866年，清政府派斌椿赴西方游历，他是首位远行欧洲的人，号称"东

---

① 李向玉：《澳门圣保禄学院研究》，澳门日报出版社2001年版，第1页。
② 李向玉：《澳门圣保禄学院研究》，澳门日报出版社2001年版，第90页。

土西来第一人"。

斌椿自封闭的国度前往"泰西"（欧洲）游历，作为旗人，他自小并不聪慧，长大后"性更迁"。但是，他也是个"奇人"，是喜欢游走的旅行家。他说："九州曾历七，广见堪傲睨。"那时，去往海外航行数月，被人视为畏途，而他63岁高龄却毅然前往，回国后写了《乘槎笔记》，记录了以其好奇的眼光观察到的新鲜事物。

斌椿第一次向国人报道了西方的戏剧演出情景。在剧场里，他看到贵族名媛们姗姗而来，穿着华丽，长裙曳地，袒胸露臂，珠光宝气。而舞台上的情景更让他新奇，他赞叹道："女优登台者多者五六十人，美丽者居其半，率裸半身跳舞。剧中能作山水瀑布、日月光辉，倏而见佛像，或神女数十人自天降，祥光射人，奇妙不可思议。"[1] 显然，他被西方戏剧的奇妙诡秘迷住了。

此后，出使西洋的中国人络绎不绝，王韬的《漫游随录》、张德彝的《航海述奇》、黎庶昌的《西洋杂志》、曾纪泽的《出使英法俄国日记》等，都以笔记形式记录和传输了所见所闻的西方演剧。在这些人眼中，印象深刻的首先是西方剧场："规模壮阔逾于王宫"；其次是西方伶人身价之重："直与王宫争衡"；再者是写实布景的逼真："风雷有声""电云有影"；此外则是戏剧对于社会的重要作用。晚清，伴随着外国列强瓜分中国的野心日益明显，晚清社会的政治危机逐渐加深，中国有识之士的民族意识、家国情怀空前增强，革命呼声日趋高涨，必须创造出一种为大众所接受、对现实有效用的舞台艺术，成为一种普遍性社会思潮。

在晚清封建统治衰微、民族危机加剧的特殊历史时期，1906年底，

---

[1] 钟叔河：《走向世界》，中华书局1985年版，第69页。

中国留日学生李叔同等人在日本发起组织文艺团体春柳社。1907 年他们顺应时代发展和社会变革需要，以春柳社的名义，演出《茶花女》和《黑奴吁天录》，以此为标志，创立了话剧这一现代舞台艺术。

二、创立具有现代性与民族性的戏剧

五四时期是一个脱离陈规、创立新法的时代。在 20 世纪 20 年代，不仅胡适高扬"易卜生主义"，一些有志于创造中国现代戏剧的青年，如洪深、田汉等，均把"做中国之易卜生"当作自己的人生理想。与此同时，西方的现代主义，包括象征主义、表现主义、唯美主义、未来主义等各种戏剧流派传入国内，为中国剧作家打开了现代人生的视阈。

五四时期，在以《新青年》为阵地展开的新旧剧论争中，陈独秀、胡适、钱玄同、刘半农等接受过西方现代教育的人们，与张厚载、林纾等保守文化传统的人们进行了激烈的论辩，这是新旧文化观念的交锋，尽管双方的文辞都不免夹带情绪色彩，但是它却为现代戏剧艺术观念的更新与发展提供了思想启迪。胡适以达尔文的进化论为论争武器，指出，"一种文学的进化，每经过一个时代，往往带着前一时代留下的许多无用的纪念品；这种纪念品在早先幼稚的时代本来是很有用的，后来渐渐的可以用不着它们了，但是因为人类守旧的惰性，故仍旧保存这些过去时代的纪念品。在社会学上，这种纪念品叫做'遗形物'"①。胡适还把戏曲的唱念做打全部称为"遗形物"，必欲去之而后快。主张"采用西洋最近百年来的

---

① 胡适：《文学进化观念与戏剧的改良》，《新青年》1918 年第 5 卷第 4 号。

新观念、新方法、新形式，如此才可使中国戏剧有改良进步的希望"①。然而，排演直接翻译的西洋戏剧，如《华伦夫人之职业》，甚至洪深自编自演的有一些欧化味道的话剧《赵阎王》，当时知识水准不高的普通观众都看不懂，甚至不知所云，这就迫使中国戏剧开始探索民族化的发展之路。

在 20 世纪 20 年代中期，中国戏剧界曾经出现过"国剧运动"。"国剧运动"实际上是一些自国外留学归来的人，有感于中国文明戏的衰落，而意欲寻找民族的现代戏剧的发展之路，进而掀起的一次戏剧思想讨论。1926 年，余上沅、徐志摩等人在北京发起创办《晨报·剧刊》，并且制订了一个包括创办剧校、剧院在内的宏大的计划，但很多计划落空。唯有《剧刊》，在徐志摩的支持下得以办成，共发表了有关戏剧的文章 20 余篇，参加撰稿的有徐志摩、余上沅、闻一多、赵太侔、张嘉铸、熊佛西、邓以蛰、梁实秋等。他们彼此的艺术主张和理论观点，其实是不尽相同的，但创建中国自己的戏剧样式的目的却有着昭然的一致性。

余上沅、赵太侔等人就中西戏剧的比较而言，认为中国传统戏曲"重写意"，有别于西方戏剧的"重写实"，因而，应当吸收中西戏剧之长，创造一种"国剧"。但是，何为"国剧"，如何创造"国剧"，其时，在理论上他们仍然处在探索阶段。中国戏剧界既要吸收外来文化营养，又要反抗帝国主义的文化侵略；既要吸纳优秀的中华传统文化精髓，又要反抗封建势力的落后积习。在"五四"新文化运动中，具有现代意识和革新精神的知识分子在伟大的新文化运动中重塑了话剧的艺术品格。话剧以艺术的方式表现时代人生，参与社会启蒙。

在戏剧实践上取得突破性成就，应当是 20 世纪 30 年代以后的事。经

---

① 胡适：《文学进化观念与戏剧的改良》，《新青年》1918 年第 5 卷第 4 号。

历了五四时期的思想解放和文化交融，在广泛吸纳西方戏剧精华的基础上，中国话剧立足本土、走向成熟，出现了以曹禺及其优秀剧作《雷雨》《日出》《原野》《北京人》《家》等为代表的戏剧成果。李健吾、杨晦等人认为，曹禺在编剧技巧和情节设置上，受到了国外戏剧的影响。比如：他的《雷雨》带有古希腊悲剧《希波吕托斯》的痕迹，也在一定程度上与易卜生的《群鬼》有些联系；他的《原野》显然受到了美国剧作家尤金·奥尼尔的《琼斯皇》的影响；而他在写作《北京人》和《家》的时候，又是对契诃夫的剧本阅读入迷的时候。曹禺说："我记起几年前着了迷，沉醉于契诃夫深邃艰深的艺术里，一颗沉重的心怎样为他的戏感动着。读毕了《三姊妹》，我合上了眼，眼前展开那一幅秋天的忧郁，玛夏（Masha）、哀林娜（Irina）、阿尔加（Olga）那三个有大眼睛的姐妹悲哀地倚在一起，眼里浮起湿润的忧愁，静静地听着窗外远远奏着欢乐的进行曲，那充满了欢欣的生命的愉快的军乐渐远渐微，也消失在空虚里。静默中，仿佛年长的姐姐阿尔加喃喃地低述她们生活的抑郁、希望的渺茫；徒然地工作，徒然地生存着。我的眼渐为浮起的泪水模糊起来成了一片，再也抬不起头来。然而在这出伟大的戏里，没有一点张牙舞爪的穿插，走进走出，是活人，有灵魂的活人，不见一段惊心动魄的场面。结构很平淡，剧情人物也没有什么起伏伸展，却那样抓牢了我的魂魄：我几乎停止了气息，一直昏迷在那悲哀的氛围里。"[①] 于是曹禺告别了他自己以为"太像戏"的戏剧结构模式，着力开掘日常生活本身的戏剧性，甚至不去刻意区分戏剧的悲剧和喜剧类型，而是按照生活本来的样子去刻画它。"三姊妹"的人生况味

---

① 曹禺：《日出·跋》，载田本相、刘一军主编《曹禺全集（第1卷）》，花山文艺出版社1996年版，第385页。

烙印在曹禺的心底，以至于他在创作话剧《北京人》时，将这种诗意的韵味化用在戏剧情境中："在苍茫的暮霭里，传来城墙上还未归营的号手吹着的号声。这来自遥远的、孤独的角声打在人的心坎上，说不出的熨帖而又凄凉，像一个多情的幽灵独自追念着那不可唤回的渺若烟云的以往，又是惋惜，又是哀伤，那样充满了怨望和依恋，在落寞的空气中不住地颤抖。"[①] 含蓄、蕴藉、深婉、淡远的忧伤里，表达的正是艺术当中美的情绪。

据曹禺的女儿万昭回忆，曹禺在清华读书期间，几乎将图书馆里关于戏剧的书籍都读过了。这可以佐证一位有现代意识和有创造能力的剧作家，绝不是墨守成规、闭门造车的人，而是一位博采众长、海纳百川的人。曹禺从来不承认自己的戏剧模仿了谁，他的剧作吸纳了中外优秀的文化成果，体现的却是原创性的艺术旨意，具有超越性的美学价值。他的剧作具有现代意识，利用本土题材，反映了民族精神与中国气派，以其深邃的内涵、圆熟的技巧、成功的形象、完整的结构被认为是中国话剧的经典之作。

中华人民共和国成立后，从 1953 年开始，在全国戏剧界展开了学习斯坦尼斯拉夫斯基演剧体系（简称斯氏体系）的热潮。中国戏剧为什么会向苏联取经？这与当时的国际政治环境和中国人的文化需求有关。一方面，斯氏体系在艺术层面上确实处于领先地位；另一方面，新中国成立初期汇集到新政权的旗帜下的文艺工作者，来自各个区域，表演风格五花八门，借助斯氏体系的训练方法，可以增强其时艺术创作的统一性和协调性。

---

① 曹禺：《北京人》，载田本相、刘一军主编《曹禺全集（第 2 卷）》，花山文艺出版社 1996 年版，第 848 页。

首先，文化管理机构向戏剧工作者推荐学习斯氏著作《舞台动作》《演员自我修养》等。其次，聘请苏联专家普·乌·列斯里、鲍·格·库里涅夫、格·尼·古里也夫来华授课。最后，自 1953 年到 1957 年，在中央戏剧学院和上海戏剧学院，举办培训班和进修班。尽管在推广斯氏体系的过程中，个别文化机构也犯有简单化、机械化的毛病，但是总体来讲，推广斯氏体系对于提高中国舞台艺术水平却是具有积极作用的。

1957 年老舍创作了话剧《茶馆》，经由北京人民艺术剧院演出，成为新中国戏剧创作中具有里程碑意义的杰作。剧本三万字，写了三个"朝代"，时间跨度 50 年，写活了 70 个人物。它以高度的艺术概括，浓郁的民族气派，浓重的历史含量和鲜活的生活气息，谱写出一部史诗性的画卷。总导演焦菊隐在其中探索演剧民族化的道路。他对斯坦尼斯拉夫斯基体系有着深刻的理解和掌握，但是，他更醉心于如何将中国戏曲的精华运用到话剧中来，并且找到把它同斯氏体系融合的契机，打通中国戏曲同西方戏剧相结合的道路。他赞成"内心体验""逼真地再现生活"，但更追求戏剧诗的境界，追求高度的艺术真实，高度的艺术概括。

1958 年，以田汉《关汉卿》的问世为标志，出现了一股历史剧的创作热。其特点是，一些老一辈剧作家纷纷执笔：如郭沫若的《蔡文姬》和《武则天》、曹禺的《胆剑篇》、丁西林的《孟丽君》、刘川的《窦娥冤》、老舍的《神拳》、田汉的《文成公主》和朱祖诒的《甲午海战》等。这批历史剧，有些写得相当精彩，演出后受到观众的热烈称赞。其中，《关汉卿》堪称田汉的绝唱——他以诗的语言、诗的情调与诗的构思，谱出了一曲关汉卿的赞歌；它展现了田汉不仅作为一位戏剧家，而且作为一位热情澎湃的浪漫诗人的卓越才华。《关汉卿》浓郁的抒情色彩，伴随着化入其中的元曲的神韵和声律，显现着浓烈的诗情和悲怆的意味。

1959 年，郭沫若为北京人艺创作了 4 幕历史剧《蔡文姬》，将一个 2000 多年前的古代才女形象，搬上了中国当代的话剧舞台。这个戏经由焦菊隐导演、朱琳主演，上演后获得轰动效应，至今仍然是北京人艺的保留剧目。

三、改革开放以来的戏剧发展

改革开放以后，西方现代的各种哲学观念、各种艺术思潮和流派引进国内，现代主义关于探索人、探索人心、探索深藏在人的内部的隐秘灵魂的理念，以及表现主义、象征主义手法，意识流、荒诞派的艺术特点，布莱希特的"间离效果""史诗剧场观念"，还有阿尔托的"残酷戏剧"、耶日·格洛托夫斯基的"质朴戏剧"等观念，都给从事话剧的人们带来新的感觉和新的启示。这些现代戏剧理念融会在话剧舞台艺术中，不断被吸纳、转化，逐渐地被民族化，也慢慢被国人所接受。

为了开阔戏剧视野，展示人类优秀的戏剧成果，中国戏剧界以宽广的文化胸襟、独到的审美眼光，与其他国家和地区的戏剧家们开展了广泛的艺术合作。

进入新时期以来，北京人艺上演了大量文本质量良好、艺术水准高超的外国剧目，如《公正舆论》（罗马尼亚）、《贵妇还乡》（瑞士）、《屠夫》（奥地利）、《推销员之死》（美国）、《女人的一生》（日本）、《洋麻将》（美国）、《上帝的宠儿》（英国）、《二次大战中的帅克》（德国）、《巴巴拉少校》（英国）、《哗变》（美国）、《海鸥》（俄罗斯）、《哈姆雷特》（英国）、《油漆未干》（法国）、《家有娇妻》（英国）、《榆树下的欲望》（美国）等。

长期以来，北京人艺邀请了很多国外的戏剧专家走进剧院，进行艺术合作与交流，形成了多项戏剧成果：1981 年，英国著名导演托比·罗伯森为北京人艺执导了莎士比亚的名剧《请君入瓮》；1983 年，美国著名戏剧家阿瑟·米勒为北京人艺执导了他自己的名剧《推销员之死》；1988 年，美国奥斯卡金像奖获得者、美国电影学院院长查尔顿·赫斯顿为北京人艺导演了《哗变》；1991 年，莫斯科艺术剧院导演奥列格·叶甫列莫夫为北京人艺导演了《海鸥》；2013 年，莫斯科艺术剧院导演彼得罗夫和北京人艺青年导演王鹏共同执导了意大利作家皮兰德娄的名剧《六个寻找剧作家的剧中人》。

1980 年 9 月至 11 月，北京人艺的《茶馆》应邀赴德国、法国、瑞士三国进行访问演出，全程 50 天，访问 15 个城市，演出 25 场。所到之处，外国观众反响强烈，他们被中国演员的精湛表演所打动，欢呼《茶馆》是东方舞台上的奇迹。

1983 年，《茶馆》应邀到日本东京、大阪、京都、广岛演出。

1986 年，《茶馆》赴中国香港、新加坡、加拿大演出。

2006 年，复排的《茶馆》赴美国肯尼迪艺术中心演出，并在美国其他城市巡演。

上海话剧艺术中心自 1995 年成立之始，便注重扩大与世界各国的文化交流，学习世界各国优秀戏剧创作的经验。近十年间，中心已先后上演了古今中外作品 100 余部，并且与英国、美国、法国、澳大利亚、俄罗斯、日本、新加坡、韩国、爱尔兰、埃及、德国等国以及中国香港、台湾地区的艺术家们开展各种形式的合作及互访演出，获得海内外文化界的高度评价，在不同国家和地区的观众中引起了强烈的反响。

2002 年，国家话剧院创作演出了五台大戏：《萨勒姆的女巫》（美国）、《这里的黎明静悄悄》（苏联）、《老妇还乡》（瑞士）、《关于爱情归宿的最新观念》《叫我一声哥，我会泪落如雨》，组织了部分保留剧目赴上海、香港、澳门等地演出，参加了国际艺术节的展演和一些戏剧交流活动。

近年来，中外戏剧交流出现了新特点。

（一）大量引进有市场前景和社会影响力的西方名剧。2017年，国外文艺表演团体及个人在京演出场次回归常态，共演出1301场，观众数量为90.7万人次，票房收入达1.98亿元。近年来，表现最为突出的是西方音乐剧，如《猫》《歌剧魅影》《人鬼情未了》《金牌制作人》等；中国人直接引进、搬演的西方戏剧，如鼓楼西剧场演出的《枕头人》《那年我学开车》《学一学鸽子》《烟草花》《婚姻情境》等，也取得了较好的社会声誉。

（二）旨在进行中外戏剧会演的"戏剧演出季""精品展演""国际戏剧节"明显增多，一流的国外戏剧家及其团队来华演出频繁。从2004年起，中国国家话剧院与中国对外文化集团公司等单位一起，创立了每两年一届的国际戏剧季。前两届的戏剧季分别以纪念契诃夫、易卜生、莎士比亚、华彩亚细亚、华彩欧罗巴等国际演出季的名义，进行国内外戏剧集中展演，促进了国内外戏剧界的交流，推动了中国话剧事业的发展。2008年，具有"戏剧界的奥林匹克"之称的世界戏剧节在南京开幕。2014年，第六届奥林匹克戏剧节在北京举行。

（三）近年来，中外文化交流与合作呈现良好态势，以前仅存于文字报道中的国外重要戏剧团体、戏剧艺术家和经典演出，如英国莎士比亚环球剧院、英国皇家莎士比亚剧院、以色列卡梅尔剧团、法国北方剧团、德国纽伦堡国家剧院如今已经常态化地纷纷登上中国舞台；享誉国际的英国导演彼得·布鲁克、波兰导演克里斯蒂安·陆帕、俄罗斯导演列夫·朵金等人，也带着他们的代表作来到中国上演。

（四）中国现代戏剧开始走出国门，参加诸如"契诃夫戏剧节""阿维尼翁戏剧节""中日韩戏剧节""爱丁堡戏剧节"等。国际间的艺术合作逐年增多，2017 年克里斯蒂安·陆帕为中国演员导演了根据史铁生的同名小说改编的话剧《酗酒者莫非》，在全国巡演中成为热门话题。

随着对外戏剧交流的增多，中国本土戏剧的发展日益红火。仅以北京为例，据北京演出行业协会统计，截止到 2017 年 12 月 31 日，北京 140 家演出场所共举办营业性演出 24557 场，比 2016 年 24440 场略有增长，增幅达 0.5%。话剧、戏曲、舞蹈等演出场次同比均增长了 100 场以上，成为推动演出增长的重要动力。2017 年北京市演出市场票房收入达 17.17 亿元，比 2016 年同期略有增长，增幅为 0.2%。演唱会、话剧演出票房突出，音乐会、旅游驻场演出略有下降。在 2017 年的 24557 场演出中，戏剧演出 12091 场，占总演出场次的 49.2%；吸引观众约 467.4 万人次，占北京演出市场总观众人次的 43.4%，是北京广大市民观看演出的重要选择；票房收入为 5.59 亿元，占据总票房的 32.5%。其中话剧、儿童剧最为活跃，演出场次达 8763 场，比上年增长 4.9%，占到演出总量的 50%，实现票房收入 4.46 亿元，占所有演出票房的 26%。

2017 年 10 月，中国共产党隆重召开第十九次全国代表大会，在报告中，习近平总书记指出："中国将高举和平、发展、合作、共赢的旗帜，恪守维护世界和平、促进共同发展的外交政策宗旨，坚定不移在和平共处五项原则基础上发展同各国的友好合作，推动建设相互尊重、公平正义、合作共赢的新型国际关系。世界正处于大发展大变革大调整时期，和平与发展仍然是时代主题。世界多极化、经济全球化、社会信息化、文化多样化深入发展，全球治理体系和国际秩序变革加速推进，各国相互联系和依存日益加深，国际力量对比更趋平衡，和平发展大势不可逆转。""中国坚持对外开放的基本国策，坚持打开国门搞建设，积极促进'一带一路'国际合作,努力实现政策沟通、设施联通、贸易畅通、资金融通、民心相通,打造国际合作新平台,增添共同发展新动力。"①在"一带一路"框架下,在新时代中国特色社会主义文化事业的不断发展中,我们有充分的理由相信,戏剧发展的前景一定会越来越好。

（原载《民族艺术研究》2018 年第 1 期）

---

① 习近平:《决胜全面建成小康社会 夺取新时代中国特色社会主义伟大胜利》,《人民日报》2017 年 10 月 19 日。

昆曲艺术的国家品格与亚洲传统戏剧

中国昆曲艺术的文化品格在学术界一直存在争议。专注戏曲文学与文人关系者，认为昆曲是典型的文人戏剧，是高雅艺术；留意戏曲发展史与民间社会关系者，则认为昆曲源出民间戏剧，是精致化的通俗艺术。在方言戏曲盛行的文化地域，昆曲被看作是外来声腔；而在多声腔交杂的演剧形态中，昆曲则被简单地当作是地方戏曲，甚至有"草昆"之谓。这种看似相反的观点，实则显示了昆曲作为娱乐戏剧的职能差别，代表了中国戏曲史学界对于中国戏曲艺术生存空间的基本思路。与上述历史描述相关的史实，例如昆曲长期以来受制于官方管理的历史，却总是被有意无意地忽略；昆曲由宫廷和官僚豢养的历史，也总是被当作民众艺术的一个方面而被扭曲。

昆曲艺术在其600年的发展史上所具有怎样的文化品格，直接关系到如何理解昆曲艺术遗产，也直接关系到如何传承昆曲艺术遗产。昆曲传统的文化品格被发现，正与昆曲被列入人类非物质文化遗产密切相关。

2001年5月18日，昆曲被联合国教科文组织宣布为首批"人类口头与非物质文化遗产代表作"。在中国将近380个传统戏剧剧种中，昆曲能够首先获此殊荣，显示了昆曲艺术在中国传统戏剧艺术中无可争议的独特性。也正是这个契机，昆曲艺术以更加稳定的国家政策保障，再一次获得了社会全体的普遍认同。通过近十年的发展，昆曲艺术在社会全体的文化认知度获得了极大的提高，年轻的观众和参与者逐渐成为昆曲艺术的重要受众群体，以业余曲社为载体的清唱表演传统不断得到延续和发展。更为重要的是，昆曲艺术传承得到尊重，5 年内，200 多出经典折子戏得以整理恢复，38 台昆曲大戏得以创作演出，而昆曲在表演、编剧、导演、音乐、舞蹈等方面的人才获得了高规格的专业培训。

昆曲在新世纪以来的蓬勃态势，其根基在于昆曲艺术的保护和发展获得国家的高度重视。2003 年末，由全国政协京昆室组织关于全国 7 个昆曲院团的调研，以此来关注昆曲在列入世界遗产之后的发展情况，2004 年 3 月，党和国家领导人对政协调研的报告所涉及的昆曲工作，做出了"抢救、保护和扶持"的重要批示，并为此召开专门会议，研究昆曲保护政策的落实。由此，文化部进行实地调研，通过《关于昆曲现状的调研报告》《关于昆曲沿革兴衰的历史》等报告的草拟，出台了《国家昆曲艺术抢救、保护和扶持工程实施方案》。这个方案确立从 2005 年至 2009 年，国家财政按照每年 1000 万的专项资金，利用 5 年时间，"通过扎扎实实的工作，使昆曲目前的困境有较明显的改变，使昆曲走上良性发展轨道"。昆曲在连续 5 年内所取得的成绩，正是国家大力抢救、保护和扶持所致。可以说，在中国 300 多个戏曲剧种中，昆曲不但以其精深的艺术品格，成为独具特色的民族艺术，而且以列入"人类口头与非物质文化遗产代表作"作为契机，成为最具国家品格的艺术品种。

昆曲在新世纪被赋予的这种国家品格，让学术界再一次重新审视昆曲艺术的发展历史，也让昆曲艺术在非物质文化遗产视野中重新标识其应有的文化品格。显然，透过600年的昆曲发展历史，能够非常清晰地看到昆曲艺术从其成熟之时便具有的国家品格。

昆曲艺术的国家品格，指的是昆曲在发展过程中，基于华夏民族的文化背景和文化需求，依靠国家礼乐制度的支持而具有的社会功能，以及由此具有的文化艺术特征。所谓的礼乐制度，即"礼以节人，乐以发和"，礼，试图通过对个体生命外在的活动行为进行约束、限制，达到对群体组织的秩序和稳定；乐，则试图通过对生命个体的性情品格的陶冶和涵育，达到人际关系之间的和谐、平静，礼乐相谐，作为中国传统社会的理想治世模式，礼乐制度深深影响着中国传统艺术的美学理想和生存模式。因此，从12世纪以来，由承担传统乐文化的优伶将盛行南北的戏剧艺术不断提升，昆曲艺术正是在南北戏曲艺术不断臻于成熟后的艺术结晶。当昆曲在16世纪后期随着音乐体制渐趋成熟而被搬上戏剧舞台后不久，明代宫廷也将昆曲列入"外戏"（《酌中记》）进行演出，开启了昆曲在明清两代四百多年的宫廷演出。昆曲艺术在宫廷的演出，官方士绅阶层对昆曲艺术的推重，使"京师所尚戏曲，一以昆腔为贵"，逐渐将昆曲艺术推到各类声腔艺术的首位，并且把这一时尚艺术依托在中国封建社会后期以礼乐为基础的文化制度中，适应着宫廷和士大夫阶层饮宴礼仪对于俗乐娱乐的需求，由此，促使昆曲在基层演出中，一直居于祭祀演剧的首位。直到近代以来的中国许多多声腔剧种，例如婺剧、川剧、上党梆子等，均以昆曲为尊。

昆曲的这种地位最鲜明地体现在昆曲的艺术体制化、伶人苏籍化、官班管理化、审美文人化中。

所谓的艺术体制化，指的是昆曲艺术在兼收南北音乐最高成就之后，逐渐在音乐、表演、文学、舞美等方面，形成规范化的艺术准则，这不但形成了历史上的"在南曲，则但当以吴音为正"（王骥德《曲律·论腔调第十》）的地位，而且以"官腔"作为标榜，以"雅部"自居，成为明清两代影响最为广泛的体制化戏剧。

所谓的伶人苏籍化，指的是昆曲从最初的清曲坐唱，到敷衍于戏剧舞台，在由传统乐户、散乐为基础的乐人群体之外，生成了以苏州地方平民为特征的演员群体，虽然他们隶籍乐部，都以歌舞表演作为职业特征，但是其身份却很不同于此前乐人的贱民身份，以至于在数百年间，昆曲的传承者仍以苏籍为主，构成了昆曲艺术传承的重要特点。

所谓的官班管理化，指的是昆曲作为音乐艺术在保持其清唱传统的同时，作为表演艺术一直依附在戏曲班社的群体演出中，基于昆曲在礼乐格局中的重要地位，昆曲班社长期以来保持着官方管理的特征，从17世纪后期以来，虽然民间职业班社也不断地演出昆曲，但官班仍然是昆曲传承的重要载体。在地方戏曲艺术逐渐勃兴的19世纪初，苏州地方政府仍然用行政命令的方式（《钦奉谕旨给示碑》），维持着苏州梨园专尚昆曲的职业特点，以保证内廷官班对昆曲的需要。

所谓的审美文人化，指的是深受中国传统礼乐文化影响的传统文人，基于昆曲艺术在文化格局的定位，一直将昆曲视作体现身份、寄寓情趣的娱乐方式，不但大量地组织家班演出，以配伍社会制度对其身份的认定；而且用自己的诗词歌赋的综合修养为昆曲创作了大量的文学底本，昆曲深受中上层社会的青睐使其艺术附加上鲜明的文人色彩，特别是在昆曲已经衰落的近代，昆曲艺术仍然依靠着文人获得传承。

以上四个特征奠定了昆曲艺术成为中国古典戏剧艺术典范的基础，由此也逐渐形成了昆曲的民族风范。昆曲的民族风范是昆曲在国家和地方、社会功能与艺术娱乐之间的互动进程中，随着受众的不断扩大，而逐渐成为华夏民族戏剧艺术的代表所具有的艺术品格。基于昆曲艺术在中国封建社会后期的表演艺术中"唯我独尊"的地位，昆曲在音乐、表演、文学、舞台美术等方面均达到了艺术的最高峰，逐渐成为中国古典戏曲艺术的典范，深深地影响着不断兴起的各地戏剧艺术形态。

显然，从昆曲被搬上戏剧舞台之后的四百多年间，只有在 19 世纪末期到 20 世纪前半个世纪随着朝代更迭才急剧衰落，但是，昆曲艺术遗产的所有经典性创造却是在此前的数百年间完成，官方的持续支持是这些艺术经典不断传承的有力保障。一部昆曲的发展史，实际上就是国家对昆曲艺术的保护史和传承史，这正是昆曲国家品格的基础所在。昆曲在半个世纪以来的发展过程中，虽然被看作中国传统剧种的一个成员，甚至被误解为地方戏曲艺术，但是随着国家对于戏剧艺术的管理和定位，它始终被看作体制戏剧的代表，始终被纳入国家管理的范畴，一直能够拥有连续而稳定的政策保障、经济投入和文化宣传，昆曲因此而薪火相传。昆曲在当代的发展，虽然不能完全彰显它在历史中形成的国家品格，但是国家文化政策的倾斜也使它很不同于其他各类地方戏曲艺术。

因此，重新审视昆曲的历史和新世纪以来的发展，就能清楚地看到，昆曲随着被列入世界非物质文化遗产名录，实际上使其逐渐摆脱了 19 世纪后期以来商业演出、20 世纪 50 年代以来意识形态对于戏剧艺术的诸多影响，逐渐回归到以演出旧曲为特征的传统规范中，也逐渐回归到昆曲在数百年间形成的国家品格和民族风范。这种反复而曲折的历程，正彰显出昆曲作为典型的东方戏剧样式经过传统和现代文明洗礼后的艺术个性。

　　昆曲的这一历程，实际也是亚洲传统戏剧发展的一个缩影，对于昆曲的合理保护和有序传承的许多经验，既对中国传统戏曲艺术的发展具有参照作用，也能够对亚洲戏剧艺术的个性张扬具有借鉴意义。

　　从 2001 年开始，联合国教科文组织总计宣布了四批人类非物质文化遗产代表作名录，其中前三批总计 90 项，在以戏剧为代表的 27 项表演艺术类遗产项目中，亚洲占据了 13 项。除汤加"拉卡拉卡"说唱舞蹈外，其余 12 种即是昆曲、能乐、鸠提耶耽梵剧、柬埔寨皇家舞剧、盘索里、哇扬皮影偶戏、净琉璃文乐木偶戏、德拉迈茨的鼓乐面具舞、斯贝克托姆—高棉皮影戏、拉姆里拉——《罗摩衍那》的传统表演、马克 - 扬戏剧、歌舞伎等 12 类戏剧形态，基本上呈现了中世纪以来一直存在于亚洲的多元的演剧传统。这些戏剧样式均分布在东亚、南亚、东南亚的广大地域。以上所述的地区分布和数量比例，正展示了传统戏剧艺术之于亚洲的意义。

　　透过这些独具个性的戏剧样式，可以清楚地发现，在列入联合国非物质文化遗产项目的亚洲多数表演艺术中，有两个不能缺失的文化传统一直成为亚洲戏剧艺术得以发展、衍生的重要文化指标：缘起于古代印度的佛教文化和肇端于华夏民族的礼乐制度。在汉文佛教经典中保留了很多关于表演艺术的文献资料，例如机关木人在 1000 多年的汉文翻译本中就留下了对其娴熟表演技艺的记录，至今留存于南亚、东南亚的偶戏、影戏都与佛教经典所记录的偶戏艺术有着深远的承续关系；而古老的梵剧传统对于东亚戏剧的影响早已为学术界所认可，并进行长久的深入探讨。在佛教文化影响的同时，来源于中国的礼乐制度为戏剧的国家品格做了明确的定位。随着礼乐制度向中国周边地区的波及影响，以礼乐文化为内核的戏剧形态也向中国的东部、东南部的延伸，传统的亚洲戏剧不可避免地以礼乐制度作为参照，在礼仪、音乐、歌舞、表演的多元观照下，实现其艺术形态的发展、变化，特别是在上述 12 类表演艺术大多数存在着宫廷演出的历史，宫廷演出为制度化的戏剧演出奠定了基础，这显然是礼乐制度所内涵的要求。

亚洲传统戏剧艺术在从传统向现代发展的过程中，面临的问题和困惑既有相通，也有不同，但其发展的终极目标即在于保存文化个性、展现民族戏剧命脉，这是联合国教科文组织关于非物质文化遗产保护所提出的要求。亚洲民族戏剧艺术在现代文明趋同中，如何通过国家的力量，为这些戏剧样式展现本属于它的文化品格和民族特征，这应该是当前非物质文化遗产保护工作所面对的主要责任。当这些传统戏剧样式成为人类共有的文化遗产的时候，如何在国家层面上理解这些传统所具有的国家品格，是涵育亚洲民族文化特征的前提基础。应该说，被国际社会普遍接受的"非物质文化遗产"概念的提出，在肯定文化多元性的同时，实际上也开启了从国家、民族的角度来理解文化传承的思路。那些在这个概念提出之前就已经经过累代传承和保护的民族文化遗产，实际上正通过"非物质文化遗产"这一概念，在国家层面将得到进一步的文化品格的定位。

昆曲从 2001 年后的发展趋向，显然对中国传统戏剧艺术在当代的发展和保护有着重要的参照意义。虽然，传统的礼乐制度已经不复可得，戏曲的生存环境也难以复原，但是充分理解和张扬昆曲乃至中国传统戏剧在民族文化正统中的国家品格和民族风范，是传承和发展这些传统戏剧的重要前提。戏剧曾经是中华文化和礼乐制度流播亚洲的重要内容，戏剧在宗教礼仪、宫廷礼乐、文人饮宴、民间祭祀等多元场合中能够发挥其特定的艺术功能，与民族文化的传播、授受、交融密切相关。今天，当亚洲传统戏剧一再地展现其文化个性的时候，中国昆曲的发展道路和它一直未曾消退的文化品格，正可以作为一面镜子，映照出民族艺术应该具有的发展方向。

（原载《中华文化画报》2010 年第 6 期）

丝路背景下的唐代女性衣风

鲁 闽

中国唐代时期以长安为起点的丝绸之路，开创了举世闻名的中西方经济与文化交流的局面。丝绸之路开辟了中西方文明的共同进步，在此背景下，经贸、文化、思想、民俗、宗教等相互碰撞，形成了极具特色的丝路文化现象，这样空前的盛况必然影响到当时唐代人们社会生活的方方面面。自古服饰作为人们必备之物，它不仅是蔽体防寒物品，同时在它的外在形态上也赋予了文化的象征意义。虽然丝路文化的重要载体丝绸是一种商品，但是通过商贸的交易加强了中西人员的社会活动往来，产生了唐代特有的服饰文化以及穿衣风尚。

一、汉人女子服饰

唐代女子服饰主要沿袭前朝的服饰，初唐时期以隋代襦裙为主，短小窄袖上衣，下着长裙，腋下系带，同时又有大袖、衫袄、半臂、胡服等服饰流行。唐代前朝的女子服装多为大袖袍服，这是汉人的服装形制特征，如汉代妇女所穿的绕襟深衣、魏晋杂裾垂髾服等，沿袭传承前朝服装是中国古代服饰发展的特点。

唐代汉人女子多穿襦裙，襦裙款式为上衣短小窄袖，下为瘦身长裙，裙腰至腋下并系丝绸带，在襦裙外有时穿半袖（半袖衫）加帔帛，这种襦裙是当时女子最为流行的女服。（图1）襦裙的款式变化主要在领型，如圆领、方领、斜领、直领等，襦裙作为一种日常装，贵妇平民皆穿。

图 1

大袖衫也是当时女子的一种服饰为贵族的礼服，多在重要场合穿，如朝参、礼见及出嫁等活动。

虽然唐代女子有大袖宽衣等多种样式的服装，但是唐人女子穿衣的选择空间较大，在传统礼仪活动和日常生活中各种服饰也是必不可少的。盛唐以后胡服流行之势衰落，大袖之服才又开始盛行。

二、胡服风尚

唐朝社会经济文化呈现繁荣昌盛的景象，文化艺术等方面风格多样，尤其在衣冠服饰方面采取兼收并蓄的方式，使这个时期的服饰样式丰富多彩，穿衣方式也不拘束。胡服盛行，胡汉服饰混搭，女子穿男装等的着装形式大放异彩。"胡，是一个经历长期演变的种族文化的概念，1919 年，王国维撰《西胡考》和《西胡续考》，对此做了卓越的分析，随后吕思勉撰《胡考》，赞扬王氏博征故籍，断言：先汉之世，匈奴、西域。业已兼被胡称；后汉以降，匈奴浸微，西域遂专胡号；其见卓矣。"①中国古代汉人对北方和西北游牧民族的统称为胡人，唐代所称的胡人包括了西域地区各民族和印度、波斯等域外国家。

服饰的流行时尚是社会在某个阶段发展的表征，它反映出人民的生活方式观念和社会观念。唐开元年间胡服开始盛行，男女皆穿。《新唐书·五行志》记载："天宝初，贵族及士民好为胡服胡帽，妇人则簪步摇钗，矜袖窄小。"胡服的基本样式为对襟、翻领、窄袖，在领、袖口、门襟均有纹饰简洁的款式，区别于汉人女子的宽衣大袖。（图 2、图 3）当时女子穿胡服成为流行时尚，宫廷民间皆穿。《新唐书·车服志》也说："中宗后……宫人从驾，皆胡冒（帽）乘马，海内效之，至露髻驰骋，而帷冒亦废，有衣男子衣而靴，如奚、契丹之服。"

唐代胡服的流行与胡舞盛行相关，唐代诗人白居易诗中有："胡旋女，出康居，徒劳东来万里余。中原自有胡旋者，斗妙争能尔不如。天宝季年时欲变，臣妾人人学圆转。中有太真外禄山，二人最道能胡旋。"据史料记载，唐玄宗、杨贵妃、安禄山等人都是胡舞表演的高手，皇室宫廷至民间善胡舞者众多，而且得到普及和推广，习胡舞必穿胡服，出现了女为胡服学胡妆的情景。因此，唐代胡服盛行与胡舞

---

① 蔡鸿生：《唐代九姓胡与突厥文化》，中华书局 1998 年版，第 1 页。

风靡有紧密联系。"胡舞在全国流行以后，成了人们日常生活中的主要娱乐方式，民间妇女极力模仿胡女，以胡服、胡妆为美。在陕西西安韦顼墓及乾县永泰公主墓出土的石刻、陶俑中，有很多穿胡服的妇女形象，通常著锦绣浑脱帽、翻领窄袖袍、条纹小口裤和透空软棉靴，有的还配有蹀躞带，反映了这个时期妇女服饰的典型情况 。"[1]

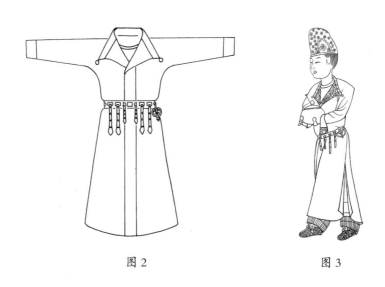

图 2   图 3

三、胡汉交融的服饰

胡汉文化生活的交融对当时汉人的着装方式产生了极大的影响，同时唐代社会的开放和文明的进步也促进了人们穿衣的变化。从陕西西安永泰公主墓石椁线刻画中可以看到一女子头戴皂纱幞头，穿翻领胡服，腰系蹀

---

[1]　周汛、高春明：《中国历代服饰》，学林出版社 1984 年版，第 111 页。

蹀带，足穿乌皮靴。（图4）这是一种混搭的穿着方
式，女子穿男子胡服，胡汉服装相互搭配的着装体现
女性男装化的风尚，也反映出唐代社会的开放特征。

　　在唐代穿胡服戴幞头的形象是胡汉服饰结合的
体现，中国古代自周建立服制以来，着装以规制遵
礼法，上至天子下至庶民均以章而循。唐代出现着
异族服饰配以汉人帽，这种形态的装束与礼法相悖，
但是又从另一方面表现出中外交流的广泛性和深入
人心的特点。

图 4

　　唐代女子服装多为襦裙，穿着襦裙需配帔帛
（围巾），从唐代的绘画和石刻中都可以看到女子帔
帛的形象。《旧唐书·波斯传》："丈夫……衣不开襟，并有巾帔。多用苏
方青白色为之，两边缘以织成锦。妇人亦巾帔裙衫，辫发垂后。"从波斯
萨珊王朝银瓶人物画上，所见女装也有帔巾，与唐代帔帛形式略同。又新
疆丹丹乌里克出土的早期木板佛画也有帔帛，可知帔帛是通过丝绸之路传
入中国的西亚文化，与中国当时服装发展的内因相结合而流行开来的一种
"时世妆"的形式。①

　　唐朝之前女子均无帔帛，帔帛在唐代女子中的广泛流行是随着丝绸之
路传入形成的一种时尚。唐代除莫高窟壁画之外，从陕西乾县唐中宗神龙
二年（706）入葬的永泰公主墓壁画及石椁线刻画宫女图，周昉《簪花仕
女图》、张萱《虢国夫人游春图》、佚名《唐人宫乐图》，都有帔帛。帔帛
作为服饰品一种样式起到装饰作用，唐女子多穿窄袖襦裙，有袒胸、露臂

---

① 参见黄能馥、陈娟娟《中国服装史》，中国旅游出版社 1995 年版，第 162 页。

图 5

样式，采用帔帛垂挂前胸缠绕在手臂既可用于日常也可用于舞蹈，“敦煌莫高窟第431窟，年代为初唐时期。舞伎右腿直立于毯上，左腿弯曲。穿紧身裙，腹部似裸。头戴项圈，裸臂佩剑。左手略微上曲，握长巾；右手垂于腹下，握长巾。长巾呈旋转状，绕于头腿之上数匝”[1]。（图5）起到装饰着装后的装饰效果，丰富唐女子的服饰。

唐代穿胡服腰间必系革带，这种革带称为蹀躞带，沈括《梦溪笔谈》中载：“中国衣冠，自北齐以来，乃全用胡服……所垂蹀躞，盖欲佩带弓剑、帉帨、算囊、刀砺之类。”到唐代时是男子服饰中的必备之物。“中原革带形制在这段时期，无论是从功能结构角度，还是从相应的服用礼制制度方面而言，都已发育得极为成熟了。在鼎盛时，中原革带上的一些装饰要素，已经开始反过来对西域和北方的革带形制产生影响，这种互动保证了交流的质量和深度。”[2]

女子穿胡服系蹀躞带是一种标配，这种时尚流行的装束在唐代风靡很长时间，尤其在盛唐之前。唐代女子曾流行穿男装，这种穿着方式从宫廷到民间都一度形成风尚。所谓男装是唐代男子的圆领窄袖袍，在唐人张萱所绘《虢国夫人游春图》中有着男装的女子形象，另永泰公主墓

---

① 罗丰：《胡汉之间——“丝绸之路”与西北历史考古》，文物出版社2004年版，第294页。
② 马冬：《西北地区古代服饰钮系件研究》，四川美术出版社2009年版，第146页。

石椁线刻画中也有女穿男装的形象（图6），从图中可看到此人的腰带不是汉人常系的带，而是蹀躞带，汉服腰系胡人革带这种装束足以证明胡风的影响之深，同时也有女穿男装系异族腰饰的混搭穿衣方式，在唐代是别开生面的服饰形态。

初唐形成的胡服盛装风习从贵族至平民皆广受推崇，从胡帽、胡衣、胡革带、胡鞋等服饰无不穿戴，这种全民崇尚胡人生活方式的现象，可以看到胡汉交融的深入，这种胡风时尚是在唐代极其特殊的社会背景下形成的风貌，在中国服装历史上是辉煌的一页。

图6

四、结语

开放的唐代社会形成兼收并蓄的服饰风格，以丝绸之路为背景发展的唐代胡汉风尚改变了当时沿袭汉服的现象，在古代服装发展史上是独树一帜的形态。

胡汉融合的社会现象形成了唐代女子的穿衣风尚，女子穿衣与传统汉服有明显区别，胡帽、胡衣、胡鞋等服饰品依胡人而装扮，这种风尚集中反映出胡汉文化交融的特性，是唐代人们生活方式变化的一种体现。唐代女子一方面照搬胡人衣装，另一方面又采用汉服胡饰混搭的穿衣方式，这种着装方式在历代服饰中独一无二。蹀躞带与汉人圆领窄袍相搭，帔帛与襦裙相配等构成了中西服饰混搭的多彩样式。

丝绸之路所形成的中外多民族思想、文化、习俗、经济等交流与碰撞，促进了唐代文化的繁荣，从而影响了中国古代服饰的发展历史。

（原载郑长铃、高德祥主编《2017"一带一路"文化艺术交流合作国际学术研讨会论文集》，文化艺术出版社 2018 年版）

"黄色"与"蓝色"的中国选择

——来自"海上丝绸之路"的启示

方李莉

"一带一路"倡议让在遥远过去由于贸易在海上和陆地上产生的丝绸之路开始受到关注。实际上在这条路上被贩运和销售的不仅有丝绸，还有茶叶、瓷器、漆器等许多中国制造的产品，当时的中国制品具有世界公认的优越地位。美国学者罗伯特·芬雷曾在他的书中写道："人类物质文化首度步向全球化，是在中国的主导下展开的。在绝大部分的人类历史时光之中，中国的经济都为全世界最先进最发达。"但今天的我们，似乎忘记了我们这段历史的荣光，还忘记了在历史上，中国不仅是一个"黄色"的农业文明的国家，也是一个"蓝色"的海洋贸易非常发达的国家。为此，本文选择"海上丝绸之路"，也可以称之为"海上陶瓷之路"作为主题，由于篇幅有限，仅选择唐宋中国陶瓷的海上贸易为对象，讨论中国曾经有过的海洋贸易的辉煌。

一、漕运开通后的中国水运

中国不仅是世界上最早发明瓷器的国家，同时也是最早利用水运将货物运向整个世界的国家。中国漕运的发达，始于隋朝，完善于唐朝。隋炀帝大业元年（605）开凿通济渠，从西苑引谷水、洛水入黄河，又引黄河通淮水，通过漕运将江淮粮秣物资运到京师。到唐肃宗时，又使长江—邗沟（邗沟是联系长江和淮河的古运河）、汴河（古运河的一段）—黄河及黄河—渭水三个交汇处转运仓的建设有所加强，并形成"舟车既通，商贾往来，百货杂集，航海梯山，圣神辉光，渐近贞观、永徽之盛"的场面。

唐代的水上运输发达，促成了造船工业的发展，尤其是长江流域的江南地区造船业之盛，为全国之最。唐代造船材料，多用坚硬耐用的楠木；其次则用樟树、杉树或柯树等。所造船大致可分内河船及海洋船两类。海洋船方面，唐代远航外洋的船甚多。唐太宗时，阎立德在江西南昌造浮海大船 500 艘，自东海、黄海直上高丽，另一方面亦有远至红海的商船。

这样的海运能力促使当时的中国各瓷区的瓷器得以运销到世界许多国家，如唐代出口白瓷、三彩制品和青花瓷的重要窑口巩县窑，其位置正处于洛水与黄河交汇的洛汭地带，这里曾是沟通北方大半个中国的漕运枢纽。这里溯洛水向西可达东都洛阳和京师长安；顺黄河东去，可抵郑州、开封，转入大运河向北直通华北大平原，由天津到朝鲜、日本；向南直达当时重要港埠、国内国际商贸城市扬州；再顺长江东去，可直航海外达东亚、南亚与中东地区。陆上，从巩县窑址向西南，经轩辕关即达唐代大都会东都洛阳，洛阳当时是丝绸之路的东端，成为巩县窑产品陆上输往西域和欧洲的重要通道。还有当时的长沙窑生产的釉下彩瓷器远销亚非不同的国家，其地理位置处于湘江附近，其产品从湘江到洞庭湖，然后达长江进入海外。当时著名的瓷器产地越窑，更是属于明州地区，明州是当时的重要港口，可以直通海外。正是这种便利的水运交通，让中国的瓷器通过国内的人工及河流运输到达沿海港口，到达内海然后穿过马六甲进入印度洋走向欧亚非大陆。

二、繁荣的中国港口与对外贸易

中国自古对外交通要道主要有二：一为西北陆路，二为东南海路。自汉代以来，武帝通西域，西北陆路对外交通日见发达。东汉时班超出使西域，到了地中海，接触罗马等国。中国的丝就由此时传入罗马。至于东南海路，经交州（即越南，当时属于中国）、广州等地，进入海洋。

到唐代时，海运路线得到了扩张。以从明州港出发的航线为例：从明州港出发南下，穿过台湾海峡，向东南到达菲律宾群岛。沿吕宋岛、民都洛岛、宿务岛、棉兰老岛、苏禄群岛西海岸南下，经加里曼丹岛西北海岸至爪哇、苏门答腊岛。越马六甲海峡，进入印度洋，再穿过尼科巴与安达曼两群岛，横渡孟加拉湾至印度东海岸，再从东海岸南下，经斯里兰卡后，又沿印度西海岸北上，循着大陆海岸线，一路直达波斯湾，或由席拉夫登岸，由此深入伊朗内地；或至波斯湾尽头，溯底格里斯河而上至忒息丰、阿比尔塔和萨马腊等地。一路则继续沿阿拉伯半岛南岸经阿曼至亚丁湾，或入红海北上抵达阿伊扎布或库赛尔港，在此卸货后，再向西横穿沙漠到达尼罗河，然后顺尼罗河而下最终抵达福斯塔特；或沿非洲东海岸南下，经曼达岛、吉迪，最后抵达基尔瓦岛。唐代，除明州港外，还有广州、泉州、扬州三个重要港口。

唐初商业运输及海外贸易大增，广州和泉州首度成为重要港埠。当时有人造访广州，看见"来自印度、波斯和南海等各地的船舶无法计数，满载熏香、药材和珍品，堆积如山"。9世纪以后，中国式大帆船开始主宰对印度洋的贸易，取代了印度洋开来的较小船舶，制瓷业尤其因此获利丰厚。

7世纪时，阿拉伯人征服接管波斯，此时伊斯兰势力在阿拉伯世界建立根基。接下来阿拉伯穆斯林征服了伊拉克、地中海东岸、美索不达米亚、埃及以及波斯，造成西南亚贸易区全面重整，统一在伊斯兰旗下。这样的统一体使这个地区变得日益强大，并以此为力量渗透到周边国家。8世纪起，西南亚船舶开始来到广州，大批阿拉伯人和波斯人在此定居。有各种外国货轮，名叫"南海舶"者，每年均驶来广州与中国进行贸易。其中以狮子国（即今斯里兰卡）的货轮为最大。船高数丈，置梯以便上落，堆积宝货如山。每有蕃舶到港时，郡邑为之喧阗。可见当时的贸易，一方面是中国的商人走出去，另一方面是西南亚等地的商人走进来，形成一种循环的流动。

三、义无反顾地面向海洋贸易

如果说，在唐朝时，中国的对外贸易尚有陆上丝绸之路和海上丝绸之路同时并进，但到宋代由于西北地区战乱不断，陆运困难。朝廷比唐代更重视海外贸易。北宋初年朝廷就在杭州设立两浙路市舶司，以辖管杭州、明州的市舶事务。此时的国际海路，有许多中国商人参与，他们和阿拉伯人一起，成为中国与印度洋两地贸易的主导者。此刻来自各地多元族裔的穆斯林商人：埃及、阿拉伯、波斯、东非、印度、东南亚，与中国商人并非两个完全独立不同的类别，因为在这些中国商人中也有人信奉伊斯兰教，而穆斯林商人也有世居中国者。两者都对海上运输贸易采取积极主动的态度。考古学家在波斯湾多处港口发现的中国铜币，便多由抵达此间的中国商船载运而来，船主则是居于中国沿海城市的穆斯林商人。此时穆斯林商人的陶瓷贸易规模得到了进一步发展，商人们将中国商品带到瑟罗夫与邻近港口，货物由这里转为陆运，通过扎格罗斯山脉，抵达波斯法尔斯与克尔曼两省的城镇。船只向北再行 350 公里，到达更远的巴斯拉，此城位于底格里斯河和幼发拉底河的三角洲，之后，再通往哈里发王国的其他大城。

到南宋女真建立的金国征服北中国，结束了宋王朝的第一阶段。接下来金国又击败契丹辽国，几乎切断了宋帝国与中亚的所有接触，从 1126 年至 1279 年蒙古灭宋为止，中国君主只能从长江之南、位于浙江杭州的临时国都，治理他们残存的帝国疆域，统治面积仅余原有中土的三分之二。北方强权横亘阻绝，陆上丝路不再可及，南宋毅然转身，迎向海洋。

近年来，在沿海一带，发现了许多的宋元时期的沉船的遗址，从这些水下考古发掘的瓷器我们可以看到，宋代中国的外销瓷生产主要是集中在江西、浙江、福建、广东。福建和广东就在沿海，而江西和浙江都可以通过福建入海口。如福建东北部与浙江、江西接壤，龙泉窑主要产区的大窑窑区，经过很短的陆路，即可进入闽江水系的上游，景德镇属信江水系，与闽江水系的上游邻近，可经过一段较短的陆路转入闽江，顺江而下出闽江口入海。这样的交通，导致处于福建省的泉州港迅速崛起，成为一座国际性的重要贸易港口。

四、"黄色"与"蓝色"的中国选择

不少学者认为，欧洲是蓝色文化的代表，中国是黄色文化的代表。但如果我们翻开中国的历史，包括阅读中国瓷器贸易的历史，就可以看到，在历史上，中国并非只有黄色文化，曾几何时我们的蓝色文化也很发达。但有一点可以肯定，长期以来中国都处于某种可称为"黄中国"对"蓝中国"的紧张关系之中。简单地说，前者代表黄河、长城、农业优先、大陆至上、儒家文官制度、漠视海洋世界；后者则意谓长江下游、市场经济、自给自足、文化互动、长距离贸易、迎向海洋。这两种文化的博弈，最终以黄色文化取胜。但笔者认为，这种胜利主要是表现在中期以后，在唐、宋、元，包括明中期以前，中国都是一个极其开放的国家，是"黄色"文明和"蓝色"文明共存的国家。中国人常说自己是黄河的儿女，其实在历史上也是长江的儿女，长江是一条通往大海的重要通道。从唐代一直到郑和下西洋为止，中国人都是通过长江到达海洋，从而成为海洋上的强者。只是明中期以后的精英阶级才单一地坚持大陆观点，对他们来说，"海洋是商人的场域，是逐利而非逐位者或追求原则者的天下。海洋代表着无法治理的陌生异域，他们往往心怀忧虑而视且务必尽可能地避而远之"。

从 15 世纪末开始，当中国人从海洋退缩时，欧洲的地理大发现却开始了。于是，一场东西方的相逢导致了世界格局的巨大改变，前者是大陆导向思维，尊奉以陆地为根基的权力中心；后者则属海洋导向，以军事武力为后盾开创海上商贸事业，最后以后者胜利而终结。这一后果到今天都是中国人的心结，这一心结让我们认定，中国只有黄色文明的历史，而没有蓝色文明的历史。

但当我们今天重新面对"一带一路"的区域，我们看到的是，在历史上蓝色的中国和黄色的中国一样强大。我们的祖先曾用他们的驼队、船队走出了一片天地,开辟了举世闻名的陆上丝绸之路和海上丝绸之路,后来,在这海陆的两道上,不仅有了我们祖先的足迹,还有了许多外来者的足迹,再后来,我们不敢再往前走,于是,我们关门了。最后,外来者竟然用炮火打开了我们的大门,走进了我们的家里,让中国曾一度被沦为一个半殖民地的国家。今天,中国的经济发展了,我们不仅要打开大门,我们还要再次出发,但如何出发,是否需要回头看看我们的历史,那是我们曾经向今天走来的路。笔者认为历史是不会死的,它是在不断地游动,只是有时我们会疏忽它的存在,看不到它所蕴含的内在生命力,所以,我们需要了解历史和唤醒历史,并以此来寻找通往未来的路。

(原载郑长铃、王珊主编《2016"一带一路"文化遗产国际学术研讨会论文集》,
文化艺术出版社 2017 年版)

中华曲艺的文化形象：定义·特征·种类·价值 *

吴文科

本届论坛的主题，是"舞台艺术与中华文化形象"。要求"围绕艺术表演与情感融通、当代艺术的跨界与创新、传统艺术与当代传承等议题"，进行交流和讨论。这是一个非常好的立意，也是一个富含价值的话题。从我所熟悉的中华曲艺及在内地的发展状况去看，这个论题，又同时具有非常重要的现实意义。

这是由于，曲艺作为一门历史悠久又传统深厚的表演艺术，不仅自身具有十分独特的审美功能，而且曾在历史上发挥过极为特殊的文化作用。然而，曲艺在当今的知识身份与文化地位，却很不让人乐观。且不说许多人不很熟悉和了解曲艺，更有许多人因为相关教育的缺失和知识储备的缺欠，经常将曲艺和戏曲乃至歌舞等等艺术样式区分不清并且搞混。

为此，利用本届论坛在香港举办的难得机会，面对海峡两岸暨港澳地区的艺术界与学术界同行，结合论坛设定的切合主题，就中华曲艺的文化

* 本文系 2016 年 11 月 1 日在"第八届海峡两岸暨港澳地区艺术论坛"的大会演讲，刊于《中国艺术报》2017 年 4 月 10 日，被《新华文摘》2017 年第 13 期全文转载。

形象——仅从形态特征与文化功能两个方面——在这里做些简要回溯与探讨，以就教于各位方家。至于中华曲艺千百年来所创造并拥有的丰富艺术成就，及所承载的丰厚精神蕴含与独特美学魅力，时间关系，暂且从略。

下面，试从定义、特征、种类、价值四个方面，简要描述一下曲艺尤其是中华曲艺的文化形象。

一、定义：什么是"曲艺"—— 从"曲艺"概念的演变说起

曲艺，作为一个汉语词汇，早在汉代形成的《礼记》一书中，就已经出现了。该书在"文王世子"篇里，有"凡语于郊者，必取贤敛才焉。或以德进，或以事举，或以言扬。曲艺皆誓之，以待又语"的话。不过，这里的"曲艺"之意，按照郑玄的注释，为"小技能也"；到了唐代，如元稹《代曲江老人百韵》诗中，有"曲艺争工巧，雕机变组纴"的句子，段成式《酉阳杂俎》前集卷五"诡习"篇中，有"张芬曾为韦南康亲随行军，曲艺过人。力举七尺碑……"的话。说明"曲艺"一词，在当时有着"技巧"和"功夫"的意思；至明末清初，李渔在《春及堂诗跋》中言及的"人谓自嘲风啸月之曲艺始"，和张山来在《虞初新志》卷一里引彭士望（达生）《九牛坝观抵戏记》所说的"有为角抵之戏者……举天下之至险阻者，皆为简易，夫曲艺则亦有然者矣"的话，表明此时的"曲艺"之意，已有"创作"和"表演"的内涵；清代嘉庆时人缪艮（莲仙）《文章游戏》第三编卷四引赵古农《锣鼓三传》所提及的"固亦曲艺中之绝无仅有者乎"和"熟极生巧。曲艺且然，况圣人之道乎"之语，也显示"曲艺"在清代，多用来指代"演艺"之意。这种语义的运用，一直延续到了民国时期。如

1919 年张云舫写的"改良大鼓"即京韵大鼓的新唱词中，就有"小三姐儿听了各样的曲艺"之句；同时，"曲艺"在其时京津等地的广告文字中，不只指代大鼓演唱，而且指代"说、唱、变、练"等所谓"什样杂耍"的各种游艺活动。涵盖的品种，包括了今天我们所说的曲艺、杂技、体育和游戏等等内容。一直到 1949 年 7 月成立中华全国曲艺改进协会筹备委员会的时候，其"曲艺"所称的内容，仍包括了后来所说的曲艺和杂技两个艺术门类。直至 1953 年 9 月成立中国曲艺研究会（今中国曲艺家协会前身）时，"曲艺"才和"杂技"分家，也不再指代一些民俗游戏和体育竞技等内容，最终成为专门指代一个表演艺术门类的概念。至今台湾地区的学术界，依然更多的是沿用着"民间游艺"的"曲艺"概念，并编辑出版有《民俗曲艺》杂志。

那么，今天作为一个艺术门类概念的"曲艺"，到底指的是一种什么样的艺术形式呢？或者换句话说，应当怎样给曲艺下一个比较准确的定义呢？正如有人曾经可能感到困惑的那样：徒口讲说表演的北京相声、四川评书和扬州评话是曲艺，单纯演唱表演的京韵大鼓、梅花大鼓、湖北小曲和广东粤曲是曲艺，连说带唱表演的苏州弹词、山东柳琴、湖南渔鼓和陕北道情是曲艺，似说似唱表演的山东快书、天津快板和四川金钱板也是曲艺。曲艺是如此的多样和庞杂，怎样下定义才能简明地说清它的面貌呢？

翻检中国大陆的各种词典和工具书，直到 1979 年版的《辞海》和1983 年第一版的《中国大百科全书》，才有对"曲艺"作为艺术的相关解释："曲艺是各种说唱艺术的总称 / 统称"；接下来陆续出版的一些曲艺史论专著，如《说唱艺术简史》（中国艺术研究院曲艺研究所编，文化艺术出版社 1988 年版）和《中国曲艺概论》（姜昆、戴宏森主编，人民文学出版社 2005 年版）则称曲艺为"说说唱唱讲故事的艺术"或"一门用口语说唱叙事的表演艺术"；而《中国曲艺通论》（吴文科著，山西教育出版社 2002 年版）给曲艺下的定义却是："曲艺是以口头语言'说唱'叙述的表演艺术。"很明显：当把曲艺作为一种"总称"或者"统称"使用的时候，人们很自然会回过头去发问："什么是'说唱艺术'？"但对"说唱艺术"，却又没有一个准确而又明晰的解释。于是，才又有了后来关于曲艺是"说说唱唱讲故事的艺术"或"一门用口语说唱叙事的表演艺术"式的概括。而这两种意涵相同的表述，由于将曲艺的艺术表现功能或者说审美功用，局限于"讲故事"即"叙事"的一个方面，使得那些主要是属抒情、说理和说明性内容的曲艺节目，因此无所皈依。为此，也便有了"曲艺是以口头语言'说唱'叙述的表演艺术"这样的理论概括。

再后来，针对许多人将近些年走红中国而实属戏剧样式的"小品"表演，也作为曲艺看待的情况，前述定义又被迫加上了一个"演员以本色身份表演"的限定语即"防火墙"。也就是说，作为一个表演艺术门类概念的"曲艺"，较为准确的定义，现在看来，应当是这样："曲艺是演员以本色身份采用口头语言'说唱'叙述的表演艺术。"[①] 这个定义，既较好地廓清了曲艺的艺术边界，也简要地勾勒出了曲艺的形态构成，更较深入地阐明了曲艺的主要特征。

二、特征：怎样才"曲艺"——曲艺与相关艺术形式的区别

如前所述，曲艺是演员以本色身份采用口头语言"说唱"叙述的表

---

① 吴文科：《曲艺综论》，北京时代华文书局 2015 年版，第 6—7 页。

演艺术。

这个定义，包含了曲艺最为根本的一些形态特征。

"本色身份"是曲艺表演的演员姿态——从而将曲艺与戏剧和影视剧等的角色化表演区分开来。

"口头语言"是曲艺表演的基本材质——从而与书面语言的案头文学区别开来。并且，这种口头语言，同时具有地域方言和民族语言的属性。这也是曲艺之所以丰富多彩而千姿百态的根由所在。

"说唱"是曲艺表演的主要方式——依不同的曲种类型，而有或说、或唱、或连说带唱、或似说似唱等基本样式。而且，曲艺以语言性表达为主要特质的口头"叙述"表演，又使曲艺的"说唱"，与歌曲的"歌唱"和戏曲的"扮唱"有所不同。表现在腔词关系上，"说唱"主要是唱腔为唱词服务，音乐性只能辅助并美化语言性的表达，并不得妨碍甚或遮蔽语义性的传达；"歌唱"则更侧重音乐性的挥洒；而"扮唱"主要是角色人物的代言抒发。

"叙述"是曲艺表演的根本方法——主要通过语言性的叙述表达完成表演，且既可叙事，又可抒情，还可议论，也可说明。必要的时候，更能够模拟仿学。

"表演"是曲艺的审美属性——"说唱"为主，间有"做""学"。不像造型艺术，较少甚至无须视觉性的审美传达。比如广播电台里播放的曲艺节目，只需听赏即可完成欣赏接受，而无须看到演员的面对面表演。

"艺术"是曲艺的文化身份——这决定了曲艺的创作与表演属于虚拟的娱乐手段和虚构的审美创造。不是"穿靴戴帽"的标语口号，也不是实用功利的"宣传广告"。

上述的形态特征，使得曲艺的艺术实现方式，具备了自身独有的一些特点：

一是形式构成的简便性。但简便不等于简单和简陋，往往一个人、两张嘴，便能形成"一人一台大'戏'"的审美效果。

二是内容表达的通俗性。这是由语言性表演的传达特质决定的，也是听觉欣赏的接受需要决定的。但通俗不等于庸俗、低俗和媚俗，而是冯梦龙在其《喻世明言》中所言"话须通俗方传远，语必关风始动人"，即事关世道人心且风格晓畅简明的通俗。

三是创作表演的多度性。既要有曲本创作、唱腔设计、舞台表演和音乐伴奏等多方面的有机配合，又要有舞台演出实践检验即"一遍拆洗一遍新"的反复打磨。如此这般，方能铁杵磨针，精益求精。这是创作的规律，也是表演的经验。

四是欣赏接受的想象性。由于曲艺主要是属语言性的"说唱"叙述表演，对曲艺的欣赏和接受，也主要依靠耳朵的听觉来实现。又由于所表现的故事、人物、场景、情感，都是通过语言性的叙述来传达的，所以，对节目所表现的内容，需要通过联想和想象来完成。这使曲艺的创作和表演，成为演员和听众的共同创造。"一句不到，听众发燥"和"一字不清，如钝刀杀人"等等艺谚，就是对曲艺表演与接受利害关系的绝妙写照。

需要顺带指出的是，曲艺的艺术形式虽然十分简便，但形态构成却一点也不简单。曲艺是一门综合性很强的表演艺术，绝大部分曲种的艺术构成要素，即涵盖了语言（方言土语、民族语言）、文学（曲本）、音乐（绝大部分曲种具有唱腔和伴奏）、美术（服饰、化妆、道具、灯光）、杂技（口技、绝活）、舞蹈（二人转、二人台、陕南花鼓、莱派尔等曲种有舞蹈性的表演元素）、戏曲（如苏州弹词"起脚色"表演时借用的京昆舞台念白腔等）乃至武术（评书评话表演中时常可见的虚示动作等）等元素。但不管是多少种元素，一旦被综合到曲艺中来，都要按照"演员以本色身份采用口头语言'说唱'叙述"的表演艺术格范来整合。

三、种类："曲艺"都啥样 —— 曲艺的形态特点及类型构成

曾经有人以为，曲艺是中国独有的艺术样式。事实并非如此，曲艺是世界性的艺术。古往今来，世界各地的许多民族，都有属于自己的曲艺表演形式。像古希腊的《荷马史诗》及其"行吟"方式，就是典型的古代流浪艺人的乞食表演。近年来，联合国教科文组织在保护非物质文化遗产的意义上遴选公布的许多"人类非物质文化遗产代表作"，如埃及的"黑拉里亚史诗吟唱"，印度的"罗摩里拉—罗摩衍那传统表演"，吉尔吉斯斯坦的"阿肯艺术与吉尔吉斯史诗"，巴勒斯坦的"伊卡耶"，蒙古国的"蒙古图利"，菲律宾的"达兰根"史诗唱叙，韩国的"盘索里史诗说唱"，俄罗斯联邦—萨哈共和国的"欧隆克雷—雅库特英雄史诗"唱叙；土耳其的"麦达赫说书艺术"（以上译名，均据中华人民共和国文化部对外文化联络局的相关工作文件引述），以及日本的落语、漫才、浪曲、新内、漫谈、讲谈、净琉璃，等等，就是这些国家重要的曲艺形式。

但是，唯有中华曲艺的文化面貌最为壮阔：家族最大，品类繁多，历史悠久，传统深厚，特色独具，蔚为大观。

同时，也唯有中华曲艺的文化传承与学术积累，最为丰厚也较成体系。特别是从1953年以来，曲艺在中国发展成为一个独立的艺术门类，形成了自成一体的庞大行业，也逐步建立了自身比较自觉的学科框架。正因如此，曲艺在中国既有单个的品种样式，也有集群的行业组织，还有完

备的认知系统。比如，世界范围内，只有中华曲艺，有着自身的知识体系和学科概念。亦即"曲艺"作为一个艺术门类的名词概念，及其全面系统的学术研究框范，只有中国才有。其他国家尚无与之对应的文化概念和学科架构。日本即仅有针对单个曲种如漫才和浪曲等等的单独研究，却没有将此类艺术集合起来的统筹性研究。这使对于曲艺的学术研究，在中国虽非发达的显学，而从世界范围去看，则中国的曲艺学研究，却处于无可匹敌的领先地位。

正是这样的学术文化地位，使得我们对于中华曲艺的自身遗产及其普查与了解，也比较深入和细致。对中华曲艺的品种数量，也有着逐步清晰的认知与掌握。近30多年来，曲艺学界通过艰苦努力，对中华曲艺的品种与类型，经历了两次较大的调查与确认。一次是通过《中国大百科全书·戏曲　曲艺》（第一版）合卷的编纂与出版，认定"中国现代曲艺曲种"有345种；一次是1986年启动编纂、历时25年，至2011年完成出版的29卷本共3000万言的大型艺术方志丛书《中国曲艺志》的学术调查，认定古今中华曲艺的品种数量，在1000种左右，尚有表演活动的，至少也在500个以上。诸如浙江、云南等曲艺大省，流布当地的本土及外来曲种，数量都在90个以上。山西、新疆等省区的曲种数量，也在70个左右。

数量庞大的中华曲艺，若依口头说唱的表演方式，可分为说的、唱的、有说有唱的和似说似唱（即韵诵）的四种类型。如按各自擅长的审美功能，则可分为说书、唱曲、谐趣三大类型。其中的每一类，还可分成各自相应的三个小类。具体面貌，可如下表所示：

类型	涵括	包含曲种举要	功能特点	备注
说书	大书	北京评书、扬州评话、四川评书	长于叙事	徒口讲说表演
	小书	苏州弹词、山东琴书、湖南渔鼓		说唱相间表演
	快书	山东快书、四川金钱板、快板书		韵诵吟诵表演
唱曲	牌子曲	单弦牌子曲、兰州鼓子	长于抒情	曲牌唱腔演唱
	板式曲	梅花大鼓、京韵大鼓		板式唱腔演唱
	杂曲	二人转、粤曲、四川清音		板牌混杂演唱
谐趣	相声	北京相声、上海独脚戏、笑嗑亚热	长于说理	叙述讲说表演
	快板	数来宝、陕西快板、天津快板		韵诵吟诵表演
	谐戏	四川谐剧、陕西独脚戏		叙演摹学结合

由此可知，中华曲艺虽然品类繁多，面貌各异。但每个曲种与每类曲种之间，都有各自相仿的功能特点和同类相通的类型特征。曲艺所拥有独特品格及内在规律，也便蕴含其间且昭然若现。既构成了自身有别于其他艺术门类的独有特点，也提供给人们研究认知和学习掌握它的逻辑依据。

四、价值："曲艺"很独特——曲艺特殊的历史与文化功能

存在决定意识，功能决定价值。曲艺作为一门表演艺术，和其他一切文艺形式一样，具有娱乐、审美、认识、教化等多重社会功用。

但是，从历史上曲艺扮演的不同社会角色及所发挥的特殊作用去看，曲艺又不仅仅是一门艺术，而是在自身娱乐大众和化育世风等"本体"功能之外，同时兼有传承历史文化和传播知识观念的"载体"功能，更有孕

育文学体裁与戏曲剧种的"母体"功能。

比如，许多只有语言而没有文字的少数民族，其历史与文化传统，包括生产和生活知识，都是借助曲艺"说唱"的表演方式，传承下来或传播开来的。号称"中国少数民族三大英雄史诗"的藏族《格萨尔》、蒙古族《江格尔》和柯尔克孜族《玛纳斯》，都是这些民族的曲艺形式岭仲、陶力和柯尔克孜达斯坦的表演曲本。2011 年 11 月被联合国教科文组织列入"急需保护的非物质文化遗产目录"的赫哲族伊玛堪，既是一种十分古老的曲艺说书形式，同时也是当今时代赫哲族得以保存自身民族语言的唯一凭借。因为，这个仅有几千人的民族，基本上不再使用本民族的语言进行生产和生活，唯可学习和使用本民族语言的动因与理由，就是继承和保护伊玛堪的"说唱"表演。这都使曲艺成为一种"文化之舟"，甚至是一种文化传承与保护的"诺亚方舟"。

再如，像古典章回小说《三国演义》里"欲知后事如何，且听下回分解"式的结构性套语所展示的，这种极具中国风格与中国气派的章回体长篇白话小说，就是文人与书商在当年记录整理并刊刻印行古代说书人口头表演文学脚本的过程中，逐渐发展形成的小说体裁样式。至于吟诵的诗歌和俗赋、演唱的宋词与元散曲，更是古代曲艺与文学一体发展的特殊产物。

又如，古今几乎所有的地方戏曲剧种，都是在曲艺"说唱"的基础上，改叙述表演为代言演出，孕育形成不同剧种的。远如宋金时代的说唱诸宫调对杂剧形成的直接影响不必赘述，近代以来诸如评剧、越剧、吉剧和北京曲剧等等剧种的形成或创立，无不是在莲花落、嵊州落地唱书、二人转和单弦牌子曲等曲艺形式的基础上，脱胎发展而成的。

这都表明，曲艺还是孕育生成文学体裁和戏曲剧种的"文学之父"与

"戏曲之母"，具有尤为可贵的"母体"价值。

凡此种种，均使曲艺自身所担承的历史文化职责，或者说所具有的历史文化功用，已经远远超出了自身作为舞台表演艺术的娱乐与审美范畴。从而与其他的艺术门类形成了鲜明的对照。可谓出类拔萃，卓尔不凡。

上述对于曲艺尤其是中华曲艺文化形象的简要描述及重温申述，在当今时代，不是没有意义的重复与啰唆，而是很有必要的回眸与思索。这是由于：

从中国曲艺的自身发展来看，当今内地曲艺的曲本创作与表演实践，存在着太多的问题与遗憾，其解决途径，有赖对自身艺术独有特征和多样功能的正确理解与准确把握。只有真正明白了曲艺是什么，曲艺的艺术优长和表演擅长在哪里，才不致将传统继承搞成抱残守缺，将发展创新弄成南辕北辙；才会远离戏剧化、歌舞化、杂耍化的迷误，避免"改行"式的"改革"、"创伤"式的"创新"和"革命"式的"革新"；进而改变创作表演"重形式、轻内容，重短段、轻长篇，重表演、轻创作，重技术、轻艺术，重演员、轻伴奏，重数量、轻质量，重包装、轻内涵，重宣传、轻实干"的跑偏路径。最终通过对于自身传统的深入学习和深刻继承，既返璞归真也返本开新，既礼敬传统也发展繁荣。

从中华文化的当代复兴去看，要想真正确立起自身的文化自信，首先要对自己的文化传统及其价值了然于胸。既不妄自尊大，也不妄自菲薄。这就有赖对包括曲艺在内一切中华优秀传统文化的正确认知和深刻传扬。只有通过对自身历史文化全面系统的学习了解和继承弘扬，将自信建立在自觉、自尊和自豪的基础上，才不会自卑、自虐和自残，才能够自重、自立和自强。

说到这里，有必要提及两个与曲艺有关的著名文学界人物，他们的曲艺情缘，或可作为认识曲艺独特价值的鲜活注脚。一个是堪称现代曲艺研究开山之人的文学家和思想家鲁迅，另一个是获得诺贝尔文学奖的当代作家莫言。前者不仅在 20 世纪 20 年代于北京大学开设的中国小说史课程及其由此讲义整理而成的《中国小说史略》著述中，将属于曲艺曲本的宋元话本纳入了知识传授和学术研究的视野，而且指出了其与古典章回小说形成的直接文化渊源，第一次在学界确证了曲艺与文学的血缘关系，确立并提升了曲艺的学术文化地位；而且在 20 世纪 30 年代与所谓"第三种人"的论战中，发出了"我相信，从唱本说书里是可以产生托尔斯泰、弗罗培尔的"豪迈预言，高调宣示了曲艺的文化价值和孕育功能。后者不仅在领取诺奖的著名演讲《讲故事的人》中，以自己走上文学之路的启蒙身世，道出了家乡"集市上"的"说书人"对于自己走上文学创作之路的启迪意义和引领作用；而且从瑞典皇家科学院诺贝尔奖评审委员会对其获奖理由的解释即"将魔幻现实主义与民间故事、历史与当代社会融合在一起"，从而"令人联想起福克纳和马尔克斯作品的融合，同时又在中国传统文学和口头文学中寻找到一个出发点"等等的表述里，也透示出他之所以能够被世界承认并获得诺贝尔文学奖，正是由于深刻继承了曲艺"说书人"及所运用的口头文学传统对于"民间故事"的讲述方法，并与"魔幻现实主义"巧妙结合的结果。换句话说，他那使"历史与当代社会融合在一起"的创作理路，也正是曲艺说书"古事今说、远事近说、虚事实说、假事真说"即叙讲秤评、举一反三，情理印证、褒扬针砭，融通你我、内外勾连等等审美传统的深刻继承。而对这些传统乡土性口述文学叙述技巧既汪洋恣肆又圆融浑然之"不法之法"的巧妙拿来、深切体味、娴熟驾驭和自由运用，或者说"创造性继承"与"创新性发展"，正是莫言从小由曲艺说书的古老传统里汲取而来，并不断吸收消化而滋育其文学智慧的源头活水。

从这个意义上说，全面切实地做好包括曲艺在内一切中华优秀传统文化的学习、继承和传扬、发展，便成为每一位中华儿女时刻都不应该忘怀且须臾都不能够懈怠的使命与责任。

（原载《中国艺术报》2017 年 4 月 10 日）

在田野中触摸历史的体温

——丝绸之路音乐研究散论

萧　梅

人，到了某个年龄，回忆就多了。读到一篇文，捡起一本书，似曾相识的场景不免扑面而来。也许是线团隐喻的历史，在先前的缠绕里，你虽经过，却没停留，绕着绕着，蓦然发现当年的那个起点，仍在中央。①

所谓"丝绸之路音乐研究"对我来说，就好比这一团线。

1984 年，在王耀华教授的指引下，我旁听了泉州的元宵南音大会唱。那次活动中，我第一次直面"传统音乐"，并在学术座谈会中，聆听了赵沨、李焕之、黄翔鹏、何昌林、李西安等前辈关于南音研究的论说。其中，有关拍板、二弦、洞箫以及南琶之横抱法，第一次让我感受到生存于咫尺的音乐品种与多层文化堆积的历史关系，当然也同时植入了有关陆上

---

① 引自笔者日记，2016 年 5 月 15 日。

或海上丝绸之路的概念。接着是到北京求学，身处转折时期音乐界涌动的思潮和中国音乐学院的学术环境，除了理论上的"民族音乐学"，以及作曲领域的"新潮音乐"给予同龄人的诸多思考外，以挖掘传统音乐为目的、综合收集整理、创作表演和研究于一体的系列"华夏之声"音乐会的学术内涵，亦直接影响了我们的专业意识。无论是古谱寻声、南音、木卡姆、西安鼓乐的学术性展演，还是那时课堂上以及文献阅读中频繁出现的林谦三、岸边成雄、丘琼荪、常任侠、阴法鲁、蓝玉崧……还有当年围绕上海音乐学院有关敦煌琵琶谱解译的信息，以及文艺舞台上出现的《丝路花雨》《仿唐乐舞》等，都直接将"民族音乐理论"① 研究与"丝绸之路"紧紧联系在一起。尽管在学理上我对"逆向研究"的重要性不乏认识②，但在相当长的学习实践中，我却对史学角度之"逆向"回溯、传统音乐研究之"逆向"证今，或者说对涉及中国音乐的当代研究与解释几乎具有枢纽关系的"敦煌学"及"丝路学"所需要触摸的历史望而生畏。

20 世纪 30 年代至今，丝绸之路音乐文化的研究总体上呈现为三个方面。其一，为围绕丝路沿线石窟、墓葬、经洞等所呈现的音乐、舞蹈内容以及出土文献、乐谱的研究。大致可以梳理为：（1）系统图像分类整理兼及对图像中乐器、乐队、乐伎艺术价值的考证与论述，包括图像史料中着重于石窟某一类乐史资料的专题，以及对壁画、石刻图像中如乐伎、乐队排列、乐器形制、演奏方式、童子伎、乐舞种类等艺术细节之分析比对，还有在整理考释图像的同时进行文化阐释之研究等；（2）围绕敦煌文献展开的敦煌曲谱和舞谱，以及佛教音乐、中国音乐体裁和相关音乐文学

---

① 中国音乐学院当年的专业设置名称。
② 1985 年中国音乐学院"民族音乐理论"专业硕士研究生入学考试，冯文慈先生所出"中国音乐史"试卷，就列入相应此论的大题。

形式之史料研究等。其二，则为丝路音乐文化的交流与传播研究。较之前者，音乐学界对"丝绸之路"不同地区音乐的传播流向、交流方式以及从"东—西"方关系着眼展开的研究，虽然在同期成果的比较上数量不及，但分量不轻。这方面的研究也可梳理为：（1）从音乐史的角度对某一历史时期进行的交流与传播研究；（2）传播流向之争议，如"西来说""回授说""双向对流说"等；（3）历史上的丝绸之路与沿线地域现存音乐文化关系的证实或证否，并形成音乐文化区域特殊性的研究热点（如新疆），还有多年来赵维平等人延续丝绸之路后端的东亚音乐交流研究。① 其三，在丝路音乐研究中，延伸出了偏重于实践的探索，即乐器复制、乐舞、乐曲复原，等等。这些研究偏重考证源流，解密乐史，并完善和补充着中国音乐认知。

确实，人类文化从来都是在交互关系中产生、变化的。就亚洲的东部经由西域而与北非、欧洲交流的历史而言，费迪南·冯·李希霍芬在1877年造出的"丝绸之路"名词，实在是一个晚近的发明。我个人认为，丝绸之路是否依据张骞之凿空不是重点，这一命名在当代成为超越商贸之"物"的交往，进而表征人类思想与文化交流的符号更为重要。尽管狭义的古典丝路起于公元2世纪讫于中古之唐代，完成了如佛教文化传播的历史使命，影响了中外音乐舞蹈的演变；但在其前、其后的年代中，这条沟通东西文明的交通要道，一直都在进行着文化的交流与融合。正是在这个意义上，这条路的研究便不可能囿于"古典"的范围。所谓"'先丝绸之路'的存在"②，及丝绸之路的延续，那些生活在这条文化长廊上的民族自

---

① 近两年，也开始了对丝绸之路前端的考察研究。
② 王子初：《丝路音乐的源与流》，《文明》2008年第3期。

古以来便以自己的宗教、语言、乐器、身体为舟，在一代代的漂泊中讲述并繁衍着形态各异的文化生态。这也正是我基于田野体验，对张伯瑜就丝绸之路的音乐视角提出"四条交叉路口"，并因历史与现实关系一致与否而发出"在音乐语境下，'什么是丝绸之路'"[①] 问题的再思考。

一、应用性与可持续性研究

周吉在 20 世纪 80 年代曾提出"维吾尔族民间音乐特别是其中与各种特定的、自古至今没有多大变化的生产方式及生活习俗紧密结合的那些部分，完全有理由被认为是古代西域音乐文化的历史残余"，总结了"与相关史籍记载相符的"表现形式、唱词表现手法、音乐表现手法等方面的特征，并借此推断古丝路音乐的形态特点。[②] 然而另一种说法是，伊斯兰教东扩后，它们（并以木卡姆为代表的传统音乐）与丝绸之路上的音乐并无直接关系。这些看似对立的纠结，各有其研究立场、取用材料、针对问题、思考角度的不同。器物的东渐或西往，是否等于文明的同样流向？又是什么导致了文化的濡化、涵化或否弃？典型如鼗、弦鼗秦汉子、汉魏阮咸琵琶、龟兹五弦秦汉琵琶、碎叶曲项琵琶以及三弦等抱弹类乐器，甚至包括围绕突厥语"qobuz"而来、被汉语文献写作"火不思""浑不似""和必斯"等遍布于欧亚草原的库布孜（柯尔克孜族）、扎木聂（藏族）等源

---

① 张伯瑜：《处在四条道路的交叉路口：丝绸之路的音乐视角》，《人民音乐》2015 年第 3 期。

② 如表现形式方面的综合性；唱词表现手法方面的非直陈性；音律上的微分性、音位上的游移性、调式主音多元性、旋律发展上大量的变化重复和四五度模进手法；曲式上的回旋曲及套曲化发展趋势；节拍上的多样性；节奏上的舞蹈性；多声手法的支声复调等。参见周吉《关于古丝路音乐研究工作的几点思考》，《交响（西安音乐学报）》1986 年第 2 期。

流的讨论，就是一个史学和人类学应当共同关注的问题。我非专家，不敢妄论，仅是在对已有研究的研读与田野考察中边走边唱，散论于门外。

比如，是否可以共时角度出发的音乐人类学展开应用性的探讨和实践？

（一）案例一：丝绸之路上的抱弹类鲁特

说实话，将东亚所谓的"琵琶"展陈于不同的抱弹类鲁特乐器群中，是我自 1997 年担任中国艺术研究院音乐研究所陈列室主任时的一个策展梦。不仅是因为在那个陈列室里，形形色色有无弦品以及不同品项数、弦数、性别、材料、形状乃至不同的声音策动方式之抱弹类乐器足以激发研究的欲望；更重要的是，这类曾以向外推曰"批"、向内动作则曰"把"而命名的乐器，实在是远自丝绸之路而使东西方得以流动的文化长河中迷人的"母题"。其迷人之处，正是它们在时间和空间的经纬交错中经历并一直经历着各种文明的给养而有的参差多态。只是，音乐史中的文献、古谱与图像考证，诗人笔下"其妙如神"的擅弹家或乐工虽然都是考证追溯的线索，但我确信，那些"活"在这条长河之上的具体文化现场与弦音，仍然能令我们体察和觉观此历史之"路"的厚度与体温。①

2014 年底，塔石音乐档案连续出品了乌孜别克族民歌《弦上的经典》和《木沙江·肉孜：库尔勒日记》②，这些不同民族乐师们的音乐生涯缭绕着都塔尔和弹布尔的琴音，不能不令人在历史与今天做各种怀想。即便古典时代的丝绸之路与现代维吾尔或乌孜别克等民族的文化关系未必直接，

---

① 引自笔者为塔石音乐档案与上海音乐学院、中国仪式音乐研究中心合作出品的档案包《已在新疆：王金梅的琵琶行记》（TMA-008）所写的序言（待出品）。

② 后者亦为塔石音乐档案上海音乐学院、中国仪式音乐研究中心联合出品。

但我们对此"路"的思考，更多地应该在其交融汇聚不同文化的内核中。2015 年在参加于哈萨克斯坦举办的国际传统音乐学会（ICTM）第 42 届世界大会时，中亚各国的音乐舞蹈如同"万花筒"，让人沉醉于玉盘落珠的弹拨乐之美。这些连续的事件，促使我将早年的愿望落实下来，也是在即将到来的 2016 年 10 月，上海音乐学院将联合主办 ICTM 国际专题研讨会"'丝绸之路'上的抱弹鲁特：理论与实践的互动，从过去到当代表演"之动议由来。

在此会议筹备中，我注意到外国学者判断"丝绸之路"的标准，就是亚欧交通动脉的地理区域，并及"活"在"丝路"之上的文化现场。我在会议提案的撰写中，提出"将尝试汇集不同领域、国度、民族的学者们'悬置结论'，而以其各自研究的包括不同地域、不同民族、不同时期鲁特琴的音乐现场为出发点，将其展示在一个共同空间，汇诸文明于一个焦点，并予具体的陈述"。这个目的，首先是希望我们能获得一个超越国界的"相互分享，彼此对话"的机会。也正是基于这个思路，该会议的主题才以：（1）鲁特类乐器的历史；（2）鲁特类乐器的产生过程——从神话到现实；（3）在独奏、伴奏与合奏语境中的技术特性，演奏技巧与表演实践；（4）丝绸之路上人们的日常生活与节庆中的鲁特类乐器；（5）鲁特类乐器的美学、即兴与创作等五方面内容，在"有体可察"的理论与实践中，讨论鲁特类乐器从过去到当代的表演。

这种"相互分享，彼此对话"的做法，不仅仅在跨国界的平台上有意义，在国内不同民族和区域也同样重要。上海音乐学院音乐学系本科三年级的一位同学曾对中国境内的抱弹类鲁特琴进行了分类整理。学生在现有资料并不完备的情况下，由通体（颈柄式）如"琵琶"或分体（插入柄式）如"三弦"，再分别涉及长颈或短颈、有品或无品之分类项，认为至少包括了近八十样（不涉及民族支系）。而在统计分析中，可见颈柄长颈和短颈乐器明显不同的地域分布，以及颈柄短颈与"琵琶"，插入柄长颈与"三弦"的关系。在相关弦数方面，二弦乐器在颈柄、插入柄、有品、无品的参数分布中较为平均，三弦类乐器多为无品和插入颈式，四弦乐器中更多的是有品和颈柄类乐器，多弦乐器则几乎是颈柄式；其中弦数与音位数的不同关系等都可再与历史源流进行联系性的研究。[①] 这个作业让我感到，尽管我们已经有了部分"集成后"以及"文物大系后"的意识和研究，包括自 20 世纪 80 年代以来的诸多田野民族志及研究个案的积累，但却未能以足够的注意，就专题性的资料（尤其是乐器学）进行"家当性"的深入梳理并发现新问题。

（二）案例二：细腰"古今·鼓"

2015 年春夏之际，曾经获得中国文化艺术政府奖、"文华奖"民族器乐大赛少数民族组金奖的朝鲜族洞箫乐手崔敏从韩国发来微信，向我征询中国"细腰鼓"目前的存在状况，并表示韩国的长鼓手想要就此来中国进行田野考察。其初衷，是因为韩国中央大学的长鼓手赵仲勋在文献中读到了韩国长鼓曾有着来自中国的陶瓷鼓记载，而决心溯源中国，为今天的韩国音乐发展寻找"过去"的声音。我协助他们与广西民族大学艺术学院取得联系，并促成他们在广西金城江、环江、桂林和贺州四地对壮族、毛南族、汉族和瑶族的蜂鼓、岳鼓、瓦鼓和长鼓等"细腰鼓"的采访。其后，韩国乐手参照田野资料开始了陶瓷细腰鼓的复原与试奏。

我们都知道，远在唐代腰鼓类乐器就是一个庞大的家族，其中"广首

---

① 参见杨怡文《中国抱弹鲁特类乐器分类》，2016 年 1 月 6 日宣读，指导教师萧梅。

而纤腰"的细腰鼓亦为其中不小的分支，有羯鼓、毛员鼓、都昙鼓、杖鼓等。在历史的脉络中，无论敦煌壁画或云冈浮雕都见其图像。而在宋代，以杖鼓命名的绦绳鞔皮的双面细腰鼓则成为两宋教坊中举足轻重的乐器。这类传自西域的乐鼓仍活跃于中国部分民族及区域，包括东亚的日本和韩国，同时也是丝绸之路音乐研究中的一个重要专题。但此类细腰鼓在学界的讨论焦点依然是"源流"问题，而与其制作方式、形制细分与"在地化"、作乐方式、使用语境的关怀较少交集。

我通过社交网络持续关注了赵寅成在以海上丝绸之路探寻之名下进行的考察和陶瓷鼓复原的实验。2015 年 8 月，在韩国参加第二届东亚萨满音乐研讨会期间，他专门约我进行了合作意向的长谈。当我的学生在协助这一项目时，对中国境内的双面细腰鼓进行了可见资料的梳理排比与分类后，发现其有绳与无绳，鼓腔对称与不对称，长腰与短腰，长腰的不同类型，亦有着年代和区域分布的特征。那么，这些特征与使用者的关系如何？什么人在什么年代如何使用，又为何不见踪迹？如此器物之叙史，恰恰需要更多社会文化以及制度的背景资料来支撑。① 而当我们了解到广西地区相关宋代磁窑烧制细腰鼓的遗址发掘工作，切身感受到的是围绕这些出土之"物"，去考证其与现实中存见乐鼓之间的源流关系虽然重要，但更重要的或许是在什么样的文化语境或者制度下，这些"物"得以繁荣，反之消失？而在民间存活着的"细腰鼓"，其功用基本上相关于信仰仪式。正因为此，我们依然以"分享·对话"的方式，策划并举办了以"天地人神"为题的"东亚杖鼓祭"。这次活动，邀请了来自韩国的乐手与萨满，以及使用黄泥长鼓的金秀坳瑶和壮族师公，通过工作坊和音乐会，以散

---

① 参见上海音乐学院音乐学系杨婷婷《中国境内双面细腰鼓资料梳理分类》，2016 年 1 月 6 日宣读。

调、东海岸别神祭仪、壮族"国调毡"（还愿）仪式、瑶族"打卜襀"（还盘王愿）仪式片段，展开了海上丝绸之路"双面细腰鼓"的研讨与面对公众的展演。①

这一活动的直接成果之一，是我们与韩国乐手共同策划了"古今·鼓"国际艺术交流合作项目。该项目包括考察从朝鲜的三国时代以前到高丽时代为止在朝鲜半岛和中国文化圈内所使用过的细腰鼓和陶鼓，希望在考察的基础上，研究和复原制作东亚细腰鼓、陶鼓等乐器，并且在挖掘乐鼓演奏法的同时，共同举办与项目同名的主题展演，以参加国际乐器展，发行多媒体制品等。②

这些围绕乐器而展开的实践行动，也是上海音乐学院中国仪式音乐研究中心一直以来力图以"全球化视野下的本土音乐资源再诠释"为题进行的作业。通过作业，进一步深入研究，并持续丝绸之路的交流精神。③ 而这些应用音乐学式的作业，无疑需要民族音乐学、音乐史学、音乐表演，以及物质人类学的多方协同。

二、网状道路中的欧亚大动脉

"这些路线的年代可以追溯至人类起源的时期"④，它们"是一系列变动不居的小路和无标识的足迹"⑤。

---

① 原计划还包括日本能乐，遗憾因对方档期问题，未能如愿。
② 该项目已成功申请到韩国文化艺术委员会国际艺术交流项目文艺振兴基金的支持。
③ 在这一点上，马友友从 1998 年开始着手的"丝绸之路计划"，以重新恢复文化交流的精神为目标，可为先行的榜样。
④ ［美］芮乐伟·韩森：《丝绸之路新史》，张湛译，北京联合出版公司 2015 年版，第 297 页。
⑤ ［美］芮乐伟·韩森：《丝绸之路新史》，张湛译，北京联合出版公司 2015 年版，第 9 页。

事实上，当我们跨越古典丝路的时空范畴，那些以北方丝绸之路、南方丝绸之路、海上丝绸之路，以及青铜之路、玉石之路、陶瓷之路、毛皮之路、茶马古道等命名的路线，便网状般地扩展了丝路研究的整体区域，并可追溯其文化持续交往中的多元性。

2013 年 9 月，我第一次前往俄罗斯伏尔加河下游考察。一路上，俄罗斯人的群像展现出的人种差异打破了我原先的印象。而我回想起在新疆，甚至仅仅是维吾尔族，其人群外貌的诸多差异也同样具有人种谱系的丰富性。[①] 由这个例子反观丝绸之路音乐研究，我直接想到的问题是在考古遗址能够提供的出土实物和文献之外，何为"隐而不见，伏流于民间"[②] 的音乐文化基因？另一个则是在新疆绿洲通道开通之前，北部欧亚草原作为东西方交流通道的重要性。作为丝绸之路南、中、北三带全部穿越境内并交汇的唯一地区，新疆各民族音乐中的细节无疑具有丰厚的历史蕴涵。

（一）"这是谁的歌"？

2015 年 6 月 10 日，中国艺术研究院音乐研究所李玫研究员在上海音乐学院讲课时，提及音乐形态可以为音乐人类学的文化研究提供证据，并以墨西哥电影《叶塞尼亚》中的一段音乐，讨论音乐的结构形态对于民系迁徙的辨认作用。这部电影在中国初映于 20 世纪 70 年代末，电影中有一段吉卜赛人的广场舞蹈音乐，为生活在新疆的人们所耳熟。当我向在新疆生活的朋友咨询时，他们很快就能复唱出以 Signashga（或 Adunushga）为

---

① DNA 研究结果表明，早在 4000 年以前，东部欧亚人群、西部欧亚人群、印度人群就对新疆人群的形成有了遗传贡献。参见李春香《小河墓地古代生物遗骸的分子遗传学研究》，博士学位论文，吉林大学，2010 年。

② 任二北：《敦煌曲初探》，上海文艺联合出版社 1954 年版，第 37 页。

衬词的"手绢舞"的旋律。有人说它是塔塔尔族民歌，有人说是其他。新疆师范大学的张欢教授曾经根据这个旋律改编了手风琴曲《民歌主题变奏》，他在创作手记中指出，这个作品之所以不以某一民族民歌命名，而统称为新疆民歌，是因为这首歌曲已经为新疆各族人民所接受，甚至认为是"自己的民歌"。[①]而事实上，这首歌在匈牙利、罗马尼亚、希腊和土耳其都有流传。电影《叶塞尼亚》中的吉卜赛人，显然扮演了这一旋律在世界范围传播的承载角色。

这种极具融合性和共享的音乐，不免让我想起另一部我自己常用于民族音乐学课程教学的纪录片《这是谁的歌》(*Whose is This Song*)[②]。这部影片的拍摄动因，源自摄制者参加的一次朋友聚会。在这次聚会上，来自巴尔干半岛各国的朋友们围绕酒吧歌手唱的一首歌，开始了"主权"争辩。这引发了摄制者的学术兴趣，并因此开始一条寻找歌曲来源的旅程。在土耳其、希腊、马其顿、阿尔巴尼亚、波西尼亚、塞尔维亚、保加利亚等七个国家的辗转中，她发现在同样的旋律下，它既可以是宗教歌曲、舞会歌曲，也可以是军队进行曲和情歌，有着不同风格、不同体裁/题材的表达。虽然每个国家的人们都坚定地认为，他们对这首歌拥有不可辩驳的主权，甚至差点揍了为深入调查而采用不同说法的摄制者本人，但随着拍摄的旅程，这首歌也在不同社会和文化脉络的交织下，呈现出丰富而复杂的内涵。有奥特曼帝国的历史追索，也有不同时代背景，乃至当下巴尔干半岛相邻国家之间的矛盾冲突，体现出同一块土地、同一首歌，却无法避免离散的忧郁，并赋予国家、人民、族群、文化认同和多样性的不同意义。

---

① 张欢：《双重乐感的理论与实践》，新疆美术摄影出版社、新疆电子音像出版社 2012 年版，第 270 页。

② 影片的拍摄者为保加利亚的民族音乐学家 Adela Peeva，摄制于 2003 年。

我引用这个影片的目的,不仅仅是讨论该歌曲的融合度,而是这个旋律恰恰与我们大家都熟知的、由作曲家石夫编创的著名儿歌《娃哈哈》相似。在相关《娃哈哈》的介绍中,有人说石夫先生依据俄罗斯民歌创作,有人说依据维吾尔族民歌,而实际上这个旋律还可以追溯至伊朗、阿拉伯地区,以及犹太音乐。可我们如果将前述的 Signashga 与那首巴尔干半岛的歌放在一块聆听,不难发现它们都分别被《娃哈哈》所吸收①。

站在中原的角度看新疆,它或许是边缘;而站在新疆的角度看,它恰是东西方文明"双螺旋互动"的中心。2016 年 4 月 28 日,在上海音乐学院举办的"首届丝绸之路音乐学院院长论坛"上,印度、巴基斯坦、伊朗、阿塞拜疆、乌兹别克斯坦、哈萨克斯坦与蒙古国等国家的来宾发言中,都在追溯彼此之间因丝绸之路而连接的历史关联基础,表达了进一步音乐研究与发展所需要的合作。尤其在苏联解体之后,中亚国家的独立与其对民族音乐独特性的自省和诉求,解构了原来被俄罗斯主导的国家意识形态下的文化建构模式。就笔者参加或获得的信息而言,这些独立了的原苏联加盟共和国,包括俄罗斯的伏尔加—卡马河流域,都在定期交错举行各种国际民间艺术节,这些艺术节正在逐渐从区域性的国际交流向全球性发展。比如在撒马尔罕举办的"东方旋律国际音乐节",阿斯特拉罕的"国际民间音乐舞蹈节",等等。那么,就中国的丝绸之路音乐研究而言,不可不关注这一跨国界区域性研究之趋势。

在前述"院长论坛"上,乌兹别克国立音乐学院副院长拉夫山(Nigmatov Ravshan Makhkambayevich)发表了《乐器语境中的中亚音乐文

---

① 这或许就是人们在介绍《娃哈哈》的创作时,有说取材自维吾尔族歌曲,有的却说是俄罗斯歌曲的缘故。

化互动》报告。报告中列举了在乌兹别克斯坦花剌子模（Khorazm）发现的"双布拉曼"（Kosh Bulamon）乐器文物的研究。在这个研究中，我明显地感受到其研究方法所致力的民族音乐传统的复兴。在乌兹别克斯坦，对应于该乐器实物的最早记载，可追溯至海拉坦铁尔梅兹的一幅浮雕。该浮雕图像的演奏模式与古希腊的阿夫洛斯管（Aulos）非常相似。然而拉夫山认为"如果就此判断它们之间的关系显然武断，并将危害这件在乌兹别克斯坦发现的独一无二乐器的命运"。因此，他一方面联系和比较各类相对晚近并尚在演奏的苏尔奈类（Surnai）乐器，另一方面致力于传统文化的乐器史研究。他通过研读法拉比《音乐大全》等东方学家的乐器学著作，在理解东方学者是如何将乐器作为反映他们时代音乐实践的因素基础上，再将双布拉曼放置于乌兹别克斯坦音乐文化的历史之中，发现在蒙古人征服花剌子模之前，苏尔奈、布拉曼和双布拉曼等管乐器被赋予的高贵性质，以及它们为何被使用于崇高的节日和阅兵仪式的意义。同时指出它们在乐曲结构上具有诸单曲连缀的音乐传统，在某种程度上是当代木卡姆套曲的原型。拉夫山对布拉曼高贵性质的定位，在 2016 年 5 月 18 日第 33 届"上海之春国际音乐节"闭幕式上伊朗德黑兰交响乐团的演出中得到了呼应。音乐会上半场全部为伊朗传统乐曲，当许多听众因为小提琴独奏中的音准感到诧异时，伊朗领事馆的文化官员兴奋地对我说："你听，这是'Ney'的声音，它带来我们最喜爱而美妙的情怀。"这令我想到了在中国传统音乐中大管、小管、唢呐的不同命运。就此类双簧乐器而言，从古代的美索不达米亚到当下的东亚，是丝绸之路研究的重要乐器家族。而在已有研究的基础上，进一步以比较的视野深入讨论它们的源流、形制、表演方式的变化，以及在不同社会语境和制度中的地位和运作，无疑将推动对文化过程中的潮起潮落以及文明的理解。

近年来我虽仅于欧亚草原走马观花，但也常常自问：在我们以往的研究中，丝绸之路的诸历史物证，是否更多地被关注为与"中原"相关的历史构拟？而在新疆这个汇融的"中心"，如何考虑突厥、蒙古、东伊朗、斯拉夫甚至芬兰—乌戈尔语诸民族的互相影响？我们对单一民族的音乐研究与地区性各民族间的流动性研究是否平衡？尤其是对即便操持同种语族的不同民族之间的影响和交往，又是否给予了真正的关切？比如，回到"这是谁的歌"，不同民族的原生性曲调从何而来？为确定形态识别标准的采样该如何进行？如果说歌唱与语言相关，但结合环境生态学的实际情况，往往语言的共性未必就是音乐的共性。同一族群在高山、绿洲的不同地理分布，可能出现更多的差异性。而民族杂居地的区域共性，又往往为不同族群互渗，更何况因文化认同而产生的交互与共享。

一种曲调属于哪一个民族，常常是约定俗成，而难以本质定论。细节辨识的梳理也必定伴随着对人群接触、流动以及生存环境、生存方式的讨论。在这些思考中，巴托克、柯达伊早年在研究匈牙利和芬兰—乌戈尔民歌区别中的经验，以及他们的继任者们长期以来在东欧及欧亚草原（包括伏尔加流域及中亚）的旋律音调收集研究，国内的学界前辈如杜亚雄系列相关北方草原五声音阶及五度结构的研究等，不由得再入眼帘。由此，在我们面对丝绸之路的研究时，是否应该重读经典，进而重新设问、重新出发？微观的、口头的田野资料与人种的、历史的、文化的比较研究如何互相支撑？如何在扩大族群比较的同时，观照相同音调的不同使用，及其在"时间—空间"的转换中所具有的"隐喻"[1]？而即便在旋律音调的研

---

[1] Timothy Rice, "Time, Place, and Metaphor in Musical Experience and Ethnography", *In Ethnomuciology*, Vol.47, No.2, 2003.

究中，与语境及语用关系密切的信仰仪式音乐研究在其中又能扮演什么角色？如此等等，恐怕不仅仅是联合民族、语言、宗教、历史、地理、人类学等学科进行跨界，也是近年来不断被提及并实践的"跨界族群"研究的深意。更重要的仍旧是以"丝绸之路"自身的"区域—历史"性，给予东西互流中的中亚或"内亚"合作研究的足够注意。

（二）羌藏高原的层叠交流

如前所述，就维吾尔族木卡姆与"丝绸之路"，特别是其与唐大曲的关系上也有不少争论。这些争论皆有助于我们对古代音乐与现存乐种之间关系的认识。如果说以"木卡姆各段是以单曲联缀而成，而唐大曲则是一个统一的整体，它由特定的主题乐思发展而来，以变奏为主，结合各种结构原则发展而来"①进行辨异，或许也要考虑到新疆木卡姆所包括的不同地区的差异性。比如，哈密木卡姆具有典型的单曲连缀特征，而十二木卡姆的每个部分却都不一样，其中汉译为"大曲"的"琼乃额曼"则具有主题的贯穿形式。至于唐大曲在发展的过程中所接受的西域胡乐与今天的新疆木卡姆有多大关系，或者说新疆的木卡姆隐含了多少历史上西域音乐的信息，我们从讨论中受益的也许不是"结论"，而是方法和视角，②是在不同质的关系中得到的启发。

唐大曲与丝绸之路的关系，同样涉及西藏的歌舞乐种，比如囊

---

① 王安潮：《唐大曲与后世之乐的关系研究》，《南京艺术学院学报（音乐与表演）》2008 年第 2 期。

② 就此，笔者特别感悟于王小盾写于 1987 年的《唐大曲及其基本结构类型》，《中国音乐学》1988 年第 2 期。

玛。① 有语言学者认为,"囊玛"(Nangma)与十二木卡姆中的"琼乃额曼"(Chong Naghma)部分的"乃额曼"是同源词,都来源于波斯语的Naghma,意思是旋律。② 由此,"囊玛"被翻译为"内府乐"恐怕是有问题的。不过,唐大曲传入西藏有明确记载,并影响了其时吐蕃的大型套曲"谐钦"。③ 历史上,新疆的和田曾经属于西藏,而在今天,那里也是新疆、西藏之间通途的起点。援引此例,并非意在"囊玛"和唐大曲的关系,而是思考西藏音乐的研究与南北丝绸之路的关系。

周菁葆先生在《丝绸之路的音乐文化》一书中,就筚篥之考给出了几条语言学上的论据。他说,筚篥是古代龟兹语的译称,"Pi—Li"。不丹语中,Pi—Pi 指管(据《不丹语词典》)。史密斯说古代藏语中的 Pi—Pi 是一种管笛乐器(据《藏德辞典》)。维吾尔族也把筚篥称为皮皮,其语受羌藏语影响。羌藏人自古以来在塔里木盆地南部居住。地名也有用羌藏语命名的,如"诺羌"。故 Pi—Pi 当是古藏语的遗传。④《中亚艺术与文化史图鉴》中就这一地区的居民成分进一步指出:"在突厥人征服之前,印度人是和田绿洲(位于西南部)占统治地位的民族……也像在叶尔羌绿洲一样,居民可能主要是伊朗的塞种人……和田的印度居民在翻越喜马拉雅山的路上,与当时中国藏缅族山民发生了混血,从而具有了东亚人的容

---

① 参见敖昌群等《"南北丝绸之路音乐文化对比研究"考察研究报告》,《音乐探索》2008 年第 2 期。该文为教育部科研项目"南北丝绸之路音乐文化对比研究"系列报告之一。

② 根据伦敦大学亚非学院博士候选人穆谦提供的资料。

③ 参见王安潮《唐大曲与后世之乐的关系研究》,《南京艺术学院学报(音乐与表演)》2008 年第 2 期。

④ 参见周菁葆《丝绸之路的音乐文化》,新疆人民出版社 1987 年版,第 421—422 页。

貌。"①我们虽然不能说这些古代的人群与他们的后裔在传承自我文化和音乐时保留有多少承续性，但却不可不给予关注。

在 2015 年第 43 届 ICTM 世界大会上，来自中国台湾的青年学者魏心怡发表了《丝路遗存与现代变迁：从一个"身世成谜"的藏戏角色谈起》。这篇论文讨论了形成于 14—15 世纪的藏戏，在开演之前的净化土地仪式"顿"中出现的"甲鲁"表演。甲鲁是传说中"诺桑王子"的转化，角色在表演时头戴高帽身穿圆裙，并手持长杆，以旋转舞姿歌咏，"苯教向左转，佛教向右转"。作者由此生发疑问，从服饰上看这种并非传统西藏王朝的官服，却十分类似于波斯至土耳其一带的萨玛（Sama）仪式服饰，及其神似于信奉伊斯兰教地区的旋转动作又是从何而来的？作者的探寻分为几个方面：（1）西藏在南方丝绸之路上的地位和作用；（2）由唯一的歌词所涉的"苯教"，追溯"甲鲁旋转"是否由苯教起源地今日阿里地区的象雄与古波斯而来的线索；（3）从甲鲁手持的长杆联系宋杂剧雕砖中"五花爨弄"之末泥、副净、装孤、引戏、副末中亦手持长杆的角色"引戏"②；（4）追溯"五花爨弄"是向宋朝敬献的南方"爨国"展演形式，而此"爨国"正来自公元 748 年为南诏所灭的云南姓氏，而当时正值吐蕃与南诏商旅往来密切的年代，由此勾连"引戏"之角与藏戏"甲鲁"的相似性；（5）公元 7—8 世纪唐朝盛行由西域传入的"胡旋舞"，是否亦有影响西藏的可能；（6）藏戏创始人传记《汤东杰布》中，记载了他在西藏游方时常常遇到伊斯兰教徒，而藏戏创立的年代，正处于土耳其梅乌拉纳（Mevlana Celaleddin Rumi）教派的萨玛（Sama）苦行僧旋转盛行后的两百

---

① ［德］阿尔伯特·冯·勒克科：《中亚艺术与文化史图鉴》，赵崇民、巫新华译，中国人民大学出版社 2005 年版，第 54 页。笔者将原句译文中的"藏族—缅族"改写为"藏缅"。

② 该雕砖于 1958 年出土，现藏于河南省博物院。

年,并以此推断公元7—14世纪,这一以旋转为叙事的年代对周边世界的影响,而苯教的左旋与苏菲萨玛(Sama)旋转的方向一致。在第(5)和第(6)的两个涉及旋转的资料中,作者选择了后者。在这个论述过程中,作者的例证来自不同的年代,涉及波斯、中亚、云南三条传播路径,也涉及三个重要的王朝,即建立于750年的阿巴斯帝国(Abbasid Empire),正值波斯文化蓬勃发展时期亦为鼎盛的吐蕃以及7—10世纪兼容并蓄的唐代。甲鲁的"赐福旋转"是否真能勾连至苏菲旋转,恐怕还待更多相关的直接证据。但这一围绕假设进行非线性的追溯本身,将甲鲁表演与伊斯兰教及苯教、佛教进行多重融合的联系,从而探讨苯教作为中介的共性,却隐含着一种历史的曲折回旋。这让我们注意到,交往的路线会从不同时段依据不同的方向作用而受影响。

如果说唐代吐蕃与西北地区民族以及丝绸之路的关系仍然是音乐学界有待深入的领域,而从西藏阿里的古象雄与克什米尔原住民的原生宗教信仰来看,在人类学、民族学以及历史学界,近期都提出了是否有一条东西贯穿的通道,联系着两河流域波斯、伊朗和南亚印度的古文明跟中国四川广汉三星堆的青铜文明,并建议将藏彝走廊与丝绸之路进行联系性的研究。[①] 而实际上,从藏彝走廊诸多民族的民间信仰仪式音乐考察中,我们都可以看到苯教、佛教、道教的混融。个人认为,这个视角不仅可以将以

---

① 如张海洋《苯教和古象雄古文明研究》,《共识》2014年秋刊第12期,引自中国知网(CNKI)会议论文。张璐《茶马古道云南段音乐现状的选点调查与研究》,博士学位论文,中央音乐学院,2012年。"而音乐学界,也有李玫童恩正先生有关中国东北至西南边地半月形文化传播带观点,以'中立音'作为考古学文化方面的变量参数,对北方草原西部地区的中立音现象与匈奴的关系,包括氐羌民系在西南'人类学走廊'迁徙中的'中立音'现象,进行可复制基因式的'觅母'研究。"文见《跨境族群视野下的"中立音"音乐文化现象》,载李玫《传统音乐轨范探索》,北京时代华文书局2015年版,第165—172页。

往的"分族写志"置于更广阔的关系考量，盘活研究成果，也有助于微观细节的深入阐释。就此，有待开掘的议题和深入的田野调查尚有极大空间，尤其是对"原生宗教信仰"以及流通道路上"人"的关注。如果说三星堆青铜文明中的造像引发学者们对古代与"羌"相关的人群及其原生宗教信仰的浓厚兴趣，那么对"萨满文明"的探讨以及"逐水草"所表征的游牧民族的音乐研究，或可有别于以往偏重佛教影响的丝绸之路研究，以游牧民和草原为中介，重视草原丝绸之路，将两端的不同文明交往追溯至萨满文明。

（三）萨满文明与游牧的草原

就我自己从 2000 年开始持续对中国北方满族、鄂伦春族、蒙古族、达斡尔族等民族以及南方的壮族、彝族、傣族等民族的支系进行的萨满及巫乐田野考察，逐渐聚焦的问题是：（1）面对人类学界的讨论——"萨满式文明"是否仍有其延续性，并以之理解上古之后的中国？（2）面对音乐学界的自问——以"巫乐"切入"萨满式文明"的探讨，如何切入又意义何在？在这个系列的研究中，最具歧义的问题是萨满的界定。在东北萨满的研究领域，先行者刘桂腾认为，"把本来已经相当复杂的萨满现象放到一个宽松无限的概念里面……难以在相同或相近的学术领域里使用这个概念进行对话。至少，用'萨满'一词来总括中国 960 万平方公里大地上各民族的类似民间信仰是个费力不讨好的事情"[①]。我非常理解他对"泛萨满主义"的警惕，也时时告诫自己要避免因诠释框架的不同消解"地方性知

---

① 刘桂腾：《中国萨满文化——以东北阿尔泰语系民族为例的地方性叙述》，中央音乐学院出版社 2007 年版，第 22 页。

识"。但萨满作为中国上古以来的超社会信仰体系，其天地相通、人神互动、万物共生的宇宙观及生态性存在，尽管有其表述上的地方性文本以及因社会制度带来的历史转型，但在广阔的地域中亦存在着仪式展演制度的相似性（在这一点上，萨满的通天神树在上古神话、典籍、出土实物以及存见仪式中的普遍存在，可资参照）。它们无疑是理解中华民族"多元一体格局"及其生命力的重要方面，也是我们展开比较研究的动力。在这个比较中，基于田野个案与普遍调查，我着重于萨满及巫仪式中的系列制度性展演（institutionalized enactment），包括身份前提、执仪表征、展演结构、音声属性等方面，围绕天人之"路"这个核心，分析萨满旅程中仪式音声的衍展动力与歌路修辞，进行南北方萨满及巫的共性与差异性研究，并希望在比较的持续中，触摸由巫觋沟通往来、同构互感的宇宙图式，是如何经由展演与声音表述得以体现的。①

目前，这一系列的研究触及的空间和族群范围还非常有限，但放在丝绸之路的背景中，则可展望勾连北方游牧草原和藏彝走廊，既向"内地"延展，又向"西域"遥望的张力。当然，这一研究亦有其极大的难度，在民族志研究方面，相关的内涵需要不同民族语言的支持，也会遇到空间选点的人力物力挑战。比较可行的切入点，也许是一方面依靠本土学者，继续音乐民族志探索；一方面围绕萨满乐（法）器，借鉴物质人类学方法展

---

① 参见萧梅于《民族艺术》的《巫乐探究》专栏连载论文《"巫乐"的比较：执仪者的身份与性别》，《民族艺术》2012 年第 2 期；《"巫乐"的比较：天人之"路"》，《民族艺术》2012 年第 3 期；《"巫乐"的比较："以歌行路"》，《民族艺术》2012 年第 4 期；《仪式中的制度性音声属性》，《民族艺术》2013 年第 1 期；《响器制度下的"巫乐"研究》，《民族艺术》2013 年第 2 期；《音乐与迷幻》，《民族艺术》2013 年第 3 期。参见萧梅主编《中国民间仪式音乐研究·东北卷（萨满音乐专卷）》，文化艺术出版社 2014 年版；萧梅、孙航、魏育鲲等《中国民间信仰仪式中的音乐与迷幻》，文化艺术出版社 2014 年版。

开乐器学研究。

就后者而言，《大音》学刊第 8 卷曾刊发牛龙菲撰写的《西斯铃·锡杖·萨巴依》① 一文，这篇论文根据一系列图像和文献资料，讨论从古埃及具有生育神话内涵的西斯铃，经过中世纪佛教法器锡杖的中介，到今日维吾尔族的萨巴依，以及东北萨满使用的西沙，民间道公的"师刀"，等等，以图在同类摇响器的集合中，追溯古埃及对古希腊文明、基督教文明、古印度文明，以及对中国古代文明的深远影响。这篇论文是作者继《敦煌壁画乐史资料总录与研究》下卷"第十一　铃、铎之属中'锡杖'"一节的延伸。② 牛文的方法主要依据器物形制、功用以及器名语音，考证其相关性，并在从锡杖到萨巴依的形制转变中探讨西域文化和宗教史的转型。如果说 22 年前作者的"锡杖"一节，要想证明的是敦煌壁画中的乐器尚存人间；而 22 年后的专论，则勾勒了一个由古埃及滥觞的单种类乐器史。我本人佩服其坚持不懈的专题资料收集和在历史材料中进行联系的想象力。当然，此"想象力"也是会引发其他学者的疑问之点。比如，形态相似的器物未必都有必然的联系，关键是如何获得史学的证实。我本人就曾撰文提问其对器名的语音考证。比如，以古埃及的西斯铃发音中第一个音节"si"为考，其音读的含义与锡杖之第一个音节究竟是什么关系？拉丁语的 sistrum，源自希腊文 seistron，意为"摇动之物"。根据古人命名的一般法则，既包括了行为（如摇动），又包括了结果（摇动之声）。而后者往往是"拟声"的结果。比如丽江纳西族的类似乐器"桑扒"使用的 sala 铁片圈，就是象声词；而花腰彝的同类乐器"洗瑟儿"，其"洗"之

① 牛龙菲：《西斯铃·锡杖·萨巴依》，载萧梅主编《大音（第 8 卷）》，文化艺术出版社 2013 年版，第 28—56 页。
② 参见牛龙菲《敦煌壁画乐史资料总录与研究》，敦煌文艺出版社 1991 年版，第 446—450 页。

音，却为彝语“铁”的意思。① 值得重视的是此类乐器具有的宗教性通义，即人与另一个世界的交往手段，而这正是宗教人类学曾就“敲打与过渡”进行研究的一个话题。在萨满的执仪过程中，“摇响器”往往是必不可少的配置。那么，它们是人类共有的经验使然，还是与传播相关？

2015 年，我在美国大都会博物馆的乐器展陈中，看到一件来自印度贾拉斯坦邦的缀铃摇响器 Rankinkan，该器被标明用于引发迷幻。而另一件出自埃及的摇响器，标注着用于 Zar 驱邪仪式，并伴随妇女的神灵附体，其形制与韩国及日本的东亚“叉铃”十分相似。在哈萨克斯坦的博物馆中，我们也看到了形形色色缀环或铃的摇响器（遗憾的是博物馆的说明杳然）。这些器物的可研究处颇多，尽管在形态细节上有差异，“摇响”的功能既有相似性，又在或铃或环的区别上与另一世界的神鬼分别对应。是否真的到了一个比较乐器研究的新时代？我认为，此类研究应该立足形态，并据此进行历史和社会的双重语境化，将“敲打”或“摇晃发声”作为发声过程的“奏法行为”，延伸至萨满鼓及其他响器的整体性研究。在共时的田野中，参证历史文献和考古资料，研究它们所体现的人类共同经验、情境与制度化的行为方式。从而通过响器制度与音声属性的民族志研究，提供音乐人类学的佐证。而刘桂腾对北方萨满诸器所做的密集型调查及其器型制度描写的严谨性，即此乐器形态学基础所必须遵守的范例。也正在这个意义上，牛文的想象力是具有价值的。他的人类文明交流史视角以及社会宗教史转型的论证，包括他就器物进行的功用考释，对我们重新思考研究对象都有启发。“大胆假设、小心求证”，对其研究证否或证实，目的都在于如何从具体的“地方性知识”，开始形态与象征的发掘，并及

---

① 参见萧梅《响器制度下的“巫乐”》，《民族艺术》2013 年第 2 期。

脉络的追问，以成"谱系学"（genealogy）"描述、比较、再描述、再调整"的历时反思之研究进路。

上述"摇响器"的研究，可以作为我们考察丝绸之路中的萨满文明专题。而作为万象关联的"元生态"，萨满文明对其他音乐品种是否具有同样力量的融合力？这是我在北方草原音乐研究的思考中挥之不去的问题。蒙古族音乐学前辈乌兰杰曾经在他的著述中将蒙古族歌曲体裁结构的发展归纳为早期的萨满教歌舞、集体踏歌为代表的乐舞阶段，发展到草原长调牧歌为代表的抒情音乐阶段，然后再进一步发展为短调歌曲、长篇叙事歌的叙事音乐阶段。2004 年，在中央电视台主办的首届"西部民歌电视大奖赛"中，乌兰杰教授再次提及蒙古族人声潮尔的双声部结构，根源于蒙古族萨满信仰中的天地观念。[1] 这个说法引发了我的极大兴趣，并延及对包括呼麦在内的草原"双声结构"的研究，但在开始的研究过程中，我们也曾苦于找不到包括文献和实际存在的"双声"与萨满的直接关联，在对方法的反思中，我们意识到两个问题：首先是如何对待口述文本和人们的观念。在研究中，实证性的本源考证与分析不同"说法"在叙述时的立场与方式是同等重要的。这正是"语境化"（或脉络化）的研究，即所谓追溯资料的生产过程。此外，就"双声"内涵的探讨只有放在北方大草原这个广大地理空间中不同音乐品种的相互联系，我们才能领悟其内涵，理解、描述和解释。

布罗代尔说："一种文明的历史，就是对古代材料中那些今天仍然行之有效的东西的探索。"[2] 那么从声态、生态和心态的共生来说，这一"双

---

[1] 该发言是以嘉宾身份对主持人的回答。其时，笔者与乌兰杰先生同为嘉宾。

[2] ［法］费尔南·布罗代尔：《文明史纲》，肖昶等译，广西师范大学出版社 2003 年版，第 25 页。

声"结构的内涵是什么？实际上，当我们将中亚及内蒙古草原的"双声"形态进行细致调查时，可以发现在文明分布的生态图景下，通过关联的"形式"所呈现的形态图谱及其复杂和多样性。这类比较性的研究，并非为了构拟一个典型的主导特征，而是在"差异性建构"中，触及形态意义上的"类型学历史化"。比如作为群体性的"潮尔"和作为个体性的"呼麦"在表演仪轨与场合之比较，比如对当代马头琴与弓弦潮尔在泛音感知与审美上的差异比较，等等。就此，我们一步步地切入"双声"类型背后以"共鸣"为核心并对泛音有着特殊偏爱的"音色中心"。重要的是，这一乐感结构，是为北方草原的诸多音乐品种所共享的。如果我们归纳中亚蒙古语及突厥语民族在乐器和演奏手法上形成的"持续低音＋旋律"的双重结构之弹拨、弓弦乐器群 ①，包括居住于绿洲的维吾尔族部分乐器中主奏弦与共鸣弦丰富的基础音与泛音结合，就不免要思考这种偏重泛音的选择。有意思的是，在有关艾捷克和热瓦普的资料中，可见它们从伊朗等地传入后增加了共鸣弦的记载。而在《中亚文明史》中所记载的 15 世纪突厥诗人阿合马地（Ahmadi）曾用察合台突厥语文字创作的诗歌《弦乐器竞赛》中，有着代表七个国家和宗教及七种社会地位的七种乐器的描写，其中埃捷哈克（ghizhak，即波斯弦乐器艾捷克），就代表着游历四方的说书人和史诗演唱者的中亚萨满教。② 这一描写，令人直接联想至与萨满有着千丝万缕关系的蒙古族史诗艺人及其使用的弓弦潮尔，也联想到

---

① 在维吾尔族热瓦普、弹布尔和都塔尔的乐器弦列中，普遍存在着主奏和伴奏弦（有时还有演奏弦）的区分，主奏弦为多音位的旋律弦（演奏弦次之），而伴奏弦一般只弹空弦音，从而形成持续低音声部。

② 参见［塔］M.S. 阿西莫夫、［英］C.E. 博斯沃思主编《中亚文明史》第 4 卷（上），华涛译，中国对外翻译出版公司 2010 年版，第 536 页。

哈萨克族萨满巴克斯使用的弓弦库布孜（也有译为"火不思"）。我在采访哈萨克艺人时亦得知，在巴克斯看来，库布孜的两根弦，象征着通天的"路"，琴颈象征"宇宙树"。而库布孜这件乐器，在苏联时期的哈萨克斯坦，亦因其所具有的萨满乐器属性被禁止演出。而当我们对"呼麦"这一典型的人声双声形态中的喉音和哨音向两端延伸，便可见喉音在史诗艺人中的广泛使用，而哨音亦广泛存在于蒙古草原的萨满祭仪中。萨满以呼啸般的"哨音"召唤神祇，而这一"哨音"的方式，甚至保留在有着萨满"牙斯别拉奇"（正骨神职之称）医疗传承的蒙古族"正骨"疗法中。①呼麦类的双声以及文献中被称为"口技"的方法，也运用于蒙古、图瓦，甚至西伯利亚其他民族的萨满仪式中。他们的重点在于人神交往之间的呼应。

或许，以是或非难以论断萨满文明的天地联系性观念对北方草原双声结构的诠释力。但探讨这一共享的"文明"，却需要具备整个欧亚草原的视野。迁徙曾经是草原生活的本原，从匈奴到蒙元帝国，都曾经为长城以内注入生机，也对欧亚之间的文化交往产生过巨大的影响。举一个最简单的例子，就目前的蒙古语书写来说，就可由回鹘、粟特并溯至古代中东闪米特语族亚兰语字母。就此，不能不思考，在经过一定历史阶段行政地域的划分之后，单一民族的研究虽然在个案的研究上不断深入，但也形成了因族群或地域的边界而形成的"本位"观，以及在此本位观下内卷的"典籍化"过程。事实上对蒙古草原的音乐研究，"如果没有整个欧亚草原的视野，没有古代民族的长远历史考量，没有长城以南的农耕生活，没有东北亚的森林狩猎为参照，没有共时语境中全球激变的动荡（包括西方古典

---

① 笔者曾于 2010 年 10 月专程到通辽，采访了使用此术正骨的传承人包金山大夫。

艺术音乐、中国传统民乐、流行音乐和摇滚）为参照，又何以真正认识其中以单数或复数为单位的文明及其价值"①。

三、结语

丝路之所以改变了历史，很大程度上是因为在丝路上穿行的人们把他们各自的文化像带往远方的异国香料种子一样沿路撒播。②

传播这些种子的是商人还是难民？是铁骑般的战士还是被掳掠的妇人？是布道的教士还是取经的僧人？是帝国的宫廷、遥远的驿站，还是普普通通的居民？

只有一点可以明确：那就是它的魅力永远会吸引我们驻足。

回到"在音乐语境下，什么是丝绸之路"，我的这篇门外杂谈式的散论，所取的立场显然是"广义"的。在地域的、历史的、文化的和现实的交叉路口③，对这条路的关注都意味着一种自我与世界关系的重构。那么，丝绸之路沿线的音乐，是否真能在西方古典以及欧美流行音乐之后流动起来？因此，讨论丝绸之路的音乐研究绝非学术应景。只是我们需要理论、想象力、知识储备、勇气、合作与耐心。

（原载《音乐研究》2016 年第 4 期）

---

① 萧梅:《文明与文化之间：由"呼麦"现象引申的草原音乐之思》,《上海音乐学院学报（音乐艺术）》2014 年第 1 期。

② 参见 ［美］芮乐伟·韩森《丝绸之路新史》, 张湛译, 北京联合出版公司 2015 年版, 第 297 页。

③ 参见张伯瑜《处在四条道路的交叉路口：丝绸之路的音乐视角》,《人民音乐》2015 年第 3 期。

用舞蹈艺术架设民心相通的桥梁

——"一带一路"下的舞蹈事业畅想

江　东

以"一带一路"为发展理念而向世界提出倡议的今日之中国，正在以从未有过的速度走向世界，更大程度地与国际接轨也同时给中国舞蹈领域带来了新问题：我们应该如何更好地认识世界舞蹈文化，如何更加全面地认识和吸收外国舞蹈文化的发展经验，从而更好地丰富我们自己的发展思路。"一带一路"倡议的提出，也恰为我们在认识这些问题时给予了积极的促动。

一、"一带一路"提供了国际舞蹈政治学的新思路

不可否认，以往的中外舞蹈交流活动以及由此引发的相关研究，对我们认识世界舞蹈文化及其现象带来根本性推动，使我们对西方舞蹈的发展状况及其经验都有了从无到有的认识。然而，它也尚存在着不足的一面，那就是我们以往的介绍和研究更多地集中在欧美等发达国家，也就是说，当我们提到"世界舞蹈发展"时，眼光多聚焦于与我们相对应的西方世界。

当然，这样的视角，我倒并不认为是"西方中心主义"或者"欧美中心主义"在作祟，而应该承认的是，由于西方世界在资讯及其传播上较为发达，因而在影响力上也较为易于展开所致，应该说，他们的作为为外在的吸收者们带来了在获取信息上的极大便利。这一点，当然值得我们学习。

然而，无论是基于怎样的出发点，我们的舞蹈领域以往较多地重视西方的发展经验的确是一个不争的事实。这让我们在获得了西方的主流舞蹈经验的同时，也形成了对世界上其他国家舞蹈文化重视不足的局面和现象。长此以往，这当然将会形成我们在世界舞蹈文化认识上的局限与偏差，从而让丰富而多元的世界舞蹈文化无法足量而实时地为我们提供在借鉴意义上的营养。

不消说，世界的舞蹈文化是多元的，任何一个国度的舞蹈文化都有其独特而成熟的成长经验。全面而深入地考察这些现象，自然会为我们开启一扇呈示世界舞蹈文化多样性的大门。而"一带一路"倡议的视野，为我们观照世界各民族舞蹈文化带来了积极的促进和影响，自然也会影响到我们认识世界舞蹈格局及其演变的观念。

我曾在《读书》杂志上读到过学者刘再复的一段文字："我走过祖国的许多地方，发现有富饶的、有贫瘠的、有酷热的、有严寒的、有平坦的、有崎岖的、有美丽的、有不美丽的，但没有发现哪一片土地不值得我爱。我走过世界的许多地方，也发现有富饶的、有贫瘠的、有酷热的、有严寒的、有平坦的、有崎岖的、有美丽的、有不美丽的，但没有发现哪一片土地不值得我关注。"① 这种充满了人类深沉情感的情怀，于思考世界舞蹈文化之中的我而言亦然。

---

① 刘再复：《人生悟语》，《读书》2013 年第 9 期。

二、"一带一路"带来了世界民族舞蹈的新视野

并不是说西方发达国家的舞蹈文化不值得我们研究，而是说在世界舞蹈文化的格局中，西方舞蹈只是一个组成部分。如果如此认识是可以接受的话，那么我们是不是可以权且把世界舞蹈分为两大类："主流"舞蹈和世界民族舞蹈。

所谓"主流"舞蹈，是指地域较模糊、可被世界各民族共同用来开发的舞种，比如：芭蕾舞和现代舞。当然，把从西方国家发展起来的舞蹈形式称为"主流"舞蹈，自然也存在着某种西方沙文主义的色彩，但我们认识任何问题都不可以走极端，我们在肯定西方舞蹈是世界舞蹈文化的组成部分的同时，也不能漠视西方舞蹈文明在当今世界格局和环境中的"主流性"。当然，我们也会发现，这些"主流"舞蹈形式，在不同的国家也都会被多多少少地熏染上这个国度的一些特质和被赋予一些风格性色彩，但毋庸置疑的是其核心的动作审美理念在价值观上是呈现出一定的恒定性的，其形式特征也是有其自主逻辑的，并不以使用主体的改变而轻易变动。正因为此，也同样是为了叙述的方便，我们是可以把芭蕾舞和现代舞这类具有"共有基因"的舞种，归类于世界"主流舞蹈"的范畴之中的。

除了这些"主流"舞蹈形态，世界上每个国家、每个民族都有着自己独有的舞蹈形式，其由鲜明的地域性而形成的民族性显而易见，我们暂且把这类舞蹈形态统一称为"世界民族舞蹈"，意指各个国家所独有的民族舞蹈形态。

"世界民族舞蹈"这个概念，在眼下的中国舞坛还是个比较新的概念。这个概念的提出，也是借用了音乐学界业已展开的一种研究逻辑体系。在音乐学界，"世界民族音乐"这个概念已经得以确立，该概念及其相关的

研究视角、范畴、对象、领域及其方法等，都已深入人心。自中央音乐学院最初采用这个概念进行相关的研究和教学以来，短短的时日内已经迅速被音乐教育界所广泛认同和采纳，成为眼下全国各地许多音乐院校的前沿教学内容，与此相关的书籍也在不断问世，而由中央音乐学院发起成立的"世界民族音乐学会"，也吸引了众多学者的加入，并产生出许多内容新颖而丰富的研究成果。可见，这个概念所蕴含和指代的多元内涵及其内容是有极大磁场效应的。

音乐学界关于这个概念的提出，针对的正是西方"主流"形式——交响乐形态而来的。当"西方中心主义"盛行之时，一批有识之士认识到，除交响乐这种西方正统音乐形式之外，世界上每个国家都有着自己的民族音乐形式，而它们大都有着十分悠久的发展历史和十分独特而丰富的形式因素。因此，"世界民族音乐"这个专门的学术研究领域得以确立。

这种视角及其研究方法，移植到我们考察世界民族舞蹈文化的眼光和路径时显然是一通俱通的。与音乐文化相同的情形，也同样存在于各国舞蹈艺术的现象之上，因此，"世界民族舞蹈"的研究视角自然也是成立的，而且在学问的开拓和成长上是大有作为、大有希望的。

眼下，中国提出了"一带一路"的倡议，这个着眼于合作共赢的倡议同样也为我们在各自的研究中提供了新的视角，让我们在以往习以为常的认识论惯性中获得新的思路。

三、在"一带一路"的国际舞蹈新格局中各美其美

每个国度在自我的历史成长中，舞蹈艺术都是其社会中非常亮丽的一道风景线，不但装扮着艺术舞台，也抚慰着人们的心灵，同时又以其独具

的美感为世人带来审美的滋养和身份的认同。"一带一路"倡议为我们提供了关注各国舞蹈艺术发展的新契机，充分尊重各个国家在舞蹈艺术上的成果，也成为中国舞蹈学者的新课题。

在向各国舞蹈界学习时，费孝通先生关于"美美与共"的论点也同样为我们奠定了非常关键和重要的理性前提，让我们在学习和研究他国舞蹈艺术时获得了方向上的把握。世界舞蹈艺术毫无疑问呈现出了一个各美其美的状态，每个国家都因其独特的历史演变和文化流播，滋养出独具魅力的舞蹈形态。这些形态积淀着多少代当地舞者的心血和汗水，成为一个特定国度的艺术象征和文化代表，让艺术的智慧积淀在具体可感的舞动形式之中。而这种形态各异的独特美感，同时也积淀着大量的人文信息，进而成为艺术学、美学、人类学、社会学、历史学、地理学、人种学等学问的不同切入角度，都具有让人流连于此而乐此不疲的魅力，从而成为让人不断深入其中、探其奥秘、究其根本的显性通道。

值得一提的是，舞蹈艺术由于没有语言的障碍，在人类彼此的沟通上直接、便利、快捷而有效，成为不同种族人们之间最方便的交流工具和管道。通过这种没有障碍和壁垒的交流与沟通，人们在尽情宣泄自我情感的同时，也能够让彼此获致在心灵上的相互感染甚至感动，从而产生最有价值的交流结果和效果。

通过各个国家的舞蹈艺术，我们能够鲜明地感受着不同的文化生态所滋养出的不同舞蹈形态，而这些形态由于扎根自我传统，又成为本民族文化最好的传达和传播平台。观赏这些舞蹈形态，不同民族的精神气质和文化讯息都会被立刻感知，因而舞蹈本身就成为一个传递文化的绝佳窗口。这种各具优势并"各美其美"的理想状态，为人类不同民族间的相识与相融带来了契机。

通过艺术的沟通，不同国度和种族的人们得以相互欣赏，并进而相互尊重，从而增加了对彼此的好感和信任度。而正是这种美好的感受，让人们获得了友好相处、彼此相助的态度和愿望，能够在彼此间"美人之美"的基础上建立起来，而民心正是在这样的意愿中得以相通、相融、相敬、相重的。

于是，"一带一路"倡议的价值也便于此鲜明地凸显出来，它在强化各自价值的同时也为人类的文化交流和传播带来新的意义和建设性的思路。通过舞蹈艺术的展示和交流，"一带一路"沿线国家的人心会进一步相连，进而生成从未有过的巨大能量，影响着全人类的发展步伐不断前行。因此，我们对这个倡议充满了信心和期待，也祝愿由这个倡议而催生的共荣现象会让所有参与其中的人获得最为饱满的合作结晶。

（原载郑长铃、高德祥主编《2017"一带一路"文化艺术交流合作国际学术研讨会论文集》，文化艺术出版社 2018 年版）

"一带一路"语境下西部电影的转型发展

赵卫防

20世纪八九十年代，西部电影在中国影坛上经历了辉煌。随着社会主义市场经济的发展、文化产业的勃兴以及电影美学的商业转型，中国电影发生了重大变化，于新世纪初开始了新的腾飞。其中美学层面的类型化路线和产业层面的资本运作成为中国电影腾飞的双翼。在中国电影这种新的发展态势中，远离资本和类型的西部电影也告别了昔日的辉煌，一直在低谷中徘徊。但西部电影的产业和美学优势，一直是促进中国电影发展的宝贵资源。当下，中国电影的跨越式发展的步幅越来越大，中央也提出了"一带一路"倡议和"供给侧改革"的宏大战略，这些都是西部电影发展的利好，让其再次面临新的发展机遇。

一、"新西部电影"对西部电影的超越

一般所指的西部电影指以原西安电影制片厂（以下简称"西影厂"）的影人为主拍摄的反映中国西部现实生活与西部人文历史的影片，也指一些西影厂出品或参与合拍的以中国西部为外景的影片。西

部电影起源于 20 世纪 80 年代初，著名电影评论家钟惦棐于 80 年代中期的几次谈话，从理论上界定了西部电影的概念。钟惦棐的谈话首先基于当时中央西部大开发的政治语境；其次以"美是发现"的美学原理，诠释西部地区悠久的乡土生活规定了西部艺术表达的美学特质，从而形成西部电影的美学特色。美国著名导演奥利弗·斯通之后也对西部电影进行了新的阐释：西部的精神就是土地故乡的精神，代表了整个中国；"对生命意义的追寻"是中国西部电影的精髓所在。①

西部电影的美学优势集中体现在以下几个方面：浓郁的民族意识、乡土寻根意识和对生命意义的追寻；厚重的人文历史；广阔而富有试听冲击的外景空间以及众多的载入中国电影史册的作品，如《人生》（1984）、《黑炮事件》（1986）、《老井》（1986）、《野山》（1986）、《最后的疯狂》（1987）、《红高粱》（1987）、《黄河大侠》（1988）、《菊豆》（1990）、《双旗镇刀客》（1991）等。西部电影的产业优势尤为凸显，其培养了张艺谋、陈凯歌、吴天明、黄建新、何平、芦苇、巩俐、姜文、霍廷霄等众多影视演艺人才；更为凸显的是，西部电影打通了中国电影走向海外的通道，20 多年前，外国的电影专家考察中国电影，总会把西安当作重点目的地。可以说，中国电影就是从西安电影制片厂走向世界的。西影厂曾代表了华语电影的最高成就，在全国电影制片单位中，西影厂第一个在国际 A 级电影节获得最高奖项，迄今总共获得国内外各类奖项 300 多个。

---

① 参见郑昕、李树峰、杨一苗《"一带一路"带动中国西部电影"再创业"》，2014 年 10 月 24 日，人民网。

西部电影的美学和产业优势，也促进了中国电影的美学发展。在中国，西部电影孕育并发展了中国第四代和第五代导演，推动了中国电影美学的发展；而以《黄河大侠》等影片为代表的西部电影中的合拍片也促进了整体中国电影的美学进步。

至 20 世纪 90 年代后期，由于经历了计划经济向市场经济过渡的阵痛，特别是在港台资本和各地影视城建设资本的挤压下，西部电影的优势变得不复存在。具有厚重传统文化、人文气息的西部电影走向衰落。西部电影产量低迷，人才外流，一去往日的辉煌。但其美学和产业资源，以及其所打通的国际通道渐渐被上述资金拿来所用，产生了"新西部电影"。"新西部电影"不再只是具有文化意义上的西部电影概念，它大多是由中国民营资本打造而成、具有全球视野且以商业类型意识为主导的影片，其外景地也移至宁夏、甘肃等地的影视城中，但又带有明显西部电影美学资源特征。这类电影中，以内地和香港合拍的影片为主，从 90 年代初的《新龙门客栈》开始，包括《大话西游》（1994）、《二嫫》（1994）、《东邪西毒》（1994）、《秦颂》（1996）、《英雄》（2002）、《天地英雄》（2003）、《可可西里》（2004）、《白鹿原》（2012）、《画皮》系列（2008—2012）、《无人区》（2013）、《天将雄师》（2015）等影片。在西部电影式微之后，"新西部电影"取而代之，得到了较快的发展。

当下，中国电影获得跨越式发展的态势下，特别是"一带一路"倡议和"供给侧改革"的宏观经济战略，给西部电影的发展带来了良好的机遇，就如同当年钟惦棐先生对西部电影进行解读时谈到西部大开发对西部电影发展提供的机遇一样，西部电影再度回到了新一轮发展的起点。

二、宏观语境下的观念之变

"一带一路"倡议具体是指建设"新丝绸之路经济带"和"21世纪海上丝绸之路"的构想。它是依靠中国与有关国家既有的双多边机制，借助既有的、行之有效的区域合作平台，旨在借用古代丝绸之路的历史符号，主动地发展与沿线国家的经济合作伙伴关系，共同打造政治互信、经济融合、文化包容的利益共同体、命运共同体和责任共同体。"一带一路"贯穿亚欧非大陆，一头是活跃的东亚经济圈，一头是发达的欧洲经济圈，中间广大腹地国家经济发展潜力巨大。其中丝绸之路经济带涵盖东南亚和东北亚的经济整合，并最终融合在一起通向欧洲，形成欧亚大陆经济整合的大趋势。21世纪海上丝绸之路经济带从海上联通欧亚非三个大陆，和丝绸之路经济带形成一个海上、陆地的闭环。"一带一路"沿线国家总人口约44亿，经济总量约21万亿美元，分别约占全球的63%和29%。[①]

"一带一路"倡议为沿线地区的西部经济发展提供了新的机遇，但要看到，这种机遇更多的是观念层面的更新。旧的发展观念已远远落后于中国经济发展的新变。在这种新的语境下，我们相当多的发展理念还停留于过去。据有关资料，西部一些地区为抓住"一带一路"的机遇，学习中国古代丝绸之路的经验，着眼于传统的营销方式，将茶叶、瓷器和丝绸等传统的中国特色商品作为"一带一路"渠道上的主产品销往海外。不论其结果如何，这种做法都是不妥的，没有真正领悟"一带一路"的新发展理念，对于转型升级的理解还没有跟上时代的需求，在当今复杂的国际经济

---

① 参见《"一带一路"总体规划上报国务院　经济总量约21万亿美元》,《京华时报》2014年10月20日。

态势下注定是被淘汰的。西部地区要与"一带一路"相对接，不能仅停留在茶叶、瓷器和丝绸等具体商品以及传统营销理念的层面，而应在发展思路上转变。

提出"一带一路"倡议之后，结合中国经济发展的现状，在理论界数年调研基础上，中央又不失时机地提出"供给侧结构性改革"的战略方针，强调在适度扩大总需求的同时，在推进经济结构性改革方面做更大努力，着力加强供给侧结构性改革，着力提高供给体系质量和效率，使供给体系更适应需求结构的变化，使供给侧和需求侧得以合理匹配，增强经济持续增长动力。"供给侧"改革思路，要求我们在经济发展过程中更要进行理念的转变，在这种理念下再度审视"一带一路"带来的发展机遇，对传统的发展思路进行超越显得更有必要。

新的经济发展理念，应当超越传统的"有什么卖什么"和"生产什么卖什么"，而是"需要什么生产什么""需要什么卖什么"。企业应当根据市场的需求，生产出当下全球市场需求的产品，而不是不顾需求、盲目推销自己的库存或其他土特产品。企业甚至可以不生产产品，只进行国际化、全球性的整合资源，同样能够得到快速发展。比如亚洲的日本、韩国的很多企业虽然没什么产品，但他们是国际化、全球性的企业，善于进行全球资源整合，从而发展成为国际化的大型企业。中国也要打造这样的企业和产业，要通过"一带一路"倡议去整合并转换全球资源。这就是供给侧的发展理念和经济转型升级的发展思路。

文化是"一带一路"建设的重要方面。在文化保障上，提出沿线国家间互办文化年、艺术节、电影节、电视周和图书展等活动，合作开展广播影视剧精品创作及翻译。而当下中国文化发展也应当在宏观态势中转变观念，中国文化具有自身的传统和优势，在古代丝绸之路上，这种传统和优势曾发挥了主导作用。但在新的发展语境下，中国文化的发展同样也要转变观念，不应当一味地输出"传统"，而是要努力研究当下全球文化市场的需求，根据"需要什么生产什么""需要什么卖什么"的思路，生产出满足全球观众新需求的文化产品。中国电影作为重要的文化产品，在新的发展语境下正在转变发展思路，成为了发展最快的中国文化产品。这一切都为中国西部电影产业的复兴带来了契机，而西部电影的转型式发展更需要转变发展观念。

三、西部电影转型之思

在观念转变及整体中国电影跨越式发展的语境下，西部电影发展面临着更为复杂的现实语境。如何使西部电影的发展引擎具有强劲的动力？怎样才能搭上"一带一路"的顺风车？西部电影的转型发展如何面临商业和人文的抉择？西部电影在转变发展中应该着力表现什么样的主题，或者说电影艺术最应该关心的是什么？当电影镜头面向西部地区生活世界的时候，其观照视角和叙事姿态应该如何确立才能吸引年青一代的主流观众？这些都是西部电影获得新发展所要考量的关键因素。而"一带一路"倡议和"供给侧改革"语境下的新发展理念，对西部电影的新崛起提供了诸多启示。

西部电影的新崛起，首要方面是应当将电影作为一种面对当下主体观众这一"用户"群体的产品来进行生产；生产的过程中虽然要遵循艺术生产规律，但更要遵循"需要什么生产什么""需要什么卖什么"的理念，而不能还是按照西部电影老一套的美学理念来进行生产。如前文所述，西部电影的传统美学优势在于厚重的人文历史和可贵的艺术探索；而在新的语境下，西部电影一定要放下这种过重的艺术和人文的包袱，充分调研当下的中国电影市场主体和观影需求，在原来传统西部电影厚重人文情怀的基础上，加上充分的商业考量，以类型化叙事和现代化影像来进行重新定位，以适应当下新的市场需求。

经过重新定位后的西部电影，在创作时找寻适合当下主流观众观赏口味的表达方式尤为关键。注重国际化表达、现代化制作与西部文化资源优势的对接，是其适应当下的首选。西部地区具有丰厚的历史文化和红色文化资源，这一资源仍是西部电影转型发展的关键。如兵马俑、华清池、华山、法门寺等西部丰厚的历史文化资源，仍可作为西部电影的重点呈现，但对这些历史文化资源的表现，表达方式一定要与类型接轨，而不能一味正统地甚至沉重地阐释其文化的厚重感和人文感。这些历史文化资源特别适合与当下最受欢迎的奇幻类型和动作类型进行对接，这样的对接便能以新视听表现出西部的魔幻色彩，创作出受主流观众欢迎且具有情怀的奇幻和动作类型片。而作为国内最重要的红色文化资源的陕北，不能总是以重大革命和重大历史题材的姿态进行讲述，应当将其作为主旋律电影进行美学创新，特别是类型化转型的重要叙述支撑。此外，西部地区厚重的历史文化也特别适合于二次元、动漫元素、VR 技术和互联网传播等当下流行的新视听概念的表达和传播，与传统的制作和传播方式相比，这种新的视听概念更受年轻受众的青睐。总之，西部电影应当利用其本身优势，依托"互联网 +"的理念拓宽制作渠道和传播方式。

西部电影的转型发展还需要一批代表性、旗帜性项目，以吸引庞大资本的关注，这是西部电影重获发展动力的关键所在。"新西部电影"之所以能够超越西部电影获得较快发展，就是因为具有如《新龙门客栈》《白鹿原》《画皮》等能够吸引庞大资本的龙头项目。如今，中国电影产业发展更是超越了"新西部电影"的传统模式，一方面表现为互联网产业的全面介入，在此语境下网生代电影、IP 改编、粉丝营销、电商预售等改变了传统电影产业的生态，其中众筹等新的投融资方式成了电影融资的重要渠道。另一方面，中国国内影视公司的 A 股上市，境内外影视企业之间的并购重组以及跨国整合营销，使得资金运作成为中国电影产业发展的关键。近年来在中国电影市场上取得重大票房业绩的《美人鱼》（2016）、《煎饼侠》（2015）等影片，很大程度上都是资本运作的结果。因此，当下中国电影产业之所以能够获得跨越式发展，名目繁多、眼花缭乱的资本运作是其重要的一翼、成功的关键。过分的资本运作也许会损伤美学，但远离资本的电影产业亦不会有起色。当下的西部电影即是远离资本，这对其发展来说是一个较大的瓶颈。这其中最主要的原因便是西部电影长期以来缺少代表性、旗帜性的对资本具有吸引力的项目。

西部电影的资本缺失状况在"一带一路"语境下将得以改观。资金融通是"一带一路"建设的重要支撑，西部电影应当抓住这一机遇改善资本环境，其中推出旗帜性的项目是关键。而"一带一路"倡议下，西部电视已经推出了《王大花的革命生涯》（2014）、《平凡的世界》（2015）等多部旗帜性的电视剧，获得了较快的发展。西部电视这种以龙头项目带动整体产业发展的成功经验，为西部电影的转型发展提供了最为直接的启示。

西部电影还应当充分利用其产业平台和已经打通的国际通道，进行国际资源的整合，在整合中推广西部电影。首先，在当下涌动的中外合拍大潮中，西部电影应当依托当年建起的合拍优势和海外传播优势进行海外融资，与更多的海外制片机构进行电影合作制片。其次，西部电影还可利用自身的人文和历史优势，举办各种具有西部特色的国际电影节、展，或在其他国际电影节上设立专门的西部电影单元等，实现更有效的国际资源整合。此外，"一带一路"倡议也极大推进了西部电影的国际传播。"一带一路"互联互通的核心价值是加强沿路地区的联系，继而促进各地电影制作的交流和合作。中国作为"一带一路"的倡导者，在互联互通及共同体发展中无疑将占据主导，中国电影在与"一带一路"沿路地区的电影合作中也更具主动性。作为"一带一路"沿途中的西部电影，应当以此为重要契机，进一步发挥主导性，在西部电影的国际传播中争取主动地位。

（原载《中国文艺评论》2016年第9期）

民心相通：中越民间艺术跨境传播的新视角研究 [*]

何清新

一、问题的提出

自习近平总书记于 2013 年提出共建"一带一路"倡议以来，"民心相通"成为我国对外交往中最基础、最有挑战性的工作导向之一。我国与周边国家存在着丰富而复杂的跨境族群的民间艺术交流现象。以广西边境为例，我国京族的独弦琴、壮族的天琴与对歌等艺术形式，与越南同名的民间艺术形式有着同源关系。民间艺术由于依托节庆、婚丧、祭祀等民间文化活动，因而成为两国边民"民心相通"的内容载体，而民间艺人则是边民交往的"民心相通"的积极中介。

与此同时，中越两国边民的交往受到地缘政治、族群离散、国家认同等问题的影响，在申报世界级非物质文化遗产项目、争夺文化产业资源中竞争日趋激烈。加上南海问题的纷争与域外国家的干预，地缘政治因素深

---

* 本文系教育部人文社会科学研究规划基金项目"中越边境民间文化的跨境传播问题研究"（项目编号：14YJAGJW001）的阶段性成果。

刻影响着两国边民对民间艺术的认同，转而成为背离"民心相通"的阻碍因素。尽管存在着阻碍因素，但是由于跨境族群的历史渊源和人民的血脉相连，两国边民依然能够在地缘政治与族群认同的平衡中找到解决现实交流问题的方式，具有"民心相通"特性的跨境民间艺术成为维系两国边民精神交往的重要的艺术传播途径。

在"民心相通"的语境中，艺术传播的焦点回归于传播的原义communication（沟通、交流）。从中越民间艺术跨境传播的交流经验中，我们以"民心相通"的视角，寻找到民间艺术跨境传播的支点与意义生成，这是关注"一带一路"艺术跨境传播现象的学者们值得观察与思考的问题导向。

二、民心相通：研究民间艺术跨境传播的新视角

民心相通的终极目标在于"通"，即交流的达成。民间艺术是一个宽泛的概念，其核心之一在于艺术的主体为"民"，"民"既可以泛指人民、大众，也可以指与历史审美经验、地域审美经验相勾连的族群或群体。换言之，"民"通过艺术的审美活动或审美形式，达成交流或沟通的顺畅，实现"民心相通"的交流境界，这即是民间艺术的艺术传播效果。在此前提下，艺术跨境传播是艺术传播过程中嵌入国家之间的"边境"因素，即地缘政治介入艺术传播之后，我们需要将民间艺术传播转换至跨文化传播的新视角，方能观察与理解具有"民心相通"特性的民间艺术跨境传播的现实要义。

（一）立足于面对"民"的对象

面对某项跨境民间艺术活动或者跨境民间艺人的观察与研究，首要条件即是观察者要成为跨境民间艺术活动的"局内人"。要观察与研究跨境

民间艺术活动和民间艺人的行为，观察者需要有强烈的本土问题意识，暂且抛开先入之见，直面中越边境民间艺术活动和民间艺人的种种现象和行为，这是建构"民心相通"分析框架的出发点。其次，观察者需要建立"民"的"共同体"概念，寻找中越民间艺术跨境传播者的"共同体"。此处的"共同体"，既要包括具有艺术技能的跨境民间艺人群体，又要关注那些与跨境民间艺人或者跨境民间艺术活动有较为密切联系的人员。其中，较为密切联系的人员不仅包括我国民间艺人的家庭、亲戚、朋友，基层政府的文化管理者、民间艺术市场的商人、媒体记者、高校研究者、专业教师等个人或群体，还要关注邻国相应的个人与群体。观察者要与"共同体"中的各类人群产生交流与互动，从"共同体"中获取第一手经验数据。再次，向人类学、社会学借用方法论，抛开理论预设，重新审视中越民间艺术跨境传播在"民心相通"中所发挥的作用、面临的问题、解决的办法，以及问题背后的理论基础。因此，"共同体"所表现的发生在日常活动当中的具体而细微的实践，就成为"民心相通"分析框架中需要直接面对的观察对象，针对对象的描述与阐释成为获取"民心相通"分析框架第一手材料的第一要务。

（二）立足于"民间"艺术

由于地缘政治的影响，两国边民对待跨境民间艺术的认同会产生波动现象。例如，由于跨境族群都是同源族群，在国家之间和平共处的时期，边民自由往来，跨境民间艺术往往比较兴盛，分布在边界两侧的歌圩、节庆都是双方边民热衷参与的场域。我国京族与越南越族的哈节祭祀活动，双方是互派代表参加。独弦琴艺术也是在互相学习中发展。但是在战争年代或者产生纷争时，边民又彼此污名化对方，甚至编成山歌讥讽对方。跨境民间艺术在塑造对方形象时发挥了关键作用，而且形象塑造是随着政治形势的变化而变化。

由此可见，观察跨境民间艺术不能仅停留在艺术形式的交流上，而是更需要关注艺术的主体以及主体之间的关系变化。因此，此处的"民间"，不仅仅是前文提到的人民、大众、族群和群体，而是将艺术传播的焦点从静态的艺术主体，转移到具有动态关系的主体"之间"上，是蕴含跨文化传播中的三种"跨"的关系：1. 主体之间的（相对应于英文前缀 inter-）；2. 主体交叉的（相对应于英文前缀 cross-）；3. 超越主体之间的（相对应于英文前缀 trans-）。这三种"跨"的关系，构成了"民心相通"的跨境艺术传播的视角基础。

处于边境地区的跨境民间艺术活动，往往具有独特的政治制度、意识形态、国别差异等独特的语境，因而直接面对跨境"民间"艺术活动的观察与研究，成为搭建"民心相通"分析框架的第一要务。在"民心相通"的分析框架下厘清三种"跨"的传播关系，是艺术传播达成顺畅的沟通效果的关键所在。

（三）立足于面对具有动态关系的跨境传播

与"民"最直接相关的研究方法是民族志方法。参照人类学与社会学研究领域的成果，民族志的研究方法在针对民间艺术的观察与研究过程中具有可操作性。对于"民心相通"的民间艺术跨境传播，民族志当中抛开理论预设的直接观察与调查，其结果也更接近"民"的实践之真实与理论之真实。

面对民间艺术跨境传播的实践活动，开展细致的田野工作，如果仍然将民间艺人和民间艺术活动当中的关键人物、关键事件视为各自独立的部分，由此来解释民间艺人的共同体的社会结构，那么，对于观察、研究具有动态关系的"民心相通"的民间艺术跨境传播实践，就不容易找到各变量之间的关联。而民族志当中的扎根理论研究方法，"优先研究的是现象或过程——而不是对环境本身"，是"通过使用扎根理论建立事件之间的关联，从而来研究过程"①。面对民间艺术的跨境传播，如果需要观察者解释某种民间艺术的跨境传播实践行为或者现象，所得到的解释可能是多种多样的，每一种解释似乎都有自身的合理性。如果进一步将观察的视角转向"共同体"中各类群体之间的动态关系，或者各类群体前后的思维变化，其观察结果更趋近艺术生产、艺术审美与艺术流通的动态过程，而且更能揭示地缘政治因素与艺术传播相交织的动态因果关系。

（四）立足于从描述到理论建构

在面对既丰富多彩又错综复杂的民间艺术跨境传播实践时，仅靠归类、解释案例的手段，已经不能够满足于研究具有"民心相通"动态关系的跨境传播实践。针对他们的动态观察，其理论研究的目的在于，"使质性探究方法超越描述性研究，进入解释性理论框架的领域"②，这正是建构民间艺术"民心相通"的分析框架所追求的目标之一。尤其是，民间艺术的跨境传播过程可能会随着时间或者外部条件（如国家文化政策或者外交政策）的变化而发生较大的调整，跨境传播实践的意义会发生质的变化，相应的民间艺术的传播策略亦有可能产生根本性的改变。

---

① ［英］凯西·卡麦兹：《建构扎根理论：质性研究实践指南》，边国英译，重庆大学出版社 2009 年版，第 30 页。

② ［英］凯西·卡麦兹：《建构扎根理论：质性研究实践指南》，边国英译，重庆大学出版社 2009 年版，第 7 页。

例如，邻国需要在文化上"去中国化"，以拉丁字母逐步取代喃字时，与独弦琴、天琴、山歌相关的记谱形式就会发生变化，传统经书的叙事与内容被改编，其中的内容生产也更多地注入对现代国家的认同。"民心相通"的观察者如何积极调整策略，解释其背后隐含的民间艺术跨境传播的意义生成问题，尤其是如何从新的语境中寻找民心相通的支点，或者超越传统的艺术形式，创造新的互惠式的艺术传播途径，这些都是需要我们关注、探索、建构具有"民心相通"特点的民间艺术跨境传播理论焦点。

三、民心相通的研究基石：始于聆听他者的民族志方法

由于所选取观察的民间艺人与艺术活动具有形式多样性和过程动态性，因此针对民间艺术跨境传播的调查工作可以采用乔治·E.马库斯（George E.Marcus）于 1986 年提出的多点民族志（multi-locale ethnographies）的方法。① 对于民间艺术传播中的"民心相通"实践，民族志方法可以让观察者抛开理论预设和文化预设，尽可能地聆听他者的声音，才有可能激发主体"之间"的沟通与交流。

（一）个体的深度访谈

个体的深度访谈专指针对同一对象的"一对一"的多次访谈，这是理解民间艺术跨境传播各环节中民间艺术实践者的具有深度的面对面观察法。

---

① 参见［美］乔治·E.马库斯《现代世界体系中民族志的当代问题》，载［美］詹姆斯·克利福德、乔治·E.马库斯编《写文化——民族志的诗学与政治学》，高丙中等译，商务印书馆 2006 年版，第 215 页。

美国学者塞德曼（I. Seidman）认为，如果要就有关问题对受访者（即实践者）的经历和看法进行比较深入的了解，起码应该进行三次访谈。[①] 面对民间艺术的跨境传播实践者，之所以要进行个体的深度访谈，是因为他们会从自身的艺术生产、艺术审美、艺术管理等各种碎片化的经历中，挑选当时关注的细节，向观察者讲述当时对细节的感受，这在客观上构成了观察者与实践者两者之间有关“民心相通”的内容与意义的生成过程。

以深度访谈的“响应式访谈”[②]方法为例，民间艺术跨境传播的观察者与访谈对象（实践者）建立起两者之间的长期关系，逐步达到深度访谈的效果。

1. 选择响应式访谈。当民间艺术跨境传播的田野工作需要针对特定民间艺人或者跨境传播活动进行深入的理解或阐释时，就需要开展响应式访谈。对被访谈者的期望，是观察者能够深入地谈及他或她在跨境传播经历中的细节，或者对某些艺术传播行为或现象中“民心相通”的真正理解。

2. 响应式访谈带来的好处。由于响应式访谈往往需要根据民间艺术跨境传播具体事项的情境、根据观察者与被访谈者的关系变化而做出灵活的问题调整，因而响应式的个体的深度访谈会获取许多意料之外的数据。例如，笔者于2015年春节期间对中越边境天琴艺人进行深度访谈时，不仅得到之前从未涉足的集体成人礼的信息，而且拓展了对民间艺人以“信仰”作为的跨境传播“民心相通”支点的认识。

3. 面对响应式访谈的困难。采取响应式访谈的最大难题是不确定性问题，有可能导致被访谈者不是按照目标谈下去。有的被访谈者很容易跑

---

① 参见陈向明《质的研究方法与社会科学研究》，教育科学出版社2000年版，第173页。

② ［美］赫伯特·J. 鲁宾、艾琳·S. 鲁宾：《质性访谈方法：聆听与提问的艺术》，卢晖临等译，重庆大学出版社2010年版，第27—33页。

题，例如，原本谈论边境山歌歌手参加中越山歌竞赛的过程，可能跑题谈到边境贸易或者亲戚结婚的话题上去。

（二）群体的焦点小组

社会学研究方法的"焦点小组"式的群体访谈，比较适用于观察一个具有共同的地域审美经验或者历史审美经验的群体。群体的焦点小组方式在"民心相通"的观察与研究当中有着独特的效果。

1. 参与访谈的人不止一个，彼此之间有可能互相启发或者补台。例如，双方边民参与的饭桌场合，观察者与被观察者在吃饭、喝酒之间隙，东一搭西一搭地闲聊着趣闻轶事，人情冷暖。也正是这样的闲聊，最真实地透露出跨境传播过程当中各种信息的流动、各类人际关系变化、各种群体的协作与冲突，以及各种解决问题的方式。在很多带有创意性的艺术策划活动中，焦点小组甚至是催化创意产生的关键方式。

2. 焦点团体访谈的策略。采取群体的焦点小组访谈方式，首先是根据"有目的地抽样"[①]，选定3组以上的焦点小组或场合进行访谈与观察。其次，每次开展焦点小组访谈时，观察者要明确自己在谈话中的定位，亦即自己只是起到"话题引子"的作用，把民间艺术跨境传播的研究主题用最简单、最轻松的方式抛出来，为在座者提供畅所欲言的引子。如果谈话的兴奋点偏离了民间艺术的主题，在合适的时机采取貌似不经意的方式把大家的话题引回民间艺术跨境传播的中心话题。

3. 警惕焦点小组访谈的陷阱。在实施焦点小组访谈的操作方案时，观

---

① ［美］理查德·A.克鲁杰、玛丽·安妮·凯西：《焦点团体：应用研究实践指南》，林小英译，重庆大学出版社2007年版，第167页。

察者也需要观察参与访谈的众人之间在传播过程当中的权力关系，例如是否存在长幼有序的辈分关系？是否存在官民之间的行政等级关系？或者参与者的性格是否左右了谈话的内容？如夸夸其谈者压制了内向木讷者的谈话，等等。

（三）参与式观察与实物采集

除了个人访谈与焦点小组座谈之外，观察者还需要与民间艺术跨境传播的参与者建立长期而稳定的交往关系，成为跨境传播"共同体"的一分子，真实参与民间艺术跨境传播的过程。在场的观察，不是简单地观看与聆听，而是需要以"共谋"的方式参与其中，共享情感的体验。"没有参与他者生活的观察可能运用了民族志方法却并非民族志。"① 只有长期的共享情感，才可能让观察者真正体会到"民心相通"的情感支点在哪里，尤其是如何理解在跨境传播过程中渗透双方独特思想文化的思维方式，为下一步创造新的互惠式的艺术传播途径寻找到支点。

例如，观察天琴或者独弦琴的跨境市场化运作，如何平衡政策导向和市场价值的问题？非物质文化遗产项目的核心内容保护问题，具有高收视率的媒体娱乐节目与国家认同问题，等等。这些民间艺术跨境传播项目的动态变化，都需要观察者在场参与之后，厘清各类因素之间的因果关系，找出各变量之间的相关性，才能更精确地构建"民心相通"的理论分析框架。

此外，采集作为佐证的实物，如民间艺人自行采集的录音、录像、照片、手抄歌本或琴谱等涉及民间艺术跨境传播的文本和影像。有些实物属于濒危的材料，如某些跨境的非物质文化遗产项目的原始材料，则必须开

----

① ［美］大卫·费特曼：《民族志：步步深入》，龚建华译，重庆大学出版社 2007 年版，第 29 页。

展抢救性收集。散落民间的巫术经书、家谱、影像等，观察者只要有可能，就必须尽可能地搜集，以避免遗漏或者错失机会。有效的实物采集可以为文本的历史分析提供清晰的依据。

四、民心相通的研究指向：达于艺术传播的支点与意义生成

在"一带一路"倡议的背景下，从中越民间艺术跨境传播的特殊案例分析，推衍"民心相通"的支点与逻辑思路，是寻找互惠式的艺术传播意义生成的突破口。如何从特殊的已知事物到一般的未知事物，这是民间艺术跨境传播理论分析需要厘清的逻辑思路。循着此逻辑思路，我们需要将艺术传播的实践与研究，推进至更有创造性的"民心相通"解决方案。从跨文化传播的视角而言，"民心相通"的研究指向，重点体现于"一个支点＋三种意义生成"。

（一）民心相通的研究支点："维护现有领土主权"[①] 的共识基础

"一带一路"倡议是切合沿线国家发展需要的构想和方案，因此"民心相通"关键在于"通"，而不是对国家主权的影响与干涉。在民间艺术跨境传播的"民心相通"实践层面，坚持维护现有国家的领土主权，这是我们与各国人民打交道的共识基础。确立民间艺术跨境传播的主体，承认主体的国家性，就是维护现有国家主权的共识，是学者观察艺术传播"民心相通"的研究支点。

---

① 何清新：《从中越边境看文化边界的跨文化传播策略问题》，《广西民族研究》2014 年第 6 期。

民间艺术具备跨国界交流的条件，例如，独弦琴音乐可以越过文字语言的障碍，欢庆的舞蹈可以掀起两国青年的联欢热潮，天琴表演可以塑造族群形象，等等。民间艺术还有利于增加同源族群的认同感，听到熟悉的族群语言或者节奏旋律，能激发双方的亲切感，减少沟通的障碍。有的同源族群甚至供奉共同的祖先，通过跨境民间艺人的祭祀仪式，彼此维系共同的文化之根和族源之本。但是，民间艺术的跨境传播并不是一个国家的艺术主体对另一个国家的艺术主体的威胁、掠夺或者占有，维护各国现有领土主权即是延伸维护现有的文化边界，是实现主体之间艺术传播的“民心相通”的基石。如果忽略领土主权的共识，“民心相通”也就失去存在的意义，甚至会招来更多的纷争与仇恨。

维护现有领土主权的共识基础是我们对民间艺术跨境传播的“民心相通”实践提出的必要条件，因而前文所述的“抛开理论预设”并不是绝对地抛开所有的预设，而是“有底线地”将预设减少至最少的程度，但依然保留艺术传播主体的国家性。

（二）民心相通研究的意义生成：互惠式的艺术传播

对于民间艺术跨境传播的“民心相通”角度的观察与研究，其目的是寻找符合艺术传播主体双方意愿的支点与意义生成，我们可以称之为“互惠式的艺术传播”。“民心相通”的互惠式的艺术传播，是建立于跨文化传播上“跨”的关系，即共谋、学习、超越。

1.“互惠式的艺术传播”意义生成之一：共谋

共谋（Complicity）是建立在民间艺术的艺术传播主体之间的关系。艺术传播主体“之间”并不是静止的“亲密关系”观念，而是应当首先被视为一种相互吸引并且共同谋事的观念，这是促成“民心相通”合作关系的推动力。由于民间艺术跨境传播的共同体的影响，各艺术传播主体之间还存在着多点的、多维度的共谋行为。多点与多维度的共谋，是民心相通语境中互惠式的艺术传播的意义生成的基石。

由艺术传播主体之间的"共谋"而带来的理解与沟通，进一步可以转换为互惠式的艺术传播的共谋行为。例如，龙州县金龙镇高山村板陋屯于每年农历六月举办"兴边富民山歌活动会"，邀请越南山歌、天琴艺人参加演出与对歌，邻国同样邀请我方边民到广龙省参加"交缘唱歌会"，双方边民在族群方言相通的联欢活动中感受同源族群的认同感。双方主持人都将民间山歌活动视为中越友谊的隆重仪式，都希望和平共处而不是战争。尽管艺术形式上有竞赛的意味（如山歌对唱大赛），但双方更注重各自艺术的充分展示与表达，"共谋"的合作并没有改变各自对民间艺术的理解，共谋的意义却由此生成。

2. "互惠式的艺术传播"意义生成之二：学习

民间艺术互惠式的艺术传播，其意义生成的第二种情形在于学习。这是源自两个民间艺术主体之间相互交叉的交流过程。边境存在数量较多的同族同源关系的民间艺术形式，民间艺术的主体由于现代民族国家的领土划分而由同族族群变为跨境族群，艺术形式也随着族群的国家认同变迁而在各自国家发展，因而产生新的艺术样式或者程式。例如我国京族的独弦琴，原本与越南越族的独弦琴同出一源。越南将独弦琴纳入国家音乐学院的教学体系当中，独弦琴占据民族文化主体地位，成为越南的"国乐"之一。我国京族民间艺人在保留原有曲谱和风格的前提下，还学习、吸收了越南独弦琴新的曲谱和风格。越南人反过来学习京族人的舞台表演技巧。两个国家的民间艺术主体之间保持着学习与吸纳的状态，艺术形式所含载的内容互相交叉，这即是互惠式的艺术传播的第二种意义生成。

更进一步而言，在学习的过程中，双方不仅需要摆脱自我认识的局限，理解对方，向对方学习，而且在时不时出现政治冲突的时代环境中，双方主体还需要培养对话的能力，提高协商的效果。儒家思想"和而不同"不但指出差异性与对抗性，更重要的是，"和"暗含着学习，暗含着互相认可的互惠式交流的可能。

3. "互惠式的艺术传播"意义生成之三：超越

民间艺术跨境传播如果仅仅是两个主体之间的共谋或学习，那么这些互惠式的艺术传播仍然停留在借鉴的意义层面，在现代社会的发展语境中意义生成的创新性有限，对于吸引双方制订更宏大的发展计划无疑是一种束缚。这就逼着双方需要大力发展民间艺术互惠式艺术传播的第三种意义生成：超越。

超越并不是凌驾于两个艺术主体之上，而是需要将两个艺术主体的共同愿景，融入世界文明发展的进程与语境当中才具有现实意义，才具有现实吸引力。因此，以民间艺术的跨境传播为基础的"民心相通"实践，更需要将民间艺术跨境传播的文化责任放置在时代背景中予以理解"民心相通"的现实意义。我国民间文化与"一带一路"沿线国家和地区的多元文化是一种"超越性"的关系，亦即"两种文化的相互影响和吸收不是一个'同化''合一'的过程，而是一个在不同环境中转化为新物的过程"[①]。这种转化为新物的过程表现为很强的文化之间的超越性，是我们在"一带一路"民心相通的语境下建构艺术传播的中国理论的文化责任之所在。

（原载《艺术百家》2017 年第 5 期）

[①] 单波:《跨文化传播的问题与可能性》，武汉大学出版社 2010 年版，第 258 页。

编选说明

 《合作共赢："一带一路"文化艺术交流研究》文集系《新时代文化艺术思想研究文库》分卷之一。在2017年5月的"'一带一路'国际合作高峰论坛"上，习近平主席在北京雁栖湖畔提出，"'一带一路'建设根植于历史，但面向未来。古丝绸之路凝聚了先辈们对美好生活的追求，促进了亚欧大陆各国互联互通，推动了东西方文明交流互鉴，为人类文明发展进步作出了重大贡献。我们完全可以从古丝绸之路中汲取智慧和力量，本着和平合作、开放包容、互学互鉴、互利共赢的丝路精神推进合作，共同开辟更加光明的前景"。正基于此，本卷以丝绸之路与海上丝绸之路的历史脉络入手，梳理并遴选出国内学者对于"一带一路"文化交流之重要意义、面临问题、现实路径，以及"一带一路"沿线国家之间艺术传播、文明互鉴等多领域、多学科的学术思想与重要论述。

 值得一提的是，2015年经文化部（现文化和旅游部）正式立项，中国艺术研究院自2016年起分别在福建泉州、甘肃敦煌、广西北海、山西太原与相关单位共同主办了四届"一带一路"国际学术研讨会，结集出版了《2016"一带一路"文化遗产国际学术研讨会论文集》（文化艺术出版社2017年版）、《2017"一带一路"文化艺术交流合作国际学术研讨会论文集》（文化艺术出版社2018年版）、《2018第三届"一带一路"文化艺术交流与合作国际学术研讨会论文集》（文化艺术出版社 2019 年版），取得了良好的社会影响。本卷所选部分论文亦有源自上述论文集者。

由于篇幅和时间有限，在本卷的编撰过程中对部分论文进行了适当的删改。目前仍有几位作者未能及时联系到，本书出版在即，希望作者能与我们联系，即奉样书或稿酬，以表谢意！此外，本卷收入了已故学者段文杰先生、王克芬先生之文章，其文虽久，学问仍新，且前辈严谨学风与治学之道垂范后世。我们也期待有更多的学者加入"一带一路"文化艺术交流的研究中来，此项工作虽任重而道远，然意义重大，对提升我国在世界经济文化中的自主权与发言权，对我国在更广泛的领域实现共享与共赢均具有长远意义。

回顾往昔，本卷书稿自课题立项到查阅资料、选文编辑，至今历时已近一年，如今文集即将付梓，只有"感谢"二字回旋在笔端。感谢中国艺术研究院为吾辈提供了与国内外学者对话交流的学术平台，感谢诸位师友对我们工作的支持与帮助，感谢文化艺术出版社赵月女士、叶茹飞女士对本卷文字细致而认真的审校。限于资料与编者水平有限，不足之处，敬请方家指正。

本卷编者

2021 年 7 月 29 日于北京

编后记

《新时代文化艺术思想研究文库》分为"文艺高峰与中华民族新史诗研究""中国艺术学'三大体系'研究""中华优秀传统文化创造性转化、创新性发展研究"等主题，收录著述近200篇，展现了学术界对国家文化艺术发展的思考。同时，编选以研究报告的形式对各主题的学术研究近况做了梳理和阐释，合编为一部"研究报告集"。

文库得以顺利出版，要感谢各个主题的编选者鲁太光、陈越、杨娟、李修建、孙晓霞、金宁、李松睿、任慧、李彦平、张敬华、汪骁、宋蒙（排名不分前后）等的辛勤付出。感谢中国艺术研究院基本科研业务费项目对文库编辑出版的资助和支持。感谢文化艺术出版社，特别是杨斌社长、王红总编辑以及各位责任编辑，他们一丝不苟的工作态度令人感佩。更要感谢来自全国各大高校和科研机构的诸位学界同仁，他们不吝赐稿，让这套文库具备了应有的学术分量。

希望这套文库能够为新时代中国特色社会主义建设略尽绵薄之力，能够为新时代文化艺术研究和实践提供有益的学术参考和理论资源。

2021 年 8 月